知的財産の経済・経営分析入門

特許技術・研究開発の経済的・経営的価値評価

石井康之 [著]

Intellectual Property

東京 白桃書房 神田

はじめに

　特許技術をはじめとした知的財産は，それを保有する企業に競争優位な立場をもたらし，企業を利益に結びつける。それが，ひいては国の産業競争力の源泉となり，その企業の属する国の富を増加させることになると考えられる。そもそも，我が国の各種知的財産法制度は産業と強いつながりを持っている。特許法をはじめ，各種産業財産権法の条文の冒頭第1条には，「産業の発達に寄与する」（特許法，実用新案法，意匠法，商標法各第1条）ことが法律の目的として明記されている[1]。

　知的財産法制度の中では，唯一といってよいかも知れないが，著作権制度は産業や経済の発展を明示的な目的とはしていない。著作権法第1条では，「文化の発展に寄与すること」が目的として記されている。しかし昨今，著作物の経済財としての位置づけが高まってきたことから，著作権法も特許法などと並んでビジネスローとしての性格を色濃くしているといえる[2]。現に著作権法に関わる最近の法律改正は，1984年に導入された貸与権や1985年に著作物に含まれることとなったコンピュータ・プログラムにはじまり，2003年の映画著作物の保護期間の70年への延長など，おしなべて著作物関連産業やデジタル産業の振興に関わりを持つ事項が多かった[3]。

　2002年に制定された知的財産基本法は，我が国の産業における国際競争力の強化を図るために，新たな知的財産の創造及びその効果的な活用による付加価値創出を目指し，知的財産の創造，保護及び活用に関する施策を集中的

かつ計画的に推進することを目的として制定された[4]。つまり，知的財産の創造・保護・活用という知的財産創造サイクルの促進が，国際競争力の源泉であると意図されており，これは知的財産を産業や経済発展の原動力に位置づけていることのひとつの現われとも考えられる。

ただ，こうした知的財産の創造や，その活用がどのように具体的効果を生み出しているかについて，体系的に実証した研究は日本ではあまり多く存在しない。

また，研究開発活動や，権利の取得・維持・活用といった知的財産にかかる各種の企業活動は，企業経営や経済に対してどのような意味合いがあり，どの程度の意義を持つと考えられるのだろうか。たとえば研究開発費や知的財産管理のためのコスト負担は多ければ多いほど，その企業にとってプラスの効果をもたらすと考えてよいのであろうか。おそらく，それは正解とはいえないであろう。こうした活動が企業にプラス効果をもたらす適切な範囲といったものが存在するのではないだろうか。それなら，その適切な範囲はどのようにして測定することができるのであろうか。

たとえばこのような例からも，知的財産活動と企業経営との関連を，数値を用いて実証的に分析することに，それなりの意義があると考えられる。

我が国は，少なくとも文献の数から見てもこうした問題に対する実証的研究という点で，概して欧米をはじめとした諸外国に比べて，立ち後れているといってもよいのではないだろうか。

本書は，こうした問題意識に基づいて，技術を中心とした知的財産や研究開発活動と，企業経営，さらにはマクロ経済との関係について分析するための手法について解説することとした。その際に，最小二乗法(OLS: Ordinary Least Square)というもっとも基本的な分析手段について平易に説明し，その活用方法を，事例を用いて解説することとした。それによって，こうした研究を行う人口の増加に少しなりとも役立てばと願う。

本書は，大学などの研究者というより，むしろ企業の中で知的財産マネジメント業務に携わっている実務家の皆さんに，一般的な分析手法を身につけていただくことを主な目的とした。日々，企業の存続のために，厳しい競争

の中で，絶え間なく意思決定を行っている企業人のために，その意思決定に役立つ情報取得のためのツールとして，本書が活用されることを願う。

　企業経営は，数多くの要因によって影響を受けると同時に，こうした要因に対する経営者の状況判断と主体的な意思決定が企業の命運を左右していく。それに対して，本書で紹介するような，数少ない要素に基づいた統計データから，経営に関わる法則を見いだそうと手法は，一見不遜にさえ見えるかも知れない。経営とは，現実の世界の生業であり，市場の動向，市場における自社のポジション，競合企業の動向，取引先の信用力の推移など，まるでさまざまな生き物を相手にするような仕事である。それに対して，数字のマジックのようにも見える本書で紹介する静的な分析が，企業経営にとってどのような意味があるのかと感じられるかも知れない。

　しかし，経済全体が同様に生き物のようであり，その経済動向に関する判断にもさまざまな情報が活用されている。そしてその情報自体が常に変化する。そして，変化する情報を経験や理論に基づいた思考回路に乗せて景気などの判断がなされる。景気動向指数（Diffusion Index）が50％を超えたかどうかを見るだけではなく，どのような経済指標がどのような動きをしているかといった情報が経済の判断においては重要な情報となる。

　同様に，企業経営においても判断に用いられる情報は数多く，かつ多面的であることが望ましい。本書で紹介する経済・経営分析に関する手法は，こうした情報のひとつとして役立てられるものと思う。最終的な意思決定は，すべて人間の直感力によらざるを得ないものである。しかし，その直感力をより正しい方向に働かせるためにも，多様な情報が必要となる。本書が，こうした情報を提供するリソースのひとつとして役立てられることを祈念する。

　本書の出版にあたっては，専修大学経済学部・山田節夫教授に多大なるご指導をいただいた。特に，本書の第8章は，山田教授との共著「知的財産権の保護と経済成長」（『特許ニュース』No. 11772～11773，㈶経済産業調査会）をベースとしたものであるが，同教授のご了解をいただき，一部加筆修正のうえ本書に納めさせていただいた。本書の文責がすべて筆者にあること

はいうまでもないが，改めて同教授のご厚意に対し感謝の意を表させていただきたい。

また，本書を出版するにあたっては，東京理科大学専門職大学院・石田正泰教授から暖かい励ましの言葉をいただいた。同教授の「出版すべき」という言葉は，筆不精気味な私の背中を大きく押して下さった。ある意味で本書の生みの親ともいうべき石田教授に感謝を申し上げたい。

さらに，本書出版を快くお受けくださった，株式会社白桃書房の平千枝子氏と河井宏幸氏にも心よりお礼を申し上げたい。

　　平成20年9月30日

石井　康之

注
[1] 不正競争防止法及び半導体集積回路の回路配置に関する法律の各第1条には「国民経済の健全な発展に寄与することを目的とする」旨が，また種苗法第1条には「農林水産業の発展に寄与することを目的とする」と明記されている。
[2] 中山（2007）p.3, 17参照。
[3] 角田・辰巳（2006）p.285, 366以降を参照。また，近年の著作権法改正に関しては，作花（2005）p.532以降，もしくは土肥（2007）pp.247-248に詳説されている。
[4] 知的財産基本法（平成14年法律第122号）第1条。

目　次

はじめに

第1章　アメリカの知的財産政策と経済的意義 …………………………1
1　アメリカ経済の停滞と知的財産政策のはじまり ………………………1
（1）アメリカ経済の停滞（1970年～1980年）　1
（2）プロパテント政策への移行　3
2　1990年代の堅調なアメリカ経済 …………………………………………4
3　1990年代のアメリカ経済の構造変化の実態 ……………………………5
（1）生産性の上昇　5
（2）生産性上昇の要因　6
（3）イノベーションの背景　6
4　1990年代アメリカのハイテク産業の実相 ………………………………7
5　研究開発と特許取得の動向 ………………………………………………9
（1）研究開発投資の動向　9
（2）特許取得状況　10
6　アメリカ知的財産政策と経済との関連 …………………………………11

第2章　主要経済データとしてのGDP …………………………………19
1　GDP（国内総生産）とGNP（国民総生産）……………………………19
2　付加価値とは ………………………………………………………………20
3　GDPの算出方法 …………………………………………………………22
4　GDPにおける三面等価の原則 …………………………………………23
（1）生産・所得・支出における等価　23
（2）所得と支出面から見たGDPの構成内容　24
（3）三面等価に関する解説図　28
5　実質GDPとデフレーター ………………………………………………29

（1）名目値と実質値　29
　　（2）デフレーターの求め方と留意点　31
　6　国の豊かさとGDP ··35
　　（1）各国経済規模（GDP）の比較　35
　　（2）人口一人当たりGDPの比較　36

第3章　主要データの関連分析（最小二乗法）について ············41
　1　GDPと研究開発費の推移 ··41
　2　散布図から見た相互関係 ··44
　3　最小二乗法 ···51
　　（1）近似線の理論的背景　51
　　（2）最小二乗法によるパラメータ算出の理論　52
　4　決定係数について ···56
　5　理論と検証の関係 ···59

第4章　エクセルを用いた回帰分析手法 ································63
　1　経済・経営分析と重回帰分析 ··63
　2　エクセルによる回帰分析実施の準備（分析ツールの呼び出し） ··64
　3　回帰分析の実施 ··67
　4　回帰分析結果の見方 ···69
　　（1）各項目に関する概説　70
　　（2）パラメータとその有意性の確認方法　74
　　（3）相関係数について　81
　　（4）回帰結果の分析と評価　85

第5章　技術進歩（無形資産）の経済的効果 ························89
　1　生産関数の展開 ··89
　　（1）コブ・ダグラス型生産関数　89
　　（2）一次同次の仮定（収穫一定の仮定）　92
　　（3）パラメータと弾力性　93

（4） 分配率について　95
　2　データの取得 ·· 97
　　（1） GDP データ　97
　　（2） 資本投入量データ　97
　　（3） 労働投入量データ　98
　3　回帰分析の実施 ·· 98
　　（1） データと回帰分析の仕方　98
　　（2） 回帰結果　101
　4　全要素生産性（TFP：Total Factor Productivity）分析 ············ 103
　　（1） 全要素生産性とは　103
　　（2） 無形資産の経済的貢献度の測定　105
　　（3） 全要素生産性分析の深化　108

第6章　研究開発投資の経済的効果 ·· 113
　1　研究開発と生産性との関連体系図 ··· 113
　2　研究開発投資と知識ストック ·· 115
　　（1） 研究開発要素を導入した生産関数　115
　　（2） 研究開発関連データと二重計算の回避　119
　3　研究開発の経済成長への貢献度 ··· 121
　　（1） 知識ストックの経済成長貢献度　121
　　（2） 無形資産・知識ストックの経済的意義　126
　4　研究開発の生産性・収益性分析に関する各種研究 ····················· 127

第7章　回帰分析におけるデータ処理・分析上の留意点 ················ 135
　1　基本統計量の活用と基データの確認 ··· 135
　　（1） 基本統計量（記述統計量）の把握　135
　　（2） 基データの信頼性と事前確認　141
　2　多重共線性とその対応 ·· 144
　　（1） 多重共線性とは　144
　　（2） 多重共線性の例示　144

（3）多重共線性の数学的意味　146
　（4）多重共線性の解決策　147
3　代理変数の意味合いとその活用 …………………………………148
4　回帰分析とダミー変数の活用 ……………………………………149
　（1）ダミー変数を用いる前段階の回帰　149
　（2）定数項ダミーの活用　150
　（3）係数ダミーの活用　153
5　二乗項の活用（最適な知財コストの算出）……………………155

第8章　知的財産制度と経済成長 …………………………………159
1　はじめに ……………………………………………………………159
2　TRIPS協定後における知的財産制度の課題 …………………160
3　理論的背景 …………………………………………………………163
4　これまでの実証研究 ………………………………………………164
5　実証分析のモデルとデータ ………………………………………168
　（1）回帰モデルとデータについて　168
　（2）IIPRの算出方法　169
6　実証分析の結果 ……………………………………………………172
　（1）IIPRの効果発現パターン　172
　（2）フルサンプルによる回帰結果　174
　（3）境界所得7,000ドル以上の国の回帰結果と最適IIPR値　175
　（4）境界所得7,000ドル未満の国の回帰結果　181

第9章　外国特許と対外経済活動との関連分析 …………………189
1　はじめに ……………………………………………………………189
　（1）知的財産権の経済分析に関わる先行研究　189
　（2）知的財産制度と対外経済活動　190
2　知的財産権保護と対外経済活動に関する先行研究 ……………191
　（1）知的財産保護水準と輸出額との関連分析　192
　（2）投資・ライセンスなどに関する先行研究　195

（3）グラビティモデル　198
　3　外国特許データの意義 ……………………………………………………199
　　（1）分析の方向性　199
　　（2）知的財産保護指数と特許登録件数　200
　　（3）特許出願件数と登録件数データ　201
　　（4）対外経済活動開始から登録までのリードタイム　205
　4　貿易・投資と特許登録件数との関連分析 ……………………………206
　　（1）利用データ　207
　　（2）フルサンプルによる推計結果　207
　　（3）相手国のキャッチアップ力を加味した分析結果　211
　5　まとめと今後の課題 ……………………………………………………215

第10章　知的財産と企業の経営分析 ……………………………………223
　1　ミクロデータの取得と分析の方向性 …………………………………223
　　（1）はじめに　223
　　（2）ミクロデータの取得　224
　2　データの解説と整理 ……………………………………………………227
　　（1）企業規模を示すデータ　227
　　（2）企業の生産性・収益性を示すデータ　228
　　（3）研究開発活動に関するデータ　229
　　（4）知的財産活動への資源投入に関するデータ　229
　　（5）知的財産活動の生産性・効率性に関するデータ　230
　　（6）知的財産の保有状況・活用度　232
　　（7）その他　233
　3　データ間の関連分析について ……………………………………………233
　　（1）分析課題とデータ選択上の留意点　233
　　（2）企業の生産性・収益性に関するデータの相互関連について　237
　4　企業の生産性・収益性に関する分析 …………………………………240
　　（1）データの選択と回帰分析　240
　　（2）定式化の工夫　243

（3）企業における参考方法　246
　5　回帰分析結果を用いた経営分析の事例 …………………………247
　　（1）仮想データによる回帰事例　247
　　（2）事例に基づいた経営分析　249

第11章　株価データと研究開発の収益性低下に関する分析 ……257
　1　株価と研究開発データに関する先行研究 …………………………257
　　（1）市場価値と無形資産の関係　257
　　（2）研究の源流　258
　　（3）研究の展開　259
　2　研究開発効率の低下傾向に関する指摘 ……………………………261
　3　我が国企業の研究開発投資の利益，付加価値に対するトレンド分析…264
　　（1）使用データ　265
　　（2）営業利益から見た研究開発投資の収益性　265
　　（3）付加価値に対する研究開発投資の収益性の推移　266
　4　マクロレベルで見た研究開発投資の限界収益率のトレンド分析 …269
　5　企業価値から見た研究開発の収益性分析 …………………………270
　　（1）2000年代における研究開発効果の動向　270
　　（2）推計のモデル　271
　　（3）使用データとデータの性質　273
　　（4）トービンのqの推移　274
　　（5）推計結果　275
　　（6）研究開発比率によるグループ別の分析　281
　　（7）結論　281
　6　まとめと課題 ………………………………………………………282

第12章　職務発明対価の判例動向と経営的課題 ……………………287
　1　はじめに ……………………………………………………………287
　2　職務発明対価請求訴訟の動向 ………………………………………289
　3　企業における対価に関する規定の整備 ……………………………291

4 判決における対価算定法とその課題点 …………………………………293
5 日亜化学和解勧告とその後の判例 …………………………………297
　（1）日亜化学和解勧告の内容　297
　（2）その後の注目すべき判例　298
　（3）東芝フラッシュメモリー事件における和解　300
6 対価の存在意義に関する研究と分析 …………………………………301
　（1）インセンティブとしての効果に関する議論　301
　（2）最適研究開発投資の視点からの議論　303
7 インセンティブの効果に関する試行的分析 …………………………304
　（1）モデルの設定　304
　（2）被説明変数とその対数値　305
8 使用者等の貢献度と企業経営へのインプリケーション ……………310
9 まとめ（マクロ統計上の位置づけ）…………………………………313

参考文献
索引

アメリカの知的財産政策と経済的意義

 少し古い事例になるが，かつて1980年代にアメリカが自国の産業競争力向上のために，知的財産権の保護強化政策を展開してきたことはよく知られている。かつてアメリカで国策として知的財産政策が展開されてきたという事実は[1]，今日の我が国における知的財産政策の展開と似たところがある。その内容自体は，前者がどちらかというと知的財産の保護強化一辺倒という色彩が強かったのに対し，我が国はより多面的で，より柔軟性に富んだ施策展開と考えられ，明らかに相違が見られる。しかし，アメリカの政策展開と競争力強化との関連性に関する歴史的な事例は，今後の我が国の知的財産政策展開にとっても，なにがしかのヒントを与えてくれる可能性がある。

 そのような期待も込めて，アメリカの事例をもう一度紐解いて，その目的としたところと政策効果の検証を行うこととする。

1 アメリカ経済の停滞と知的財産政策のはじまり

（1）アメリカ経済の停滞（1970年～1980年）

 かつて，1970年～1980年代にかけ，アメリカでは生産性の低下をはじめとした自国経済の停滞が重要な問題とされてきた。マクロ的には，プラス成長

とマイナス成長を繰り返す安定性のない経済変動[2]，失業率の上昇[3]，財政収支の悪化，経常収支の赤字拡大といった現象が，統計数値の上でも明確にとらえられた。1940年以降1970年に至るまで，一部の例外的な時期を除き，終始アメリカは経常収支の黒字国であり続けてきたが[4]，1971年に貿易赤字に転換した後は，多額の赤字を抱える国となってしまった[5]。

かつて，アメリカ経済を支えてきた自動車や電気製品などの産業製品が，日本をはじめとする諸外国の製品によって取って代わられ，こうした産業でのアメリカ企業の競争力低下が貿易収支赤字の原因として指摘された。この原因は，これまでのアメリカ経済で大きな役割を果たしてきたハイテク産業に翳りが見られたためと考えられた。この点は，我が国で有名な「ヤングレポート」の中でも指摘されていた[6]。

そのため，1980年代，アメリカではハイテク産業の競争力強化の必要性が求められ，それを達成するための対策が民間のみならず，政府機関や学界など各方面で模索されてきた。

ヤングレポートによれば，ハイテク産業は1970年代のアメリカ経済全体の平均的伸びの6倍に及ぶ成長を遂げ，その間のハイテク製品価格の上昇率は国全体のインフレ率の1／3にすぎなかった。さらに，ハイテク産業とその周辺分野の雇用の伸びは，全産業の伸び率に比べ50％以上も高く，貿易面でも1980年には310億ドルの黒字となっていた。しかし，アメリカ国内の要であったこのハイテク産業が，1970年代より徐々に他国との競争に晒され，国際市場でのシェアを低下させていった。貿易面でも，ハイテク製品の黒字の減少傾向が見られた。具体的には，日本のメモリ半導体部門，光エレクトロニクス（光ファイバー部門）などの光源技術，発酵などの生物処理工学，ロボット技術など，さらにヨーロッパによる商業航空機産業などが，当時，アメリカのハイテク産業にとっての脅威と考えられていた。こうした，ハイテク部門の翳りは，アメリカの技術開発資源への投入量の減少傾向とも符合していた。1970年代を通じたアメリカの対GDP研究開発費比率は低下し続けてきた。逆にこの間，日本では研究開発費が伸び，1972年～1982年までの間に日本企業に付与された米国特許件数は45％も増大した[7]。

かつて自国経済の中心的存在であった繊維，鉄鋼といった従来型産業の衰

退にとどまらず、アメリカはハイテク分野でも競争力の低下に見まわれ、この点に強い危機感が抱かれた。こうした状況からの打開策の一環として、知的財産権保護強化が産業競争力政策のひとつに取り込まれることとなった[8]。

（2）プロパテント政策への移行

　カーター大統領は、1979年10月に「米国産業技術革新政策に関する大統領教書」を発表した。ここでは、生産性向上、国際競争力の確保、雇用機会の創出、そしてアメリカ国民の生活水準向上などといった目的のために、産業上の技術革新（新製品・新製法の開発とその商業化）の必要性が強調された。この教書の背景にも、アメリカハイテク産業の覇権喪失に対する懸念があった[9]。

　この中では、①技術情報の移転促進、②技術的知識の拡大、③特許制度の強化、④独占禁止政策の明確化、⑤技術革新型小企業の育成他、9つの対策が打ち出された。この対策のうち③特許制度の強化と④独占禁止政策の明確化において知的財産権の保護を促進させる方向性が具体的に示された。伝統的に、独占禁止（アンチパテント）政策に偏りがちであったアメリカが、プロパテント政策に転換する契機になったとも考えられる。

　この大統領教書が示された後の知的財産政策としては、1982年の連邦巡回控訴裁判所設立、また政府資金による研究開発成果の民間移転促進を目指した1980年のバイ・ドール法制定がよく知られている。

　また、先述のヤングレポートの中でも、知的財産権問題に特化した分析と今後の方向性が、詳細に論じられた。このレポートの中では、技術革新がアメリカ経済の大黒柱であり、それは経済の繁栄のみならず、国民生活の広範な改善をもたらすと期待されていた。そして、技術革新に向けた各種の政策提言がなされたが、それは国内のみならず、海外をも対象とするものであった。

　1980年代半ばから1990年代にかけて、アメリカでは技術革新による経済再生のための政策提言を意図するこうした類のレポートがさまざまな組織でまとめられ、公表されてきた[10]。ヤングレポートは、その中でも比較的早い

段階でまとめられたものである。

　ヤングレポートでは，医薬品特許の保護期間延長，製法特許の効力の拡大，営業秘密保護の強化，特許ライセンスに関する独占禁止法適用の緩和などが勧告され，まずはアメリカ国内での知的財産権保護を拡充させ，そのうえで二国間及び多国間の交渉によって国際的な知的財産権の保護強化を促すべきとされた。こうした勧告の内容は，いずれもレポート提出の前後を通して現にアメリカで実施されてきた事項である。

　その後1990年代，アメリカでは良好な経済的パフォーマンスが実現した。1980年代当時のアメリカの政策立案・執行者が意図した目的が，1990年代に実現したとすれば，かつての知的財産政策が結実したと見ることもできる。しかしそれは，1980年代の政策と1990年代の経済との具体的な因果関係を確認しなければ，正しく判断をすることはできない。

　実際，こうした分析はアメリカの知的財産政策の効果を評価するという観点からも，ひいては知的財産政策の持つ経済的な含意を知るという意味からも興味深いところである。

2　1990年代の堅調なアメリカ経済

　1990年代のアメリカ経済の特徴は，高いレベルで安定した経済成長率の持続，失業率の低下，インフレを伴わない成長，財政収支の黒字化といった点に見い出された。特に，1990年代後半になるほど経済成長のスピードは高まり，4％を超える成長率が維持された[11]。消費者物価指数も1992年以降は2～3％前後の伸びで安定し[12]，消費の底上げに寄与した。1990年代の経済成長の背景のひとつには，個人消費支出が安定的に推移したという事情がある[13]。

　さらに，1990年代は民間設備投資が堅調であった。1992年以降は民間設備投資の伸び率が常に5％を超え，1998年には10％に上昇した[14]。民間設備投資の中でも，構築物や産業機械の伸びは不安定でシェアを低下させた反面，コンピュータ関連設備やソフトウエアといった情報関連投資がシェアを

伸ばした。情報関連投資のうちコンピュータ関連投資は，1995年以降40％前後の伸びを維持した[15]。このように，経済成長を支えた要因のひとつの原動力として，IT関連投資が貢献してきたことが分かる。コンピュータ関連投資は，もともと景気変動の影響を受けにくいといわれている。というのも，償却期間が短く，さらに各企業で順次新たな投資の連鎖が起きるため，かつて設備投資の中心であった構築物や産業機械と異なり，投資の変動幅が小さいことがひとつの特徴だからである。

　こうした1990年代のアメリカでは，インフレなき低失業率の下で，10年の長期に渡る安定した経済成長が実現されることになった。そして2001年度CEA年次報告は，1990年代の成長が生産性上昇を中心とする構造的要因に大きく依存していると分析した[16]。

3　1990年代アメリカ経済の構造変化の実態

（1）生産性の上昇

　アメリカ経済の構造変化の中心は，ITというニューテクノロジーの活用をベースとした企業活動と，経済政策が一体になってもたらされた生産性の上昇にあった。生産性の上昇に伴って物価が安定し，インフレを伴わない低失業率が実現された[17]。そして，この現象をいわゆるニューエコノミーの生起と見る見解が登場した[18]。

　従来，6％程度で推移してきたインフレを加速しない失業率（NAIRU：Non-Accelerating Inflation Rate of Unemployment）が，1995年以降急速にその水準を下げた[19]。元来，失業率とインフレ率はトレードオフの関係にある。つまり雇用環境が改善し失業率が低下すると労働需要が増加し，それに伴い賃金の上昇を招き，ひいては物価を押し上げる方向に作用してきた。それにもかかわらず，2000年4月と9月の3.9％に代表されるように，過去30年ぶりの低い失業率の下でも安定した物価水準が維持された。これは，かつてない生産性の上昇によってもたらされたものであった。

(2) 生産性上昇の要因

1990年代後半におけるアメリカ経済の生産性向上を示すデータとしては，1973年～1995年の間に年平均1.39％で推移してきた労働生産性の伸び率が，1995年～2000年までの間には3.01％に加速したことが挙げられる[20]。生産性の趨勢成長における1％の上昇が失業率を1.25％引き下げるというシミュレーション分析と併せ，現実に生産性の向上が雇用にも良好な影響をもたらした。

今回の生産性の上昇要因には，景気循環要因に由来するものよりも，構造的な変化を理由とする要因が大きく関わっていた。構造的要因としては，第1にIT産業分野自体の生産性上昇が挙げられる。またより重要な要因は，IT産業の生産性上昇が航空機や自動車製造，エネルギー産業，小売業など，その他産業の生産性を押し上げたことにある[21]。

さらに，流通と供給チェーン管理でのIT活用による改善の結果として，たとえば小売業や卸売業における生産性上昇率の伸びを大きく押し上げた。つまり，ITが他の産業にプラスの波及効果をもたらした。情報化投資を通して，たとえばジャスト・イン・タイムなど受発注管理の効率化による在庫高の削減，管理費の節約，顧客サービスの迅速化，生産設計の共同化などを通した企業内プロセスの改善など，各産業分野は技術革新の恩恵を，業務効率向上などの形で享受することになった[22]。

(3) イノベーションの背景

このようなIT分野におけるイノベーションを生起させた要因のひとつとして，アメリカ経済年次報告では知的財産権保護の強化が挙げられていた[23]。特に，ビジネス方法特許の保護が行き届いていた点が指摘された。しかし，この年次報告においても知的財産権保護の強化と生産性上昇の間の因果関係が具体的に示されていたわけではない。つまり，実証的な証拠が提示されることなく，知的財産権の保護強化が生産性上昇に寄与したとする結論が出されていたわけである。

1980年代当時のアメリカの知的財産政策の立案・執行者が意図した目的

が，既に述べたような1990年代後半のアメリカ経済のパフォーマンスによって実現されたとすれば，当初の政策意図が完遂されたと見ることもできる。しかし，先に述べたようなアメリカの経済的繁栄が，いわゆるIT革命によってもたらされるということは，1980年代当時には想定すらされていなかったのではないだろうか。

4　1990年代アメリカのハイテク産業の実相

　アメリカの経済は，1970年代以降，急速に貿易依存度を高めてきた。そして，レーガン政権によるドル高政策がアメリカの貿易赤字を促進させ，1980年代以降の大幅な経常収支悪化につながった[24]。

　アメリカの産業競争力という観点では，ハイテク技術が用いられた製品の貿易収支の推移が参考になる。ヤングレポートでは，先端技術の開発とその保護を通した競争力の確保が重要と考えられていた。その意味では，技術力の高い主要製品について，輸出面でも優位にあることが期待されていた。確かに，輸出額だけを見ると1999年は1990年の2倍以上となり，1990年代を通してハイテク製品の輸出は大きく伸びた。しかし，それを上回る勢いで輸入が伸び，ハイテク製品の貿易収支は，次の図表1-1にあるように，1995年～1997年の間に一時改善したものの，1990年代を通しておしなべて悪化する傾向を示した[25]。

　また，図表1-2によれば，OECD諸国内でのハイテク製品に関するアメリカの貿易収支は，1982年以降継続して赤字が続き，1990年代に入って赤字額はさらに拡大した。1989年以降は，図表1-1の先端技術製品貿易収支と同じグラフ波形を描いている。電子・通信関係製品という，いわばIT関連製品についてもハイテク製品と同じ推移で赤字額が拡大した[26]。

　同様に，OECD諸国内でのアメリカのハイテク製品の輸出シェアは1980年代に低下した。1990年代に入り一時回復傾向が見られたものの，1990年代後半に向けて再び下降線をたどった。

　ハイテク産業の国際的ステイタスの向上は，1980年代のアメリカが強く意

8　第1章　アメリカの知的財産政策と経済的意義

図表1-1　アメリカのハイテク製品の貿易収支

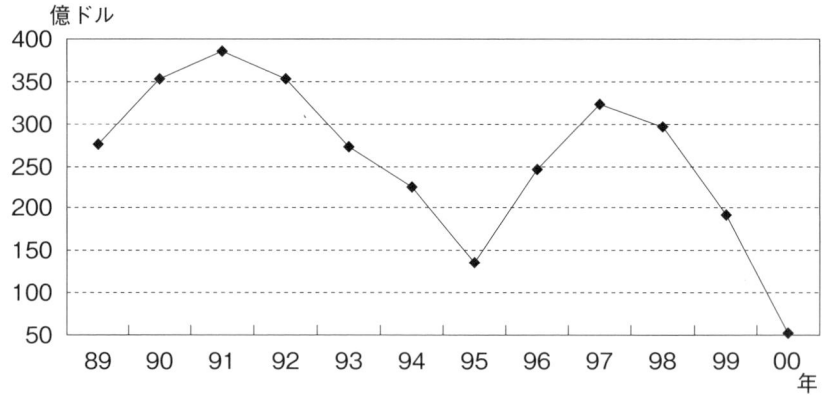

データ：Bureau of the Census, Foreign Trade Division（2001）より。

図表1-2　OECD諸国内でのハイテク製品に関するアメリカの貿易収支

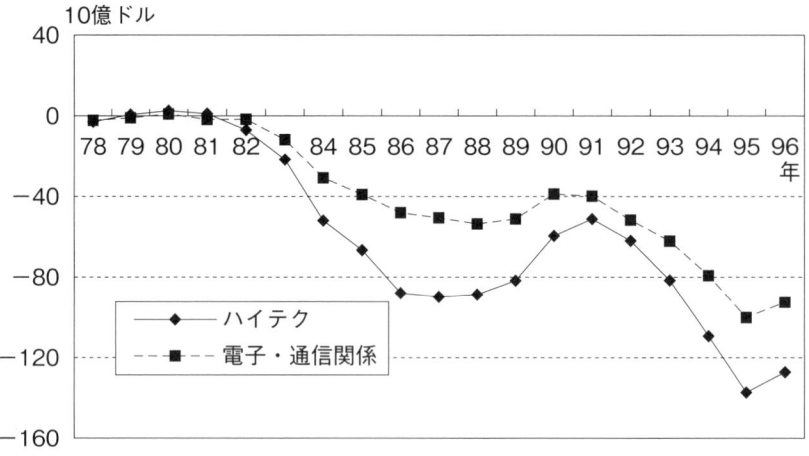

データ：OECD（1998）より。

図したところであったが，このように必ずしも思い通りの結果を得ることはできなかった[27]。

5 研究開発と特許取得の動向

(1)研究開発投資の動向

　アメリカの研究開発投資の対GDP比率は，1970年代を通して低下してきた。しかし，GDPの伸び率が1992年以降に回復したことを受け，R&D投資も1994年から回復基調となり，1995年以降は6％前後と高い伸び率で推移してきた。その研究開発資金の提供元をセクター別に見ると，R&D投資の伸びを支えたのは民間部門（連邦政府以外の部門，以下同様）であった。民間部門の研究開発投資額は1995年以降，8％前後の水準で伸びてきた。その結果，アメリカでは1990年代後半においてR&D投資額の対GDP比率が上昇した[28]。

　そして，その民間研究開発投資を支えたのはIT分野による投資であった。1992年時点において全研究開発投資額の27％を占めていたIT部門の研究開発投資額が，1997年には約34％にまで拡大し，その絶対額は自動車，医薬，宇宙産業をもしのぐ規模になった。IT産業のうち，その研究開発費の伸びを支えたのは電子機器とソフトウエアであった[29]。

　ただ，国際比較を行った場合，必ずしもアメリカの研究開発投資の伸びだけが際立っていたわけではない。研究開発費の対GDP比率について日本と比較したとき，かつてアメリカが比率の上で日本を上回っていたのに対して，1987年以降は日本がアメリカを抜き，その差は今日まで拡大し続けている。そして，国防研究開発費を除くと，その傾向はさらに顕著になる[30]。

　このように，研究開発活動をマクロレベルで見る限り，その経済規模に対する投資額の相対的比較では，アメリカに際立った実績が存在していたわけではなかった。

　同様に，論文発表数のシェアはアメリカが絶対数でトップを維持し続けているものの，アメリカのシェアは1980年代～1990年代を通して低下し続けてきた[31]。論文発表数のウエイトの低下が，直接的な技術開発力の低下を示すとは限らないが，それでも長期的には科学と技術の間で展開される相互の

シナジー効果を低下させる可能性は否めない。

技術貿易収支のように，ロイヤルティ・レートの上昇を伴ってアメリカが1980年代以降大きくその黒字額を伸ばしたという側面もあった[32]。しかし，研究開発投資や論文数シェアの動向と同様に，知的財産権（特許権取得）の分野においても，必ずしもアメリカが国際競争力を伸ばしてきたとはいえない側面が見られた。

(2) 特許取得状況

アメリカ国内における全体としての特許にかかる件数推移を見ると（図表1－3），出願件数，登録件数とも1980年代～1990年代にかけて一貫して増加してきた。しかし，アメリカ人による出願件数シェアは，1980年代前半に大きく低下し，その後1990年代に入って一時盛り返したものの，1990年代後半は1980年前半の水準を下回ったまま推移している[33]。

また，登録件数におけるアメリカ人のシェア（図表1－4）は1980年代に低下し続け，1990年代前半に幾分回復したものの，1996年を契機に1990年代後半は，ふたたびシェアを低下させてきた[34]。1980年代を通して，アメリカ市場が広く外国企業に開かれることで，海外からの出願もしくは登録件数

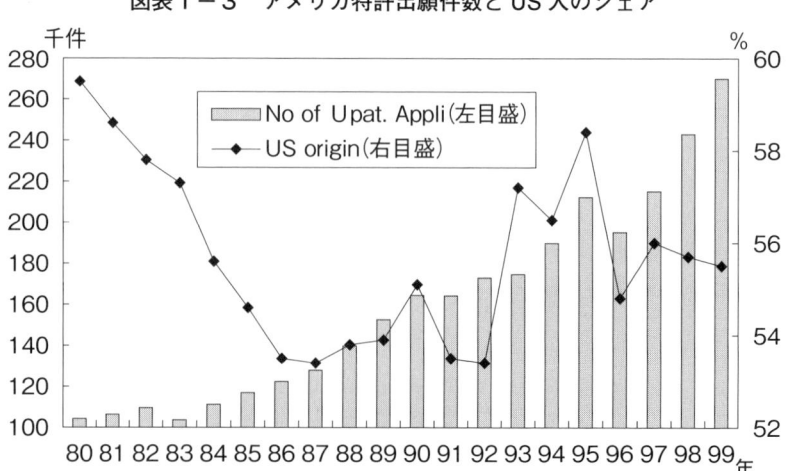

図表1－3　アメリカ特許出願件数とUS人のシェア

注：Upat.は，Utility Patent をさす。

図表1-4 アメリカ特許登録件数とUS人のシェア（単位：千件）

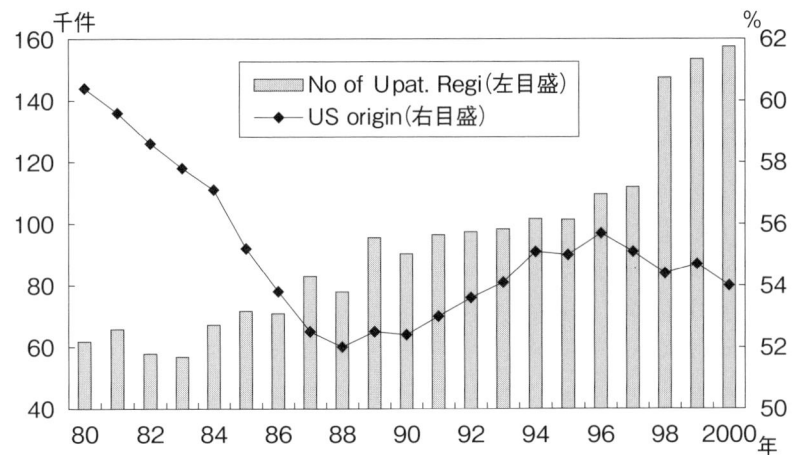

注：Upat.は，Utility Patentをさす。

が増加してきたことが推測される。

1990年代における特許登録の分野別内訳を見ると（図表1-5），電子関連特許のウエイトが1994年以降急速に増加した。約470に昇るアメリカ特許分類のうち，1990年～2000年の間に登録件数が2倍に伸びたクラスが46あるが，このうち24のクラスがIT関連分野に属していた[35]。

図表1-6でIT分野における特許取得状況を見ると，US特許全体に対する電子関連特許のウエイトが1994年以降急速に高まっていることが分かる[36]。アメリカでの特許登録件数が全体として増加している中でのウエイト増であり，その件数増のペースはめざましい。

それは，特許取得件数の増加指数にも表れており，1987年の件数を100とした指数は，1994年以降，電子関連特許の伸びがそれ以外の特許に比べて顕著であり，その中でもアメリカ人による取得件数の伸びが際立っていた。

6 アメリカ知的財産政策と経済との関連

以上，1990年代のアメリカ経済と研究開発活動などの実態を見てきた。ア

図表1－5　特許登録件数の倍率の大きい上位10クラス

順位	クラスの名称	分野	倍率
1	Multicellular living organisms and unmodified parts thereof and related processes	バイオ関連	25.6
2	Data processing: software development, installation, and management	IT関連	12.9
3	Electrical computers and digital processing systems: multiple computer or process coordinating	IT関連	9.9
4	Electricity: battery or capacitor charging or discharging	IT関連	6.4
5	Data processing: database and file management, data structures, or document processing	IT関連	6.1
6	Electrical computers and digital processing systems: support	IT関連	5
7	Telecommunications	IT関連	4.4
8	Semiconductor device manufacturing: process	IT関連	4.2
9	Data processing: financial, business practice, management, or cost/price determination	IT関連	4.1
10	Foundation garments	その他	4.1

注：倍率は，2000年の登録件数を1990年の登録件数で割ったものである。

　メリカが1990年代に見せた経済的パフォーマンスは，ITという産業分野を起点として発生し，それが経済の広い分野に波及することで，全体として高く安定した経済成長を実現させた。

　1980年代に展開された知的財産政策は，1990年代後半のアメリカ経済の興隆によって結実したかに見えるが，しかしそれはITという新しい産業基盤を起爆剤としたことによる成功であった。アメリカ産業全般の競争力回復という，当初の目標が達成されたためではない。

　このように見たとき，アメリカでとられた知的財産政策が，当初の目的を達成したと結論づけるにはやや無理がある。そして，アメリカ経済の再興において，知的財産政策が奏功したという実証的証明はなされていない。アメ

図表1－6　アメリカにおける全登録特許に対する電子関連特許のシェア

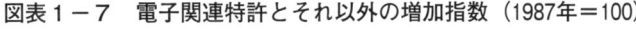

注：全登録特許とは，Utility 特許を意味する。

図表1－7　電子関連特許とそれ以外の増加指数（1987年＝100）

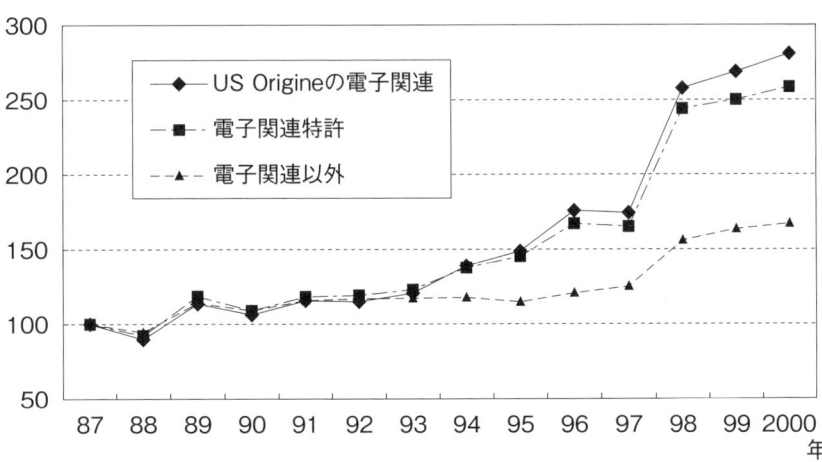

注：電子関連特許とは，Utility 特許を意味する。

リカの知的財産政策，あるいは知的財産という資源と経済との関わりは，単に状況証拠としてその関連性が推測されているに過ぎない。しかし，こうした関連性をより実証的に，科学的に分析していくことが，知的財産という資源をより有効に活用していくうえで重要な課題になってくる。

第2章では，実証分析の説明に入る前に，こうした実証分析に用いられる代表的な経済指標としての国内総生産（GDP：Gross Domestic Product）について解説をする。これは，マクロ経済的視点から分析を行うとき，知的財産が密接に関わりを持つべき経済指標であり，分析を行う際には必ず使用される代表的な指標データである。

注

［1］　実際のところ，アメリカが国策として1980年代に知的財産権の保護強化政策を展開してきたかどうかについては議論のあるところでもある。たとえば，㈶知的財産研究所ワシントン事務所編（2001）参照。この中で，当時，アメリカの知的財産政策に関わりがあったと考えられる人物に対するインタビュー結果が記録されているが，その多くが1980年代の知的財産の保護強化は国の政策的な意図のもとで行われたというよりも，偶然にそうした政策が重なっただけであると証言している。

［2］　1983年までは IMF（2000），1984年以降は OECD（2000）などを参照。

［3］　U.S. Department of Labor, Bureau of Labor Statistics "Labor Force Statistics from the Current Population Survey, Unemployment Rate, Percent, 16 Years and Over"参照。

［4］　浅羽（1996）p. 160，及び宮本（1997）p. 85参照。

［5］　Bureau of Economic Analysis "U.S. International Transactions Accounts Data"を参照。

［6］　U.S. Department of Commerce, International Trade Administration（1985）。いわゆる「ヤングレポート」といわれているもので，邦訳は産業競争力に関する大統領委員会である『世界的競争　新たな現実』。その第2巻 Appendix D（「工業所有権保護に関する特別レポート」特許庁総務課企画調査室訳）に知的財産権政策に関する詳細な記述がなされている。

［7］　同上 Appendix D 参照。

［8］　しかし，当時のアメリカ経済の問題は，単にハイテク部門の衰退という要因に限らず，伝統的な経済システムそのものの中に，さまざまな歪みが生じていたとする説もある。独立から大戦後の活況期に至るまでのアメリカ経済のダイナミズムは，①プロテスタンティズムの倫理観に裏打ちされた勤勉・節約を旨とする資本主義の精神，②国家統制の少ない「小さな政府」の下での自由放任主義による経済活動の推進，③よく機能すべく設計された教育制度によって育

成された人的資源，④資本，労働力，技術，市場といった要素を国内外から適切に調達しつつ，広いアメリカ国内市場を中心とした内部成長型経済が形成されていった点に求められた。こうしたアメリカ経済の成長の原動力が，それぞれ勤勉から拝金主義へ，「機会」の平等から「結果」の平等へという価値観の転換，教育水準の低下，そして政府貯蓄と個人貯蓄の不足による国内的な資本不足という事態に直面し，経済的停滞の傾向が見られるようになったとする説もある。浅羽（1996）pp. 39-52, p. 204, Dertouzos et al.（1990）pp. 51-52, p. 131など参照。

[9]　文部科学省（1981）第1部第2章第1節，坂井（1994）p. 128参照。

[10]　アメリカの産業競争力回復に関するレポートとしては，たとえば，産業界，労働界，学界の指導的メンバーによってヤングレポートのフォローアップを目的として組織された「競争力評議会」から，1987年4月に「アメリカ競争力の危機──新しい現実に直面して」が発表された。また，マサチューセッツ工科大学（MIT）の教授を委員とする産業生産性調査委員会が設置され，その調査研究結果が1989年に前掲Dertouzos et al.（1990）として発表された。また，日本との産業競争を意識した研究がアメリカで盛んに行われたのもこの頃であった。逆に，日本においても1990年代はじめのバブル経済崩壊の中で，技術力をベースとした製造分野における競争力回復を意図した文献が出版され（吉川監修・日本インダストリアル・パフォーマンス委員会編，1994；日本経済新聞社編，1994など），産業競争力に関する議論が1990年代半ばにおいて両国で活発化した。

[11]　U.S. Department of Commerce, Bureau of Economic Analysis "National Economic Accounts, Current-Dollar and 'Real' Gross Domestic Product"参照。

[12]　U.S. Department of Labor, Bureau of Labor Statistics "Consumer Price Index, All Urban Consumers－(CPI-U), U.S. City Average, All items"参照。

[13]　U.S. Department of Commerce, Bureau of Economic Analysis "Percent Change from Preceding Period in Real Personal Consumption Expenditures by Major Type of Product"参照。

[14]　U.S. Department of Commerce, Bureau of Economic Analysis "Percent Change from Preceding Period in Real Private Fixed Investment by Type"参照。

[15]　経済企画庁編（1996）第1章第2節1を参照。なお，バブル経済の崩壊を経験した後の日本の1990年代は失われた10年といわれているが，その日本におい

ても1990年代後半においてIT資本の蓄積が進み，IT投資の日本の経済成長への寄与率は約40％に達していた（Jorgenson et al., 2002；Jorgenson and Motohashi, 2003；深尾・宮川，2003参照）。それにもかかわらず，我が国が1990年代にアメリカのような経済成長を見ることができなかったのは，労働力の再配分効果（つまり，生産性の高い分野への労働力の移転が進むこと）が生まれず，むしろマイナスになったためと考えられている（深尾・宮川，2003参照）。また，篠崎（2003）は，イノベーション型の情報技術革新が，「主力製品の周辺で起きる微調整な開発」を得意とする日本型の企業システムにそぐわなかったことが，1990年代において我が国で情報化投資が効果を発揮できなかった理由のひとつであったとしている（pp. 208-210参照）。

[16]　Council of Economic Advisers（2001）参照。
[17]　Council of Economic Advisers（2001）p. 32参照。
[18]　たとえば，原田・土志田（2001）pp. 8-9，平井（2001）p. 13参照。ニューエコノミーとは，情報通信技術やバイオ技術などの技術進歩によって，アメリカの産業構造が変化し，生産性が著しく向上し，これまでにないアメリカ経済の基盤がもたらされたとする説である。このニューエコノミー理論を唱える学派の中にも，その意図する内容が異なるいくつかのグループがある。その効果をもっとも強調する説としては，アメリカ社会の本質的なパラダイムの変化を指摘する。この立場からは，産業構造のソフト化や需要構造の情報化など，一連の「知価革命」によって豊かな人々のみならず，勤労年数の短い高給取りが増加することで生涯を通じて所得と消費がバランスするようになり，さらに家族に有形の資産を残そうという意欲が薄れるなど，社会全体の人生パラダイムが変化し，過去に見られた近代工業社会特有の景気循環を生む要素がなくなったとする。ただこうした説も，景気循環がなくなったという可能性は示唆しても，長期的レベルでの不況の到来までを否定しているわけではない（経済企画庁編，1999参照）。今回の「経済諮問委員会年次報告」でも，ニューエコノミーの意義をそこまで強調していたわけではない。
[19]　経済企画庁編（1996）第3章第1節1参照。
[20]　Council of Economic Advisers（2001）p. 38参照。
[21]　米国商務省（2000）参照。
[22]　Council of Economic Advisers（2001）p. 40参照。
[23]　Council of Economic Advisers（2001）pp. 89-101参照。
[24]　宮本（1997）p. 106参照。
[25]　ここでは約22,000の製品分野のうち，ハイテク技術が用いられた製品など約

500の分野がハイテク製品とされている。
[26] OECD (1998) による。ここでの「ハイテク」製品は,「医薬」「事務機器・コンピュータ」「電気機械」「通信機器」「電子機器」「自動車」「航空機」を合計したものをいう。また,「電子・通信関係」製品は,「事務機器・コンピュータ」「電気機械」「通信機器」「電子機器」を合計したものをいう。OECD加盟国のうち,韓国とメキシコについては,比較可能なデータが整わない年次が多かったため,対象から除外した。
[27] 当時,アメリカのハイテク産業にとっての脅威は,他でもなく日本企業の台頭にあると見られ,かつ現にそうした実態が存在した。ただ,1990年代前半のアメリカ経済が持ち直し傾向を示した事実から,こうした現象をアメリカが日本の技術と資本を国内に取り込んで,アメリカ産業の一部に同化しつつあるとして,それをアメリカ経済の強さの一部と見なす見解もあった(東京銀行調査部,1994参照)。
[28] 石井 (2002) p. 21 – 22参照。
[29] Division of Science Resources Studies, National Science Foundation "Historical Database for National Patterns: Columns 1 – 175, National Patterns of R&D Resources : 2000 Data Update"参照。
[30] National Science Foundation, Division of Science Resources Studies "Company and Other Nonfederal Funds for U.S. Industrial R&D Performance by Industry and by Size of Company : 1997 – 99," Division of Science Resources Studies, National Science Foundation "International R&D Expenditures (Total and Non-defense) in Constant Dollars and as a Percentage of GDP : 1981 – 99," 石井 (2002) p. 23参照。
[31] 文部科学省科学技術政策研究所 (2001) p. 107参照。
[32] Bureau of Economic Analysis "U.S. International Transactions Accounts Data,"Bureau of Economic Analysis, Department of Commerce "National Accounts Data," 科学技術庁科学技術政策局編 (1998), 及び科学技術庁科学技術政策局編 (2000) 参照。
[33] U.S. Patent and Tradmark Office, Electronic Information Products Division, Patent Technology Monitoring Team (PTMT)"Number of Utility Patent Applications Filed in the United States, by Country of Origin, Calendar Years 1965 to Present (1)" 参照。
[34] U.S. Patent and Tradmark Office, Electronic Information Products Division, Patent Technology Monitoring Team (PTMT)"PART A 1 – Table A 1 – 1

a, Breakout by Country of Origin Number of Patents Granted as Distributed by Year of Patent Grant. Granted：01／01／1963 − 12／31／2007"参照。

[35] U.S. Patent and Tradmark Office, Electronic Information Products Division, Patent Technology Monitoring Team（PTMT）"Patent Counts by Class by Year Patents Granted：1977 − 2006, Part I, Patent Counts by Class by Year Patent Counts Based on Original Classification Only"参照。

[36] U.S. Patent and Trademark Office, Electronic Information Products Division（2001）"Technology Assessment and Forecast Report, Electrical Classes, 1977 − December 2000, USPTO, U.S. Patent Statistics, Calendar Years 1963 − 2000"参照。

第2章 主要経済データとしてのGDP

1 GDP（国内総生産）とGNP（国民総生産）

　「GDP」（国内総生産）とは，国内で一定の期間（1年間や四半期単位）に生み出された「付加価値」の総額をいう。「Gross Domestic Product」の頭文字をとった略称である。日本経済全体としての純産出高を示し，この額が経済の規模や国の豊かさを示し，またこの額の時系列の変化率は「経済成長率」として知られている。特にマクロレベルでの経済分析には，このGDPデータが用いられることが多い。

　GDPに類似した概念として「GNP」（国民総生産）が存在する。GNPは，生産場所が国内であるか海外であるかを問わず，日本人（日本に1年以上居住する者を含む）が取得する所得をいう。正確にはこの概念は生産高を意味するのではなく，所得を意味する。

　GNPは，GDPに海外からの「要素所得」の純受取額（「純要素所得」）を加算して求められる。要素所得とは，労働や資本（これを「生産要素」という）を提供した見返りとして得られる所得をいう。外国にいる日本人・日本企業が受けとった金額から，日本にいる外国人・外国企業が受けとった金額を差し引いたものが純要素所得となる。

　かつて，GNPが経済統計データとして一般的に使用されていたが，今日

はほとんど使用されなくなった。それに代わってGDPデータが用いられている。その理由としては，①海外にいる日本人・日本企業の所得の把握が困難であること，②国内景気を見るためには国内の経済活動だけを対象とした方がよいこと，が背景にあるとされている[1]。

ちなみに，2007年のデータを用いてGDPとGNPの関係を式で表すと下記のようになり，GNPの金額が幾分GDPよりも大きくなっている。

```
GDP     = GNP      －　海外からの純要素所得の受け取り
515,716 = 532,936  －　(26,294 － 9,074)
          (    ) 内の値は約17兆円：2007暦年の数値（単位：10億円）
```

2　付加価値とは

先に述べたように，国内総生産（GDP）は，国全体の付加価値の総合計である。そして，付加価値とは，企業などの生産主体が生産活動によって生み出す財貨・サービスの「総産出額」から，その生産主体が国内の別企業や海外から輸入したものなど，外部から購入した原材料，エネルギー，中間生産物などの「中間投入額」を控除したものをいう。それを表したものが2－①式である。

付加価値＝財貨・サービスの総産出額－中間投入額　……2－①

この定義は，国全体の合計としてのGDPだけに該当するのではなく，個々の地域（都道府県）や各企業単位の付加価値についても同様に当てはまる。いま，簡単な事例を用いて付加価値（GDP）の算出を行ってみよう。

たとえば，ある地域には自動車製造産業だけが存在すると仮定しよう。そして，自動車を製造するための原料になる鋼板をつくるために製鉄会社が鉄鉱石やコークスを海外から輸入し鉄板を製造する。ここでは，その鉄板のすべてが自動車の部品製造会社によって購入されるものと仮定する。同様に部品製造会社が製造した部品は，すべて自動車メーカーが購入し，最終製品の

自動車として出荷する。そして，それをその地域住民が購入して消費するという循環が成り立っているとする。鋼板など鉄製品以外の原料はすべて外国からの輸入に頼っているとする。つまり，製鉄会社，部品製造会社，自動車メーカーのいずれもが，海外からその他原材料や石油などのエネルギーを調達しているとする。

そして，この地域の経済実態が図表2－1のような数値で示されるとしたとき，この地域のGDPがいくらになるかを計算してみよう。

上記の前提を意図しながら，「中間投入」の列と「付加価値」の列，さらに「合計」の行の「A」～「I」といった空欄に数値を入れてみよう。なおここでの「中間投入」は，当該事業者が地域内の別の事業者によって生産されたものを仕入れて自社の生産活動に用いた金額を意味している。

図表2－1 ある地域（または国）のGDP算出（単位：兆円）

生産主体	生産額	中間投入	輸入原料・エネルギー	付加価値
製鉄会社	20	0	10	C
部品製造会社	60	A	20	D
自動車メーカー	130	B	35	E
合　計	F	G	H	I

上記の表から分かるように，各企業それぞれが付加価値を生み出し，それらの総計が地域全体の付加価値合計としてのGDPになる。結論的に，この地域は全体で210兆円の生産（売上高）を生み出し，外部からの購入を控除して，65兆円の付加価値を生み出したことになる。正回答は，下記を参照されたい。

＜回答＞

	A	B	C	D	E	F	G	H	I
金　額	20	60	10	20	35	210	80	65	65

なお，上の2－①式による付加価値の計算は個別企業の場合でも同様に適

用できるが，個別企業の場合は用語を一部改めて，下記2－②式で示されるのが一般的である。

> 付加価値　＝　生産高（売上高）　－　外部購入費……2－②

　この式による付加価値の計算法を控除法という。企業内部で生み出された成果物（付加価値）はさまざまな要素に分配されるが，その分配された付加価値を構成する要素を加算することで付加価値を求める方法も存在する。この方法は，日本銀行が公表している「主要企業経営分析」や財務省が公表する「法人企業統計調査」にも採用されており，通称，日銀方式や財務省方式と呼ばれている。日銀方式による付加価値の計算式は下記の通りである[2]。日銀方式の場合，上記のうち「利益」には，通常，経常利益が採用されている[3]。

> 付加価値　＝　利益＋人件費＋金融費用＋賃借料＋租税公課
> 　　　　　　　　　　　　　　　　＋減価償却費　……2－③

3　GDPの算出方法

　GDPは，さまざまな経済統計（一次統計）を加工して算出された「二次統計」データである。つまり，GDP算出のためだけに特別の調査が行われているわけではなく，各省庁で実施されている統計調査の結果（これを基礎統計という）を用いることによってGDPは推定計算されている。現実のGDPの算出は，上の2－①式の計算式で示したような計算項目が既存のものとしては存在しないため，単純な四則演算によって行うことができない。実際，GDPの算出には膨大なデータが，数多くのスタッフによってハンドリングされ，その推定に係る全体系を掌握する者はごく少数といわれている。GDPの推計方法は一般には公開されていないが，いずれにせよ複雑な推定作業の下で算出されている。GDP算出に必要とされる各項目の中には，輸出入，民間住宅投資，公的固定資本形成などのように，現存する統計データをその

まま利用できるものもあれば，中には時系列モデルなどを用いて推計して算出しているものもある。

　GDPには，四半期に1回発表される「速報」(QE：Quick Estimation) と年に1回発表される「確報」が存在するが，それぞれ下記のようなデータの利用と算出方法がとられている。

①四半期に1回発表される「速報」(QE)

　月次もしくは四半期ベースで入手できる基礎統計（鉱工業生産指数，家計調査，建築物着工統計確報など）を使って，家計最終消費支出や民間企業設備投資などの需要項目(支出項目)ごとに推計値が計算され，その合計がGDPとして算出される[4]。

②年に1回発表される「確報」

　暦年ベースでしか得られない基礎統計（工業統計表，商業統計表，事業所統計など）が用いられる。これらデータが揃うのには時間がかかるため，GDP統計の「確報」は当該年が終了してからほぼ1年経過しないと発表されない。

4　GDPにおける三面等価の原則

(1) 生産・所得・支出における等価

　国全体として生産された付加価値は，個人，企業，さらに政府などに所得として分配され，そして分配された所得を用いることで生み出された付加価値の購入，つまり支出がなされる。このように，生み出されたGDPは，国の中での所得分配から支出へという循環を持つことになる。

　つまり，ひとつの限られた期間について見ると

$$\boxed{\text{生産　＝　所得　＝　支出}}$$ という等式が成り立つ。

　この等式の構造を「三面等価」という。ここでいう三面とはいうまでもなく，生産と所得と支出を意味する。

（2）所得と支出面から見たGDPの構成内容

① GDPデータの取得

内閣府のホームページからGDP統計データを取得してみよう。取得する手順は下記の通りである[5]。

内閣府のホームページ（http://www.cao.go.jp/）から，
① 右欄の「内閣府アイ」の中の「活動」欄中の「統計情報・調査結果」を選択（クリック）し，
② 開いた画面の左上部にある「SNA」を選択し，
③ 開いた画面から「国民経済計算確報」を選択する，
④ 開いた画面から「推計結果」の中の「統計表一覧」を選択する，
⑤ 開いた画面から「平成18年度確報」を選択する，
⑥ 開いた画面から「（1）国内総生産勘定（生産側及び支出側）」を選択する，
⑦ 「このファイルを開くか，または保存しますか？」と聞かれるので「開く（O）」を選択する，
⑧ GDP統計データが表示される。

取得されたデータは，図表2-2のように上から，所得（分配），生産，支出に分けて，それぞれの内訳が示されている[6]。

②生産面から見たGDP

まずGDPは，さまざまな経済活動別に産出額とその中に投入される中間投入額を算出・推計したうえで，前者から後者を控除して経済活動別の付加価値を求めて合計する。これが図表2-2の「項目」行の7行目の「生産」と表示された部分にある生産面から見たGDPである。

③所得（分配）面から見たGDP

そして，これを「所得（分配）」の面から見たとき，それは図表2-2の

図表2-2 内閣府HPより取得したGDPデータ（1. 国内総生産勘定（生産側及び支出側））

(単位：10億円)

		項　目	平成16年度	平成17年度	平成18年度
GDP	所得(分配)	1.1 雇用者報酬（2.4）	255,946.7	259,430.0	262,835.0
		1.2 営業余剰・混合所得(2.6)	97,922.1	94,027.4	95,413.1
		1.3 固定資本減耗（3.2）	105,778.3	104,357.6	105,963.5
		1.4 生産・輸入品に課される税(2.8)	41,847.4	43,117.9	43,398.3
		1.5 （控除）補助金(2.9)	3,842.9	3,297.4	3,235.2
		1.6 統計上の不突合（3.7）	838.9	6,209.1	7,502.2
	生産	国内総生産	498,490.6	503,844.7	511,877.0
	支出	1.7 民間最終消費支出(2.1)	284,172.6	287,556.1	291,375.3
		1.8 政府最終消費支出(2.2)	89,785.1	90,576.8	89,911.7
		（再掲）			
		家計現実最終消費	334,320.8	338,398.9	342,037.1
		政府現実最終消費	39,636.8	39,734.0	39,249.9
		1.9 国内総固定資本形成(3.1)	113,919.4	117,617.6	120,958.0
		うち無形固定資産	9,668.7	10,021.0	10,292.1
		1.10 在庫品増加（3.3）	1,684.2	1,592.2	2,498.4
		1.11 財貨・サービスの輸出(5.1)	67,038.7	74,902.1	83,889.4
		1.12 (控除)財貨・サービスの輸入(5.6)	58,109.3	68,400.1	76,755.9
		国内総支出	498,490.6	503,844.7	511,877.0
GNP		(参考)海外からの所得	14,749.4	19,163.7	22,700.2
		(控除)海外に対する所得	4,720.6	5,959.9	7,701.7
		国民総所得	508,519.4	517,048.5	526,875.5

　項目行の1〜6行目の「所得（分配）」の各項目に分けられる。各項目の意味合いは，次に概説するとおりである[7]。

　雇用者報酬……付加価値のうち労働を提供した雇用者への分配額を意味す

る。具体的にはサラリーマンの給与や会社負担の社会保険料などを指す。なお雇用者には，法人企業の役員，特別職の公務員，議員なども含む，生産活動に従事するすべての就業者をいうが，そのうち個人事業主と無給の家族従業者は除かれる。個人事業主への分配額は，次に説明する「混合所得」に含まれる。

営業余剰・混合所得……企業などの生産者の生産活動の貢献分に対する配分をいい，具体的には企業の利潤などを意味する。このうち混合所得は個人企業の取り分であり，その中には事業主などの労働報酬的要素が含まれていることから，営業余剰とは区別されている。営業余剰・混合所得は，原則として市場での利益の追求を目的とする産業においてのみ生じるものが対象で，政府サービス生産者や対家計民間非営利サービス生産者にかかるものは含まれない。

固定資本減耗……構築物，設備，機械などの再生産可能な固定資産（有形固定資産，無形固定資産）について，減耗分を評価した額であり，所得から支出されるもののうちの国内総固定資本形成によって補充されることで，この減耗分が補填される。

生産・輸入品に課される税……具体的には，消費税，関税，酒税などの国内消費税，不動産取得税，印紙税などの取引税，事業税，固定資産税，企業の支払う自動車税などが含まれる。生産・輸入品に課される税は，生産コストの一部を構成するものとみなされるため，ここにその相当額が計上される。

（控除）補助金……国民経済計算上の補助金とは，①企業に対して支払われるものであること，②企業の経常費用を賄うために交付されるものであること，③財・サービスの市場価格を低下させると考えられるものであること，の3つの条件を満たす経常交付金を意味する。③のように生産コストを引き下げることから，上の生産・輸入品に課される税とは逆の位置づけとなり，そのためマイナス項目として計算される。

統計上の不突合……概念上一致すべきものであっても，支出系列と生産系列では推計方法が異なっているため，推計値に食い違いが生じることがある。この食い違いを統計上の不突合として，勘定体系をバランスさせ

ることとしている。食い違いの生じる主な理由としては、支出系列を推計する方法と生産系列及び所得の分配系列を推計する方法とが異なることが挙げられる。前者の推計方法をコモディティー・フロー法といい、後者を推計する方法を付加価値法という。

④支出（需要項目）面から見たGDP

最後に、GDPを支出面から（需要項目別に）見たものが図表2-2の「支出」の8〜19行目の部分である。需要項目は、下記の各項目に分けられる。そして、各項目の左に付されたプラスとマイナスの記号によって加減をすることで国内総支出としてGDPが算出される。また、需要項目別に見たGDPの計算式を下記（a）〜（i）に示しておいた。

需要項目は、民間個人部門（下記(a)と(b)）、民間企業部門（同(c)と(d)）、そして政府部門（同(e)〜(g)）の3つの部門に分けられる。図表2-2の「1.7民間最終消費支出（2.1）」が、下記の需要項目のうちの(a)民間最終消費支出を意味する。また、同9行目の「1.8政府最終消費支出（2.2）」が(e)政府最終消費支出を意味する。同13行目の「1.9国内総固定資本形成（3.1）」は、(b)民間住宅投資、(c)民間企業設備投資、そして(f)公的固定資本形成の合計となる。さらに、同15行目の「1.10在庫品増加（3.3）」は、(d)民間在庫品増加と(g)公的在庫品増加の合計となる。同16行目の「1.11財貨・サービスの輸出（5.1）」と、同17行目の「1.12（控除）財貨・サービスの輸入（5.6）」とが、それぞれ(h)財貨・サービスの輸出と(i)財貨・サービスの輸入に相当する。

これら、支出面から見た各需要項目のプラス・マイナスの計算結果が同19行目の「国内総支出」欄に記載され、これが下記の国内総生産（GDP）の額に一致する。

   （a）民間最終消費支出………自動車などの「モノ」やサービス消費の合計額
 + （b）民間住宅投資……………民間部門の住宅建設額
 + （c）民間企業設備投資………民間企業の工場建設、機械投資、サービス投資額
 + （d）民間在庫品増加…………民間部門の在庫の増加額（減少の場合はマイナス）

＋	(e) 政府最終消費支出	………公務員に支払う給与，医療費の保険負担分等
＋	(f) 公的固定資本形成	………国や地方公共団体の公共投資額，公的部門の住宅投資額
＋	(g) 公的在庫品増加	…………原油や米などの備蓄額
＋	(h) 財貨・サービスの輸出	…モノやサービスの輸出[8]
－	(i) 財貨・サービスの輸入	…モノやサービスの輸出
＝	国内総生産（GDP）	

繰り返しになるが，上記のうち，(b)，(c)，(f) を合計したものが，民間部門と政府部門を合わせた「国内総固定資本形成」となり，さらに(d)と(g)の合計が「在庫品増加」となる。そして，これら「国内総固定資本形成」と「在庫品増加」とを加算したものが「総資本形成」と呼ばれる[9]。

上のGDPに関する式を改めて書き直すと，

> GDP＝民間消費＋投資（総固定資本形成）＋在庫品増加＋政府支出＋（輸出－輸入）

となる。

視点を変えて整理すると，投資（総固定資本形成）には，民間が行う投資（民間住宅投資や民間企業設備投資）と政府が行う投資（公的固定資本形成）に分けられる。また，在庫品増加も，民間によるもの（民間在庫品増加）と政府によるもの（公的在庫増加）とに分けられる。

（3）三面等価に関する解説図

以上のように，生産，所得，支出の3つの側面からGDPは把握することができるが，その金額はいずれの場合も同額になる。これを「三面等価」の原則という。次の図表2－3は，国内総生産にかかる国民経済計算の体系を三面等価の視点から整理したものである。まず，所得の分配が行われた後に，個人などの受け取る雇用者報酬や混合所得には所得税が，また法人の受けとる営業余剰には法人税が課せられ，所得の一部が政府に移転する。さらに，企業から個人などに対して，社債利子や株式配当などの形で所得の移転がなされる。このように最初に配分された所得は，各種の事情によって再配

分され，その後，再配分された額をベースに，所得が先に見た各支出項目（需要項目）にあてられる。

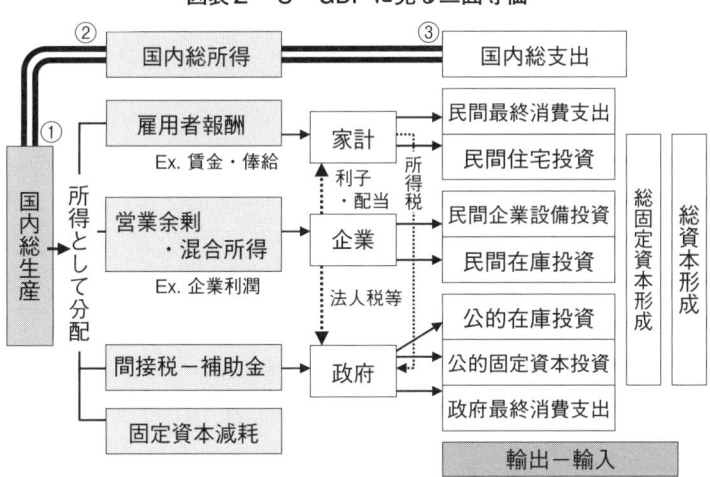

図表２－３　GDPに見る三面等価

① 国内総生産 → 所得として分配 →
② 国内総所得
- 雇用者報酬　Ex. 賃金・俸給 → 家計
- 営業余剰・混合所得　Ex. 企業利潤 → 企業
- 間接税－補助金 → 政府
- 固定資本減耗

家計 ←利子・配当→ 企業　家計 ←所得税→ 政府　企業 ←法人税等→ 政府

③ 国内総支出
- 民間最終消費支出
- 民間住宅投資
- 民間企業設備投資
- 民間在庫投資
- 公的在庫投資
- 公的固定資本投資
- 政府最終消費支出
- 輸出－輸入

総固定資本形成／総資本形成

5　実質 GDP とデフレーター

（1）名目値と実質値

付加価値（GDP）は，その時々の価格（時価）に，支出された財貨やサービスの数量をかけて金額（価額）が算出される。そのため，財貨・サービスの数量だけではなく，その価格が変化することで，年々の付加価値の金額は変化する。その時々の価格によって算出された GDP を「名目 GDP」（あるいは「名目値」）という。この名目 GDP から価格変動の影響を取り除くことを実質化するといい，この実質化された GDP を「実質 GDP」（あるいは「実質値」）という。

名目 GDP が前年より増加したとしても，数量に変化がなく，単に物価水準が上昇しただけであったとすれば，その国の実質的な生産量が高まったと

はいうことができない。各年度における実質的な豊かさの増減を比較するためには，年々変化する物価をある基準年の物価で固定させ，その基準年の価格でGDPを算出し直すことが必要となる。各年の価格水準を示す指標を「デフレーター」という。

ここで，ある年（t年）のiという財貨・サービスの数量をQ^{i_t}，そしてその価格をP^{i_t}とすると，t年の名目GDPは下記2-④式で表すことができる。

$$\sum_i Q^{i_t} P^{i_t} = Q^{1_t} P^{1_t} + Q^{2_t} P^{2_t} + Q^{3_t} P^{3_t} + \cdots \quad \cdots\cdots 2-④$$

この時，「実質GDP」と「名目GDP」の関係は下記2-⑤式で示すことができる。

$$\sum_i P^{i_t} Q^{i_t} \quad = \quad \sum_i P^{i_0} Q^{i_t} \quad \times \quad \frac{\sum_i P^{i_t} Q^{i_t}}{\sum_i P^{i_0} Q^{i_t}} \quad \cdots\cdots 2-⑤$$

（名目GDP）　　　（実質GDP）　　　（デフレーター）[10]

記号iは，各財貨・サービスの種類を示すものであるが，以下では簡素化のためにiを省略して表示する。P_0は基準年における財貨・サービスの価格を，またQ_0は基準年における財貨・サービスの数量を示すこととする。

2-⑤式の左辺がt期における名目GDPを示している。右辺の第1項は実質GDPをそして第2項はデフレーターを示している。実質GDPは，価格の変化による影響を取り除いて産出額を示したもので，いわば，t年に産出された財貨・サービスをすべて基準年の価格で計算したとすればいくらになるかという値を示したものである。また，デフレーターは価格変化を基準年と比較するための指数と考えることができる。

つまり，名目GDP，実質GDP，そしてデフレーターとの間には，下記の関係式が成り立つことになる。

$$\boxed{\frac{名目GDP（時価表示）}{実質GDP}=デフレーター} \qquad \boxed{\frac{名目GDP（時価表示）}{デフレーター}=実質GDP}$$

(2) デフレーターの求め方と留意点

ところで、上の2-⑤式の両辺を $\sum P_0 Q_0$ で割ると下記の2-⑥式が得られる。

$$\frac{\sum_i P_t Q_t}{\sum_i P_0 Q_0} = \frac{\sum P_0 Q_t}{\sum P_0 Q_0} \times \frac{\sum P_t Q_t}{\sum P_0 Q_t} \quad \cdots\cdots 2-⑥$$

（金額指数）　（ラスパイレス数量指数）　（パーシェ価格指数）

2-⑥式の左辺は、基準年のGDPとt年のGDPとの比率を示しており、これを金額指数という。また、右辺の第1項は基準年の価格にt年の数量を乗じたものと基準年の数量を乗じたものの比率を示し、これを「ラスパイレス数量指数」という。そして、右辺の第2項はt年の数量にt年の価格を乗じたものと、基準年の価格を乗じたものの比率を示し、これを「パーシェ価格指数」という。

たとえばIT製品にように価格低下が著しい製品については、需要が増加し、それに併せて産出数量も増加するが、逆に価格上昇の大きい製品は、相対的に産出の数量ウエイトが小さくなる傾向がある。その場合、上のラスパイレス数量指数を構成する分母の Q_0 と分子の Q_t について、財貨やサービスの品目により構成ウエイトに違いが生じてくる。そして、基準年とt年の時間的ずれが大きくなるほど、このウエイトの違いが大きくなる。

一方で、パーシェ価格指数については、基準時点において高かった価格がその後に下落（または低かったがその後に上昇）したことに伴い数量が増加（または減少）した結果、品目の構成ウエイトが変化しても同じt年の品目構成ウエイトを適用して計算がなされる。

このように価格の変化によって数量ウエイトが影響を受ける結果、価格指数にバイアスがかかり、上の計算式によって求めた場合、デフレーターが実態を正確に反映できなくなる可能性が生じてくる[11]。たとえば、次の事例で数量ウエイトの変化によって生じるバイアスの意味合いについて確認してみよう。

まず，バイアスのない場合として，各品目の数量が同じ比率で増大した場合を考えてみよう。事例として，ある国の品目が石油とパソコンだけで構成されていたとする。そして，基準年から当該年（t年）にかけて石油価格が100円から120円に上昇し，パソコン価格が40万円から20万円に低下したが，それぞれの産出量はともに1.2倍に拡大したケースを想定してみよう。

基準年：	石油	100円（／ℓ）×100億ℓ	＝10,000億円
（A期）	パソコン	40万円（／台）×1,000万台	＝40,000億円
		基準年（A期）の名目GDP	＝50,000億円
当該年：	石油	120円（／ℓ）×120億ℓ	＝14,400億円
（B期，t年）	パソコン	20万円（／台）×1,200万台	＝24,000億円
		当該年（B期）の名目GDP	＝38,400億円

この場合，t年の実質GDPは下記のとおり算出される。

当該年：	石油	100円（／ℓ）×120億ℓ	＝12,000億円
（t年）	パソコン	40万円（／台）×1,200万台	＝48,000億円
		当該年（B期）の実質GDP	＝60,000億円

　この結果，t年（B期）のデフレーター（当該年の名目GDP÷当該年の実質GDP）は，

$$\text{当該年（B期）のデフレーター} = \frac{38{,}400}{60{,}000} \times 100 = 64.00 \text{となる。}$$

　逆に当該年（B期）を基準年として，先の基準年（A期）をt年とみなしてデフレーターを算出すると下記のようになる。
　まず先にA期の実質GDPを求めると下記のようになる。
　　A期の実質GDP＝120円×100億ℓ＋20万円×1,000万台＝32,000億円
その結果，A期のデフレーターは，

$$\text{A期のデフレーター} = \frac{\text{A期の名目GDP}}{\text{A期の実質GDP}} = 50{,}000 \div 32{,}000 \times 100 = 156.25$$

となる。

このように，A期とB期に各品目の数量ウエイトに変化がなかったとすれば，A期とB期それぞれのデフレーター（正確にはデフレーターを100で割った価格指数）の積が1になる[12]。

具体的に，上の2つの期の価格指数の積を求めると，

価格指数の積 = 0.64 × 1.5625 = 1 となる。

これに対して，現実の経済のもとでは，価格が上昇すればその品目に対する需要が減退し，逆に価格が低下した品目に対する需要が増大する。価格変化の結果として，この例における石油とパソコンの当該年（B期，t年）における品目価格と数量，さらに総産出量が下記の通りになったケースを考えてみよう。

```
当該年：     石油      200円（/ℓ）×50億ℓ      =10,000億円
（B期，t年） パソコン   20万円（/台）×2,000万台  =40,000億円
                      当該年（B期）の名目GDP    =50,000億円
```

つまり，石油は価格が倍になり数量が半分に減少した。逆にパソコンは価格が1／2に低下し数量が倍になった。

この場合，t年の実質GDPは下記のように算出される。

```
当該年：     石油      100円（/ℓ）×50億ℓ      = 5,000億円
（B期，t年） パソコン   40万円（/台）×2,000万台  =80,000億円
                      当該年（B期）の実質GDP    =85,000億円
```

この結果，t年のデフレーター（当該年の名目GDP÷当該年の実質GDP）は，

$$\text{当該年（B期）のデフレーター} = \frac{50{,}000}{85{,}000} \times 100 = 58.82$$

となる。

つまり，t年は基準年に比べて価格指数が6割弱へと低下したことに

なる。これは，パソコン価格の低下とその需要増加が，石油価格の上昇効果を上回ったことが原因である。

しかし，逆に当該年（B 期）を基準年として，先の基準年（A 期）を t 年と見なしてデフレーターを算出すると下記のようになる。

まず先に A 期の実質 GDP を求めると下記のようになる。

A 期の実質 GDP＝200円×100億 ℓ ＋20万円×1,000万台＝40,000億円

その結果 A 期のデフレーターは，

A 期のデフレーター＝$\dfrac{\text{A 期の名目 GDP}}{\text{A 期の実質 GDP}}$＝$\dfrac{50,000}{40,000}$×100＝125となる。

上の2つの期の価格指数の積を求めると，

価格指数の積＝0.5882×1.25＝0.735となり，推移性がなくなる。これは，先に述べようにパソコン価格の低下に伴い，それに対する需要が増加する一方で，石油価格の増加によりその需要減退が起き，品目数量ウエイトに変化が生じたためである。

このように，価格変化による品目数量のウエイトの変化がデフレーターにバイアスを与えたため推移性がなくなり，こうしたバイアスは基準年と当該年の期間が長くなるほど大きくなる。

近年，このバイアスが無視できないほどに大きくなってきたことから，2－⑤式のような基準年を固定させる方式ではなく，順次基準年を移動させてバイアスを小さくする方式による実質値やデフレーターの算出方法が考え出された。これを連鎖方式という。連鎖方式によるデフレーターは下記の計算式によって求められるが，この連鎖方式は，国際的にも導入が推奨されており，我が国では2004年度 GDP 確報値よりこの方式が採用されることとなった。

$$t \text{ 年のデフレーター}=\dfrac{P_1 Q_1}{P_0 Q_1}\times\dfrac{P_2 Q_2}{P_1 Q_2}\times\dfrac{P_3 Q_3}{P_2 Q_3}\times \quad \cdots\cdots 2-⑦$$

2－⑦式を見ると分かるように，連鎖方式の場合は，基準年を順次ずらしていき，各年の価格指数を累積させてデフレーターを求めている。こうすることで，基準年と当該年の時間的間隔が長くならずに，先の基準年を固定さ

せた場合（この方式によるデフレーター算出を固定基準年方式という）に比べてバイアスによって生じる実態との乖離を小さくすることができる。

6 国の豊かさと GDP

(1) 各国経済規模（GDP）の比較

　GDP はその国によって新たに生み出された付加価値であり，その価値に対する対価はその国民の所得となる。下の図表2-4と次の図表2-5は，世界銀行が提供するデータに基づいて，それぞれ1990年と2006年におけるGDPの規模の大きい順に，国を左から並べてグラフ表示したものである[13]。

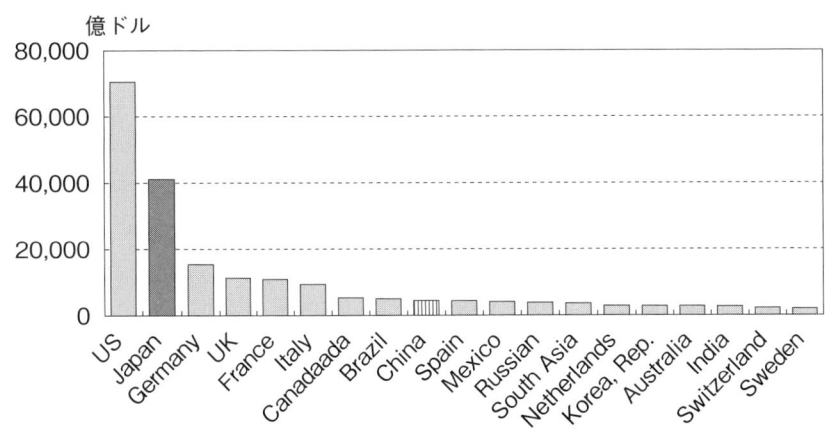

図表2-4　各国 GDP（1990年）

　日本は，1990年においても2006年においても，世界第2位の GDP（つまり経済力）を有する地位にある。アメリカが世界一である。その中で，2006年についてみれば，中国の GDP が1990年当時と比較して大きく拡大し，国際的な順位を上げてきたことが確認できる。2006年に中国はドイツを抜いて世界第3位の経済力を有する国となった。

図表2－5　各国GDP（2006年）

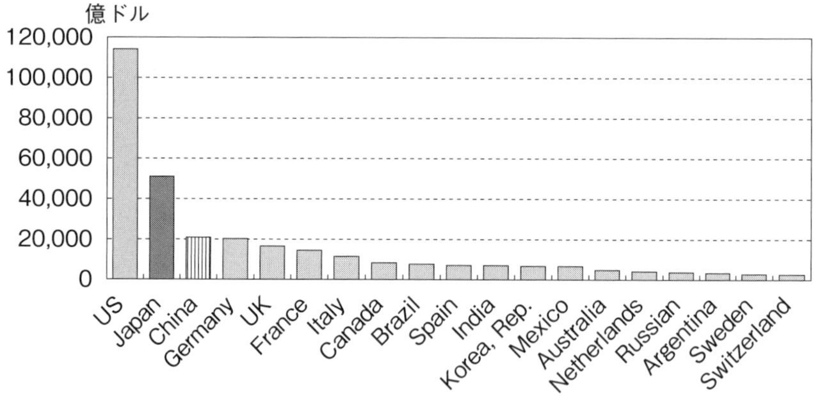
億ドル
120,000
100,000
80,000
60,000
40,000
20,000
0
US
Japan
China
Germany
UK
France
Italy
Canada
Brazil
Spain
India
Korea, Rep.
Mexico
Australia
Netherlands
Russian
Argentina
Sweden
Switzerland

（2）人口一人当たりGDPの比較

GDPを生み出すために生産に投入される基本的な資源（生産要素）は，資本と労働である[14]。そして，これらに技術水準を加えたものが主たる投入資源であるといわれている[15]。

一般に，人口が多い国であればその国のGDPの額は大きくなり，人口が少なければその額は小さくなる。ただ，たとえGDPの額が大きくても，多くの人口を抱えた国の場合，得られたGDPを多くの国民で分け合うことになり，国民一人当たりのGDPは小さくなる。このように，その国が豊であるか否かは，その国のGDPを人口で割った一人当たりGDP（GDP per Capita）で計られる。

図表2－6と図表2－7は，1990年と2006年について人口一人当たりGDPについて，その大きい順に国を並べてグラフ化したものである。1990年において日本は世界最大の富裕国であったが，2006年に至ってはルクセンブルクなどの後塵を拝し，第3位に後退していることが分かる。

さらに，各国の実質的な豊かさを測るために，購買力平価に換算したGDPがよく用いられる。購買力平価とは，それぞれの通貨の購買力が等しくなるように計算した各国通貨の交換比率をいう。つまり，ある国で買い物かごに入れたいろいろな商品と同じ商品を，各国で購入する場合に必要となる各国通貨の交換比率を示す。国際間において財やサービスの取引が完全に自由，

6 国の豊かさとGDP　37

図表2-6　各国の一人当たりGDP（1990年）

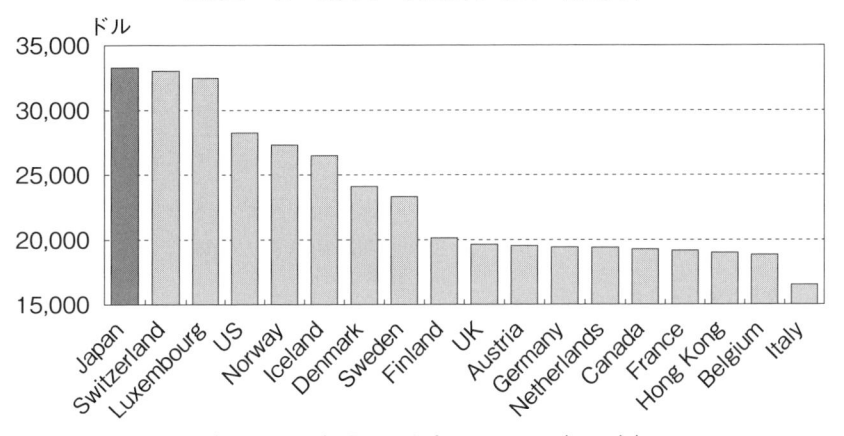

（ドル、Japan, Switzerland, Luxembourg, US, Norway, Iceland, Denmark, Sweden, Finland, UK, Austria, Germany, Netherlands, Canada, France, Hong Kong, Belgium, Italy）

図表2-7　各国の一人当たりGDP（2006年）

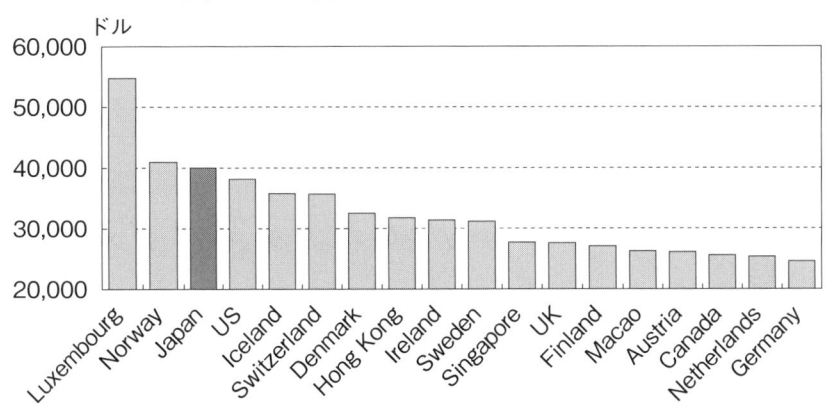

（ドル、Luxembourg, Norway, Japan, US, Iceland, Switzerland, Denmark, Hong Kong, Ireland, Sweden, Singapore, UK, Finland, Macao, Austria, Canada, Netherlands, Germany）

かつスピーディーに行え，また価格に関する情報が十分に関係者に享受されているとすれば，名目為替レートは各国通貨の実際の購買力に見合った水準で決定されるが，現実の経済のもとでは必ずしもそのようになっているとは限らない[16]。たとえば，2008年3月時点の日本の通貨「円」と，中国の通貨「元」の名目為替レートは，おおよそ米国の通貨「ドル」に対して1ドル100円と7元（1元が0.143ドル）程度であった。図表2-4から図表2-7で示したグラフは，こうした名目為替レート，それも2000年時点の為替レートに固定させて換算したGDPで表示されている。

これに対して，たとえば同じ数量の商品やサービスが，日本では300円，

中国では4元，米国では2ドルで買えるとすると，この場合の購買力平価は円が1ドル150円（100円が0.667ドル），元が1ドル2元（1元が0.5ドル）となる。そうすると，この購買力平価により換算したドル建ての各国GDPは，先の名目為替レートで換算したドル建てのGDPとは異なり，日本のGDPは小さくなり（名目為替レートでは100円が1ドルであったものが，購買力平価基準では0.667ドルにしかならない）中国のGDPは大きく（名目為替レートでは1元1／7ドル＝0.143ドルであったものが，購買力平価基準では0.5ドルに）なる。

図表2－8と図表2－9は，こうした購買力平価で換算した一人当たりGDPの1990年と2006年それぞれの，各国の順位をグラフで示したものであ

図表2－8　購買力平価換算一人当たりGDP（1990年）

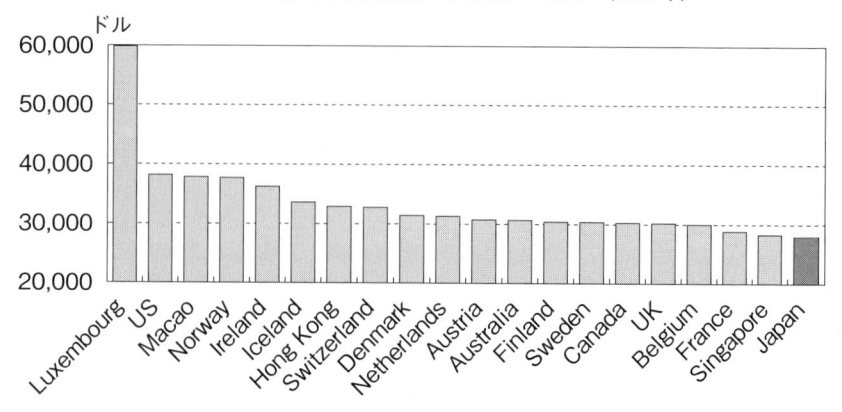

図表2－9　購買力平価換算一人当たりGDP（2006年）

る。日本は1990年時点で世界第8位，2006年に至っては第21位に後退し，このように購買力平価から見た日本の経済的プレゼンスには大きな翳りが見られることが分かる。

　GDPは，このように各国の経済的な位置づけを明確にするうえで，必須の指標データということができる。

注
［1］　中谷（2007）p.31参照。ただ，武野（2004）p.6によれば，GNP統計からGDP統計へと活用データがシフトした理由は，そもそもGNP（国民総生産）は生産物の集計値ではなく，日本国民の得た総所得から計算されたものであり，元来「生産」という言葉を使用することが適さなかったためであるとしている。
［2］　日本銀行調査統計局（1996）参照。なお，「法人企業統計調査」の場合，人件費，支払利息，賃借料，租税公課，営業純益（営業利益－支払利息）の合計を付加価値としている（財務総合政策研究所調査統計部，2007参照）。
［3］　日本銀行調査統計局（1996）参照。
［4］　内閣府経済社会総合研究所国民経済計算部（2006）参照。
［5］　内閣府「国民経済計算（SNA）関連統計　国民経済計算確報　平成18年度国民経済計算（平成12年基準・93SNA）（1）国内総生産勘定（生産側及び支出側）」参照。なお，ここで示した取得方法は2008年9月15日現在のサイト情報によるものである。
［6］　GDPの解説については，作間（2003）も参照。
［7］　詳細は，内閣府経済社会総合研究所国民経済計算部編（2007）p.547以降参照。
［8］　モノの輸出や輸入については例示するまでもないであろうが，サービスの輸出入に関して例示すれば，たとえば日本人が海外旅行に出かけて，海外でホテルに宿泊してその代金を支払えば，それは海外のサービスに対して支出したことになり，サービスの輸入として計上される。逆に，外国人が日本にやってきて，同様にサービスに消費をすればサービスの輸出として計上される。
［9］　知識や技術などに対する支出の多くは，実物資産として蓄積されるわけではないので，これまでは投資ではなく消費として扱われてきた。現代の先進国の経済活動において，こうした無形資産がますます重要性を増すようになり，固定資本形成の概念を拡張する必要性が生じていた。そこで，1993年に国際連合統計委員会で採択された国民経済計算方式（「93SNA」といわれ，我が国では

2000年10月よりこの方式が導入された）では，建造物・機械設備などの有形固定資産に加えて，無形固定資産を総固定資本形成に付加して計上することになった。日本の93SNAでは，これまで中間消費として扱われてきた受注型コンピュータソフトウエアに対する支出と鉱物探査が，新たに無形固定資産として総固定資本形成に計上されることになった。また，プラントエンジニアリングは有形固定資産から無形固定資産に区分変更されることになった。しかし，企業や政府が行う研究開発などに対する支出の多くは，依然として最終消費や中間消費として扱われており，今後さらに総固定資本形成の範囲を拡充することが必要になってくるものと考えられる。

[10] なお，デフレーターは通常，上の式を100倍して基準年の値を100として表示される。

[11] 以上の数量バイアスに関する解説は，内閣府経済社会総合研究所国民経済計算部編（2007）p.77～78参照。

[12] このように基準年と比較する当該年を逆転させてそれぞれの価格指数を乗じたときに，その値が1になることを「推移性」という（経済社会総合研究所，2007, p.78参照）。

[13] データは，The World Bank "WDI Online : World Development Indicators"より。

[14] 内閣府経済社会総合研究所国民経済計算部編（2007）。

[15] 福田・照山（2007）p.309, 中谷（2007）p.4参照。こうした経成長の要因について，それらが各々どれだけ貢献しているかを分析する研究の体系を成長会計という。

[16] 名目為替レートとは，通常，マスコミなどで報道されている為替レートのことである。これに各国のインフレなどによる物価水準の変動を加味して求めた為替レートを実質為替レートという。

第3章

主要データの関連分析（最小二乗法）について

1 GDPと研究開発費の推移

　前章で述べたように，国の生産活動による成果を示す代表的な指標としては，通常，国内総生産（GDP）が用いられる。また，研究開発活動に関する指標データとしては，研究開発費（R&D費）や，研究者数，対国内総生産研究開発費比率などが考えられる。

　図表3-1は，1955年～2005年までの間における我が国の研究開発費（R&D費）と国内総生産（GDP）の実質値（2000年を100とする）を10億円単位の目盛りでグラフにしたものである[1]。なお，この図表3-1は，図表3-2のデータを用いて作成したものである。

　実際，1955年～2005年までの50年の間において，R&D費やGDPを構成する各種資産の価格は5～6倍に上昇しており，各年の実際の金額（これを「名目値」という）を用いてグラフを作成すると価格変動の影響を受けるために，各年の研究開発活動やGDP創出活動の規模を対等に比較することができなくなる。

　たとえば，1970年と2000年の名目値でのR&D費支出額を比べてみると，それぞれ1970年が約8,230億円で，2000年が10兆8,602億円であった。これを見ると，あたかも10倍以上に研究開発活動が活発化したかに見える。ところ

図表3－1　わが国における実質GDPと実質R&D費の推移

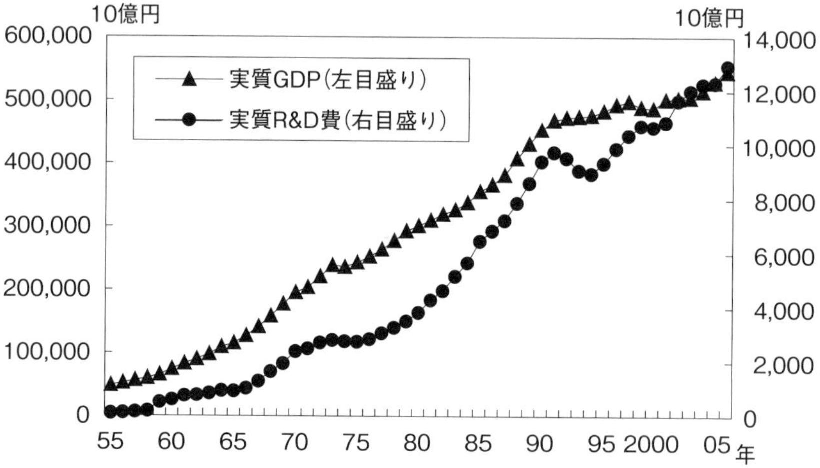

（グラフ：実質GDP（左目盛り、10億円）と実質R&D費（右目盛り、10億円）の1955年～2005年の推移）

　が価格水準を比べてみると，2000年時に比べて1970年当時は研究開発に要する各種資産の価格がおよそ1／3程度であった。もしもR&D費について，1970年が2000年と同じ価格水準であったとすれば，1970年のR&D費は約8,230億円という名目値よりもおよそ3倍大きな金額で算出されることになる。つまり，研究開発用の設備や資材の値段が10万円のときに，R&D費として1,000億円が支出されたときの研究開発活動は，それらの価格が30万円であったときの研究開発活動と比較するためには，価格を合わせることでR&D費は3,000億円であったと評価することが必要になる。

　このように，各年の価格変動による影響を捨象し，各年にどの程度の研究開発活動が行われていたかを測定するために，各年の名目値によるR&D費を価格変動指数（これを「研究開発デフレーター」という）で割り，実質的な研究開発活動を示す値に換算した額（これを「実質値」「実質R&D費」などという）で示したものが図表3－1のグラフや図表3－2のデータである。こうした名目値と実質値の関係は，GDPにおける実質値と名目値の関係とまったく同じである。

　ところで，図表3－1のグラフを見ると1955年～2005年までの間において，R&D費とGDPは共にその規模を大きく拡大させて，かつその拡大のペースが非常に類似していることが分かる。そのため，このグラフから両者

図表3－2　1955年～2005年における実質GDPと実質R&D費の実額データ
(10億円)

年	実質R&D	実質GDP	年	実質R&D	実質GDP	年	実質R&D	実質GDP
55	97	48,810	72	2,716	220,997	89	8,604	431,051
56	117	52,586	73	2,812	238,818	90	9,408	453,198
57	151	56,642	74	2,768	236,196	91	9,743	468,409
58	183	60,189	75	2,752	243,247	92	9,532	472,973
59	512	65,830	76	2,851	253,172	93	9,072	474,282
60	603	74,526	77	3,067	264,321	94	8,953	476,053
61	750	83,290	78	3,276	278,096	95	9,340	483,126
62	774	90,390	79	3,511	293,345	96	9,881	493,237
63	845	98,375	80	3,827	301,477	97	10,368	498,297
64	943	109,522	81	4,291	310,262	98	10,725	489,273
65	928	115,653	82	4,632	319,815	99	10,673	487,428
66	1,034	127,407	83	5,164	326,791	2000	10,860	501,570
67	1,292	141,566	84	5,663	338,211	01	11,661	503,320
68	1,650	158,479	85	6,471	355,883	02	12,009	504,241
69	1,943	177,468	86	6,846	366,381	03	12,262	514,736
70	2,394	195,727	87	7,232	381,791	04	12,310	528,847
71	2,493	203,830	88	7,873	408,033	05	12,940	545,555

の間には何らかの関連性が存在しているのではないかという直感が働く。たとえば，研究開発活動の成果が，国の生産活動を下支えして，GDPを拡大させてきたといったような仮説が想起される。

また，図表3－3は実質R&D費と我が国の特許出願件数の推移をグラフにしたものである。当然のことかも知れないが，実質R&D費と我が国の特許出願件数も非常に類似したペースで拡大してきたことが分かる。ちなみに，実質R&D費は10億円単位，特許出願件数は1件単位で表示している。

ところで，こうしたR&D費とGDP，もしくはR&D費と特許出願件数との間の関係はどのように表すことができるのであろうか。次にこうした両者の関係を，数式を用いて示すことにしてみたい。

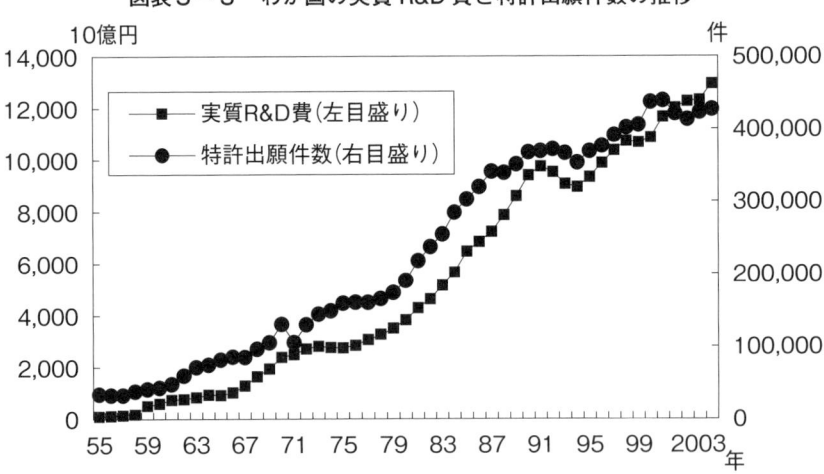

図表3−3　わが国の実質R&D費と特許出願件数の推移

［グラフ：実質R&D費（左目盛り、10億円）と特許出願件数（右目盛り、件）の1955年〜2003年の推移］

2　散布図から見た相互関係

　図表3−2に示された各年の実質R&D費と実質GDPの値を用いて，実質R&D費をX軸に，実質GDPをY軸にとり，各年のそれら数値の組み合わせをひとつの点としてグラフ上にプロットしてみよう。1955年〜2005年までの51年分の各数値の組み合わせが，51個の点として図表3−4のグラフに示されている。この種のグラフを「散布図」と呼ぶ。

　この散布図では，左下から右上に各点が点在し，やや曲線を描いているものの，ほぼ右上がりの線を描いて点が分布をしている。ここで，この散布図の各点を代表する1本の直線を引くとすればどのような直線が描けるかを考えてみよう。

　コンピュータの機能が発達した今日，こうした代表的な直線をコンピュータが自動的に，かつ瞬間的に引いてくれる。エクセルを用いたコンピュータ画面上では，この代表的な線を「近似線」というが，直線による近似線とその線の式を示したのが図表3−5である。

　図表3−5には，直線の式とともに「R^2」の値が示されているが，「R^2」

図表3−4　実質R&D費と実質GDPの散布図

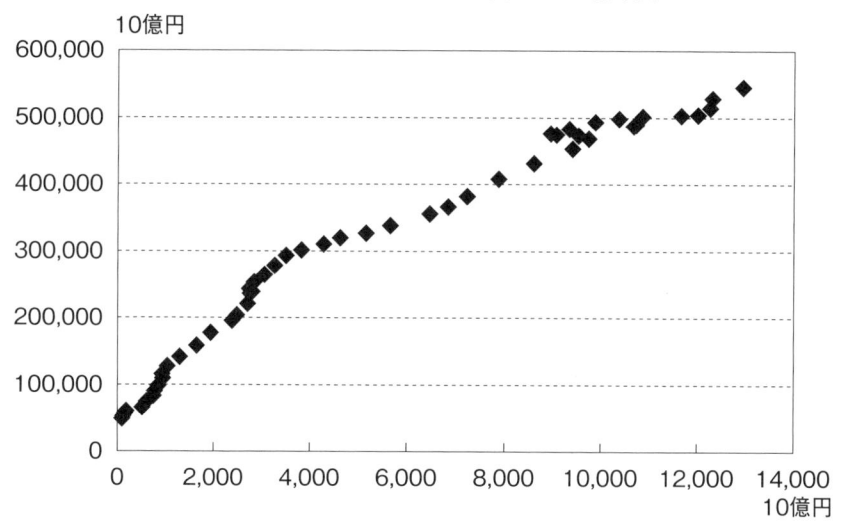

図表3−5　実質R&D費と実質GDPとの散布図（回帰式とR2）

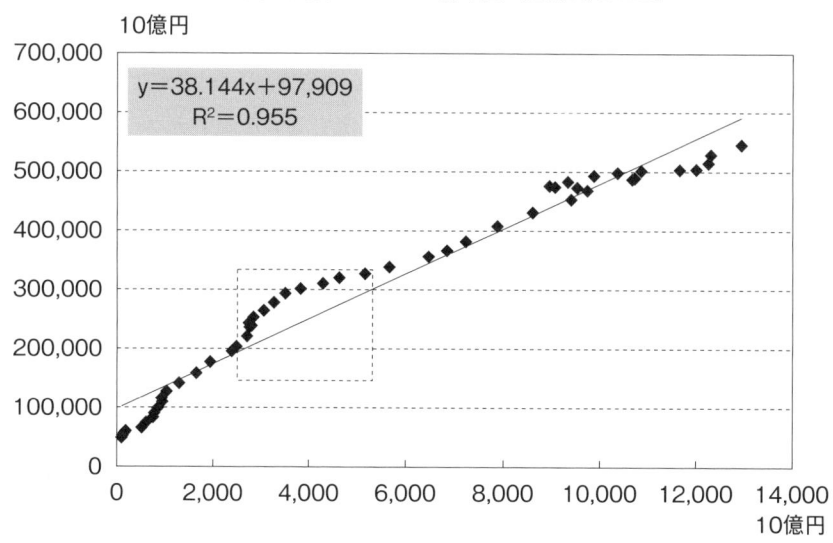

y＝38.144x＋97,909
R^2＝0.955

の説明は後に譲り，ここではまず式について説明する。この式をX軸の実質R&D費とY軸の実質GDPとの「回帰式」という。R&D費もGDPも10億円単位で表されていることから，この式はXである実質R&D費が10億

増加したとき，Yである実質GDPが381.44億円増加することを意味している。もし，我が国のGDPがその年に支出したR&D費の額のみによって決定されると仮定すれば，この回帰式が両者の関係を端的に表わしているということができる。そして，この関係式がR&D費とGDP相互の普遍的な関係を示しているとすれば，XであるR&D費が将来的にとるであろう値を代入することで，そのときのGDPを予測することができる。たとえば，R&D費が14兆円になった場合，そのときのGDPは下記の計算式の通り，約632兆円になると予測できる。

$$631,925 = 38.144 \times 14,000 + 97,909 \quad (単位：10億円)$$

当然のことながら，GDPはその年のR&D費だけによって規定されるものではなく，たとえば生産活動に投入した資本や労働などの量や質によっても影響を受けるわけで，こうした単純化した結果をそのまま両者の関係として結論づけることはできない。

ただ，両者の間にはプラスの相互関係（「相関」という）があることが推測できる。それは，Xの係数（「パラメータ」という）の符号がプラスであることからも確認できる。そのため，少なくともR&D費が増加すれば，それはGDPの増加に寄与するという関係を想定することができる。

なお，エクセルによる散布図の作成と，散布図上に近似線，及びその回帰式等を表示させる方法を示すと，下記のようになる。

＜エクセルによる散布図グラフの作成，及び近似直線とR2（決定係数）の表示方法＞
●Excel 2003バージョンの場合
＜散布図の作成＞
①散布図作成の対象とするデータの範囲を，カーソルにてドラックして（マウスを押したままの状態で移動させて）反転させる。
②次に，トップメニューバーの中の「挿入」から「グラフ（H）」を選択するか，もしくはトップメニューのグラフウィザードアイコンをクリックする（図表3－6を参照）。

2 散布図から見た相互関係

図表3－6　グラフの呼び出し

③表示されたグラフ選択画面から，作成するグラフの種類（散布図）を選ぶ（図表3－7を参照）。

図表3－7　グラフの種類の選択

④以後,「次へ」のボタンをクリックし,現れた画面に必要事項を入力等して,

⑤「完了」ボタンをクリックすると散布図が表示される。

なお散布図では,ドラックしたデータのうち左側のデータがX軸に,右側のデータがY軸に表示される。

＜近似線等の追加＞

⑥散布図グラフをクリックした状態で,トップメニューバーの中の「グラフ」から「近似曲線の追加（R）」を選択する（図表3－8を参照）。

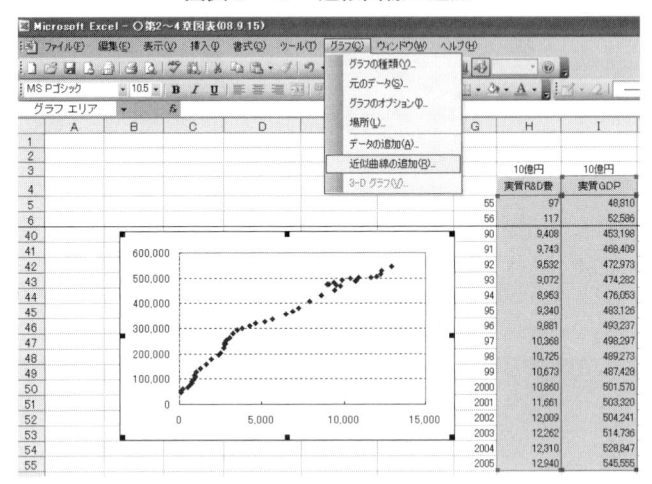

図表3－8　近似曲線の追加

⑦表示された画面から,近似線の種類を選択（左上の直線を選択を選択）する。

⑧同じ画面の「オプション」タブをクリックして,「グラフに数式を表示する（E）」と「グラフにR－2乗値を表示する（R）」のラジオボタンにチェックマークを入れ,「OK」をクリックする（図表3－9を参照）。

◉Excel 2007バージョンの場合

＜散布図の作成＞

①散布図作成の対象とするデータの範囲を,カーソルにてドラックして

2 散布図から見た相互関係　49

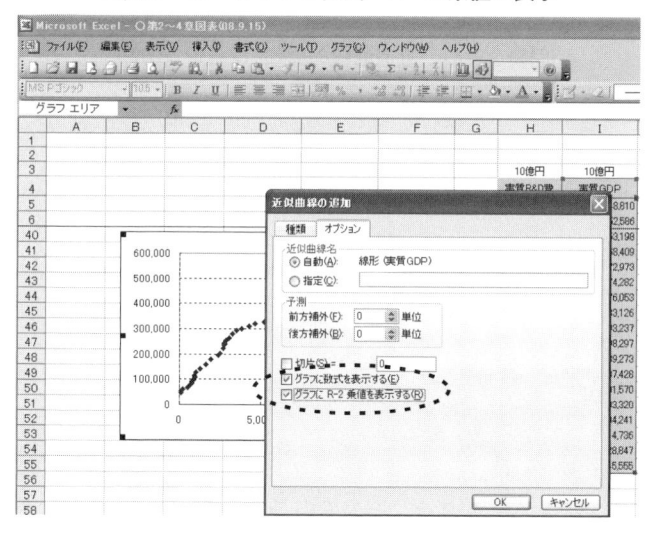

図表3－9　グラフの数式・R－2乗値の表示

(マウスを押したままの状態で移動させて）反転させる。

②次に，トップメニュータブの「挿入」をクリックし，「グラフ」メニューから作成したい散布図（通常は左上端）を選択して，「OK」をクリックする（図表3－10を参照）。

図表3－10　グラフの種類の選択（Excel 2007）

<近似線等の追加>

③散布図グラフ上の点をクリックした状態で，トップメニュータブの中の「レイアウト」から「分析」の中の「近似曲線」を選択する。次に，表示された画面から近似線の種類を選択（今回は上から2つ目の

「線形近似曲線」を選択)する(図表3－11を参照)。

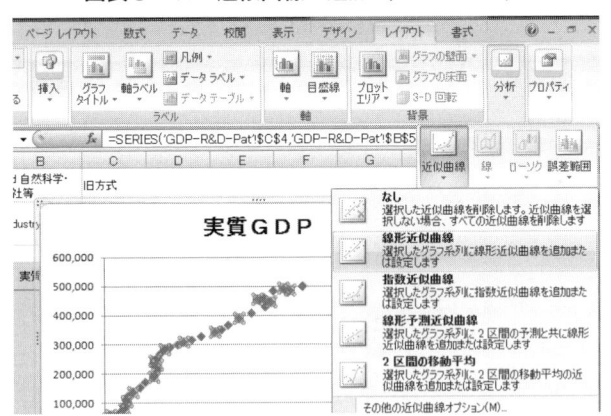

図表3－11 近似曲線の追加(Excel 2007)

④近似線が表示されるので，その近似線をクリックして指定状態にする。

⑤トップメニュータブの「レイアウト」もしくは「書式」をクリックし，開いた画面左上の「選択対象の書式設定」をクリックすると「近似曲線のオプション」画面が表示されるので，画面下部の「グラフに数式を表示する (E)」及び「グラフにR－2乗値を表示する (R)」

図表3－12 グラフの数式・R－2乗値の表示(Excel 2007)

のラジオボタンにチェックマークを入れ,「閉じる」をクリックする（図表3－12を参照）。

3 最小二乗法

(1) 近似線の理論的背景

図表3－5で表示された近似線は,「38.144」というXに対する係数（パラメータ）と,「97,909」というXがゼロ時の近似線のY軸との切片の値によって特定された。それでは,こうしたパラメータと切片の値はどのようにして求められたのであろうか。

まず,図表3－5の点線で囲んだ部分を拡大して,図表3－13に表示してみよう。図表3－13の左下から右上に伸びる直線が近似線である。そして,四角の点が各年における実質R&D費（X軸）と実質GDP（Y軸）の組み合わせによって位置づけられた点である。図表3－13の各点は, 1977年～1982年までの現実の実質R&D費と実質GDPの値によって位置づけられた点であるが, そのY軸上の値をそれぞれy_{78}~y_{82}といった記号で表示している。また, 同じ1978年～1982年の実質R&D費（X）に対応する近似線上のYの値を$\hat{y}_{78}$~$\hat{y}_{82}$と表示してある。現実の実質GDPの値は, 近似線上の値とは異なり, 各年の実質R&D費（X）の値に対応する, 現実のYの値（y_{78}~y_{82}）と近似線上の値（$\hat{y}_{78}$~$\hat{y}_{82}$）には誤差（もしくは「残差」）があることが分かる。たとえば,図表3－13には1978年の誤差をu_{78}, 1982年の誤差をu_{82}などと表示している。

図表3－13の各点は,すべてが近似線よりも上の位置に存在しているが,年度によっては点が近似線より下に位置する場合もある。そのため,誤差u_i（$u_i = y_i - \hat{y}_i$, iは各年度を示す記号である）は年度によってプラスになったりマイナスになったりする。

結論的にいうと,図表3－5や図表3－13の近似線は, この誤差u_iの二

図表3-13 近似線と散布図の拡大図

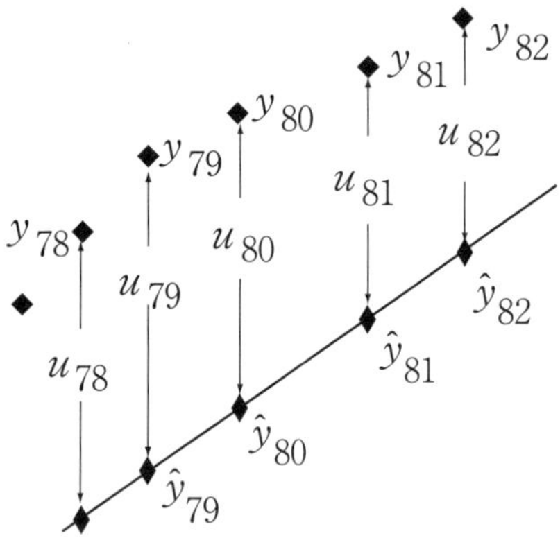

乗の合計（二乗和）がもっとも小さい値になるように引かれている。

　誤差 u_i を二乗せず，その絶対値の合計が最小になるように近似線を引くことも方法としてはあり得るが，その方法によって線を引くには物理的に大きな困難が伴う。そのため，通常は誤差 u_i の二乗和（あるいは「残差二乗和」），つまり，

$$\sum_{i=1955}^{2005} u_i^2 = \sum_{i=1955}^{2005} (y_i - \hat{y}_i)^2 \quad \cdots\cdots 3-①$$

で示された値が最小になる X のパラメータと，切片の値を求めて近似線が引かれている。

　こうした考え方により，近似線のパラメータや切片を求める方法を「最小二乗法」，もしくは「OLS（Ordinary Least Square）」という。それでは，この最小二乗法を用いてパラメータなどを求めるために，どのような考え方がとられているかを次に見ていくこととする。

（2）最小二乗法によるパラメータ算出の理論

　以下では，切片を α，X のパラメータを β と表示として説明を進める。つまり，近似線の式は $\hat{y}_i = \alpha + \beta x_i$ となり，問題はこの α と β の値をいくらにしたときに，上の3-①式の残差二乗和が最小になるかということである。

　いま，切片 α を適当な値，たとえば10,000に固定して，パラメータ β の

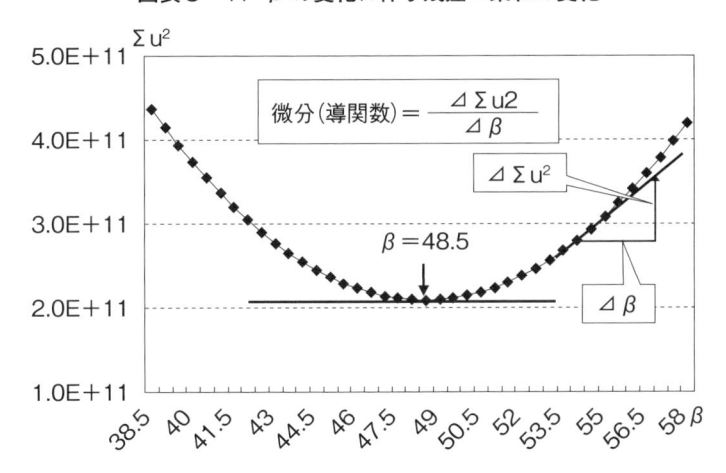

図表3−14 βの変化に伴う残差二乗和の変化

値（つまり，近似線の傾き）をさまざまに変化させた場合を考えてみよう。

$a=10,000$で，βを0.5刻みで変化させ，さまざまなβの値に対応する残差二乗和の値をグラフにしたものが図表3−14である。X軸がβの値の変化を示し，Y軸が残差二乗和の値を示す。この図の場合，$\beta=48.5$のときに残差二乗和が最小になる。

そして，図表3−14から分かるように，この最小の位置より左側の部分で曲線に接する接線の傾きはマイナスになり，右側の部分で接する線の傾きはプラスになるが，最小の位置で接する接線の傾きはゼロとなる。

ところで，ごく微少にβの値を増加させ，その変化量を極限までゼロに近づけたときのβの増分に対する残差二乗和（Y）の増分の比の値（関数）を得ることを，残差二乗和（Y）をβで「微分」する，もしくは「導関数」を求めるという。そして求められた式や値を「微分値」もしくは「導関数」という。つまり，接線の傾きを求めることは，微分値を求めることに他ならない。そうすると，図表3−14のように下に湾曲した曲線が最小となる位置を求めるためには，残差二乗和（Y）をβ（X）で「微分」して，その値をゼロとするβを求めればよい。

一般に，あるxの値によってYの値が決まる関数を$Y=f(x)$と表示するが，その関数をxによって微分することを下記のように書き表す。

$$\frac{dY}{dx} = f'(x)$$

上記の式中の「d」の記号は,「微分」の英語文字"differential"の頭文字を当てたものである。

そしてある関数について微分したときの導関数については,いくつかの公式が存在する。証明の過程は省略するが,以後の説明の便宜のために,その代表的なものをいくつか下記に示しておこう[2]。

<a> $f(x) = A$ (A は定数) のとき $f'(x) = 0$

<b> $f(x) = ax$ のとき $f'(x) = a$

<c> $f(x) = ax^n$ のとき $f'(x) = anx^{n-1}$

<d> $f(x) = ag(x)$ ($g(x)$ は x の関数) のとき $f'(x) = a\dfrac{df(x)}{dg(x)} \times \dfrac{dg(x)}{dx}$

<e> $f(x) = \log_e x = \ln x$ のとき $f'(x) = \dfrac{1}{x}$

<f> $f(x) = e^x$ のとき $f'(x) = e^x$

そうすると,上の3-①式から $f(\alpha, \beta) = \sum\limits_{i=1955}^{2005} u_i{}^2 = \sum\limits_{i=1955}^{2005} (y_i - \hat{y}_i)^2 = \sum\limits_{i=1955}^{2005} \{y_i - (\alpha + \beta x_i)\}^2$ を,α と β それぞれよって微分し,2つの導関数を導き出し,その値をゼロとする連立方程式を解けば,残差二乗和を最小とする α と β を算出することができる。

つまり,

$$\frac{\partial \sum \{y_i - (\alpha + \beta x_i)\}^2}{\partial \alpha} = 0 \quad \cdots\cdots 3-②$$

$$\frac{\partial \sum \{y_i - (\alpha + \beta x_i)\}^2}{\partial \beta} = 0 \quad \cdots\cdots 3-③$$

という2つの連立方程式を解けばよい。なお,上記式において微分の記号を「d」ではなく「∂」を用いて表示したのは,α と β という2つの変数が存在する中で,そのうちのひとつだけで微分する(これを「偏微分」という)という意味合いを込めたためである。

なお Σ の記号は，x_i と y_i に1955年から2005年までの具体的な値を当てはめたうえで，それらの値を合計するという意味である。Σ に基づいて合計することで，x_i と y_i がある定数に変わるだけで，ここでの変数 α と β の値に直接影響を及ぼすものではないため，α と β で微分を行う際には Σ の記号の存在は無視してよい。

3-②式からは，公式<a>と<d>により，

$$\frac{\partial f(\alpha,\beta)}{\partial \alpha} = -2\sum \{y_i - (\alpha + \beta x_i)\} = 0 \quad \cdots\cdots 3-④$$

また 3-③式からは，同じく公式<a>と<d>から，

$$\frac{\partial f(\alpha,\beta)}{\partial \beta} = -2\sum x_i \{y_i - (\alpha + \beta x_i)\} = 0 \quad \cdots\cdots 3-⑤$$

を導き出すことができる。

ここで，$\alpha + \beta x = \hat{y}, y_i - \hat{y} = u_i$ であることから，

3-④式より，

$$\sum \{y_i - (\alpha + \beta x_i)\} = \sum y_i - \hat{y}_i = \sum u_i = 0 \quad \cdots\cdots 3-⑥$$

3-⑤式より，

$$\sum x_i \{y_i - (\alpha + \beta x_i)\} = \sum x_i \{y_i - \hat{y}_i\} = \sum x_i u_i = 0 \quad \cdots\cdots 3-⑦$$

が導出される。

つまり，上で示した近似線を決定する α と β は，1955年～2005年までのデータを用いて計算した残差 u_i の合計と，残差 u_i と実質R&D費（x_i）の積の合計をともにゼロにする値として求められたことになる。

以上では，Yとして実質GDPを，そしてXとして実質R&D費をデータに用いた場合を例に説明を行ってきたが，この場合，R&D費のXが，GDPであるYの値に影響を及ぼすという，つまり R&D費→GDP という因果関係が前提とされている。この場合，R&D費はGDPを説明する変数という意味で「説明変数」（あるいは「独立変数」）と呼ばれる。そして，GDPは

R&D費によって規定される変数という意味で,「被説明変数」(あるいは「従属変数」)と呼ばれる。

さらに,こうした方法によって,ある変数から別の変数への影響を分析することを「回帰分析」という。今回は説明変数がR&D費のみという単純な関係を前提に説明したが,このように説明変数がひとつの場合の回帰分析を「単回帰分析」といい,説明変数が複数の場合はこれを「多重回帰分析」もしくは「重回帰分析」という[3]。

4 決定係数について

ところで,図表3-5で表示された「$R^2 = 0.955$」の意味について考えてみよう。この「R^2」は「決定係数」といわれ,図表3-5で示された近似線が,51個の各点の代表してどの程度よく機能しているかを示した値と考えることができる。

図表3-15に,51年分の国内総生産の平均値を追加して表示しておいた。平均値の実際の値は300兆4,460億円である。

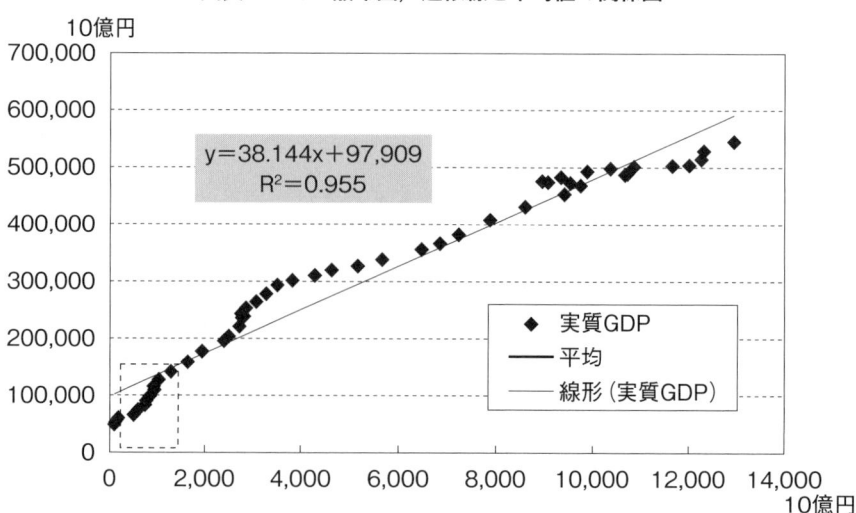

図表3-15 散布図,近似線と平均値の関係図

y=38.144x+97,909
$R^2 = 0.955$

◆ 実質GDP
── 平均
── 線形(実質GDP)

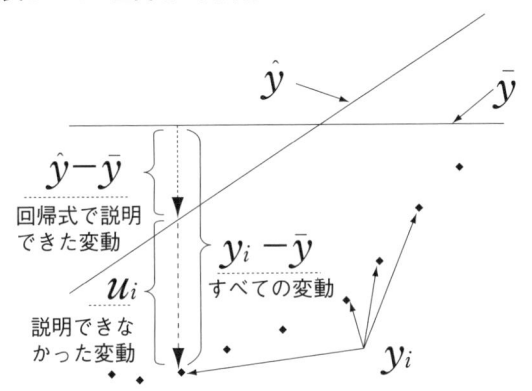

図表3−16　全変動・回帰線により説明できた変動・誤差

$\hat{y}$　　$\bar{y}$

$\hat{y}-\bar{y}$
回帰式で説明
できた変動

$y_i - \bar{y}$
すべての変動

u_i
説明できな
かった変動

y_i

　この図表3−15の左下の点線で囲んだ部分を拡大し，イメージ化して表示したのが図表3−16である。

　図表3−16においては，各サンプルデータ y_i の値の平均値を $\bar{y}$ とし，またある年のサンプルデータ x_i に対応する回帰線上のY軸の値を $\hat{y}$ と表示している。なお，$\hat{y}$ についてはサンプルの年を表す記号 i の表示を省略している。

　このとき，あるサンプルの点 y_i と平均 $\bar{y}$ までの距離 $y_i - \bar{y}$ を全変動（すべての変動）ということとする。それに対して回帰線上の値 $\hat{y}$ と平均 $\bar{y}$ までの距離 $\hat{y} - \bar{y}$ は，全変動のうち，回帰線によって説明できた変動部分ということになる。そして，全変動のうち回帰線上の $\hat{y}$ からサンプルの点 y_i までの距離 $y_i - \hat{y}$，つまり u_i が回帰線では説明できなかった変動部分（誤差）ということになる。

　決定係数 R^2 とは，下記の3−⑧式によって求められ，いわば全変動のうち回帰線によって説明できた部分について，それぞれの二乗値の割合で示したものということができる。

$$R^2 = \frac{\sum(\hat{y}-\bar{y})^2}{\sum(y-\bar{y})^2} = \frac{\hat{y}で説明できた部分の二乗和}{yのすべての変動の二乗和} \quad \cdots\cdots 3-⑧$$

　また，上の3−⑧式は，3−⑥式 $\sum u_i = 0$ と，3−⑦式 $\sum x_i u_i = 0$ を活

用することで，下記の 3 - ⑨式へと展開することができる[4]。

$$R^2 = 1 - \frac{\sum u^2}{\sum (y-\overline{y})^2} = 1 - \frac{\hat{y}で説明できなかった部分の二乗和}{yのすべての変動の二乗和}$$

……3 - ⑨

　ひとつの説明変数ではなく，複数の説明変数によって被説明変数 y を回帰すると，この R^2 の値が大きくなる可能性がある。たとえば，GDP（y）を R&D 費（X_1）だけで説明するのではなく，資本投入量（X_2），さらに労働投入量（X_3）といった複数の変数によって回帰した方が，R^2 の値が大きくなる。というのも，ひとつのデータで被説明変数を説明するよりも，複数のデータで説明した方が，その説明力が増すためである。

　そのため，説明変数の数を増やすことで決定係数の値が大きくなり，その分析の説明力があたかもより適切になったかのような錯覚をもたらすことになる。それは，説明変数が多くなったために，見かけ上の説明力が向上したにすぎず，本当の説明力は増していないかもしれない。

　そのため，説明変数の種類を増やした場合に，増やす前のケースと比較して説明力が増したかどうかを公平に比較できるように，説明変数の数に応じて R^2 の値を何らかの形で修正することが求められる。こうした考えられたのが，「自由度調整済決定係数（$\overline{R}^2$）」である。

　自由度調整済決定係数（以下，本書では単に「修正決定係数」という）は，下記の式で求められる。点線で囲んだ部分が決定係数を求める式に追加された部分であり，決定係数を修正するために導入されたものである。

$$\overline{R}^2 = 1 - \boxed{\frac{n-1}{n-k-1} \times} \frac{\sum u^2}{\sum (y-\overline{y})^2}$$

　k は説明変数の数である。k が大きくなれば修正決定係数の値は小さくなる。このように，多くの k を用いた場合はその分だけ決定係数の値を小さくなるようにすることで，説明変数を多用することに対する一種のペナルティを課した指標が「修正決定係数」であるといえる。

5 理論と検証の関係

　これまでは，x_i として実質 R&D 費を，そして y_i として実質 GDP を用いて説明を行ってきた。

　これは，y（実質 GDP）が x（実質 R&D 費）の値によって決定されることを前提として考えてきたことを意味する。つまり，R&D 費の額の大小が GDP の額に影響を及ぼしており，R&D 費 → GDP という因果関係が成立していることを前提として分析してきた。こうした，さまざまな経済変数（GDP，R&D 費，特許出願件数など）の間における，因果関係や相互依存関係の法則に関する仮説を「経済理論」という。

　たとえば，上とは逆に「各企業の産出量が増加することで GDP が拡大し，その結果，企業に余裕が生まれることで R&D 費が増加する」という経済理論も，仮説としては成り立ち得るかも知れない。いずれにせよ，こうした経済理論は現実のデータを用いて実証されてはじめて，その理論の正しさが確認されることになる。

　こうした経済理論に基づいて設定された仮説を，実際のデータを用いて実証することを「検証」するという。

　家計や国全体の消費は，所得によって影響を受けるといった考えも，一種の仮説に基づいた経済理論である。一般に，家計の所得と消費については，所得の増減が消費に同じ方向の影響（これを「プラスの効果」という）をもたらすと考えられている。

　つまり，「消費 = $\alpha + \beta \times$ 所得」という関係が成立しているとの仮説が一般に採用されている。この消費関数は，主として短期間における消費の実態を反映していると考えられているが，ここでは $1 > \beta > 0$ という理論的前提がおかれることになる。というのも，常識的に考えた場合，所得を超えるような消費は通常はなされない（$1 > \beta > 0$）と考えられるためである。

　次章では，こうした経済理論を検証するための回帰分析の仕方について解説を進めることとする。

注

[1] GDPはこれまでその算出方法が何度か変更されてきた。そのため，GDPを長期時系列で求めるためには，変更された前後のデータを連結させて行くことが必要になる。ここで求めたGDPの時系列データは，たとえば，1979年以前は68SNAによる統計データを，1980年以降は93SNAによるデータを使用し，デフレーターについても1993年までは固定基準年方式を，1994年以降については連鎖方式を採用した実質GDPを，筆者が連結して作成した。データの基準が異なるため，その分正確さには欠けるものの，一応の傾向を見ることはできる。以下でも，同様の方法で連結して作成したGDP統計データを用いて分析を行った。

[2] 公式の内<d>について例を挙げると，たとえば $f(x)=a(b+cx^7)^4$ といった関数の場合，括弧内の $b+cx^7$ を $g(x)=X$（つまり $X=b+cx^7$）とみなすと，$f(x)$ は X の関数になるので，$f(x)=F(X)$ と表せる（$F(X)=aX^4=a(b+cx^7)^4$）。上の公式<d>から $f'(x)=\dfrac{dF(X)}{dX}\times\dfrac{dg(x)}{dx}$ となり，右辺第一項は $\dfrac{dF(X)}{dX}=\dfrac{d(aX^4)}{dX}=a4X^3$ となり，また右辺第二項の $\dfrac{dg(x)}{dx}=\dfrac{d(b+cx^7)}{dx}=c7x^6$ となるから，
$f'(x)=a4X^3\times c7x^6=a4(b+cx^7)\times c7x^6=28ac(b+cx^7)x^6$ が得られる。

[3] 回帰分析に関しては，山本（2003）が分かりやすく，かつより詳細に解説されている。その他，入門書としては，白砂（2004），内山・川口・杉野（2006）を参照。また，エクセル操作も含めた入門的解説書としては竹田（2001）を参照。

[4] 3-⑨式は，下記のように式を展開することによって導き出すことができる。なお，サンプルを示す記号 i は省略している。
まず，$(y-\bar{y})^2=\{y(-\hat{y}+\hat{y})-\bar{y}\}^2=\{(y-\hat{y})+(\hat{y}-\bar{y})\}^2$
$\qquad\qquad=(y-\hat{y})^2+(\hat{y}-\bar{y})^2+2(y-\hat{y})(\hat{y}-\bar{y})$ となるから，
$\sum(y-\bar{y})^2=\sum\{(y-\hat{y})^2+(\hat{y}-\bar{y})^2+2(y-\hat{y})(\hat{y}-\bar{y})\}$
$\qquad\qquad=\sum(y-\hat{y})^2+\sum(\hat{y}-\bar{y})^2+2\sum(y-\hat{y})(\hat{y}-\bar{y})$
ここで，$y-\hat{y}=u$ だから，上の式は

$$\sum u^2+\sum(\hat{y}-\bar{y})^2+2\sum u(\hat{y}-\bar{y})\cdots\cdots 3-⑩$$

となる。
そして3-⑩式の右端の第3項は次のように展開できる。

$2\sum u(\hat{y}-\bar{y}) = 2\sum(u\hat{y}-u\bar{y}) = 2\{\sum u\hat{y}-\sum u\bar{y}\} = 2\sum u\hat{y}-2\sum u\bar{y}$

$\bar{y}$ は定数，また $\hat{y}=\alpha+\beta x$ だから上記式は，

$= 2\sum u\hat{y}-2\bar{y}\sum u = 2\sum u(\alpha+\beta x)-2\bar{y}\sum u = (2\alpha\sum u+2\beta\sum xu)-2\bar{y}\sum u$

……3-⑪

となる。

ここで，3-⑥式と3-⑦式から $\sum u = 0, \sum xu = 0$ であるから3-⑪式はゼロとなる。よって，

$\sum(y-\bar{y})^2 = \sum u^2 + \sum(\hat{y}-\bar{y})^2$ となり，$\sum(\hat{y}-\bar{y})^2 = \sum(y-\bar{y})^2 - \sum u^2$

……3-⑫

が導かれる。この3-⑫式を上の3-⑧式に代入して，

$R^2 = \dfrac{\sum(\hat{y}-\bar{y})^2}{\sum(y-\bar{y})^2} = \dfrac{\sum(y-\bar{y})^2-\sum u^2}{\sum(y-\bar{y})^2} = \dfrac{\sum(y-\bar{y})^2}{\sum(y-\bar{y})^2} - \dfrac{\sum u^2}{\sum(y-\bar{y})^2} = 1-\dfrac{\sum u^2}{\sum(y-\bar{y})^2}$ が

得られる。

第4章
エクセルを用いた回帰分析手法

1 経済・経営分析と重回帰分析

　第3章では，国内総生産（GDP）と研究開発費（R&D費）の実質値による散布図に基づいて，それら相互の関係を分析する方法と，その分析の理論的な背景について説明した。その際に，グラフ上に「近似線」を引き，その直線の切片 a と傾き β を求めた。しかし，こうした散布図による方法では2つのデータ間の関係しか分析することができない。つまり，X軸とY軸の2つの座標軸によって決定される，平面上の点の集合によって示されるデータ相互間の関連分析しか実施することができない。
　たとえば，GDPと資本投入量及び労働投入量の3つのデータの関係を見るためには，別の方法をとることが必要になる。この場合，GDPを被説明変数とし，資本投入量と労働投入量という2つの変数を説明変数として用いることになる。
　通常の経済現象や経営に関する分析においては，1つだけの説明変数によって被説明変数が説明づけられるケースはほとんどないと考えられる。その意味では，こうした分析を行ううえでは重回帰分析を行うことが不可欠となる。
　以下では，エクセルを用いて重回帰分析を実施する方法について解説をす

る。なお，もちろん同様の方法で，単回帰分析を行うこともできる。
　散布図によって得られた直線は近似線といったが，回帰分析によって求められる α と β によって特定される直線は，以下，「回帰直線」もしくは「回帰線」という。

2　エクセルによる回帰分析実施の準備（分析ツールの呼び出し）

　まず最初に，エクセルにて回帰分析を実施するための分析ツールの準備の仕方について説明をする。

＜エクセルによる「分析ツール」の呼び出し方＞
◉Excel 2003バージョンの場合
①エクセル画面のトップメニューから，「ツール」→「アドイン」を選択（図表4－1を参照）。

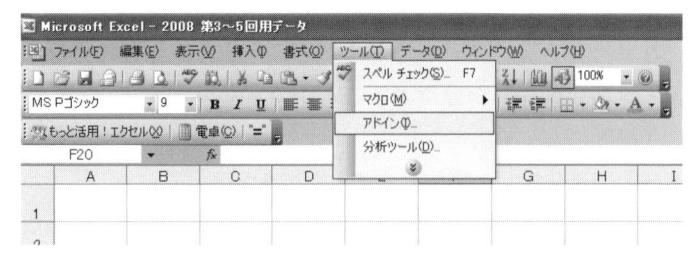

図表4－1　アドインの選択

②開いた画面の中の「分析ツール」にチェックマークを付けて「OK」をクリックする（図表4－2を参照）。
◉Excel 2007バージョンの場合
①画面左上隅の円形のMicrosoft Officeボタンをクリックし，開いた画面下にある「Excelのオプション（I）」をクリックする（図表4－3を参照）。
②次に開いた画面の左の「アドイン」をクリックする。さらに開いた画

2 エクセルによる回帰分析実施の準備（分析ツールの呼び出し） 65

図表4－2 分析ツールの選択

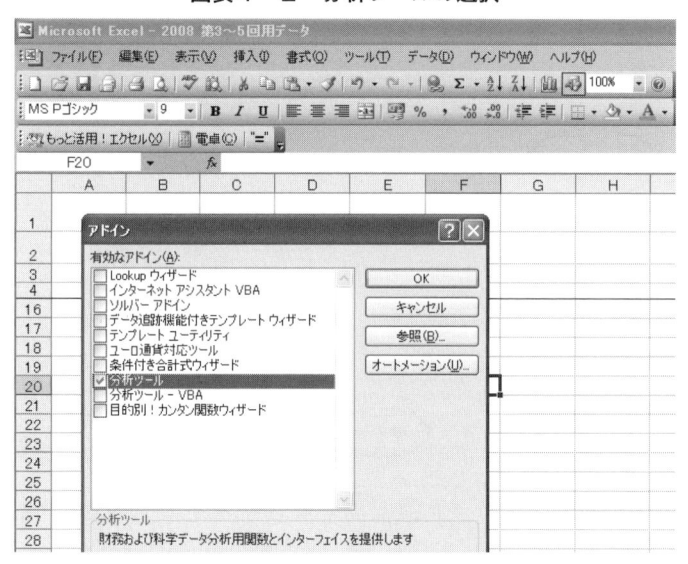

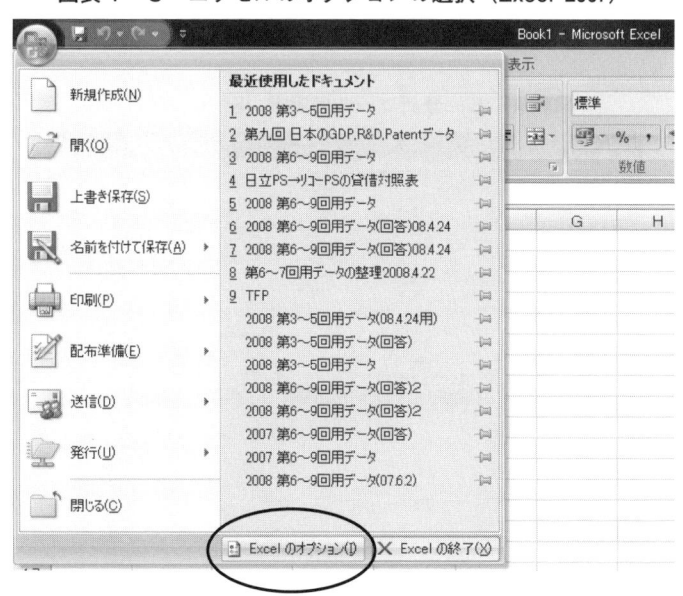

図表4－3 エクセルのオプションの選択（Excel 2007）

図表4−4　アドインの選択（Excel 2007）

面の下部にある「設定」ボタンをクリックする（図表4−4を参照）。
③次に，開いた画面の中で「分析ツール」にチェックマークをつけて，「OK」をクリックする（図表4−5を参照）。

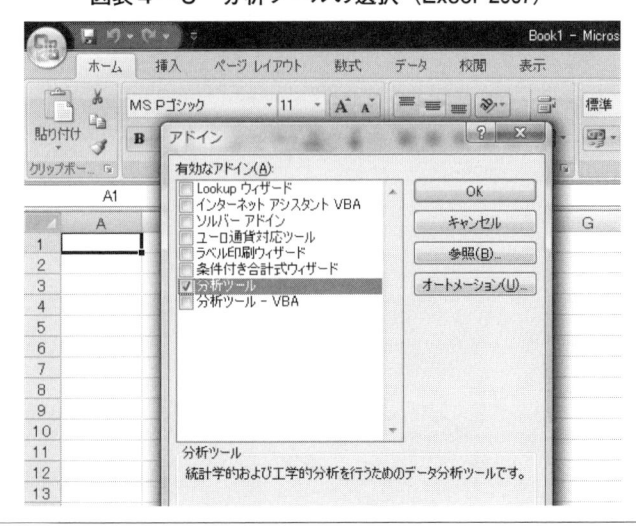

図表4−5　分析ツールの選択（Excel 2007）

3 回帰分析の実施

分析ツールの準備ができれば，次はいよいよ回帰分析の実施である。回帰分析を実施するにあたっては，まずデータをエクセルのワークシートに整理しておく必要がある。被説明変数と説明変数をそれぞれ変数ごとにデータを上から下へと，同じ年のデータが同じ行に並ぶように入力する。なお，データを行方向（横方向）に入力した場合，エクセルでは回帰分析ができないので注意する。

データの準備ができた時点で，以下の要領で順次作業を進めていく。以下では，実質 GDP を被説明変数とし，実質 R&D 費を説明変数とする単回帰分析のケースで例示する。

◉Excel 2003バージョンの場合
①エクセルのデスクトップ画面から，「ツール」→「分析ツール」を選択。

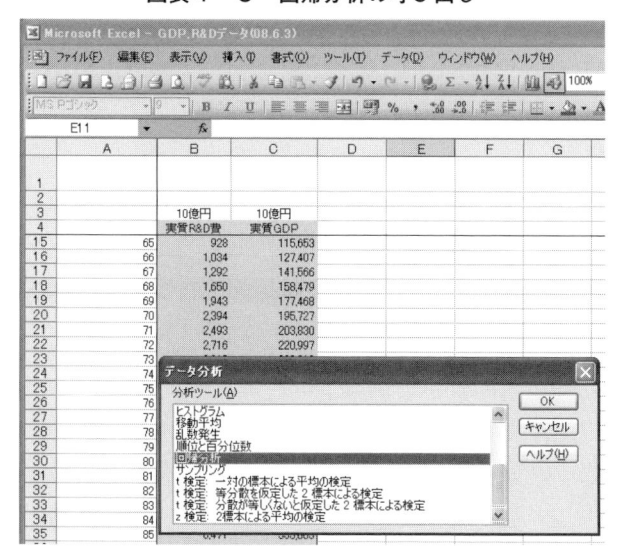

図表4－6　回帰分析の呼び出し

②「分析ツール」のメニューの中から「回帰分析」を選択し，「OK」をクリック（図表4－6を参照）。

③開いた画面の「入力Y範囲（Y）」と「入力X範囲（X）」にそれぞれ，エクセル・ワークシート上の「実質GDP」データと，「実質R&D費」データのセルをカーソルで選択のうえ入力する。

なお，「入力Y範囲（Y）」には被説明変数の列（1列のみ）のセルを選択し，「入力X範囲（X）」に説明変数の列のセルを選択する。説明変数の列は，最大で16列まで入力できる。つまり，説明変数が17個以上になる場合は，エクセルでの回帰分析はできない。

④「入力Y範囲」と「入力X範囲」の冒頭にデータのタイトルなどが含まれている場合，「ラベル」にチェックマークを付ける。

図表4－7の入力例では，セル「C4」の「実質GDP」とセル「B4」の「実質R&D費」という，数値以外のデータが含まれた状態で「入力Y範囲（Y）」と「入力X範囲（X）」にセル記号が入力されているため，「ラベル」にチェックマークを付けている。

⑤次に，「出力オプション」から，出力先を指定し，「OK」をクリックする。

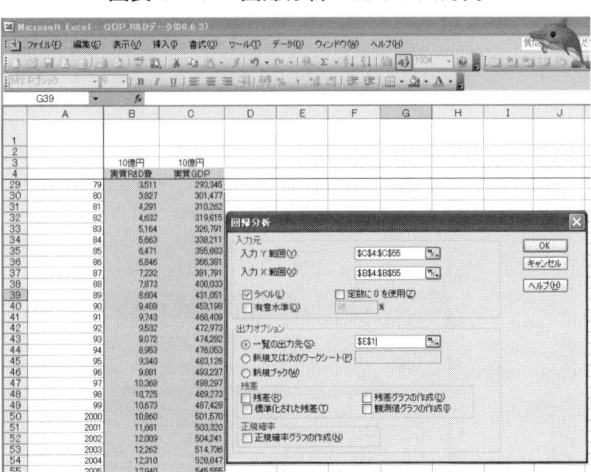

図表4－7　回帰分析のための入力例

入力例では,出力先としてセル「E1」が選択されている(図表4－7を参照)。
⑥回帰分析結果が表示される。
◉Excel 2007バージョンの場合
①エクセルのトップメニュータブの「データ」の中の「データ分析」をクリックする。
②開いた画面から「分析ツール」を選択する。
　以下の手順は,上記 Excel 2003バージョンと同じである。

4 回帰分析結果の見方

図表4－8はエクセルによる回帰結果の例を示したものである。下記

図表4－8　エクセルによる回帰結果

回帰統計	
重相関 R	0.9773
重決定 R2	0.955
補正 R2	0.9541
標準誤差	34962.5167
観測数	51

分散分析表

	自由度	変動	分散
回帰	1	1.27E+12	1.27E+12
残差	49	5.9897E+10	1222377576
合計	50	1.33E+12	

	係数	標準誤差	t	P-値
切片	97909.37	7960.88222	12.2988	1.36E-16
実質 R&D 費	38.14	1.18225375	32.2636	1.14E-34

は，1955年〜2005年までの間の実質R&D費で，実質GDPを回帰した結果（一部割愛した部分がある）である。

この回帰結果の中で，重要な項目は「補正R2」「係数」，そして「t」値もしくは「P-値」である。特に，実質R&D費に関する「係数」は，実質R&D費（説明変数）の実質GDP（被説明変数）に対する影響度を示し，また「t」値はその影響の有無に関する統計上の確かさを確認するための値で，「P-値」はその統計上の確かさの程度を示したものである。

以下，図表4−8で示された回帰分析の結果の各項目について，簡単に説明を行うこととする。

（1）各項目に関する概説

①重相関R

「重相関R」とは，被説明変数の実際の値と，回帰結果によって得られた回帰式に基づいて算出される被説明変数の値（これを「理論値」という）の間の相関係数を意味する。

相関係数とはデータ相互の関連の強さを示す統計値であり，たとえば，xという変数とyという変数の相関係数（以下，r_{xy}と表示する）は下記の式で求められる。

$$r_{xy} = \frac{\sum (x_i - \bar{x})(y_i - \bar{y})}{\sqrt{\sum (x_i - \bar{x})^2 \sum (y_i - \bar{y})^2}}$$

相関係数r_{xy}は$1 \geq r_{xy} \geq -1$の範囲の値をとり，1のときにもっとも強い正の相関を示す。このとき，xが増加するにつれてyも連動して増加し，xとそれに対応するyの値によって作った散布図のすべての点は，$y_i = a + bx_i$（a, bは任意の定数で$b > 0$）という式によって表される直線上に並ぶことになる。逆に−1のときにはもっとも強い負の相関を示し，散布図のすべての点は$y_i = a + bx_i$（a, bは任意の定数で$b < 0$）という式によって表される直線上に位置することになる。また，$r_{xy} = 0$のときは，xとyの間にまったく関連性がなく，$y_i = c + bx_i$（$b = 0$でcは任意の定数または変数）という関係にあることを示す。

相関係数は，データ間の関連の強さを比較的簡単に確認することができる便利な指標である。

> 【参考】
> エクセルの関数式で2つ変数の相関を求める場合は，「＝CORREL（○○，□□）」という関数式を用いる。○○と□□には，相関を確認したい2つのデータ列のセルをそれぞれ選択して入力することを意味している。
> たとえば，エクセルワークシートのセル「A1」から「A51」までに実質GDPのデータが入力されており，またセル「B1」から「B51」までに実質R&D費のデータが入力されているとした場合，これらの相関係数を求める関数は下記のようになる。
> 　　　　　「＝CORREL（A1：A51，B1：B51）」

図表4－8の重相関R（相関係数）は，実質GDPの実際の値と理論値の間の関連を示しており，その値が0.9773と非常に高い正の相関があることを示している。

なお，相関係数については本章で後ほど詳細に説明する。

②重決定R2と補正R2

「重決定R2」とは，第3章で説明した「決定係数」を意味する。また，「補正R2」も，同様に第3章で説明した「修正決定係数」のことを意味する。

決定係数は，被説明変数に対して説明変数がどの程度，回帰線によってうまく説明できているかを表した値である。決定係数は1以下の正の値を示すが，これが1のときは被説明変数と説明変数によってできるすべての点が回帰線上に位置していることを意味する。つまり，回帰線によって被説明変数と説明変数の関係が完全に説明できたことを意味する。しかし，そのようなケースはまれであり，通常は誤差（残差）が発生することにより，この値は1よりも小さくなる。

修正決定係数は，決定係数を説明変数の数によって修正したもので，決定

係数の値が同じであった場合，説明変数の数が多いほど修正決定係数の値は小さくなる。

③標準誤差（残差の標準偏差と分散）

エクセルによる回帰結果として示される「標準誤差」とは，「標準偏差」を意味する。ただ，回帰結果表の上段で示される「標準誤差」は，残差についての「標準偏差」を意味する。「標準偏差」とは，ある変数がその平均からどの程度散らばっているかという，散らばり度合いを示すものである。残差の平均はゼロであり，ゼロから実際の残差がどの程度散らばっているか，その度合いを表したものである。散らばり度合いは，各変数の平均からの距離の二乗をその「自由度」で割った値の平方根をとったものである。

残差の平均はゼロであることから，残差二乗和 ($\sum u^2 = \sum (u-0)^2$) そのものを，残差の自由度 n−2 （ここの事例では説明変数がひとつであり，その場合，残差が第3章の3−⑥式と3−⑦式という2つの条件を満たすことが求められ，そのため2つの制約条件を負っていることになる。その場合，自由度はサンプル数から2を引くことになる）で割った値の平方根で示される。残差の標準誤差（標準偏差）は，下記の式で表される。

$$残差の標準誤差 = 残差の標準偏差 = \sqrt{\frac{\sum u^2}{n-2}}$$

残差の標準偏差に対して，平方根をとる前の値，$\dfrac{\sum u^2}{n-2}$ を残差の「分散」という。

繰り返しになるが，残差 u_i は，現実の y の値 (y_i) と回帰式の線上の値 $\hat{y}_i$（「理論値」という）との差であるが，理論値 $\hat{y}_i$ を算出するために α と β を求める際に下記の2つ条件（第3章の3−⑥式と3−⑦式）が前提とされた。つまり，残差の合計が0になることと，残差と x（実質R&D）の積の合計が0になるように，下記2つの方程式を満たす α と β を求めて回帰線が得られた。

$$\sum_{i=1}^{n}(y_i - \hat{y}_i) = \sum u_i = 0 \quad 及び \quad \sum_{i=1}^{n} x_i(y_i - \hat{y}_i) = \sum x_i u_i = 0$$

そのため，残差 u_i は上記2つの制約を受けることになり，結果として残差 u_i が任意（自由）にとりうる値の数は，サンプル数 n（51個）から2を差し引いた値（49個）となり，これが残差の自由度となる。上記残差の標準誤差の式で分母に $n-2$ が用いられたのは，この自由度が適用されたためである。

④観測数（サンプル数）

観測数は1955年〜2005年までの51年分のデータが用いられたことを示しており，通常，観測数は「サンプル数」といわれる。

つまり，サンプル数とは被説明変数と説明変数のデータの組み合わせの数である。一般に，このサンプル数が多いほど，より精度の高い，信頼性ある分析が可能になるといわれる。

⑤変動

「回帰」に関する変動は「（理論値－平均値）の二乗和」で，また「残差」に関する変動は「残差二乗和」で表される。それらを式によって表すと下記のようになる。

$$\text{変動（回帰）}：\sum(\hat{y}_i-\bar{y})^2 \qquad \text{変動（残差）}：\sum(y_i-\hat{y})^2=\sum u_i^2$$

⑥分散

「回帰」に関する分散値は，上記の変動を自由度1で割った値（つまり，変動そのままの値）で表示される。

また，「残差」に関する分散値は，残差と残差平均（つまり0）の差の二乗を，自由度 $n-2$ で割った値で示される。この値は，先に述べたとおり，残差の「標準誤差」（つまり，「標準偏差」）の二乗に相当する。

先に述べたように，2つの変数の回帰における残差の自由度はサンプル数（n）から2を引いた $n-2$ となるが，残差ではなく，たとえば実質GDPのような通常の変数の分散と標準偏差を求める場合は，自由度が異なってくる。分散と標準偏差を求める式は下記のように表され，自由度は $n-1$ となる。

$$\text{分散}=\frac{\sum(y_i-\bar{y})^2}{n-1}=\frac{\text{変数とその平均値との差の二乗和}}{\text{自由度}}$$

$$標準偏差 = \sqrt{分散} = \sqrt{\frac{\sum(y_i - \bar{y})^2}{n-1}}$$

というのも，実質GDP（$y_{1955} \sim y_{2005}$）を例にとると，その制約条件はその平均値のみであり，平均値が定まったとき，y_iがその値を自由にとりうる数はサンプル数（n）から1を引いた数となる。つまり，51年分のy_iが存在するとして，ひとたびその平均値$\bar{y}$が定まると50年分までのy_iは自由に値をとりうるが，最後のひとつは平均値が定まっているために自由な値をとることができない。51個目のy_iは定められた平均値を満す値をとらざるを得なくなる。そのために，実質GDPであるy_iの自由度はn−1となる。

（2）パラメータとその有意性の確認方法

以上，回帰結果が示す各項目の概説を行ってきたが，回帰結果を評価するうえでは，パラメータとその統計上の有意度（確かさの度合い）を確認することがもっとも重要となる。以下，これらについて少し紙数を尽くして説明する。

①係数（パラメータ）

この係数が回帰式を決定づけるαやβの値となる。この係数の値によって回帰式（つまり回帰線）が決定される。この係数はパラメータと呼ばれ，αとβの「推定値」ともいわれる。

図表4−8は，$\alpha = 97,909.37$，$\beta = 38.14$という推定値が最小二乗法（OLS: Ordinary Least Square）によって求められたことを示している。

特にβについては，その符号がプラスであるかマイナスであるかによって，説明変数（x：実質R&D費）と被説明変数（y：実質GDP）との関係の方向性（正の関係か負の関係か）が分かれることになる。またその絶対値の大きさは，説明変数の被説明変数に対する影響の度合いを示すことにもなる。

実質GDPと実質R&D費の場合，感覚的にも両者はプラスの関連を有していると直感することができる。そして，実際パラメータの符号はプラスになった。しかし，さまざまな回帰を行っていくと，時にはこの符号が理論と

合わない場合がある。その場合，回帰分析によって理論が成り立つことを実証できなかったことになる。

また，たとえば家庭の消費を所得で説明するとき，通常は下記の回帰式において δ は 0 から 1 の間の値をとることが想定される。というのも，先に述べたように通常は所得額を超えた消費をすることはなく，所得の範囲内で消費するのが一般的と考えられるからである。

$$C = \gamma + \delta Y \quad (C：消費金額，Y：所得の額，\gamma, \delta：パラメータ)$$

この場合，もし δ がマイナスとなったり，1を超える値で回帰結果が得られたとすると，それは理論と整合しない結果が得られたことを意味する。

このように，パラメータの符号や値は理論が正しく実証されたかどうかを確認するうえで重要な意味を持つことになる。

上の回帰結果からは，実質R&Dが10億円増加した場合，我が国の実質GDPが約381億円増加することが，過去51年分のサンプルデータから推測されたことになる。

②切片と実質R&Dに関する標準誤差

ここでの回帰分析においては，実質R&D費（x_i）と実質GDP（y_i）に関する現実の51組のデータが用いられた。これらのデータは過去に現実した値であり，通常はそれ以外の値は考える余地がない。

しかし回帰分析の結果を統計的に判断するうえでは，こうした (x_1, y_1) の組み合わせは，たまたま偶然に実現した値の組み合わせであって，もしかしたら同じ x_i の値に対して別の値である y'_i が実現していた可能性もありうると考える。y_i を確率変数と考え，観測されるデータは，確率分布から出現したひとつの実現値にすぎないと考える。つまり，実現した (x_1, y_1) あるいは (x_2, y_2) は，ある x_i に対してたまたま発生した y_i によってできた組み合わせとみなす訳である。しかし，まったくランダムに発生したと考えるのではなく，ある一定のルールに基づいて発生したと考える。

ここでの一定のルールは，ある x_i の値に対して y_i のとりうる値（そのとりうる値の集合を Y とする）は，回帰線上の値 $\hat{y}_i$ を平均値とし，その値をとる確率を最大とする正規分布に基づいて確率的に発生すると考える。つま

り，Y は $\hat{y}_i$ を中心とする正規分布を形成しているものと考える。そして，実現した値は y_i がとりうる値の集合 Y の中から確率的に出現した値であると考える。そのイメージを図表4－9に示しておいた。図表4－9には，x_1 と x_2 という実質R&D費に対して，実質GDPのとりうる値の集合として Y_1 と Y_2 が示されている。そして，Y_1 と Y_2 の中からたまたま y_1 や y_2 という値が実現したものの，それはもしかしたら y'_1 や y'_2 という別の値が実現していたかも知れない。y_1 や y_2，さらに y'_1 や y'_2 は，それぞれに発生する確率を持っており，その確率に従って y_1 と y_2 が実現したものと考える。

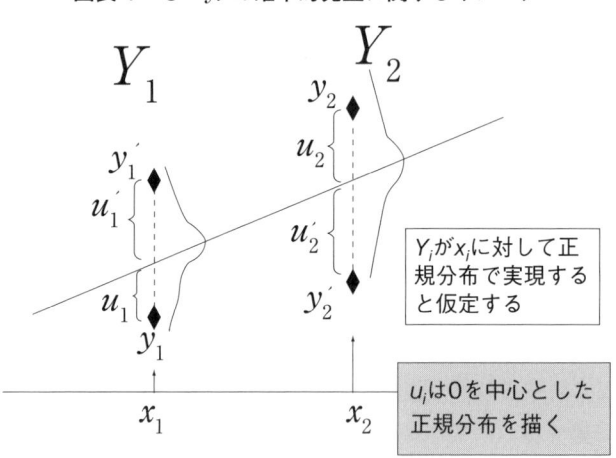

図表4－9　y_i の確率的発生に関するイメージ

この場合，x_1 や x_2 に対する実現値 y_1 及び y_2 と，回帰線上の $\hat{y}_1$ 及び $\hat{y}_2$ との差が残差 u_1 と u_2 である。Y_1 と Y_2 が，それぞれ $\hat{y}_1$ と $\hat{y}_2$ を平均とする正規分布に従っているため，この残差 u_1 と u_2 は平均を0とする正規分布に従うことになる。問題は，この残差の分散もしくは標準偏差の大きさである。

図表4－10に示したように，残差 u_i の分散が図表4－9で示したものと同じ程度である場合，それよりも小さい場合（尖った分布状態），あるいは

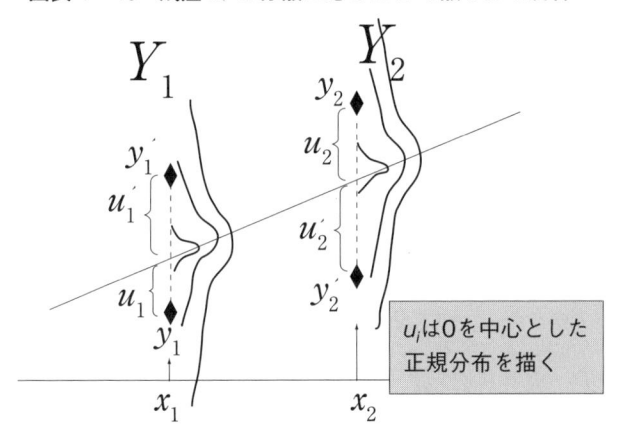

図表4－10　残差 u_i の分散に応じたYの散らばり度合い

u_iは0を中心とした正規分布を描く

それより分散が大きい場合（なだらかな分布状態）が考えられる。それによって y_i の実現値の散らばり度合いも異なってくる。

　残差 u_i の回帰線からの乖離度合いが小さい場合，つまり尖った正規分布を示す場合，y_i の散らばり度合いは小さくなるが，尖り度合いがなだらかな正規分布の場合は y_i の散らばり度合いは大きくなる。

　もし，残差 u_i が回帰線を中心になだらかな正規分布を描くように実現するとした場合，回帰線の傾きを決定する β の値自体が大きく揺れる（変動する）可能性が高くなる。つまり，残差 u_i の分散に連動して β の分散も変動するため，残差 u_i の分散が大きくなると β の分散も大きくなる。この場合，回帰線の傾きである β が大きく揺れる可能性を示すことになる。

　このような発想に基づいて，実現した (x_1, y_1) が別の値をとりうる可能性を考慮し，その場合に α と β がどの程度の分散を持ち（つまり，どの程度変化する可能性があるか），そしてそれに対応してどの程度の標準偏差（分散の平方根）を持つと推測されるかを計算したのが，ここでいう「切片」（α）と「実質R&D費」（β）それぞれの「標準偏差」である。

　ちなみに，β の分散は下記の式で表され，残差 u_i の分散に応じて β の分散の大小が影響を受けることが分かる。

$$\beta \text{ の分散} = \frac{u_i \text{ の分散}}{\sum (x_i - \bar{x})^2} = \frac{\frac{\sum u_i^2}{n-2}}{\sum (x_i - \bar{x})^2}$$

③ t（t 値）について

　上で述べたように，α と β が残差 u_i の分散に応じて一定の変動をし，平均から乖離する可能性があると考えられるため，もしかしたらこれらの値がゼロになる可能性も出てくる。β がゼロであるということは，先の回帰式は

$$y_i = \alpha + \beta x_i = \alpha \quad (\beta = 0)$$

となり，結局，実質 R&D 費（x_i）は，実質 GDP（y_i）に対して，何らの影響も及ぼさないことになる。

　たとえば，図表4-11に示したように，残差 u_i の分散が大きく，尖りのなだらかな正規分布を描き，x_1 に対する Y_1 の実現値が y'_1 となり，また x_2 に対する Y_2 の実現値が y'_2 となった場合，$(x_0, y_0) \sim (x_3, y_3)$ にもっともフィットする回帰線は真横の直線になる。

図表4-11　残差 u_i の分散が大きい場合の回帰線図

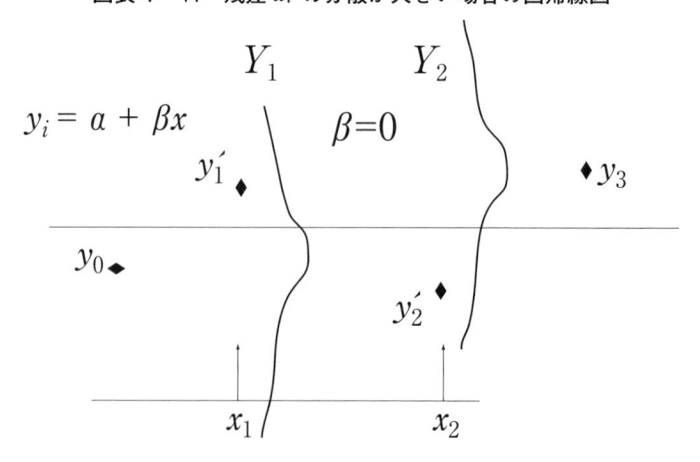

　t 値は，各パラメータ（α，β）をそれぞれの標準偏差で割った値であり，各パラメータがゼロとなる確率を見るために算出される指標値である。t 値

の算出式は下記の通りである。

$$t = \frac{\text{パラメーター} - 0}{\text{標準偏差}}$$

この t 値を別途作成された「t 分布表」にあてはめ，自由度（df：degree of freedom）ごとの各有意水準（0.01, 0.05, 0.1などといったP-値で示さ

表4－12　t 分布表

自由度 (df)	P-value（P-値）				
	0.25	0.1	0.05	0.02	0.01
1	2.4142	6.3137	12.7062	31.821	63.6559
2	1.6036	2.92	4.3027	6.9645	9.925
3	1.4226	2.3534	3.1824	4.5407	5.8408
4	1.3444	2.1318	2.7765	3.7469	4.6041
5	1.3009	2.015	2.5706	3.3649	4.0321
6	1.2733	1.9432	2.4469	3.1427	3.7074
7	1.2543	1.8946	2.3646	2.9979	3.4995
8	1.2403	1.8595	2.306	2.8965	3.3554
9	1.2297	1.8331	2.2622	2.8214	3.2498
10	1.2213	1.8125	2.2281	2.7638	3.1693
12	1.2089	1.7823	2.1788	2.681	3.0545
15	1.1967	1.7531	2.1315	2.6025	2.9467
20	1.1848	1.7247	2.086	2.528	2.8453
24	1.1789	1.7109	2.0639	2.4922	2.797
30	1.1731	1.6973	2.0423	2.4573	2.75
40	1.1673	1.6839	2.0211	2.4233	2.7045
60	1.1616	1.6706	2.0003	2.3901	2.6603
120	1.1559	1.6577	1.9799	2.3578	2.6174

注：ある自由度（df）に対応して，P-value が0.01のときの値より t 値が大きい場合，「1％水準で有意」という。P-value が0.05のときの値より t 値が大きい場合「5％水準で有意」という。同様に0.1のときの値より t 値が大きい場合「10％水準で有意」という。

れる）に対応する t 分布表内の値よりも，この t 値が大きいかどうかを見る。P-値は，求められたパラメータがゼロになる確率を示す値である。この確率が高い（つまり，P-値が大きい）と回帰結果によって得られたパラメータの統計的な有意性がない（つまり，パラメータがゼロになる確率が高い）と判断される。自由度は，n-k-1（nはサンプル数，kは説明変数の数）によって求める。

参考までに，「t 分布表」を図表4-12に示しておいた。

たとえば，自由度が40で，t 値が2.1123であったとしよう。P-値が0.05（つまり，パラメータがゼロとなる確率が5％であることを意味する）の列の値は「2.0211」で，t 値はこの値よりも大きい。P-値が0.05の列の値より大きいとき，そのパラメータは「5％水準で有意」という。同様にP-値が0.01（もしくは0.1）の列の値より大きいとき，そのパラメータは「1％水準で有意」（もしくは「10％水準で有意」）という。t 値が，P-値が0.1の列の値（自由度40のときなら「1.6839」）よりも小さいときは，通常「有意ではない」と判断される。つまり，求められたパラメータが10％以上の確率でゼロになる可能性ある場合，統計的な観点からは説明変数が被説明変数と関連性を持つと見なすことはできないという判断がなされる。

自由度が40で t 値が2.1123のとき，P値が0.01のときの値である「2.7045」よりも小さいため，「1％水準で有意」ということはできないが（それでも「5％水準で有意」ということはできる），たとえばもし t 値が「2.7045」を超えていたときは「1％水準で有意」となる。

通常，パラメータの有意性を示す基準は，「1％水準」「5％水準」「10％水準」のいずれかで示されるが，一般的には，「5％水準」で有意であるかどうかによってその有意性が判断される場合が多い。しかし，「10％水準」で有意であれば有意性ありと評価されることもあり，どの水準で有意性ありとするかは，分析する者の判断による。なお，「1％水準」で有意である場合，「有意性が高い」ということができ，また「頑健」に有意であるともいわれる。

④ P-値

先に示したように，パラメータがゼロになる確率は t 値を求めて，それを

t 分布表に当てはめてパラメータの有意水準を確認するが，図表 4 − 8 で得られた回帰結果には P-値そのものが求められている。先に述べたように，これ自体がパラメータがゼロになる確率を示した値である。

そのため，「t 値」を「t 分布表」に当てはめて，パラメータが「有意」であるか否かを見分けるといった手順を踏まずに，この P-値を参照するだけで，一目して有意水準を確認することができる。

ちなみに，図表 4 − 8 の回帰結果から得られた切片と実質 R&D 費それぞれの「t 値」は，12.2988 と 32.2636 であった。この場合，切片と実質 R&D 費のパラメータがそれぞれ 0 になる確率（P-値）は，1.36004E − 16 と 1.14192E − 34 となっていた。E − 16 は 10 のマイナス 16 乗を，また E − 34 は 10 のマイナス 34 乗を意味し，たとえば後者を例にとればその値は $1.14192 \times (1/10^{34})$ という非常に小さい値であることが分かる。このことは，実質 R&D 費のパラメータがゼロとなる（つまり，実質 R&D 費が実質 GDP に対して何ら影響を及ぼさない）確率は非常に小さく，高い有意水準を示していることが分かる。この場合，実質 R&D 費のパラメータは「1％水準で有意」で頑健であるということができる。

(3) 相関係数について

①相関係数の意味合い

先にも述べたように，相関係数とはデータ相互の関連の強さを示す統計指標であり，たとえば，x という変数と y という変数の相関係数（r_{xy}）は下記の式で求められる。

$$r_{xy} = \frac{\sum (x_i - \bar{x})(y_i - \bar{y})}{\sqrt{\sum (x_i - \bar{x})^2 \sum (y_i - \bar{y})^2}}$$

相関係数 r_{xy} は $1 \geq r_{xy} \geq -1$ の範囲の値をとり，1 のときにもっとも強い正の相関示し，− 1 のときにもっとも強い負の相関を示す。

上の相関係数を求める式を見ると，どの i についても分母の値は常に正であることが分かる。しかし，分子の値は $(x_i - \bar{x})$ と $(y_i - \bar{y})$ がそれぞれの i に

よって得られる x_i と y_i から求められ，プラスになる場合もあれば，マイナスになる場合もある。ある i のときに $(x_i-\bar{x})$ と $(y_i-\bar{y})$ の両方がプラスかマイナスかどちらか同じ符号をとれば，そのとき分子はプラスになるが，双方が異なる符号をとると分子の値はマイナスとなる。$\sum$ 記号に基づいて，それぞれの i に対して得られた $(x_i-\bar{x})(y_i-\bar{y})$ を加算していくとき，それらがおしなべてプラスの場合は $\sum(x_i-\bar{x})(y_i-\bar{y})$ は正で大きくなり，おしなべてマイナスの場合は負の値でその絶対値が大きくなる。$(x_i-\bar{x})(y_i-\bar{y})$ がプラスとマイナス両方の値をとる場合，正と負とで打ち消しあい $\sum(x_i-\bar{x})(y_i-\bar{y})$ はゼロに近づく。図表4－13はその状況を具体的なイメージ図で持って示したものである。

図表4－13　相関係数の分子の符号

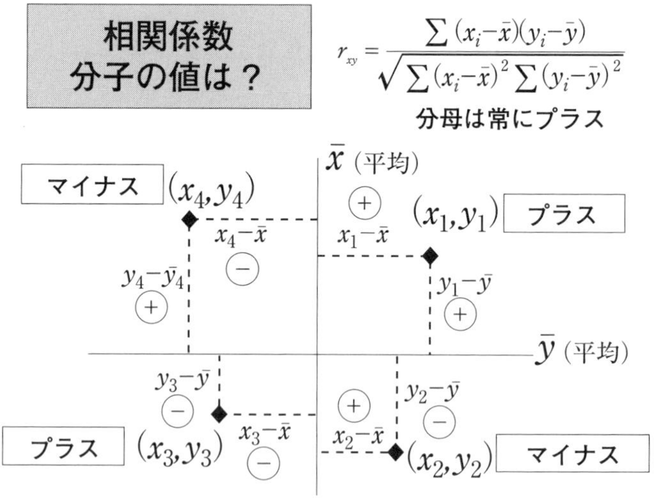

$$r_{xy} = \frac{\sum(x_i-\bar{x})(y_i-\bar{y})}{\sqrt{\sum(x_i-\bar{x})^2 \sum(y_i-\bar{y})^2}}$$

図表4－13には，(x_1, y_1) から (x_4, y_4) までの4つの点が示してある。そして x_i と y_i それぞれの平均値を $\bar{x}$ と $\bar{y}$ で示している。この平均値 $\bar{x}$ と $\bar{y}$ によって，平面が4つの象限に分けられ，(x_1, y_1) が第1象限，(x_2, y_2) が第2象限，(x_3, y_3) が第3象限，そして (x_4, y_4) が第4象限にそれぞれ存在する。第1象限にある (x_1, y_1) については $x_1-\bar{x}$ と $y_1-\bar{y}$ が共に正の値をとり，結果

4 回帰分析結果の見方　83

的に分子の符号はプラスとなる。逆に第3象限にある(x_3, y_3)については$x_3-\bar{x}$と$y_3-\bar{y}$がともに負となるために，同様に分子の値はプラスとなる。第4象限にある(x_4, y_4)と第2象限の(x_2, y_2)については，$x_i-\bar{x}$と$y_i-\bar{y}$の一方が正で片方が負となるため，結果的に分子の値はマイナスとなる。このように，x_iとy_iの平均（$\bar{x}$と$\bar{y}$）によって区分けされた象限のどこに(x_i, y_i)が数多く点在するかによって，分子の値（$\sum(x_i-\bar{x})(y_i-\bar{y})$）がプラスもしくはマイナスで大きくなったり，プラスとマイナスとで打ち消し合ってゼロに近づいたりする。

結局，図表4－14で示したように，(x_i, y_i)が第1象限と第3象限に集中すれば（図表4－14のAのケース）分子の値はプラスで大きくなり，相関係数は1に近づく。逆に，第2象限と第4象限に集中すれば（Bのケース）分子の値はマイナスでその絶対値が大きくなり相関係数は－1に近づく。(x_i, y_i)のすべての点が1本の直線上に位置するとき，相関係数は1もしくは－1のいずれかになる。

それとは対照的に，Cのケースのように(x_i, y_i)がすべての象限に散らばってしまったとき，分子の値はプラスとマイナスが打ち消し合って，ゼロに近づく。

結局，Aのケースではx_iとy_iについて正の相関が高く，Bのケースでは

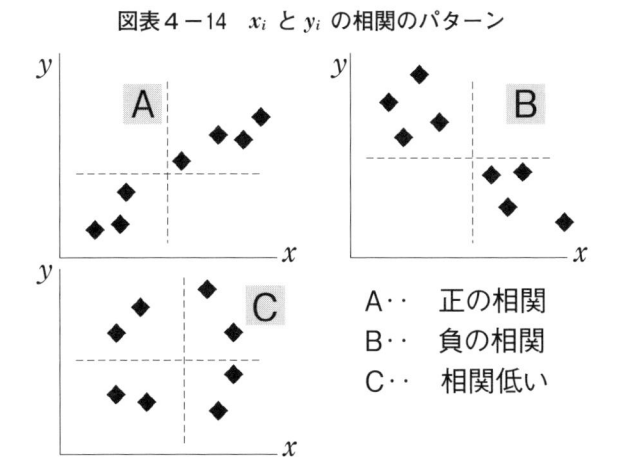

図表4－14　x_iとy_iの相関のパターン

A‥　正の相関
B‥　負の相関
C‥　相関低い

負の相関が高く，そしてＣのケースでは相関が低いということになる。
②エクセルによる相関係数の求め方

図表４－15　エクセルによる相関係数の求め方（１）

	A	B	C	D	E	F	G
1		10億円	10億円	億時間			
2		実質GDP	稼働資本ストック	就業時間			
3	68	157,684	134,563	1003.71			
4	69	176,578	154,665	1019.01			
5	70	194,745	174,874	1038.25			
6	71	202,808	188,703	1051.22			
7	72	219,888					
8	73	237,619					
9	74	235,011					
10	75	242,026					
11	76	251,901					
12	77	262,995					
13	78	276,701					
14	79	291,874					
15	80	299,964					
16	81	309,457	380,824	1193.62			
17	82	319,059	391,735	1207.26			

図表４－16　エクセルによる相関係数の求め方（２）

	A	B	C	D	E	F
1		10億円	10億円	億時間		
2		実質GDP	稼働資本ストック	就業時間		
19	84	339,259	469,030	1244.81		
20	85	354,337	515,636	1258.54		
21	86	364,336	528,149	1275.75		
22	87	379,471	569,256	1288.80		
23	88	403,200				
24	89	422,440				
25	90	444,175				
26	91	460,919				
27	92	465,553				
28	93	467,181				
29	94	470,098				
30	95	479,212				
31	96	492,443				
32	97	500,242				
33	98	489,663				
34	99	489,310	941,997	1304.40		
35	2000	502,990	1,002,063	1320.51		
36	2001	504,275	948,671	1293.47		
37	2002	505,465	972,398	1276.18		
38	2003	512,324	1,022,619	1267.70		
39	2004	526,774	1,086,655	1272.57		
40	2005	536,614	1,126,110	1270.92		
41	2006	549,595	1,174,760	1275.29		
42	2007	561189	1,213,611	1262.27		

相関係数は，エクセルの「分析ツール」によって求めることができる。その手順を図表4-15と図表4-16に示しておいた。

まず，図表4-15に示したように，「分析ツール」のメニューの中から「相関」を選択し，「OK」をクリックする。

すると図表4-16に示した画面が開かれるので，「入力範囲(I)」には相関係数を求めるデータ列を選択する。図表4-16では，実質GDP，稼動資本ストック，そして就業時間の3つの変数の列が選択されている。選択したセルの先頭行には実質GDPなどの「ラベル」が含まれているため，「先頭行をラベルとして使用(L)」にチェックマークを付ける。そして，最後に出力先（ここでは，セル「F19」とする）を指定して「OK」をクリックする。

その結果，出力先として指定されたセル（セル「F19」を最上段で左端とするセル群）に，図表4-17に示したような相関係数がマトリックスとして表示される。

図表4-17 求められた相関係数

		F	G	H	I
18	..	..	..	..	..
19	..		実質GDP	稼働資本ストック	就業時間
20	..	実質GDP	1		
21	..	稼働資本ストック	0.988	1	
22	..	就業時間	0.892	0.823	1
..	..	..	..	..	..

(4)回帰結果の分析と評価

以上のように，回帰分析を行った結果は，それぞれ出力されたデータ値を参照することで評価することができる。この評価結果によって，事前に設定した経済理論が実際のデータによって検証されたかどうかを確認することができる。

以下，回帰結果に対する評価の大まかな流れを示す．先の（2）で示した詳細な説明に対する理解が十分になされていなくても，ここで説明する①〜③の評価の流れさえしっかりと押さえておけば，回帰結果をおおよそ評価することができる．

　①「補正R2（修正決定係数)」によって，回帰結果の全体的な当てはまり具合を確認する．この値が1に近いと当てはまりがよく，0に近いと当てはまりがよくないことになる．

　ただ，この値が小さくても，その回帰式が不適切と即断する必要はない．むしろ，さまざまな回帰式を複数選択して回帰する際に，より大きな修正決定係数を示した回帰式を選択するというように，回帰式の当てはまり具合を比較するうえで利用するとよい．

　②各パラメータの値や符号が，理論的に予想される内容と矛盾していないかを確認する．もしも，本来プラス（もしくはマイナス）が予想されるべきパラメータがマイナス（もしくはプラス）になっていたときは，その回帰結果は理論と整合しているとはいえなくなる．また，たとえば1より小さい値をとるはずのパラメータが1より大きくなっていたような場合も同様である．

　また，パラメータの値の大きさによって，説明変数が被説明変数に及ぼす影響の度合いを確認することができる．

　パラメータの値を確認することは，回帰結果の評価においてひとつの重要なステップとなる．

　③P-値を見て，この値が十分に小さいかどうかを確認する．できれば0.05未満，そしてベストは0.01未満であるとよい．たとえ0.05未満でなくても，0.1未満であれば，一応，10％水準で有意ということができる．P-値を見ることでパラメータの有意性が確認され，ひいては説明変数が被説明変数に対して影響を及ぼしているという仮定が，統計的に許容できる範囲にあるかどうかを確認できる．

　以上の3つのステップを踏んで回帰結果を評価し，その結果が良好であると認められれば，ある経済理論を前提として設定した数式による経済モデル

(回帰式)が,結果として採択され,同時に経済モデルの係数(パラメータ)が特定され,理論の正しさと,変数相互の関係が確認されることになる。

　こうした過程を経てはじめて,経済理論が検証を通して実証されたことになる。

第5章

技術進歩（無形資産）の経済的効果

1 生産関数の展開

　第4章では，研究開発投資（実質R&D費）が経済成長（実質GDP）を規定するという前提で説明を行ったが，通常，研究開発投資だけがGDPの成長を促すものでないことは明らかであろう。GDP，つまり国全体の付加価値を生み出す原動力は，国民の労働力や，さまざまな設備資産の存在にも求められることは容易に理解できるところであろう。

　GDPのような，経済活動によるアウトプット（生産高）を説明するモデル式を「生産関数」というが，第4章まではこれを研究開発費によって説明できると考え，下記の関数式で説明を行ってきた。

　　$Y = \alpha + \beta X$　（Y はGDP，X は研究開発費，α は定数，β は研究開発費のパラメータ）

　しかし，本章ではこうした生産関数を，より現実的な関数に代えてGDPを生み出す要素について検討を加えていくこととする。

(1) コブ・ダグラス型生産関数

　以下では，資本や労働といった要素をインプット（投入）項目とし，産出

量である GDP がこれらによってどのような影響を受けてきたかについて検討する。これまでも伝統的に，GDP に影響をもたらす生産要素としては，資本（K）と労働（L）が注目されてきた[1]。つまり，生産関数として下記の経済モデルを設定することができる。

$$Y = A + \alpha K + \beta L \quad \cdots\cdots 5-①$$

通常，ここでいう資本（K）には各年の投資額ではなく，過去の投資の結果として国内に蓄積された資本ストック額をデータとして用いる。さらに，蓄積された資本ストックがすべて完全にフル稼働しているとは限らず，中には遊休資産として使用されていないものも存在する。こうした遊休資産を除き，実際に生産活動に投入されている稼働資本がデータとして用いられる。

具体的には，民間資本ストック額に資本稼働率を乗じた値，つまり稼働資本ストック額を資本（K）のデータとして用いる。ここでの民間資本ストック額も，ある年の価格を基準として実質化した額で計算されたものを使用する。

また労働（L）には延就業時間数や就業人口に一人当たり労働時間数を乗じた総労働時間数などが用いられる。

ところで，生産関数は上の 5 −①式で示したように，資本（K）と労働（L）の一次関数式で表されるとは限らない。たとえば，下記のような指数関数として表されることも考えられる。

$$Y = A * K^\alpha * L^\beta \quad \cdots\cdots 5-②$$

アメリカ上院議員のポール・ダグラスは，アメリカの国民所得の資本と労働に対する分配の比率が長期にわたってほぼ一定であることを知り，数学者のチャールズ・コブにこのような実態に則する生産関数が存在しうるかと質問したところ，下記の関数が提示された[2]。こうした指数関数式は，コブ・ダグラス型生産関数と呼ばれている。

$$Y = AK^\alpha L^{1-\alpha} \quad （ただし，1 > \alpha > 0） \quad \cdots\cdots 5-③$$

後に説明するが，この場合の α が資本分配率，$(1-\alpha)$ が労働分配率と

なる。

　ただ，5－②式にしても，5－③式にしても，線形の回帰式になっていないために，このままではエクセルの回帰分析ソフトによって回帰分析を実施することができない。そのため，この式を線形の式に変換することが必要になる。そこで役立つのが対数である。以下，対数について若干の説明を行うこととする。

＜対数の解説＞

　$x = a^y$ のとき $= \log_a x$ と表わす。この y が x の対数である。

　たとえば，$1,000,000 = 10^6$ のとき，この1,000,000を，対数に変換して6（$= \log_{10} 1,000,000$）と表すことができる。

　つまり対数を用いることで，a^y（たとえば$1,000,000 = 10^6$など）といった大きな数を $\log_{10} 1,000,000 = \log_{10} 10^6 = 6$ というように，小さな値に変換することができる。

　対数の底（$\log_z \bigcirc$ とした場合の z を指す）を10とするものを常用対数といい，この底を e（2.7182…）という特殊な値とするものを自然対数という[3]。

　自然対数は，たとえば $\log_e a = \ln a$ というように，「ln」と略して表現される。

　ここで，対数について下記の法則が成り立つことを覚えておこう。

　　（1）$\ln x^a = a \ln x$，　（2）$\ln xy = \ln x + \ln y$，　（3）$\ln \dfrac{x}{y} = \ln x - \ln y$

　この法則を用いることで，例えば5－②式は下記のように書き改めることができる。

　　$\ln Y = \ln A + \alpha \ln K + \beta \ln L$　……5－④

　また，5－③式も両辺の対数をとって式を変形すると，

　　$\ln Y = \ln (AK^\alpha L^{1-\alpha})$　　$\ln Y = \ln A + \ln K^\alpha + \ln L^{1-\alpha}$

　　$\ln Y = \ln A + \alpha \ln K + (1-\alpha) \ln L$　　$\ln Y - \ln L = \ln A + \alpha \ln K - \alpha \ln L$

　　$\ln Y - \ln L = \ln A + \alpha (\ln K - \ln L)$

　よって，

$$\ln\frac{Y}{L} = \ln A + \alpha \ln\frac{K}{L} \quad \cdots\cdots 5-⑤$$

となる。

　この5-④式と5-⑤式とも，5-①式と同じようなの線形の式になっていることが分かる[4]。変数として国内総生産（Y），資本（K），労働（L）といったデータがそのまま使用されるのではなく，それらの対数値が変数として用いられている点がこれまでと異なるだけである。このように，対数を活用することで，指数関数として示された回帰式を線形式に変換することができる。

（2）一次同次の仮定（収穫一定の仮定）

　コブ・ダグラス型生産関数では，一次同次（規模に関する収穫一定）の仮定が置かれることが多い。つまり，各生産要素の投入量をn倍したとき，産出量（GDP）も同様にn倍になることが仮定されている。これは5-③式，$Y = AK^{\alpha}L^{\beta}$において，$\alpha + \beta = 1$であることを意味する。

　また，$\alpha + \beta > 1$のときは収穫逓増（投入量をn倍したとき，産出量がn倍超になること）を，そして$\alpha + \beta < 1$のときは収穫逓減（投入量をn倍したとき，産出量がn倍未満にしかならないこと）を意味する。

　たとえば，規模に関する収穫一定という意味を数式を用いて説明すると次のようになる。

　まず，$Y = AK^{\alpha}L^{\beta}$における各生産要素（K，L）をそれぞれλ倍したと仮定する。

　右辺は，$A(\lambda K)^{\alpha}(\lambda L)^{\beta} = A\lambda^{\alpha}K^{\alpha}\lambda^{\beta}L^{\beta} = \lambda^{\alpha+\beta}AK^{\alpha}L^{\beta}$となり，一次同次の仮定（$\alpha + \beta = 1$）の下では，結局，$\lambda^{\alpha+\beta}AK^{\alpha}L^{\beta} = \lambda AK^{\alpha}L^{\beta} = \lambda Y$，つまり$A(\lambda K)^{\alpha}(\lambda L)^{\beta} = \lambda Y$となる。

　収穫について一定，逓増，そして逓減の状態をグラフとして表すと図表5-1のようになる。

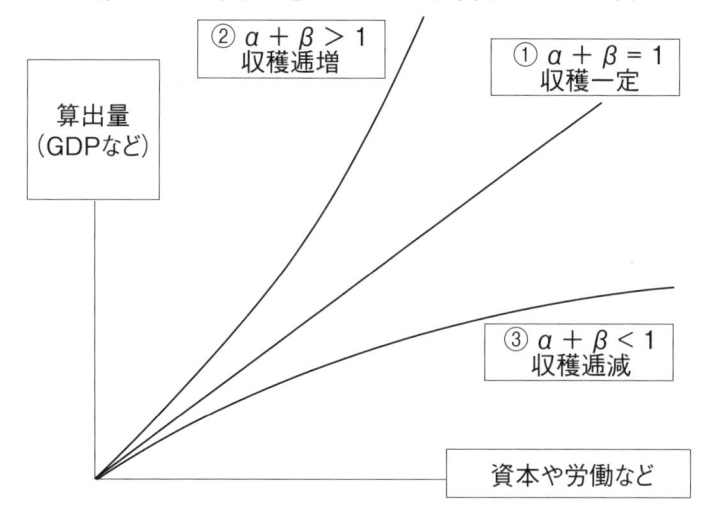

図表5-1 収穫一定・逓増・逓減に関するイメージ図

② $\alpha + \beta > 1$ 収穫逓増
① $\alpha + \beta = 1$ 収穫一定
③ $\alpha + \beta < 1$ 収穫逓減

算出量（GDPなど）

資本や労働など

(3) パラメータと弾力性

　また，5-②式や5-③式における α や β は，それぞれ資本と労働の GDP に対する弾力性を表す。

　弾力性とは，資本 (K) や労働 (L) が1％伸びたときに GDP が何％伸びるかを示したもので，それぞれ変数の単位に関係なく GDP をどれだけ押し上げるかという，その効果を比較することが可能となる。

$$\alpha = \frac{\text{分母に対応する GDP の増加率（}\alpha\text{％）}}{\text{資本の増加率（1％）}}$$

$$\beta = \frac{\text{分母に対応する GDP の増加率（}\beta\text{％）}}{\text{労働の増加率（1％）}}$$

5-②式や5-③式における α や β が弾力性を示すことは，下記の算式で証明できる。

　まず，$Y = AK^{\alpha}L^{\beta}$ の両辺の自然対数をとると，

　　$\ln Y = \ln A + \ln K^{\alpha} + \ln L^{\beta} = \ln A + \alpha \ln K + \beta \ln L$ 　……5-⑥

となる。

　ここで，5－⑥式の両辺をたとえばKで微分すると$\dfrac{d(\ln Y)}{dK} = \dfrac{d(\ln A + \alpha \ln K + \beta \ln L)}{dK}$となる。$K$が変化しても，$\ln A$と$\beta \ln L$は変化しない（定数）から$\dfrac{d(\ln Y)}{dK} = \dfrac{d(\alpha \ln K)}{dK}$となる。

　左辺にdY/dYを乗じると$\dfrac{dY}{dY}\dfrac{d(\ln Y)}{dK} = \dfrac{d(\alpha \ln K)}{dK}$ここで$\alpha$は定数であるから

　よって，

$$\dfrac{d(\ln Y)}{dY}\dfrac{dY}{dK} = \alpha \dfrac{d(\ln K)}{dK} \quad \cdots\cdots 5-⑦$$

が導き出される。

　ここで，対数の微分に関する下記の公式を活用する。

$$\dfrac{d(\ln X)}{dX} = \dfrac{1}{X}$$

この公式の証明は本書では省略するが，確認をしたい方は数学の専門書を参照されたい[5]。

　上の公式を用いると，$\dfrac{d(\ln Y)}{dY} = \dfrac{1}{Y}$および$\dfrac{d(\ln K)}{dK} = \dfrac{1}{K}$となり，5－⑦式は次のように展開される$\dfrac{dY}{dK} * \dfrac{1}{Y} = \alpha \dfrac{1}{K}$そして，

$$\alpha = \dfrac{\dfrac{dY}{Y}}{\dfrac{dK}{K}} \quad \cdots\cdots 5-⑧$$

が得られる。

　つまりαは，Kが微少に増加（dK）したときのdK/K（Kの増加率）に対してYがどれだけ増加（dY）するかを，dY/YというYの増加率に対する比率を示すもので，5－⑧式の分母も分子も単位が捨象された値となって

いる。これを「弾力性」という。

たとえば、5－⑧式の値が0.7であったとすれば、それは資本が1％増加したときには、GDPが0.7％増加することを意味する。

ここまでの、資本（K）についての説明は、そのまま労働（L）についても同様に当てはまる。

なお、指数関数を線形の回帰式に変換するために対数を用いることで、以下のようなメリットが生まれる。

①互いに数値の桁数が大きく異なる変数データどうしの場合でも、比較的桁数の近い数値データに直して関連性を見い出しやすくすることができる。

②回帰分析の結果得られたパラメータが弾力性を示すために、変数の単位にとらわれることなく説明変数相互間の、被説明変数に対する影響度の大きさを比較することができる。

（4）分配率について

新古典派の経済学において、完全競争市場と生産関数の一次同次性という仮定をおけば、労働分配率と資本分配率の合計が1になることが知られている。ここで、労働分配率とは付加価値に占める労働費用の割合を、資本分配率とは付加価値に占める資本費用の割合を意味する。以下では、このことを証明しよう。

まず、5－②式の$Y=AK^{\alpha}L^{\beta}$という生産関数を仮定する。

それぞれの生産要素の限界生産力（たとえば資本の限界生産力とは、資本：Kの微小な増加に対してGDP：Yがどれだけ増加するかを示したもの）を求めると下記のようになる。

$$\text{資本の限界生産力}：MPK = \frac{dY}{dK} = \frac{d}{dK}(AK^{\alpha}L^{\beta}) = \alpha AK^{\alpha-1}L^{\beta} \quad \cdots\cdots 5-⑨$$

同様に、

$$\text{労働の限界生産力}：MPL = \frac{dY}{dL} = \frac{d}{dL}(AK^{\alpha}L^{\beta}) = \beta AK^{\alpha}L^{\beta-1} \quad \cdots\cdots 5-⑩$$

となる。

ここで,完全競争を前提としているため,資本や労働の限界生産力が資本価格(資本を借りてくるとすればそのレンタル料)や賃金を上回っているとき,企業はさらに資本や労働を投入することで利益が得られる。資本や労働の投入を増やすにつれて,それらの限界生産力は低下していき,結果的に資本コストや賃金は限界生産力と等しい状態で均衡することになる。

そこで,5-⑨がr(均衡状態における資本価格),5-⑩がw(同賃金)に,それぞれ等しいと仮定すると

$$\alpha AK^{\alpha-1}L^{\beta} = r \quad \cdots\cdots 5-⑪ \qquad \beta AK^{\alpha}L^{\beta-1} = w \quad \cdots\cdots 5-⑫$$

となる。

ここで資本分配率は,資本投入量に資本のコストを乗じた額を付加価値(Y:GDP)で割った値となり,同様に労働分配率は,労働投入量に労働賃金を乗じた額を付加価値(Y)で割った値となる。

そして5-②式,5-⑪式,5-⑫式を用いて資本分配率と労働分配率を求めると,

$$資本分配率 = \frac{Kr}{Y} = \frac{K(\alpha AK^{\alpha-1}L^{\beta})}{AK^{\alpha}L^{\beta}} = \frac{\alpha AK^{\alpha}L^{\beta}}{AK^{\alpha}L^{\beta}} = \alpha$$

$$労働分配率 = \frac{Lw}{Y} = \frac{L(\beta AK^{\alpha}L^{\beta-1})}{AK^{\alpha}L^{\beta}} = \frac{\beta AK^{\alpha}L^{\beta}}{AK^{\alpha}L^{\beta}} = \beta \qquad となる。$$

このように見たとき,一次同時を前提としたときの,5-②式の資本と労働に関するパラメータαとβは,

> それぞれの資本と労働の「弾力性」を示すと同時に,資本と労働の「分配率」でもある

ことが分かる。

なお先に述べたように,一次同次の仮定により$\alpha+\beta=1$であるから,それぞれ,労働分配率がβ,資本分配率が$1-\beta$として求められる。一般に,資本価格の推計が困難であるため,資本分配率を求めることは難しいとされている。しかし,労働分配率は容易に推定できるため,こうした一次同次の仮定をおき,1から労働分配率を引くことによって資本分配率を求める手法が一般的にとられている。一次同次を前提としたとき,我が国の労働分配率

と資本分配率は，ほぼ一定して推移してきたことが，国民経済計算統計から推測される。というのも，永い年月にわたり我が国の労働分配率は，おおよそ70％もしくは80％前後で安定して推移してきたためである。この点については，後ほど再度確認することとする。

2　データの取得

以上の生産関数（経済モデル）に基づいた実証分析を行うためには，分析に使用するデータを取得する必要がある。

（1）GDPデータ

GDPデータは，内閣府が提供しているホームページから取得することができる[6]。ただ，93SNA（93年改定国民経済計算）については1980年以降のデータしか取得することができない。本章では，改定前の68SNAによるデータを併せて活用し[7]，GDPの長期時系列データとして1955年～2005年までのデータを作成した。作成にあたっては，93SNA実質GDPデータによる1980年以降の値と，それ以前について68SNによる1979年以前の対前年伸び率を用いて，93SNAによる1980年の値を基に延長させた。

（2）資本投入量データ

資本に関するデータとしては，先に述べたように，実質稼働資本ストックデータを活用する。稼働資本ストックとは，各年に存在する資本ストックのうち，どれだけが生産活動に用いられたか（稼働していたか）を示したもので，資本ストックデータに稼働率指数を乗じて算出する。なお，資本ストックについても，物価水準の変動を捨象（吸収）するために，実質値を用いる。

資本ストックデータは，内閣府のホームページから取得できる[8]。上記サイトの93SNA（93年改定国民経済計算）統計では1994年以降のデータしか取得することができないため，今回は改定前68SNAによるデータを併せ

て活用し，1955年～2005年までのデータを作成した。

作成にあたっては，93SNA による1994年以降の実質データをベースに，68 SNA データによる1955年～2000年までの対前年比を用いて，2000年以前を延長させて作成した[9]。

なお，資本稼働率については，1978年以降について経済産業省から提供されるデータにより製造業の稼働率データが利用可能であるが[10]，それ以前のデータについてはインターネット上では取得できないため，「日経 CD-ROM マクロデータ」を用いることとした。

実質値による資本ストック額（10億円）に，稼働率指数を乗じたものが，稼働資本ストック（実質値）となる。この稼働資本ストックは，資本の投入量を金額ベースで示したものであり，ここには資本の質的効果は反映されていない。

（3）労働投入量データ

労働投入量を示すデータとしては，総労働時間が挙げられる。総労働時間は，就業者人数に一人当たり平均労働時間を乗じて算出するか，全就業者の週間延就業時間などを参照する。

今回は，後者の方法を採用し，週間延就業時間を年間延就業時間数に算出し直した値を用いることとした。

労働時間に関するデータは，総務省統計局（http://www.stat.go.jp/）のサイトから取得することができる[11]。総務省統計による週間延就業時間は1週間当たりの全就業者の就業時間が億時間単位で表示されているため，これに365／7を乗じて年間就業時間に計算し直した。

3 回帰分析の実施

（1）データと回帰分析の仕方

以上により準備した実質 GDP を，実質稼働資本ストック，そして年間延

就業時間といったデータを用いて回帰分析を行うこととする。なお，すべてのデータが揃うのは1968年〜2005年の間であり，この38年分のデータによって回帰する。

図表5−2はエクセル・ワークシート上のデータの一部をコピーしたものである。左端の列はエクセルの行番号を最上段のアルファベット記号はエクセルの列番号を示している。

図表5−2　実質 GDP，実質稼働資本ストック，年間延就業時間のデータ

	A	B	C	D	E	F	G	H
1	年	実質GDP	稼働資本ストック	就業時間		実質GDP	稼働資本ストック	就業時間
2	year	10億円	10億円	億時間				
3		Y	K	L		lnY	lnK	lnL
4	68	157,684	134,563	1029.1		11.97	11.81	6.94
5	69	176,578	154,665	1044.8		12.08	11.95	6.95
6	70	194,745	174,874	1064.5		12.18	12.07	6.97
7	71	202,808	188,703	1077.8		12.22	12.15	6.98
8	72	219,888	213,231	1100.4		12.3	12.27	7
9	73	237,619	246,140	1134.5		12.38	12.41	7.03
10	74	235,011	248,210	1114		12.37	12.42	7.02
11	75	242,026	229,801	1097.8		12.4	12.34	7
‥	‥‥	‥‥	‥‥	‥‥		‥‥	‥‥	‥‥
35	99	489,310	941,997	1337.38		13.1	13.76	7.2
36	2000	502,990	1,002,063	1353.89		13.13	13.82	7.21
37	2001	504,275	948,671	1326.17		13.13	13.76	7.19
38	2002	505,465	972,398	1308.44		13.13	13.79	7.18
39	2003	512,324	1,022,619	1299.75		13.15	13.84	7.17
40	2004	526,774	1,086,655	1304.74		13.17	13.9	7.17
41	2005	536,614	1,126,110	1303.05		13.19	13.93	7.17

エクセルの「B」「C」「D」の各列のデータを引用して，実質 GDP，稼働資本ストック，そして年間延就業時間の対数値をそれぞれ「F」「G」「H」列に求めている。

対数値を求める関数式は「＝ln（○○）」であり，たとえばセル「F4」において，実質 GDP の対数値を算出する場合，「○○」の部分にセル「B4」を引用して「＝ln（B4）」という関数を入力することで求められる。

そして，セル「F4」からセル「H41」までのデータ（つまり，実質 GDP，稼働資本ストック，年間延就業時間それぞれの対数値）を用い，エクセルの分析ツールにより先の5－④式を回帰する際の入力画面が図表5－3である。

<回帰分析入力画面の入力方法>
①「入力元」の被説明変数を入力する「入力 Y 範囲（Y）」にはセル

図表5－3　回帰分析のための入力例

	A	B	C	D	E	F	G	H	I
1	年	実質GDP	稼働資本ストック	就業時間		実質GDP	稼働資本ストック	就業時間	
2	year	10億円	10億円	億時間					
3		Y	K	L		lnY	lnK	lnL	
4	68	157,684	134,563	1029.08		11.97	11.81	6.94	
5	69	176,578	154,665	1044.77		12.08	11.95	6.95	
6	70	194,745	174,874	1064.50		12.18	12.07	6.97	
7	71	202,808	188,703	1077.79		12.22	12.15	6.98	
8	72	219,888	213,231	1100.43		12.30	12.27	7.00	
9	73	237,619	246,140	1134.50		12.38	12.41	7.03	
10	74	235,011	248,210	1113.99		12.37	12.42	7.02	
11	75	242,026	229,801	1097.78		12.40	12.34	7.00	
...									
35	99	489,310	941,997	1337.38		13.10	13.76	7.20	

回帰分析ダイアログ：
- 入力元
  - 入力 Y 範囲(Y)：$F$3:$F$41
  - 入力 X 範囲(X)：$G$3:$H$41
  - ☑ ラベル(L)　□ 定数に 0 を使用(Z)
  - □ 有意水準(O)　95 %
- 出力オプション
  - ◉ 一覧の出力先(S)：$J$1
  - ○ 新規又は次のワークシート(P)
  - ○ 新規ブック(W)
- 残差
  - □ 残差(R)　□ 残差グラフの作成(D)
  - □ 標準化された残差(T)　□ 観測値グラフの作成(I)
- 正規確率
  - □ 正規確率グラフの作成(N)

[OK] [キャンセル] [ヘルプ(H)]

「F3」から「F41」を,そして説明変数を入力する「入力X範囲(X)」にはセル「G3」から「H41」を選択する。
②また,第3行目のセル「F3」から「H3」までにはデータのタイトル(ラベル)が入力されているため,「ラベル(L)」のラジオボタンにチェックマークを付ける。
③最後に,出力先(「J1」)を指定して「OK」ボタンをクリックする。

(2) 回帰結果

まず,上記5-④式によって回帰した結果が図表5-4である。また,5-⑤式によって回帰した結果が図表5-5である。

いずれの場合も,補正R2(修正決定係数)が高く,モデル式の当てはまりが非常によいことが分かる。

図表5-4 回帰分析の結果 (5-④式)

回帰統計	
重相関R	0.998193
重決定R2	0.996389
補正R2	0.996183
標準誤差	0.021898
観測数	38

分散分析表

	自由度	変動	分散
回帰	2	4.63117	2.3155852
残差	35	0.016784	0.0004795
合計	37	4.647954	

	係数	標準誤差	t	P-値
切片	3.739127	0.633342	5.9038053	1.03E-06
lnK	0.510831	0.017098	29.876598	1.69E-26
lnL	0.326551	0.117888	2.770002	0.00891

図表5－5　回帰分析の結果（5－⑤式）

回帰統計	
重相関R	0.99470
重決定R2	0.98942
補正R2	0.98913
標準誤差	0.03695
観測数	38

分散分析表

	自由度	変動	分散
回帰	1	4.59879	4.59879
残差	36	0.04916	0.00137
合計	37	4.64795	

	係数	標準誤差	t	P-値
切片	8.93320	0.06636	134.61423	2.964E−50
ln（K/L）	0.64063	0.01104	58.03167	3.642E−37

　図表5－4からは，lnK のパラメータ α が0.510831でこの P-値が1.69E−26($1.69 \times 10^{-26} = \frac{1.69}{10^{29}}$)，lnL のパラメータ β が0.326551でこの P-値が0.00891と，いずれのパラメータともプラスで，1％水準で有意であることが分かる。

　また，図表5－5からは $\ln\frac{K}{L}$ のパラメータ α が0.64063であり，$1 > \alpha > 0$ の条件を満たしていることが分かる。さらに $\alpha = 0.64063$ から，lnL のパラメータ β が0.35937（$\beta = 1 - \alpha$）と求められる。$\ln\frac{K}{L}$ のパラメータ α はその P-値から1％水準で有意であることが確認される。そして，これらパラメータは資本（k）および労働（L）の弾力性を示すことにもなる。

4 全要素生産性（TFP：Total Factor Productivity）分析

（1）全要素生産性とは

　これまで過去38年分のデータを用いて，稼働資本ストックと年間延就業時間という，それぞれ資本と労働の投入量を意味する変数が，GDPに対してどのような影響を及ぼしてきたかを見てきた。

　以下では，こうした資本や労働の投入量以外の要素が，GDPの成長にどのように寄与してきたかについて分析する。こうした資本や労働の投入量以外の要素の生産性への貢献度を測定する手段として，全要素生産性の伸び率が用いられる。全要素生産性の伸びは，広い意味での技術進歩を示すといわれている。

　アメリカの経済学者 Solow は，経済の成長要因を資本ストックの成長率，労働投入量の成長率，そして技術進歩の伸び率に分け，それらの貢献度を分析した[12]。全要素生産性とは，産出量（Y）をすべての投入要素（つまり，資本（K）と労働（L））の積で割った値をいう。たとえば，資本生産性と労働生産性は，

$$資本生産性 = \frac{産出量（Y）}{資本投入量（K）} \qquad 労働生産性 = \frac{産出量（Y）}{労働投入量（L）}$$

と表され，これに対して，資本と労働というすべての生産要素の投入量で産出量（Y）を割った値が全要素生産性となる。

　まず5－②式，$Y = AK^{\alpha}L^{\beta}$ から，これを展開すると，

$$全要素生産性 = \frac{Y}{K^{\alpha}L^{\beta}} = A \quad \cdots\cdots 5-⑩$$

となる。

　5－⑩式の両辺の対数をとって両辺の左右を入れ替えると

$$\ln A = \ln Y - \alpha \ln K - \beta \ln L \quad \cdots\cdots 5-⑪$$

となる。

ここで，技術進歩（A），GDP（Y），資本（K），労働（L）のいずれも，時間の経過と共にその値が変化すると考えられることから，これらは時間の関数であり，時間によって微分することができる。

そのため，この両辺を時間 t で微分すると，

$$\frac{d(\ln A)}{dt} = \frac{d(\ln Y)}{dt} - \alpha\frac{d(\ln K)}{dt} - \beta\frac{d(\ln L)}{dt} \quad \cdots\cdots 5-⑫$$

となる。

5−⑫式の左辺の $\frac{d(\ln A)}{dt}$ の分母と分子に dA を乗じると，$\frac{d(\ln A)}{dt} = \frac{dA}{dt} \times \frac{d(\ln A)}{dA}$ となる。このうち右辺の第二項 $\frac{d(\ln A)}{dA}$ は対数の公式から $\frac{d(\ln A)}{dA} = \frac{1}{A}$ となることが分かっている。また，$\frac{dA}{dt}$ は時間の変化おける A の増分を示しており，これを $\varDelta A$ とすると 5−⑫式の左辺は $\frac{\varDelta A}{A}$ となり，時間 t が経過したときの A の伸び率となる。

同様の要領で 5−⑫式の右辺の各項について整理すると，

$$\frac{\varDelta A}{A} = \frac{\varDelta Y}{Y} - \alpha\frac{\varDelta K}{K} - \beta\frac{\varDelta L}{L} \quad \cdots\cdots 5-⑬$$

が導き出される。

これは，全要素生産性（A）の伸び率が GDP の伸び率と資本及び労働の伸び率の差として把握されることを示している。

全要素生産性（TFP）の伸び率は，労働と資本の伸び率では説明できない，それ以外の要素による伸びと考えられ，先にも述べたようにそれが広い意味での「技術進歩」と呼ばれている。具体的には，資本や労働の質の向上，生産組織の効率化，規模の拡大に伴った生産性の上昇などが考えられるが，同時に資本と労働の量的要素を除いた部分という意では，広義の「無形資産」ということもできる。以下では，「無形資産」の経済的貢献度の測定と位置づけて分析を進めることとする。

4 全要素生産性（TFP：Total Factor Productivity）分析　105

　上の数式5-⑬を，言葉によって表すと，全要素生産性（TFP）の伸び率は，下記のように示すことができる。

全要素生産性の伸び率（無形資産の伸び率）
　＝GDPの伸び率
　　－（資本の伸び率×資本のパラメータ＋労働の伸び率×
　　労働のパラメータ）

　なお，5-②式に基づいたとき，資本と労働のパラメータが弾力性を意味することは既に述べたとおりである。

　また，資本と労働のパラメータ α と β は，完全競争市場を前提とすると，ともにそれぞれGDPに対する資本と労働の分配率に等しくなることが分かっている。そのため，分配率を用いて上の式を書き直すと，

全要素生産性の伸び率（無形資産の伸び率）
　＝GDPの伸び率
　　－（資本の伸び率×資本分配率＋労働の伸び率×労働分配率）

となる。

（2）無形資産の経済的貢献度の測定

　一次同時を仮定した図表5-5の回帰結果から，資本のパラメータ（α）が約0.64になることが確認された。これは分配率が64%になることをも意味するが，GDP統計に関する実際のデータによれば，この分配率は必ずしも正確な実態を反映しているとは考え難い。というのも，たとえば，第2章の図表2-2から，労働分配率を「雇用者報酬÷（雇用者報酬＋営業余剰・混合所得）」〈分配率1〉として計算すると，2006年における労働分配率は，73.4%になる。労働分配率の算出方法についてはいくつかの考え方がある。たとえば，上の式の分母から家計の営業余剰を差し引いて計算すべきとする考え方〈分配率2〉，分子に持ち家の営業余剰を除いた家計の営業余剰を加え，分母からは持ち家の営業余剰を控除するといった考え方〈分配率3〉が存在する。それぞれの計算方法に基づいて算出した労働分配率の推移を示したもの

が，図表5－6である[13]。

図表5－6　労働分配率の推移

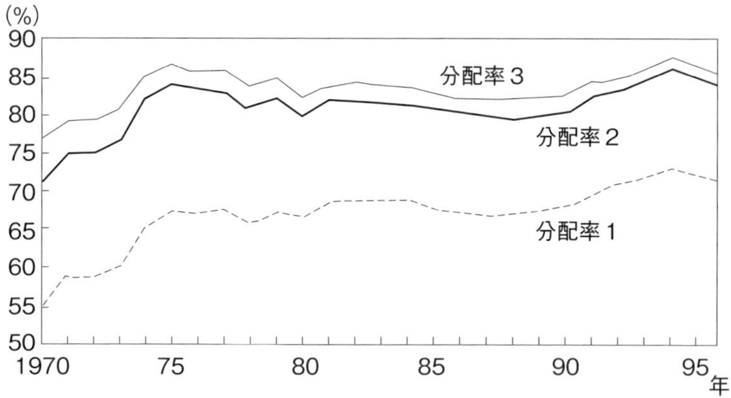

出所：中村（1999）p. 57より。

労働分配率がもっとも低い値で出る〈分配率1〉の方式によって，1980年～2006年に至るまでの労働分配率を確認すると，おおよそ70％前後の水準で推移してきたことが確認される。具体的に，1980年から2006年までの間の労働分配率の平均を求めると70.7％となる。

以下では，3つの分配率に関する考え方のうち，〈分配率1〉による1980年～2006年の平均70.7％と，分配率に関する3つの考え方のおおよその平均値と思われる75％の2通りで労働分配率を仮定して，我が国の全要素生産性（TFP）の伸び率の，経済全体の伸び率に対する貢献度を求めてみよう。

①まず，1968年から2005年におけるGDP，稼働資本ストック，延就業時間の幾何平均伸び率を算出する。図表5－2のデータを用いてそれぞれの年平均伸び率を求めると，GDPが3.37％，資本ストックが5.91％，そして就業時間が0.64％となる。幾何平均伸び率の算出式は下記の通りである。

$$\sqrt[37]{\frac{2005年の値}{1968年の値}}-1$$

上記伸び率をエクセルによって算出する際の関数式は下記のようにな

る。
　「＝（2005年の値／1968年の値）＾（1／37）－1）」
　関数式の中の37は，1968年から2005年までの経過年数を示している。
②次に，稼働資本ストック，年間延就業時間それぞれの平均伸び率に，各々の分配率（同時に，これは弾力性でもある）を乗じて，それぞれの生産要素がGDP成長率のうちの，どれだけの部分を押し上げたかを求める。そして，その値をGDPの伸び率から控除する。それによって，全要素生産性がGDPを押し上げた率が残差として求められる。
③稼働資本ストックと年間延就業時間，さらに全要素生産性それぞれのGDPの成長押し上げ率を，GDPの伸び率で割り，それぞれのGDP成長率に対する貢献度を求める。

　以上の①から③の過程を具体的な数値を持って示したものが，図表5－7と図表5－8である。図表5－7が労働分配率70.7％を用いた場合，図表5－8が労働分配率75.0％を用いた場合の結果である。

　結果的に，全要素生産性（ここでは無形資産という）の経済成長押上げへの貢献度が，1968年～2005年にわたる38年間の平均で35～42％程度であったと算出された。

　全要素生産性の経済成長への貢献度は，これまでもさまざまな研究によって求められてきたが，たとえば知的財産研究所（1994）の34.9％，中村（1999）の34.9％，さらに中谷（2007）の36.4％といった結果と[14]，今回の

図表5－7　1968年～2005年にわたるGDP成長の要因分析（労働分配率70.7％）

1968→2005 GDP成長要因分析				
	実質GDP	稼働資本ストック	就業時間	全要素生産性
伸び率	3.37％	5.91％	0.64％	
分配率	100％	29.30％	70.70％	
伸び率×分配率	3.37％	1.73％	0.45％	1.18％
貢献度	100.0％	51.5％	13.4％	35.1％

figure 5-8　1968年〜2005年にわたる GDP 成長の要因分析（労働分配率75.0%）

1968→2005 GDP成長要因分析				
	実質GDP	稼働資本ストック	就業時間	全要素生産性
伸び率	3.37%	5.91%	0.64%	
分配率	100%	25.0%	75.0%	
伸び率×分配率	3.37%	1.48%	0.48%	1.41%
貢献度	100.0%	43.9%	14.3%	41.8%

結果はほぼ同水準であったことが確認される。これらは，Solow (1957) において1909年〜1949年におけるアメリカの平均経済成長率（2.9%のうち）の約51%が技術進歩（全要素生産性）による貢献度とする結果よりも低いものの，それでも1968年以降わが国経済成長の1／3以上が，本章で定義した無形資産に負ってきたことが確認される。

全要素生産性の伸びは，資本や労働などの生産要素の量的な増加では説明できない，その他の要素（残余の要素）による経済の成長要因であるが，先に述べたようにいわば資本や労働の質的向上などに基づいた経済成長とも考えられ，これが広義の「技術進歩」と呼ばれている。

ここでいう「技術進歩」の中には，さまざまな要素が含まれ，例を挙げれば，

①オートメーション化やコンピュータ化などの，いわゆる狭義の技術進歩，
②教育水準の向上による労働の質の上昇，
③新製品の開発による需要の増加，
④企業組織の改善，
⑤生産規模の拡大に伴う生産効率の上昇（規模の経済性），
⑥金融や流通システムの効率化など，

といったようなものまで，さまざまな要素が含まれている。

(3) 全要素生産性分析の深化

こうした全要素生産性（TFP: Total Factor Productivity）を用いた分析

手法は，上のように技術進歩（無形資産）の経済成長への貢献度の測定からはじまり，その後さまざまな視点から数多くの分析がなされてきた。我が国では既に1998年版の『通商白書』において，このTFPの伸び率と研究開発ストックの伸び率の関連性が指摘され，産業別にその関係を見ると，高い相関があることが示された[15]。また2006年版の『通商白書』ではこのTFPそのものを生産性向上の代名詞と位置づけて，わが国が持続的な経済成長を実現させていくためには，この生産性向上が重要なポイントであるとしている[16]。

先に述べたように，TFPの伸びにはさまざまな要素が作用している。そのため，TFPの伸びを「技術進歩」と表現することには，かつてKendrick（1991）が指摘していたように，やはり誤解を招きやすいという問題がある。

そこで，資本と労働といった生産要素のみに限定せず，生産性分析に労働の質的変化などを付加することで，残差として求められる全要素生産性に含まれる要素をできるだけ限定しようとする試みがなされてきた。さらに，残差の中身をさらに細分化して把握しようという試みなどもなされてきた。

たとえばStigritz（1993）は，Denison（1985）による分析結果を紹介し，労働生産性上昇への貢献要因について，資本（貢献度20％）と労働（同27％）以外の要素を細かく分解し，労働時間の短縮（同－12％），資源の再配分（同16％），規模の経済（同18％），そしてその他の残差（同31％）に分けて貢献度を示した。そして，その他残差の大半は技術進歩によると推測され，残差の中にはマイナス（生産性を引き下げる）効果を持つものもある可能性があることから，技術進歩や技術革新の果たした役割が大きかったのではないかとしている[17]。

また第1章で見たように，Council of Economic Advisers（2001）では，アメリカでの労働生産性の伸びを一時的な景気循環的要素と構造的な要素に分解し，特に後者の構造的要素が成長への寄与が大きかったことを示した。そして，これをさらに細分化し，資本サービスの増加，労働の質の向上，及びその他構造的TFPの上昇に分解した。そのうえで，最後の構造的TFPをコンピュータセクタ部門とそれ以外の部門に分けて1990年代後半のアメリ

カ経済の成長要因を分析した。

　また，我が国においては，最近，深尾他（2003）によって産業分野別の細密かつ本格的な全要素生産性に関する研究がなされている。ここでは，84の産業分野について，産出額，労働投入量，稼働資本ストックの他，中間投入額（生産に用いるため外部から購入した部品や素材といった中間財などを指す）や労働の質を示すデータが，1970年～1998年にわたり算出された。そして，労働の質を考慮した場合と考慮しない場合，資本稼働率を考慮した場合と考慮しない場合などに分けてTFPが算出された。さらに，研究開発費を用いて算出した技術知識ストックや，1990年代に生じたIT革命の経済成長への影響を見るためにIT資本ストックデータを算出し，これらがTFPの伸びとどのような関係を持ってきたかについても分析した。ここでは，技術進歩の経済的効果を単に生産関数の残差として把握するのではなく，研究開発費などに基づいて算出した技術知識ストックを生産関数に導入して，経済モデルの中の変数（内生変数という）として取り入れた研究が併せて実施された。

　ところで，我々は，先に述べたような広い意味での技術進歩（無形資産）の経済的効果よりも，特許など知的財産が関連する資産の経済的な貢献度に対してより強い興味を感じる。TFPも，技術進歩がもたらす経済的効果の外縁を測定できるという意味では重要な意味を持つと考えられるが，一般的な意味としての技術進歩以外の，多様な要素を包含していることも事実である。

　次の章では，深尾他（2003）で検討されていたように，より技術的実体に近い研究開発投資の経済効果について分析を進めていくこととする。

注

[1]　ロバート・ソローたちによって提唱された新古典派経済成長理論では，生産が資本ストックと労働という2つの生産要素に依存し，かつこの2つの生産要素が相互に代替可能と考えるところに特徴があったとされている。福田・照山（2007）p.312参照。

[2]　中村（1999）p.78。

[3]　このeという値はネイピア数と呼ばれ，$(1+\frac{1}{n})^n$についてnの値を無限大

にしたときの値をいい，このeが2.71828…になることがレオンハルト・オイラー（Leonhard Euler）によって発見された。

[4] 「線形式」とは，各サンプルデータによって得られる点をつないだ線が直線になるものをいう。5－④式では，1つの被説明変数と2つの変数の関係が，3次元空間における直線として描かれることになる。また，5－⑤式では，Y/L と K/L という2つの変数が2次元の平面上でつくる直線として式が表されている。

[5] たとえば，Chiang（1974），邦訳 p. 339参照。

[6] 内閣府「国民経済計算（SNA）関連統計　国民経済計算確報　平成18年度国民経済計算（平成12年基準・93SNA）」参照。

[7] 内閣府「国民経済計算（SNA）関連統計　国民経済計算確報過去の確報　平成10年度国民経済計算（平成2年基準・68SNA）（1）国内総生産と総支出勘定」参照。

[8] 内閣府「国民経済計算（SNA）関連統計民間企業資本ストック　資本ストック（進捗ベース）産業別資本ストック実質（平成12年平均価格評価）」参照

[9] 内閣府「旧基準係数　平成12年4－6月期1次速報（昭和30～）（平成2年基準：68SNA, Excel 形式）（平成12年9月11日）」参照。

[10] 経済産業省「鉱工業指数（IIP）稼働率・生産能力接続指数　季節調整済指数」参照。

[11] 総務省「労働力調査　長期時系列データ　延週間就業時間（非農林業）『参考表1　主要項目の月別結果の原数値』」参照。

[12] Solow（1957）参照。

[13] 中村（1999）参照。

[14] 知的財産研究所（1994）は1960年～1990年にわたる製造業における貢献度を，中村（1999）は1965年～1990年における全産業の貢献度を，そして中谷（2007）は1965年～1996年における全産業の貢献度を示している。なお，知的財産研究所（1994）は，1960年～1990年を5年単位の6期に分けたそれぞれの貢献度の平均値によっている。

[15] 通商産業省編（1998）。

[16] 経済産業省編（2006）序章第3節参照。なお，TFPについては古くから多くの研究がなされてきており，このTFP自体を技術進歩の代理変数として，研究開発活動との関連を見る分析などにも活用されてきた。

[17] Stigritz（1993）p. 585参照。

第6章

研究開発投資の経済的効果

1 研究開発と生産性との関連体系図

　研究開発投資の経済的効果に関する実証的分析は，永く各国で関心が持たれてきた課題である[1]。

　研究開発を通して生み出される知識とその経済的意義について，かつてPakes and Griliches（1984）は，図表6－1によってそれらの関連を体系的に説明した。そこでは，研究開発，知識，特許，そしてそれらと企業収益との関係が示された。

　つまり，何らかの測定可能な要素 X_i とそれ以外の測定不能な要素 V_i[2]，さらに知識体系 K の変化量（増分）である $\dot{K}$ とが相まって作用することで，イノベーションを示す指標である Z_i を生み出す。ここでの Z_i としては，資本や労働といった伝統的生産要素をのみの投入から得られる成果を上回る株式市場価値，生産性，収益性などが意図されている。

　また，$\dot{K}$ はある知識生産関数（KPF: Knowledge Production Function）を通して生み出される。つまり，過去の研究開発費の支出である R と，研究開発に関わるその他の要素（U：たとえば技術者の知識や技能の向上などが例として挙げられよう）が作用して $\dot{K}$ を発明（P）などの形で具体化させる。これが知識生産関数の体系である。

図表6－1　研究開発，知識，特許と企業収益

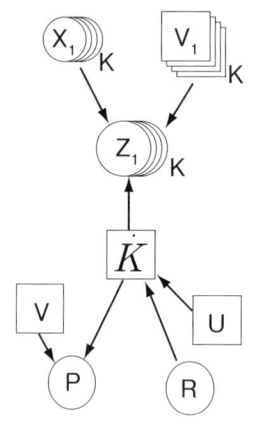

出所：Pakes and Griliches（1984）p.56より。

さらに図表6－1に関して追加的に補足すれば，特許を示すPという要素だけでは，$\dot{K}$の指標としては不十分で，$\dot{K}$からPへの遷移においてはその他の要素Vが作用する[3]。さらにその点は，Griliches（1990）が指摘しているように，すべての発明が特許性を有しているわけではなく，またすべての発明が特許に付されるわけでもないことからも理由づけできる。さらに，特許化された発明は個々にその質的レベルが異なることも，特許Pについて件数データを用いただけでは$\dot{K}$のインジケータとなり難いことの理由となる。

いずれにせよ，Pakes and Griliches（1984）では，

①諸々の要素と作用しながらも，過去の研究開発費の支出がベースとなって生産に寄与する知識が生み出される，

②生み出された知識は，諸々の要素と相まって，資本や労働の投入だけに依存するよりも多くの経済的効果を生み出す，

ことが述べられていた。

以下では，こうした発想をベースに，また第5章の5－①式や5－②式で確認した伝統的生産関数をさらに発展させた生産関数によって，研究開発投資の経済的効果を測定することとする。

2 研究開発投資と知識ストック

(1) 研究開発要素を導入した生産関数

①知識ストックの算出式

　研究開発投資が我が国のGDPの成長にどのように貢献したかを見るうえでまず想定されるのは，先の5－①式，もしくは5－②式に生産に貢献する知識に関するデータを付加した式によって回帰することである。たとえば，下記の6－①式，もしくは6－②式のような回帰式が想定される。ここでのRは，生産に寄与することでGDP（付加価値）を生み出す効果を持つ知識（あるいは技術）であり，生産に対する投入要素となる。こうしたモデル式の設定（「定式化」という）は，Pakes and Griliches（1984）が資本や労働といった伝統的生産要素をベースとしながら，それらの生産力にさらにプラスの貢献をなすものとして知識をとらえていたことにも通じる。

$$Y = A + \alpha K + \beta L + \gamma R \quad \cdots\cdots 6-①$$

および，

$$Y = A K^{\alpha} L^{\beta} R^{\gamma} \quad \cdots\cdots 6-②$$

（Rは生産要素としての知識を意味する）

　なお，6－②式については，式を変形させて線形の式にする必要がある。そこで，上記の6－②式の両辺の対数をとり線形の式に変えると下記6－③式が得られる。

$$\ln Y = \ln A + \alpha \ln K + \beta \ln L + \gamma \ln R \quad \cdots\cdots 6-③$$

　ところで，知識としてのRにはどのようなデータを用いることが考えられるだろうか。Pakes and Griliches（1984）でも述べられていたように，知識のベースは過去の研究開発費の支出であり，その意味で，まずはRのデータとして研究開発費が想定される。

しかし，ある年に支出された研究開発費は，すぐにその年の生産に結びつくとは考えにくく，通常は支出されてから一定の時間的なタイムラグを経て生産に貢献すると考えられる。

さらに，支出された研究開発費は単年度の生産にだけ貢献するとは限らず，研究開発活動の結果得られた知識が陳腐化して生産性の効果を失うまでの期間，継続的に生産に貢献するものと考えられる。そのため，過去に支出された研究開発費は，陳腐化し徐々にその効果を失いながらも数年にわたり生産に対して効果を発揮すると考えられる。

こうした実態を考慮して生産に寄与する知識を計算式で示したのが下の 6 -④式である。ここでは R に代えて，知識が蓄積されストックを形成しているという意味を込めた RS を記号として用いている。以下，本書では RS を「知識ストック」と呼ぶこととする。なお，δ は知識ストックの減衰率を，R は各年の研究開発費の支出額を意味する。

$$RS_i = RS_{i-1}(1-\delta) + R_i \quad \cdots\cdots 6-④$$

ただし，上の 6 -④式によって求められる RS_i は，同じ年の GDP である Y_i に対して効果を発揮するのではなく，ある時間的なタイムラグを経た Y_{i+t} に対して貢献すると考えられる。タイムラグが 3 年であるとすれば RS_i は Y_{i+3} に対して作用することになる。

6 -④式から，逆に i 年の Y に相当する Y_i の創出に貢献する RS を求めると下記の 6 -⑤式になる。

$$Y_i \text{に作用する} RS = RS_{i-t-1}(1-\delta) + R_{i-t} \quad \cdots\cdots 6-⑤$$

となる。t はタイムラグを表す。

つまり，i 年より t 年遡った年の前年に存在した知識ストック（RS_{i-t-1}）が δ だけ減衰し，それに t 年前の研究開発費の支出額 R_{i-t} を加えた額が，$i-t$ 年の知識ストックになる。これが t 年後の Y_i の産出に寄与することになる。

先に述べたように，δ は知識ストックの減衰率であり，また t は知識ストックが生産活動に寄与するまでのタイムラグである。毎年の研究開発費や

支出額は，総務省統計局が実施する科学技術研究調査の結果を活用することでデータ入手が可能であるが，「δ」と「t」をどのように求めるかという難しい問題が残る。

②減衰率と知識ストック

上で示したように，知識ストックを産出するためには，単年度の研究開発費 R に加えて，知識ストックの減衰率（δ）と，知識ストックが生産活動に寄与するまでのタイムラグ（t）を，実態に即して求めることが必要になる。

減衰率やタイムラグを統計データに基づいて算出しようと試みた研究が，かつて Pakes and Schankerman（1984）によってなされた[4]。ここでは，登録された特許の更新データを用いて計量的に減衰率が推定された。つまり，登録された特許が更新されなくなったときにその特許技術の価値がゼロになるという発想に基づいて，登録から更新されなくなるまでの期間のデータを用いて減衰率を推定した。その結果，平均25％の減衰率が推定され，そして，統計上95％の信頼度を持って18％から36％までの範囲の減衰率が適用されうることを示した。それまでは，比較的多くの研究者が特段の根拠なく，たとえば10％，15％，さらには25％といった減衰率を適用するケースが散見されたが[5]，Pakes and Schankerman（1984）ではそれよりはかなり大きな減衰が知識ストックにおいて起きている可能性が示唆された。

さらに，Pakes and Schankerman（1984）は，Rapoport（1971）や Wagner（1968）といった先行研究で示されたデータを基に，研究開発開始からその完了までの期間（研究開発懐妊ラグ：Gestation Lag）と，事業プロジェクトの開始から商業化までの期間（事業化ラグ）とを推計した。そして，各産業分野ごとに最短1.17年，最長2.62年というラグ期間を推定した。そのうえで，これら推定した減衰率とラグ期間を用いて算出した知識ストックの増分が，どの程度収益性に貢献しているかを分析した。

なおここでは，研究開発投資額の中には，設備投資額（資本投入要素）に相当する費用や，研究者の人件費（労働投入要素にも含まれているもの）が含まれているために，知識ストックが実際の値より高く推定されるようなバ

イアスがかかっていることに留意すべきことが指摘されていた[6]。

それでも，かつて Arrow（1962）などが1950年代〜1960年代にかけて実施した分析において，研究開発投資が30〜45％という高い投資収益率をもたらすと推計していたのに対し，Pakes and Schankerman（1984）の分析結果からは，同じ期間について研究開発の収益率はさほどには高くないことが示された。

減衰率やラグ期間の設定如何によっては，知識ストックの貢献度に差が生じてくる可能性がある。問題は，減衰率はもとより，ラグ期間にしても，技術分野や製品特性，市場特性によって異なるという点である。たとえば Ernst（2001）は，特許が収益に貢献するまでのラグ期間を設定するに際して，技術分野や製品分野の違いによる誤差を捨象するために，ドイツの機械産業に属する企業50社のみを対象として分析を行った。

知識ストックの減衰率や生産に寄与するまでのタイムラグを推定するための元データとしては，その時々の実態調査の結果が参考になる[7]。本書では，比較的最近に実施されたアンケート結果が掲載されている UFJ 総合研究所（2005）のデータを活用することとする。

ここでは，研究開発に要した期間と，研究開発終了後市場に投入されるまでの期間を用いて，下記の式により研究開発タイムラグを算出している。研究開発に要した期間を2で割っている趣旨について明確な説明はなされていないが，研究開発途上のものでも研究開発が完了した成果に某かの影響をもたらすことを想定したのかも知れない。結果として，全産業平均のタイムラグが3.7年，また中央値が3.0年と算出された。

研究開発タイムラグ
　　＝（研究開発に要した期間／2）＋市場投入までの期間

ここでも，研究開始年別に見た研究開発タイムラグの平均，中央値とも，直近になるほど短縮化していることが確認されている。しかしここで示された研究開発期間は，それ以前に実施された調査結果よりも概して永くなっている[8]。ちなみに，UFJ 総合研究所（2005）のデータから研究開発期間を2で割らずにそのままの期間で算出した場合，タイムラグは全産業平均で5.7年，中央値で4.4年となる[9]。

タイムラグについては，概してその短縮化が指摘されているものの，過去，全産業平均で5年を推定した研究があるなど[10]，一概には判断し難いところがある。

　また，減衰率を算出するうえでは，定額法と定率法の2通りの算出方法が考えられるが，①定率法の方が実際の陳腐化のパターンに近いと考えられること，②資本ストックに関する研究では定率法が仮定されることが多く，③会計上も固定資産の減価償却では定率法が多く採用されていることからこれを推奨する説がある[11]。定額法を使用した分析も現に存在するが[12]，本書では定率法を用いて分析を進めることとする。

　UFJ総合研究所（2005）では，研究開発成果により事業化された製品などが市場投入後に一定の利益をもたらした期間についてアンケートを実施している。それによると全産業平均で8.8年，中央値で6.0年であった。しかし研究開発開始年別に見たとき，タイムラグの場合と同様に，直近に開始した研究開発成果ほど一定の利益が継続する期間が短縮化していることが示されている。

　以上の状況から結論として，本章の分析では「3年」と「4年」の2通りのタイムラグを採用し，また利益継続期間6年を用いて定率法によって減衰率を算出することとする。

　定率法による減衰率は下記の式で求められる。なお，定率法においては残存率を設定する必要があり，ここでは残存率を10％（0.1）と仮定した。結果として，減衰率は31.9％となった。

$$\text{定率法：陳腐化率} \delta = 1 - 0.1^{\frac{1}{\text{利益継続期間}}} = 1 - 0.1^{\frac{1}{6\text{年}}} = 31.9\%$$

（2）研究開発関連データと二重計算の回避

①研究開発費データ

　研究開発費に関するデータは，総務省統計局が実施する科学技術研究調査の結果をまとめた報告書から取得できる[13]。本章では，この総務省統計局による科学技術研究調査報告の各年版の中から，「第1表　研究主体，組織別研究関係従業者数（企業等，非営利団体・公的機関，大学等）」の「企業

等」のデータを用いることとした。そして，1955年～2005年にわたる研究開発費のデータを取得した。

時系列で得られた研究開発費のデータを[14]，基準年（2000年）の価格によって補正（実質化）した。つまり，研究開発デフレータで各年の現実の研究開発費を割ることで実質値を得た。研究開発デフレータは，『科学技術要覧』（平成18年版）によるデータを基に，三菱総合研究所（1991）が作成した過去の遡及デフレータにより，その対前年比率を用いて過去に延長させ，長期デフレータを作成した。

②基準年の知識ストック

知識ストックは，先の6－④式もしくは6－⑤式により算出できる。今回は，1955年以降の研究開発費データを用いたが，タイムラグ3年の場合は1964年を，またタイムラグ4年の場合は1963年を基準（ベンチマーク）年として，下記の算式で基準年の知識ストック（ベンチマーク）を求めた[15]。

$$\text{ベンチマーク年の知識ストック} = RS_{BM} = \frac{(1+r)R_{BM}}{(r+\delta)}$$

ここで，RS_{BM}は基準年（ベンチマーク年）の知識ストック，R_{BM}は基準年における研究開発費，rは基準年までの研究開発費の平均伸び率，δは知識ストックの減衰率を示す。

③資本ストックと就業時間に関する二重計算の回避

先に述べたように，稼働資本ストック（資本）や延就業時間（労働）の中には，たとえば研究棟建物や研究設備など研究開発活動に用いられる資本ストックや，研究者の研究活動に当てられる就業時間が含まれている。そのため，こうした研究開発活動に用いられる資本や労働が，資本ストック（資本）や総就業時間（労働）にも含まれているため，これらデータが知識ストックと二重に計算されてしまうことになる。それによって，資本，労働，そして知識ストックの経済的貢献度を正確に測定することが妨げられる（バイアスのかかる）可能性がある。本章では，以下に述べる簡略な方法によっ

てこの二重計算によるバイアスを取り除くこととした。

まず，先の6－④式で算出した知識ストックのうち，有形固定資産購入に充てられた費用によって蓄積されたストックを，資本ストックから控除した。研究開発のために購入した有形固定資産から構成されるストックは，知識ストック全体に一定割合を乗じることで求めた。各年の研究開発支出額には，その内訳が記されており，研究開発支出額のうちいくらを有形固定資産の購入に充てたかが分かる。本書では，各年の研究開発支出額に対する有形固定資産購入額の割合を求め，その過去6年間の移動平均値を算出し，それを知識ストックに占める有形固定資産の割合と見なした[16]。過去6年間としたのは，陳腐化率を求める際に参照した利益継続期間に合わせたためである。

移動平均による有形固定資産の割合を知識ストックに乗じ，その額を資本ストックから控除することで研究開発要素を除いた資本ストックを算出した。この額に稼働率を乗じることで，二重計算を回避した稼働資本ストックを求めた。

また，年間延就業時間を就業者数で割り一人当たり年間就業時間を求め，この値に科学技術研究調査結果による各年の研究従事者数を乗じた。そして，求めた研究従業者の年間延就業時間を総年間延就業時間から控除することで，二重計算を回避した年間延就業時間を算出した。

3 研究開発の経済成長への貢献度

(1) 知識ストックの経済成長貢献度

上で求めた各種のデータを用いて，知識ストックによって示される研究開発投資の経済成長に対する貢献度を確認していくこととする。

先の6－②で示した回帰式 $Y = AK^{\alpha}L^{\beta}R^{\gamma}$ に代えて，以下では

$$Y = AK^{\alpha}L^{\beta}RS^{\gamma} \quad \cdots\cdots 6-⑥$$

をモデル式として用いる。つまり，研究開発費支出額を意味する R に代えて，知識ストックである RS を用いる。

対数に関する公式を用いることで6－⑥式は

$$\ln Y = \ln A + \alpha \ln K + \beta \ln L + \gamma \ln RS \quad \cdots\cdots 6-⑦$$

と書き改められる。

また6－⑥式において，$\alpha+\beta=1$，もしくは $\alpha+\beta+\gamma=1$ という制約条件を設定した場合，

$\alpha+\beta=1$ の場合 ：$Y = AK^\alpha L^{1-\alpha} RS^\gamma \quad \cdots\cdots 6-⑧$

$\alpha+\beta+\gamma=1$ の場合 ：$Y = AK^\alpha L^{1-\alpha-\gamma} RS^\gamma \quad \cdots\cdots 6-⑨$

と展開でき，両辺の対数をとって式をまとめると，

$\alpha+\beta=1$ の場合 ：$\ln\dfrac{Y}{L} = \ln A + \alpha \ln\dfrac{K}{L} + \gamma \ln RS \quad \cdots\cdots 6-⑩$

$\alpha+\beta+\gamma=1$ の場合 ：$\ln\dfrac{Y}{L} = \ln A + \alpha \ln\dfrac{K}{L} + \gamma \ln\dfrac{RS}{L} \quad \cdots\cdots 6-⑪$

となる。

以下，6－⑦式（制約条件：なし），6－⑩式（制約条件：$\alpha+\beta=1$），6－⑪式（制約条件：$\alpha+\beta+\gamma=1$）を用いて回帰し，それぞれ α, β, γ というパラメータの値を求めることとする。

第5章でも説明したが，指数関数について両辺の対数をとった回帰式によって得られるパラメータは，各説明変数の弾力性を示す。たとえば，α というパラメータは，資本投入量（稼働資本ストック）が1％増加したときに，被説明変数であるGDPを α パーセント増加させることを意味する。

この弾力性を利用することで，資本，労働，そして知識ストックそれぞれのGDP成長に対する貢献度を求めることができる。

回帰した結果，タイムラグを3年とした場合と4年とした場合ともに，回

帰式の各パラメータはすべて1％水準で有意となり，修正決定係数（補正R2）もいずれも0.995を上回った。なお，タイムラグ3年の場合と4年の場合のいずれとも，制約条件なし（回帰式6－③式）のときの回帰結果の修正決定係数が最も高かった。

たとえば，図表6－2はタイムラグ3年の場合で，制約条件なしの場合の回帰結果を示している。

図表6－2　制約条件なしの回帰結果（タイムラグ3年）

回帰統計	
重相関R	0.9993
重決定R2	0.9985
補正R2	0.9984
標準誤差	0.0142
観測数	38

分散分析表

	自由度	変動	分散
回帰	3	4.641055638	1.547018546
残差	34	0.006898379	0.000202893
合計	37	4.647954017	

	係数	標準誤差	t	P-値
切片	4.0536	0.4177	9.7043	2.50216E－11
lnK2	0.2839	0.0346	8.2037	1.43089E－09
lnL	0.4784	0.0795	6.0162	8.20437E－07
ln(RS_3)	0.1670	0.0243	6.8715	6.5101E－08

図表6－3はタイムラグを3年とした場合の，各生産要素のGDP押し上げ効果の貢献度を算出したものである。同様に図表6－4はタイムラグを4年とした場合の各生産要素の貢献度を算出したものである。図表6－3からは，知識ストックの貢献度がおおよそ35％前後であることが，また図表6－4からは同じくおおよそ25～26％程度であることが確認される。

算出方法は，先の全要素生産性の貢献度測定と同様の方法によっている。

ただ，今回の知識ストックの貢献度は，資本と労働で説明しきれない残差としてではなく，知識ストック自体のパラメータ(弾力性)を用いて，そのGDPの成長に対する貢献度を求めた。

まず，GDP，稼働資本ストック，延就業時間，そして知識ストックそれぞれの1968年から2005年までの年平均伸び率を求めた。その値が図表6-3と図表6-4の「伸び率」の行に示されている。GDP，稼働資本ストッ

図表6-3 各生産要素のGDP成長貢献度（タイムラグ3年の場合）

1968→2005伸び率内訳（δ=31.9%の場合)					
制約条件なし					
	実質GDP	稼働資本ストック	延就業時間	知識ストック	残差伸び率
パラメータ		0.2839	0.4784	0.167	
伸び率	3.37%	5.92%	0.63%	7.22%	
伸び率×パラメータ	3.37%	1.68%	0.30%	1.21%	0.18%
貢献度	100.00%	50.00%	8.90%	35.80%	5.30%
制約条件：$\alpha+\beta=1$					
	実質GDP	稼働資本ストック	延就業時間	知識ストック	残差伸び率
パラメータ		0.2696	0.7304	0.1518	
伸び率	3.37%	5.92%	0.63%	7.22%	
伸び率×パラメータ	3.37%	1.60%	0.46%	1.10%	0.22%
貢献度	100.00%	47.40%	13.60%	32.60%	6.40%
制約条件：$\alpha+\beta+\gamma=1$					
	実質GDP	稼働資本ストック	延就業時間	知識ストック	残差伸び率
パラメータ		0.26738	0.561	0.17163	
伸び率	3.37%	5.92%	0.63%	7.22%	
伸び率×パラメータ	3.37%	1.58%	0.35%	1.24%	0.19%
貢献度	100.00%	47.10%	10.40%	36.80%	5.70%

3 研究開発の経済成長への貢献度　125

ク，延就業時間ともタイムラグに関係なく，年平均伸び率はそれぞれ3.37%，5.92%，そして0.63%であった。そして知識ストックが，タイムラグ3年の場合には7.22%，タイムラグ4年の場合には6.90%の年平均伸び率であった。

　稼働資本ストック，延就業時間，知識ストックそれぞれの伸び率に，各々のパラメータ（弾力性）を乗じれば，それぞれの生産投入要素がGDPの伸び率3.37%のうち何パーセント押し上げたかが分かる。その値が「伸び率×

図表6－4　各生産要素のGDP成長貢献度（タイムラグ4年の場合）

	制約条件：なし				
	実質GDP	稼働資本ストック	延就業時間	知識ストック	残差伸び率
パラメータ		0.3309	0.5035	0.1246	
伸び率	3.37%	5.92%	0.63%	6.90%	
伸び率×パラメータ	3.37%	1.96%	0.32%	0.86%	0.23%
貢献度	100.00%	58.20%	9.40%	25.50%	6.80%
	制約条件：$\alpha+\beta=1$				
	実質GDP	稼働資本ストック	延就業時間	知識ストック	残差伸び率
パラメータ		0.3085	0.6915	0.1228	
伸び率	3.37%	5.92%	0.63%	6.90%	
伸び率×パラメータ	3.37%	1.83%	0.43%	0.85%	0.26%
貢献度	100.00%	54.30%	12.90%	25.20%	7.70%
	制約条件：$\alpha+\beta+\gamma=1$				
	実質GDP	稼働資本ストック	延就業時間	知識ストック	残差伸び率
パラメータ		0.319	0.552	0.1291	
伸び率	3.37%	5.92%	0.63%	6.90%	
伸び率×パラメータ	3.37%	1.89%	0.35%	0.89%	0.24%
貢献度	100.00%	56.10%	10.30%	26.50%	7.10%

パラメータ」の行に記されている。この値を，GDP の伸び率3.37％で割り，それぞれの生産投入要素の GDP 押上効果が「貢献度」の行に記されている。

技術の経済的評価に関して，アメリカの実務家の間で通用されている考え方に，ルール・オブ・サムという理論が存在する。これは，技術の価値は事業全体の価値のうち，およそ25％程度に相当するというものであり，上の図表6－4で示された知識ストックの経済押し上げ効果に関する貢献度（25.2～26.5％）は，このルール・オブ・サム理論をマクロレベルの分析結果として裏づけていることにもなる。

また，我が国では利益三分法という考え方が存在し，これは事業から生み出される利益の1／3が技術の貢献によるものという発想である。図表6－3で示された結果（32.6～36.8％）は，こうした利益三分法の考え方を同じくマクロレベルで裏打ちしているとも考えられる。

（2）無形資産・知識ストックの経済的意義

本書の第5章の分析からは，無形資産（全要素生産性）の経済的効果（GDP の成長に対する貢献度）が35.1～41.8％であったことが示された。ここでは，労働分配率を現実の統計データから取得し，一次同次を仮定することで労働分配率から資本分配率を求め，それらを前提に資本と労働の投入量では説明できない，残差としての無形資産の GDP 成長への貢献度を推定した。

それをさらに発展させて，本章では知識ストックを算出し，資本，労働，知識ストックの3つの生産要素で GDP の成長を説明し，それぞれの弾力性から GDP 成長に対する各生産要素の貢献度を算出した。その結果，知識ストックの貢献度は25.2～36.8％という幅をもって推定された。

知識ストックは無形資産の一部であり，その意味で無形資産の経済的効果の中に，知識ストックの効果自体も含まれる。もしも，知識ストックの経済的効果が最大値の36.8％であったとすれば，無形資産全体による効果以上の貢献度が知識ストックによって説明し尽くされてしまうことになる。これは無形資産の中にはマイナスの効果を発揮する要素が含まれていたためかも知れない。また，知識ストックの効果が最小の25.2％であったと見なしたとし

た場合でも，無形資産全体の効果の約6〜7割が知識ストックの効果であったことになる。

このように，今回の分析結果からは，研究開発投資をベースに蓄積された知識ストックが，我が国の経済成長において大きな位置づけを持ってきたことが確認された。

本書は入門書であるため，全産業をひとまとめにした簡易な分析方法をとったが，当然に産業分野によってはさまざまに実態が異なることが想定される。また，時系列的な変化によっても事情は異なるものと考えられる。

こうした無形資産や研究開発投資の経済的効果に関して，さらに詳細な実態を確認するためには，このような産業別，時系列による変化など，さまざまな側面に視点を置きながら実態を把握していくことが必要になると考えられる。

4　研究開発の生産性・収益性分析に関する各種研究

研究開発が，企業などの生産性にどのような影響を与えているかについては，これまでも各国で多くの研究がなされてきた。

研究開発投資の生産性分析に関する研究のひとつの事例としては，先に示したTFP（全要素生産性）を被説明変数とし，研究開発や特許データを説明変数に用いてをその効果を分析したものがある。Mansfield（1980）は，Kendrick（1973）によって作成された第二次大戦後の1948年〜1966年までの全要素生産性（TFP）の伸び率を被説明変数として，それに対する基礎研究の貢献度を測定した。コブ・ダグラス型生産関数を展開してモデル式を開発し，TFPの伸び率に対する基礎研究の影響度を確認した。付加価値に対する基礎研究投資額の割合と，応用・開発研究投資額の割合を説明変数として，さらに労働者の組合加入率などをコントロール変数に加えて回帰を行った[17]。そして，基礎研究割合のTFP伸び率に対するパラメータはプラスで有意であることが示された。そしてこの有意性は，その他の説明変数を加えても変わりなく頑健であった。ただ，基礎研究の意味合いが，長期的な

スパンで成果を期待する研究と位置づけられている可能性があったことから，長期的視点から研究開発を実施する企業の割合を説明変数に付加して分析した結果，この変数自体は有意であったが，基礎研究自体の有意性は失われてしまった。要するに，TFPの伸び率に影響を及ぼしていたものは，この長期スパンの研究であったことが示唆された。

また，売上高や利益額などを被説明変数として研究開発投資の生産性分析を行った研究としてはGriliches（1980）が挙げられる。ここでは1958年から63年の間のデータを用いて，研究開発投資そのものの生産性分析を行った。まず，下記の式で示したコブ・ダグラス型生産関数からはじまり，式の展開を経て6 - ⑫式を得る。

$$Q_t = Ae^{\lambda t}K_t^{\alpha}C_t^{\beta}L_t^{1-\beta}$$

Q_t は t 期におけるアウトプット（売上高，付加価値など），A は定数項，λ は外生的な技術機会（外部から与えられた技術を向上させる要素），K_t は t 期における知識ストック，C_t と L_t は t 期における資本と労働の投入量を示す。

上記式の両辺の対数をとり，

$$\ln Q_t = \ln A + \lambda t + \alpha \ln K_t + \beta \ln C_t + (1-\beta)L_t \quad \cdots\cdots 6-⑫$$

Q_t, K_t, C_t, L_t はそれぞれ時間によって変化するため，6 - ⑫は時間に関する関数でもある。そのため，両辺を時間 t によって微分して整理すると，$\frac{\Delta Q}{Q} = \lambda + \alpha\frac{\Delta K}{K} + \beta\frac{\Delta C}{C} + (1-\beta)\frac{\Delta L}{L}$ が得られる。

それぞれの伸び率（$\frac{\Delta Q}{Q}$ など）を $\frac{\Delta Q}{Q} = q, \frac{\Delta K}{K} = k, \frac{\Delta C}{C} = c, \frac{\Delta L}{L} = l$ とアルファベットの小文字で書き改めると $q = \lambda + \alpha k + \beta c + (1-\beta)l$ となり，

$$\boxed{q - (1-\beta)l = \lambda + \alpha k + \beta c \quad \cdots\cdots 6-⑬}$$

が得られる。

Griliches（1980）はこの6 - ⑬式をベースとして，q（アウトプットの伸び率）を「売上高伸び率」で，そして $(1-\beta)$ を「対売上高人件費比率」

で，そしてlを「雇用伸び率」で代替させ，左辺の被説明変数に，いわば賃金要素を除いた売上高伸び率を用いた。さらには，「(付加価値－生産賃金－設備賃料)／内部総資産」といった人件費を控除した資産収益率などを被説明変数として適用した。また，説明変数のうちc（資本の伸び率）には，有形資産の「減衰率」と「減価償却率」を，また，知識ストックの伸び率としてのkには知識ストックに代えて，単年度の研究開発費の伸び率で代替させた[18]。これら変数に，産業ダミーなどをコントロール変数として付加して回帰し，産業全体はもとよりも，6つに分類した各産業分野についても，ほぼ完璧に有意に知識ストック（研究開発費）の増加が生産性の向上に貢献していることを示した。

　Griliches（1880）で行われた研究開発活動の収益への貢献分析は，アメリカ，フランス，そして日本との比較研究へと発展していった。アメリカについては，Griliche and Mairesse（1981）が，またフランスについてはCuneo and Mairesse（1983）がそれぞれの国における1970年代（1973年～1978年）のデータを用いて研究開発の投資効率を分析した。それぞれに使用されたデータは，たとえばアメリカは被説明変数に売上高が，フランスでは付加価値が用いられるなど，分析結果を見るうえで留意すべき相違は見られたが，概して，フランスにおける研究開発活動の収益効果が高く算出された。この結果は，Griliche and Mairesse（1983）により米仏比較研究としてまとめられた。ここでは，両国のデータの統一化を行ったうえで比較がなされたが，ここでも概してフランスの方が研究開発の収益への貢献が高いことが示された。そして，1970年代の米仏比較研究は，Mairesse and Hall（1996）によって1980年代の比較研究へと発展していった。その結果，1980年代は概して研究開発の収益貢献度が低下していることが示された。

　また，日米比較研究がGriliches and Mairesse（1990）によって行われ，ここでは1973年～1980年のデータを用いて分析が行われたが，この間において両国の売上高の伸びにはさしたる違いが見られなかった。しかし，日本企業での従業員数の減少が際だった特長として見い出された。その結果，労働生産性の伸びは日本がアメリカに比べて高くなった。そのため，労働生産性の伸びの違いは，両国の研究開発投資への集中度やその収益性の差に起因す

るものではないという結果が見い出された。

　Griliche and Mairesse（1981）以降の研究では，研究開発投資に関するデータを累積し，知識ストックを用いた分析が行われた。これらの分析では1970年代のデータが用いられた。というのも，1970年代におけるアメリカの生産性が1950年代や1960年代と比べて低下してきたため，その要因が研究開発投資の収益性低下に求められるのではないかという問題意識が存在していたためでもある[19]。実際，Griliche and Mairesse（1981）でも指摘されていたように，アメリカでは1980年代初頭において研究開発の生産性低下が強く懸念されていた[20]。そして，その対策の一環として，第1章で確認したような知的財産権の保護強化政策が展開されたところでもあった。

　また，我が国では後藤他（1986）が，研究開発によって蓄積された知識ストックの限界収益率を算出したが，これが我が国では比較的早くから行われてきた研究事例として挙げられる。また，Goto and Suzuki（1989）では，個別企業データを用いて研究開発投資の収益性の算出が行われると同時に，エレクトロニクス技術の品質向上効果がその技術を用いた中間財の取引や，技術知識の伝播を通して他産業の生産性上昇にどのような効果を及ぼしているかについて検討がなされた。

　その他，研究開発ストックの限界生産力とトービンのq（パーシャルq）との関連を求めた分析なども実施されてきた（山田，2000など）。トービンのqは，Tobin（1969）によって提唱された指標で，投資の意思決定の中に株主の視点を導入したものである。この数値が1以上であることは，企業の価値（将来キャッシュフローの現在価値）の方が，その企業が有する個々の資産の合計額を上回ることを意味し，この場合，当該企業が新たな設備投資などを行って事業を継続することに合理性が見い出される。つまり，この値が1より大きい場合，市場の評価する企業の価値がその時点において企業が現に保有している資本ストックの価値よりも大きく，企業の将来の収益力がより高いことを示している[21]。

　本章での分析は，こうした先行研究に倣いつつ，かつその入り口の段階の比較的シンプルな分析として，研究開発活動の経済成長への貢献を確認した。

注
［1］　その中でも，アメリカではGriliches（1980），我が国では後藤・鈴木他（1986）などが，比較的早い時期の代表的な研究として挙げられる。
［2］　さしずめ，測定可能な要素Xとしては新規機械や設備の投入などが，それ以外の測定不能な要素Vとしては顧客からの信頼度向上などが例として挙げられよう。
［3］　その他要素Vの典型的な例としては，各企業がとる特許取得戦略（後出のPropensity to Patent：特許性向など）が挙げられよう。
［4］　その他，Nadiri and Prucha（1996）も，全米の製造業における有形資産と研究開発ストックの減衰率を，モデルを用いて回帰して推定した。
［5］　たとえば，Nadiri and Prucha（1996）p.43は，Pakes and Schankerman（1978；1986）を除いて，多くの研究で暫定減衰率10～15％が適用されてきたと指摘している。たとえば，絹川（2000）では10％を，Lach（1995）では15％を減衰率として用いて研究開発費や特許件数のストックが計算された。なお，Hall and Mairesse（1995）は，減衰率として15％と25％を適用し，いずれを用いた場合においても推定結果に大きな差がないことを示した。Hall and Mairesse（1995）がこうした結果を示したことにより，その後の研究でこうした暫定的な減衰率を適用することが促されたとも考えられる。その後，Hall（2006）は，生産関数による方法と株式価値を用いる方法で減衰率の推定を試み，前者ではほとんどゼロ，後者では期間により20～50％程度の減衰率になるという結果を得た。
［6］　GDPを稼働資本ストック（資本），総就業時間（労働），そして知識ストックで回帰するとき，資本ストックの中にはたとえば研究棟建物や研究設備など研究開発活動に用いられるストックが含まれている。また，総就業時間には研究者の研究活動に当てられる就業時間も含まれている。そのうえで，さらに知識ストックの算出に際して研究開発費をベースとすると，こうした研究開発活動に用いられる資本や労働が，資本ストック（資本）や総就業時間（労働）にも含まれると同時に知識ストックにも含まれ，二重計算されてしまうことになる。それによって，資本，労働知識ストックの正確な経済的貢献度を測定することが妨げられる。本書では，以下に述べる簡易方法によってこの二重計算によって発生するバイアスを取り除くこととした。なお，これまでもSchankerman（1981），Hall and Mairesse（1995），Jones and Williams（1997），Suetens（2002），Kwon and Inui（2003）など，多くの研究者からこうした二重計算の問題が指摘されてきた。Hall and Mairesse（1995）は，この二重計算によっ

て収益率が過剰に算出されることを指摘し，この点の処理の重要性を指摘した。

[7] 技術（知識ストック）の経済的寿命は年によって変化すると考えられるが，蜂谷（2005a）は文部科学省や経団連によるアンケート結果などを用いるとともに，特許の残存データを用いて技術寿命の短期化を指摘した。科学技術庁科学技術政策研究所（1999）も，同様に技術知識の短命化を指摘しており，かつ民間企業の技術知識のライフサイクルが大学・研究機関との相対比較において，徐々にその短命化が明確になっていることを示した。

[8] 科学技術庁科学技術政策研究所（1999）では，研究開発に要した期間について1990年以降の平均で2.8年とされている（p.26参照）。

[9] 研究開発期間の平均が4.1年，中央値が3.0年，研究開発終了後から成果が市場に投入されるまでの期間の平均が1.6年，中央値が1.4年とされていた。

[10] 柳沼・山岸（1996）参照。

[11] 蜂谷（2005a）p.9，及び蜂谷（2005b）p.9参照。

[12] 科学技術庁科学技術政策研究所（1999）参照。

[13] 総務庁統計局（1986）「科学技術研究調査総合報告書」，総務省統計局（1961）「科学技術研究調査報告 昭和35年版」以降の各年版参照。

[14] 実際は，研究開発支出額を用いた。研究開発に要した費用項目のうち，減価償却費を加算したものが研究開発費，そして減価償却費に代えて有形固定資産購入費を加算したものが研究開発支出額となる。

[15] 最初の年（ベンチマーク年：基準年）の知識ストック（ベンチマーク）は以下の方法で算出した。

タイムラグを考慮しない場合の $RS_t = (1-\delta)RS_{t-1} + R_i$ に，$RS_{t-1} = (1-\delta)RS_{t-2} + R_{i-1}$ を代入し，以後同様に $T+1$ 期前まで RS_n の部分に代入を繰り返していけば，

$$RS_t = R_t + (1-\delta)R_{t-1} + (1-\delta)^2 R_{t-2} + \cdots$$
$$+ (1-\delta)^{T-1} R_{t-T+1} + (1-\delta)^T RS_{t-T}$$

が得られる。$t-T+1$ 期から研究開発投資が一定率 r で成長してきたと仮定すれば，

$$RS_t = R_t + \left(\frac{1-\delta}{1+r}\right)R_t + \left(\frac{1-\delta}{1+r}\right)^2 R_t + \left(\frac{1-\delta}{1+r}\right)^3 R_t + \cdots$$
$$+ \left(\frac{1-\delta}{1+r}\right)^{T-1} R_t + (1-\delta)^T RS_{t-T}$$

上の右端の項を除いた部分について，初項を R_t，等比率を $\left(\frac{1-\delta}{1+r}\right)$ とする無

限等比級数と，初項を $\left(\frac{1-\delta}{1+r}\right)^T R_t$，等比率を同じとする無限級数の差として計算すると，

$$RS_t = \frac{R_t}{1-\left(\frac{1-\delta}{1+r}\right)} - \frac{\left(\frac{1-\delta}{1+r}\right)^T R_t}{1-\left(\frac{1-\delta}{1+r}\right)} + (1-\delta)^T RS_{t-T}$$

$$= \frac{R_t}{\frac{1+r-1+\delta}{1+r}} - \frac{\left(\frac{1-\delta}{1+r}\right)^T R_t}{\frac{1+g-1+\delta}{1+r}} + (1-\delta)^T RS_{t-T}$$

よって $RS_t = \frac{(1+r)R_t}{r+\delta}\left\{1-\left(\frac{1-\delta}{1+r}\right)^T\right\} + (1-\delta)^T RS_{t-T}$

となる。T が十分に大きいとすれば，$\left(\frac{1-\delta}{1+r}\right)^T$ と $(1-\delta)^T$ は 0 に収束し，t 年の知識ストックのベンチマークは，

$RS_t = \frac{(1+r)R_t}{r+\delta}$ となる。

[16] 上記算出方法を用いたため，有形固定資産にかかるストックが，知識ストック算出に際して用いたタイムラグや陳腐化率と同じであるという前提をおくことになる。さらに，ストック額を実質化するためのデフレータも研究開発支出額のデフレータを準用することとなる。本来，二重計算回避のためには絹川（2000）などでも実施されているように，有形固定資産固有のデフレータを用いて実質化すべきである。また，陳腐化率も固有のものを適用してストックを計算すべきところである。しかし，そもそも科学技術研究調査の結果自体にサンプルバイアスのある可能性がある。たとえば，過去，我が国の研究開発活動は一貫して拡大を続けてきたと考えられるが，研究従業者数を見ると1971年，1977年，1994年，1995年，1997年，2001年，2002年はそれぞれ前年に対してその数が減少している。企業などにおいて研究開発人員の削減が行われた可能性も考えられるものの，この減少は調査に用いられたサンプル企業が年によって異なったために発生したと考えられる。そのため，単年度のデータをよりどころとして研究開発に用いられた有形資産のストックを求めると，こうしたサンプル選択によるバイアスを受ける可能性がある。そのため，本章では研究開発支出額に占める有形固定資産の過去6年間の移動平均を持って設備資産のストックを推定した。

なお，研究従業者数については各年の人数を参照することとした。そのため，就業時間データによって示される労働投入量については，こうしたサンプ

ルバイアスがかかっている可能性がある。

[17] 労働組合への加入率の高さは，研究開発活動の生産性を引き下げる傾向があると考えられ，Mansfield（1980）の分析結果においてもパラメータがマイナスで頑健に有意であることが示された。

[18] 分析に用いた最初の時期までの研究開発投資額が少なかったため，その分知識ストックは小さく，分析期間の研究開発投資の伸びが大きかったことから，知識ストックと研究開発投資額の伸び率はほぼ同等と見なして分析がなされた。

[19] Hall（1999）は1980年代初頭から米国で研究開発の生産性が低下していることを示唆していた。しかし渡辺（2001）が述べているように，こうした1980年代において米国で実施された研究開発の収益性に関する研究の背景には，1970年代以降の米国経済の低迷や生産性低下への懸念があったためである。

[20] この頃に実施された研究の方向性は多様であり，政府支出研究費の効果を測定したもの（Levy and Terleckyj, 1983；Griliches, 1986），基礎研究の生産性への効果を分析したもの（Griliches, 1986；Lichtenberg and Siegel, 1991），研究開発に対する需給関係が研究開発投資の生産性に及ぼす影響を分析したもの（Jaffe, 1988），などさまざまな視点から研究開発の生産性が分析された。Griliches（1986）は，1957年～1977年にわたる米国の大企業データを用いて，1970年代は1960年代と比べても研究開発に関してさして大きな生産性の低下が生じていないことを示した。同様の趣旨を示した研究としては，Griliches（1980）がある。なお，1990年代以降，今日まで研究開発投資の収益性に関しては数多くの研究が実施されてきた。

[21] なお，本書では取り扱わないが，研究開発の収益性分析において重要な要素として，研究開発成果のスピルオーバー効果がある。Griliches（1979）は，研究開発成果は，①他の産業や企業などによる研究開発成果（機能や品質向上など）が財（中間財）として，その成果に見合うだけの価格として転嫁されないまま，別の産業や企業に成果が伝播していくと同時に，②他の産業や企業で開発された技術的アイデアが特許公開などを通して，他の産業や企業に伝播するという2つのスピルオーバー・ルートが存在することを示した。こうしたスピルオーバーに関する代表的な研究としては，Jaffe（1986），Jaffe（1988）などがある。研究開発活動の効果を正確に測定するためには，こうしたスピルオーバー効果をも考慮することが重要となる。

第7章

回帰分析におけるデータ処理・分析上の留意点

　第5章と第6章では，最小二乗法という手法を用いて，生産要素としての無形資産もしくは知識ストックの，我が国経済全体に対する貢献度を測定してきた。本章では，この最小二乗法という分析手段を用いるうえで留意しておくべき事項と，特殊な変数の活用法について解説を行う。

　具体的には，基本（記述）統計量を確認したり，基データをチェックすることで，データの全体的なイメージを把握するとともに，望ましくないデータを適切に処理するといったデータの取り扱いの問題である。さらには，多重共線性の問題，さらに代理変数，ダミー変数，交差項，二乗項といった変数の活用法について説明する。

1 基本統計量の活用と基データの確認

(1) 基本統計量（記述統計量）の把握

　回帰分析を行う前に，まず，分析に用いるデータについて全体的な把握をしておくことが望ましい。具体的には，データの最小値と最大値はいくらであるかを確認し，どの範囲の値を持ったデータを利用しようとしているのかを確認する。また，データの平均を見ることで，当該データの概括的な大き

さを確認しておくこともできる。

　さらには，データが最小値から最大値までの範囲において，どのように分布しているかを確認することも重要である。というのも，本書で解説する最小二乗法による分析は，被説明変数が，左右対称の釣り鐘型のような形をした確率分布から生成されている場合に有効な分析手法だからである．このように，釣り鐘型のような形をした確率分布を「正規分布」という。もし，そのような分布状態になっていないときには，それなりの対処をすることが必要になる。

　データの概括的把握のためには，エクセルソフトを用いて基本統計量を求めるのが便利である。基本統計量は，記述統計量ともいわれるが，これは"Discritive　Statistics"という英語表記の訳である。以下では基本統計量と呼ぶこととするが，エクセルによって簡単にこの基本統計量を得ることができる。

　図表7－1と図表7－2とは基本統計量をエクセルによって取得する際の具体的な画面を示したものである。1968年～2005年までの我が国の実質GDPに関する基本統計量を求めるケースを示している。

　まず図表7－1のように，エクセルの「分析ツール」から「基本統計量」の選択し「OK」をクリックする。すると，図表7－2のような画面が表示される。

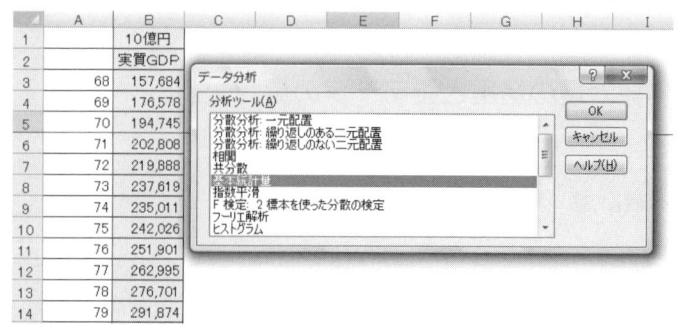

図表7－1　エクセル「分析ツール」から「基本統計量」の呼び出し

	A	B
1		10億円
2		実質GDP
3	68	157,684
4	69	176,578
5	70	194,745
6	71	202,808
7	72	219,888
8	73	237,619
9	74	235,011
10	75	242,026
11	76	251,901
12	77	262,995
13	78	276,701
14	79	291,874

データ分析
分析ツール(A)：
分散分析 一元配置
分散分析 繰り返しのある二元配置
分散分析 繰り返しのない二元配置
相関
共分散
基本統計量
指数平滑
F検定：2標本を使った分散の検定
フーリエ解析
ヒストグラム

OK　キャンセル　ヘルプ(H)

　図表7－2で，開いた画面の「入力範囲（I）」に基本統計量を求めたいデ

ータが入力されたセルを選択入力する。データセルの最初の行がデータの名称など（ラベル）である場合は，「先頭行をラベルとして使用（L）」にチェックマークをつける。

そして，出力先を設定して，「統計情報（S）」にチェックマークをつけて「OK」をクリックする。

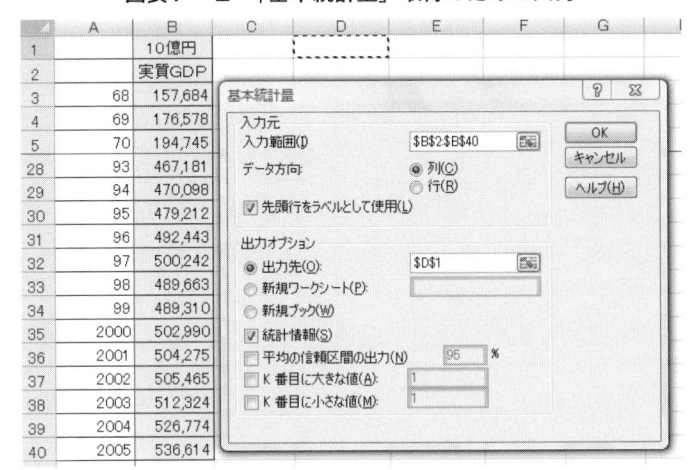

図表7－2 「基本統計量」取得のための入力

	A	B
1		10億円
2		実質GDP
3	68	157,684
4	69	176,578
5	70	194,745
28	93	467,181
29	94	470,098
30	95	479,212
31	96	492,443
32	97	500,242
33	98	489,663
34	99	489,310
35	2000	502,990
36	2001	504,275
37	2002	505,465
38	2003	512,324
39	2004	526,774
40	2005	536,614

基本統計量ダイアログ：入力範囲 $B$2:$B$40、データ方向 列（C）、先頭行をラベルとして使用（L）、出力先 $D$1、統計情報（S）

　図表7－3が，出力された基本統計量の例である。基本統計量として表示される項目には，「平均」「標準誤差」「中央値」「最頻値」「標準偏差」「分散」「尖度」「歪度」「範囲」「最小」「最大」「合計」，そして「標本数」がある。

　そのうち，「標準偏差」は第4章で説明した通り，データの散らばり度合を示す指標である。「標準偏差」は，下記の式によって求められる。現実のデータがその平均からどの程度散らばっているかを示すものである。「標準偏差」は「分散」の平方根をとったものである。「分散」は，各データと平均値との差の二乗を，その自由度（データの標本数－1）で割った値である。なお，この標準偏差を平均値で割った値が，「変動係数」と呼ばれ，平均値に対する相対的なデータのばらつき度合いを示す。

図表7-3 出力された基本統計量

実質GDP	
平　均	371453.27
標準誤差	19150.01
中央値（メジアン）	371903.54
最頻値（モード）	#N/A
標準偏差	118,048.6
分　散	13,935,469,854
尖　度	－1.40
歪　度	－0.22
範　囲	378930.77
最　小	157683.56
最　大	536614.33
合　計	14115224.29
標本数	38

$$標準偏差 = \sqrt{分散} = \sqrt{\frac{\sum(y_i - \bar{y})^2}{n-1}} \qquad 変動係数 = \frac{標準偏差}{平均値}$$

y_i は各データの値を，$\bar{y}$ はすべてのデータの平均を示す。

「最頻値」はデータの中でもっとも数多く出現する数値を意味するが，今回のデータはすべて値が異なり，すべての値の出現する回数が各1回であることから，最頻値が特定できず，「#N/A」という算出不能であることを示す記号が記されている。

「尖度」は，データの分布の状態を度数分布表によって見たときに，その分布の尖り具合を示した統計値である。尖り具合の尺度としては，正規分布が基準とされる。基準となる正規分布よりも尖った形状をしているか，それとも緩やかな形状をしているかを，尖度の値のプラス・マイナスによって見分けることができる。基準となる正規分布とは具体的には図表7-4の太線ような分布を示すものであるが，これは平均を0，標準偏差を1とする正規

分布を示しており，このような分布を「標準正規分布」という。

それに対して，尖度がプラスのときは標準正規分布よりも尖った点線のようなグラフとなり，逆に尖度がマイナスのときはよりなだらかな細い実践のようなグラフになる。

標準正規分布の場合，分布線より下の面積が，平均±標準偏差（標準正規分布の場合は＋1～－1）の範囲で全体の約68.3％を占め，平均値に標準偏差の2倍をプラス・マイナスした範囲で全体の約95.4％を占める。尖度がプラスで尖った点線のようなグラフの場合，平均±標準偏差の範囲の分布線より下の部分の面積の割合は標準正規分布の場合よりも大きくなり，逆に尖度がマイナスでなだらかなグラフの場合は，面積の割合が小さくなる。

図表7－3の尖度はマイナスとなっていることから，この場合，分布状態は正規分布よりもなだらかであることが分かる。

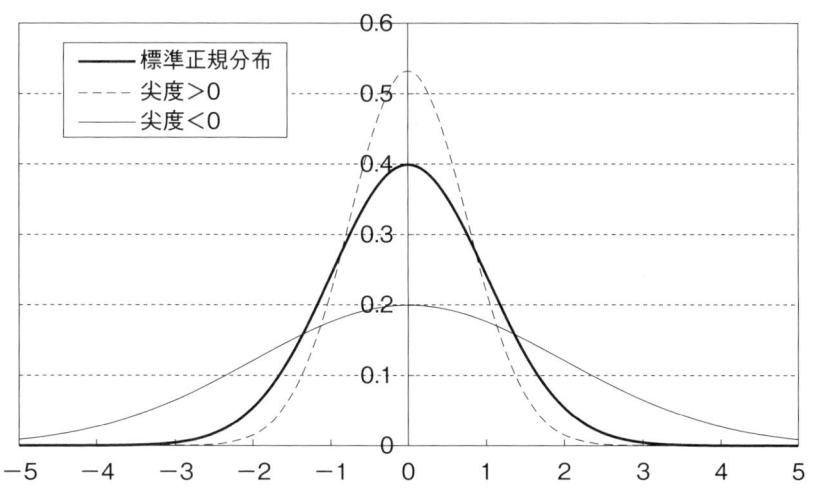

図表7－4　尖度と標準正規分布

「歪度」とは，データの分布が左右対称になっているか，それとも右か左に偏った分布をしているかを示す指標である。歪度の値が0のときは分布が左右対称になっており，マイナスのときには右に偏った（つまり，左の裾野が長い）分布をなし，プラスの時には逆に左に偏った（つまり，右の裾野が長い）分布をしていることを示す。

最小二乗法による回帰分析は，次の前提条件が満たされるときに望ましい統計的性質を持つ。逆にいえば，最小二乗法は，次のような前提が満たされている場合にしか適用できない。それは，

①回帰式によって得られる理論値と実現値との差（誤差）の期待値（平均）はゼロである，

②データの値が大きくなるに連れてその分散が大きくなるといったようなことはなく，誤差の分散は一定である，

③誤差の平均は0で，その分散は正規分布になる，

という前提である。しかし，現実の経済データにおいては，こうした前提の成り立たないケースが多々存在する。たとえば，貧富の差が激しい国における国民の所得水準の分布をグラフにすると図表7－5のようなグラフのイメージになる可能性が高い。つまり，低所得層が圧倒的に多く，高額所得層は少なく，その中でも特に高額の所得を得る層が薄く存在している。このような分布を示すデータを扱うとすると，上の③で示した誤差の分散が正規分布にならず，最小二乗法による回帰分析から適切な結果が得られなくなる。このような場合には，所得データの実数値を用いて回帰するのではなく，対数

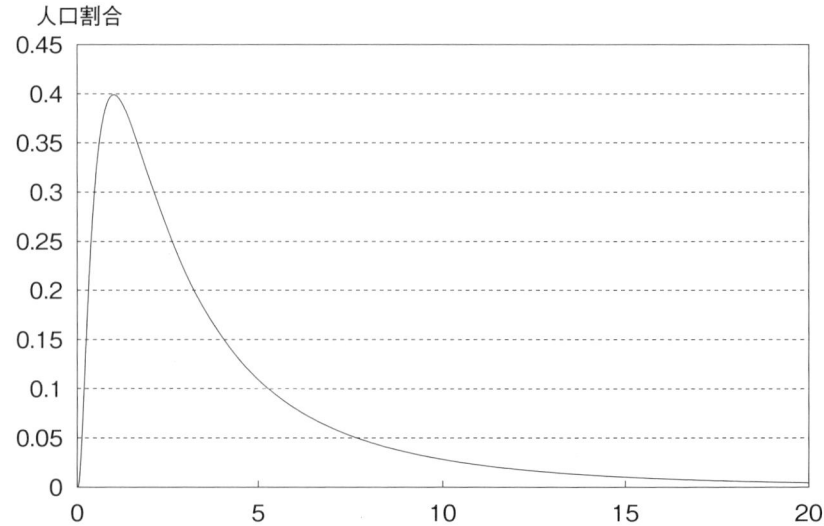

図表7－5　所得格差のある国における所得分布（イメージ図）

値に変換するなどして，誤差の分散の分布が正規分布に近づくように（つまり，歪度の値が0に近づくように）工夫をすることが必要となる。

「範囲」は，「最大値」と「最小値」の差である。なお，最小値について，その値が0となる場合がある。たとえば，企業の特許出願件数をデータとして用いる場合，通常，その値は正の整数をとるが，中にはまったく出願を行っていない企業も存在し値が0となることがある。その場合，基本統計量の最小値は当然に0となる。ただ，0という値が多く含まれるデータを用いて最小二乗法により回帰したとき，数多い0という値の存在が現実とは異なる影響を回帰結果に与え，適切な分析結果が得られない場合がある。このような場合には，異なった分析方法をとることが必要になる[1]。

以上のように，基本統計量を算出することで，データの全体的な概観を把握すると共に，データに潜む問題や課題を発見して，それに対処する方向を見い出すことが可能となる。

（2）基データの信頼性と事前確認

①基データの信頼性

上で見たように，まずは基本統計量を見ることで，データの全体的な特性の把握と課題の発見につなげていく。次に，個々のデータを丹念に調べて，問題のあるデータ，すなわち「異常値」が含まれていないかを見い出す作業を進めていく。

回帰分析を実施するうえではさまざまなデータを使用するが，そもそも使用するデータが本当に正しいかどうかという問題も存在する。中には，単純なデータの入力ミスが発生するという事態もある。たとえば，データの数値の桁が間違っているといった場合もあり得る。

回帰分析を実施するうえで，もっとも多くの労力を要するのは適切なデータを収集する作業である。そもそも正しい分析が可能となるか否かは，理論モデルが正しいか否かということと併せて，あるいはそれ以上にデータ自体が正確なものであるどうかにかかっている。

データ自体が人間によって収集され，入力されるものであるため，中には収集段階や入力段階において人為的なミスが発生することも可能性としてあ

りうる。
　こうした瑕疵のあるデータをそのまま使用することを避ける努力が必要になる。

②基データの目視による確認
　そのため，まず回帰分析を実施する前段階において，分析に使用するデータを概括的に確認しておくことが望まれる。確認方法としては，ワークシートに並んだデータを項目別，もしくはその属性別に目視することで，特別に異常な値が含まれていないかどうかを確認することが，原始的ではあるがひとつの確実な方法として挙げられる。

③グラフ作成を通したデータの確認
　数値データを目視するだけでは，異常値の存在を見落としてしまう可能性がある。そこで，各データをグラフ表示してみることがより合理的な方法として考えられる。
　後の第9章においては，各国の対外経済活動を左右する要因の分析を行う。その際に説明変数に知的財産関連データを用いるが，知的財産関連データのひとつとしては特許出願件数が挙げられる。しかし，この特許出願データを時系列でグラフにして見ると，異常に件数が増加していることが確認された。というのは，ここで示された件数は各国から現実に出願された数ではなく，国際特許出願の当初段階において指定した国の数がデータとして用いられていたためであった。そのため，対外経済活動との対応関係を示すデータとしては不適切であることが確認された。詳細は，第9章を見ていただくとして，ポイントはデータをグラフ化して確認したことが，こうしたデータの瑕疵を発見するきっかけになったということである。
　同様に，図表7-6に示した散布図を確認していただきたい。このグラフは，Y軸に各企業の経営力（収益力と利益獲得力の積）を，そしてX軸に知的財産部門の担当者一人当たりの知的財産コストをとって散布図にしたものである。楕円で囲んだ部分に含まれるデータはほぼ一定の傾向の範囲内にあるものと考えられる。しかし同時に，楕円から大きくはみ出したデータが

存在する。これらは，現に正しいデータであるかもしれないが，場合によっては集計や入力の際に間違って異なるデータ値が与えられてしまったものかもしれない。あるいは，特殊な事情によって特異な値を持つこととなった可能性もある。

もしも異常値であることが確認できれば，その企業のデータはすべて削除したうえで回帰分析することが必要となる。また，特殊な事情によって他と乖離することとなったデータ値（「特殊値」）であったとすれば，その乖離した事情を吸収するために，後に説明するダミー変数を説明変数に追加して回帰することが対策として求められる。異常値ではない「特殊値」をダミー変数を用いて処理すると，ダミー変数の推計された係数から有用な情報が得られる場合が多い。したがって，異常値か特殊値かを識別しておくことは，とりわけ重要である．

このように，取り扱うデータは，適当な形式のグラフにするなどして，使用するデータに異常がないかどうかを確認することも有効な手段であるといえる。

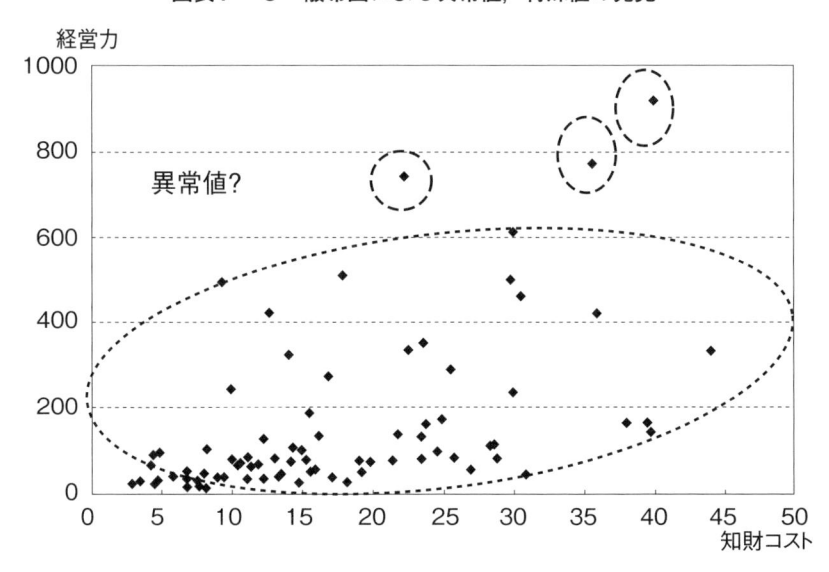

図表7－6　散布図による異常値，特殊値の発見

2 多重共線性とその対応

(1)多重共線性とは

　複数の説明変数を用いて回帰する際，説明変数相互間に高い相関が見い出されることがある。この場合，説明変数間に「多重共線性」があるといわれる。多重共線関係がある場合，次のような問題が生じることがある。
　①推定値であるパラメータの符号が理論と合わない，
　②修正決定係数（補正R2）は大きいのに，個別の t 値が小さい（P-値が大きい），
　③サンプル数を少し増やすごとに，推定結果が大きく変動する，
　④説明変数を増減すると，パラメータの値が大きく変動する，
といったことなどが挙げられる。
　多重共線性について，具体的な例を用いて確認してみよう。ここでは，特許庁が毎年実施している知的財産活動調査のデータを用いる。知的財産活動調査に関する説明は，第10章を参照していただくとして，ここではその2005年度の調査結果を用いて多重共線性の例を紹介する。

(2)多重共線性の例示

　今回のデータでは，2005年度知的財産活動調査によって得られた，業種別・資本金階級別データの合計値を標本数で割った，一社あたり平均値データを用いる。つまり，業種別・資本金階級別に分けられた各グループを形成する企業群の平均値をサンプルデータとして使用する。
　ここでは生産性と収益性を兼ね併せたデータとして，「売上高」と「利益額」を乗じた値を被説明変数に用いることとする。
　そして説明変数には，「推定資本金」「従業員数」「研究費」「知的財産担当者数」「知的財産活動費」を用いることとする。「推定資本金」は，各資本金スケールの中央値を各サンプルの資本金とし[2]，資本金100億円以上のスケールについては一律200億円と見なした。

まず,「売上高」と「利益額」の積（ここでは, 以下「S*P」と表示することとする）を,「従業員数」「推定資本金」「研究費」という3つのデータを説明変数として回帰した結果が図表7－7である。

図表7－7　被説明変数：S*P回帰結果（1）

回帰統計	
補正R2	0.820870337
観測数	85

	係数	標準誤差	t	P-値	
切片	−1188689072	625562669.8	−1.900191827	0.060966073	
従業員数	6274115.635	468554.8732	13.39035403	3.10315E−22	***
推定資本金	−676608.026	115053.1826	−5.880828418	8.77249E−08	***
研究費	−67761.60275	101207.4689	−0.669531641	0.505060477	

注：***は1％水準で有意であることを示す。

　回帰結果は,「従業員数」のパラメータがプラスで有意,「推定資本金」はマイナスで有意となった。「研究費」についてはパラメータがマイナスで有意でなかった。

　次に, 図表7－7で行った回帰分析の説明変数から「従業員数」を除いた,「推定資本金」と「研究費」という2つのデータだけで回帰をしてみよう。その結果が図表7－8である。

　結果として,「推定資本金」「研究費」のいずれのパラメータともプラスで, 前者は5％水準で, 後者は1％水準で有意となった。先の図表7－6と比べて, 2つの説明変数とも符号がマイナスからプラスに変わり, さらに研究費のパラメータが有意になるという変化が生じた。このように,「従業員数」を説明変数から除いただけで回帰結果が様変わりした。

　その原因を確認するために, 下記図表7－9に「従業員数」「推定資本金」「研究費」の3つの変数の相関係数を求めてみた。

　結果として,「従業員数」と,「推定資本金」及び「研究費」の相関係数

図表7-8 被説明変数：S*P 回帰結果（2）

回帰統計	
補正 R2	0.43136909
観測数	85

	係数	標準誤差	t	P-値	
切片	-626,886,098	1,112,047,449	-0.5637	0.57448	
推定資本金	333,745.59	154,750.11	2.1567	0.03396	**
研究費	695,812.17	148,972.88	4.6707	1.15976E-05	***

注：***は1％水準で，**は5％水準で有意であることを示す。

図表7-9 3つの説明変数の相関係数

	従業員数	推定資本金	研究費
従業員数	1		
推定資本金	0.812	1	
研究費	0.769	0.635	1

が，それぞれ0.812と0.769というように高かったことが分かる。図表7－7の回帰分析においては，「従業員数」が被説明変数の大部分を説明してしまい，「推定資本金」や「研究費」と被説明変数の関係が正しく分析結果として表れなかったために，これら説明変数のパラメータの符号がマイナスになってしまったものと考えられる。「研究費」の有意水準が低くなったのも，同じことが原因と考えられる。この場合，先の図表7－7における「従業員数」は，「推定資本金」と「研究費」との間で，「多重共線性」の関係にあるという。

（3）多重共線性の数学的意味

たとえば，ある変数と別の変数との間に $x_{2i} = p + qx_{1i} + u_i$ という関係が成立しているとする。そのときに，$Y_i = \alpha + \beta x_{1i} + \gamma x_{2i} + w_i$ というモデル式は次のように変形することができる。

$$Y_i = \alpha + \beta x_{1i} + \gamma x_{2i} = \alpha + \beta x_{1i} + \gamma(p + qx_{1i} + u_i) + w_i$$
$$= (\alpha + \gamma p) + (\beta + \gamma q)x_{1i} + (\gamma u_i + w_i)$$

つまり，Y_i について，$Y_i = (\alpha + \gamma p) + (\beta + \gamma q)x_{1i}$ という，ひとつの説明変数 x_{1i} だけのモデル式で回帰すればよかったところを，x_{1i} と x_{2i} という2つの変数を用いて推計したために，x_{2i} のパラメータの符号がマイナスとなったり，有意でなくなってしまったと考えられる。

（4）多重共線性の解決策

多重共線性は，重回帰分析（複数の説明変数で回帰すること）を行う場合において，対応がもっとも困難な問題のひとつである。

多重共線性を回避する第1の手段は，相関の高い変数相互について，そのうちの「いずれかの変数を削除する」ことが挙げられる。ただ，変数を削除することは，元来意図した経済理論に基づいたモデル式を放棄することをも意味する。たとえば，先の例だと，$Y_i = (\alpha + \gamma p) + (\beta + \gamma q)x_{1i}$ という回帰分析から，パラメータ p や q は識別できない。しかし，こうした係数の推定が重要な意味を持つ場合もある。こうした場合には，リッジ回帰（Ridge Regression）などの対処法も考案されているが，本書の意図する範囲を超えるので，紹介だけにとどめここでの説明は省略する[3]。

そのほか，多重共線関係にある変数によって，新たな合成変数を作成して，それをもって回帰するなどの方法などもあるが[4]，利用できる場合はごく限られている[5]。

このように多重共線性については，この問題を解決する根本的な方策がなかなか存在しない，やっかいな課題である。

いずれにせよ，少なくとも回帰分析を行う際には，必ず各説明変数相互の相関係数を確認し，多重共線性の有無を事前に確認しておくことが必要となる。

3 代理変数の意味合いとその活用

　先の知的財産活動調査の結果から，企業の経営力を示す指標として，収益獲得力としての「一人当たり売上高（s_m）」と利益総出力としての「一人当たり利益高（p_m）」を乗じた値，つまり「s_m*p_m」を用いたことについて考えてみる。「s_m*p_m」は，売上収益力と利益獲得力（経営効率）の両方を加味させた指標として人為的に生成したデータである。

　このように，その変数の数値自体が一般的に用いられているものではないが，回帰分析を行う際に特別の意味合いを含ませてデータを生成することがある。後の第8章においては，各国の教育水準を示すデータとして，25歳以上男子に占める中等教育を修了したものの比率と，中等教育における生徒一人当たりの教員数を掛け合わせた変数データを用いる。これは，教育の量と質を表すものとして人為的に作成したデータである。

　その他，ある国の外国企業に対する市場の開放度を示すデータとして，当該国の輸出入合計額のGDPに対する比率を用いることも考えられる。この比率自体が，真にその国の対外開放度を示しているという絶対的な保証はないが，他に適切な変数が存在しない場合，こうした人為的データによってある特性を示すデータとして代理させることがある。こうした変数を「代理変数」という。

　代理変数は，ある経済理論を検証する際に適切な変数データが存在しないとき，ある実態を間接的に示すデータとして活用するなど，経済理論の検証に便宜的に用いられるものである。便宜的なデータではあるものの，経済現象を実証的に検証する際には，数式と数値を用いてそれが統計的な意味を持つといえるかどうかを確認するうえで必要なものである。そもそもデータが存在しない限りこうした確認自体を行うことができず，代理変数は，経済分析を実証的に進めていくうえで，非常に便利なデータとして機能する。

4 回帰分析とダミー変数の活用

(1) ダミー変数を用いる前段階の回帰

　まず，先の代理変数「s_m*p_m」，つまり企業の経営力を表すデータを被説明変数とし，「資本金の額（従業員一人当たり資本金額：cap_m）」「研究開発費（従業員一人当たり研究開発費：rd_m）」，「知的財産活動への投資額（知財担当者一人当たり知的財産コスト：ipc_ipm）」を説明変数として回帰してみよう。これら説明変数は，被説明変数と同様に，いずれも企業規模による影響を捨象した基準化したデータである。

　そして，「資本金，研究費，知的財産活動への投資が充実しているほど，企業の経営力が強い」という経済理論を仮説として設定する。そのため，いずれの説明変数のパラメータとも符号はプラスが想定される。

　なお，資本金についてはスケール別のデータしか存在せず，具体的な金額が不明であったため，前記の通り，下記の方法により推定資本金を設定した。

資本金階級	推定資本金
5,000万円未満	2,500万円
5,000万円〜1億円未満	7,500万円
1億円〜10億円未満	5億5,000万円
10億円〜100億円未満	55億円
100億円以上	200億円

　図表7-10は，この仮説理論に基づいたモデル式を，データを用いて回帰した結果である。

　回帰結果は，「知的財産活動への投資額（知財担当者一人当たり知的財産コスト：ipc_ipm）」についてt値が低く（p値が高い），有意な結果を得ることができなかった。また，符号はマイナスとなった。

　そこで，企業の資本金規模別の「s_m*p_m」をグラフにしてみることと

図表7－10　被説明変数：企業経営力（s_m*p_m）回帰結果（1）

回帰統計	
補正 R2	0.25633252
観測数	85

	係数	標準誤差	t	P-値	
切片	41.9737474	52.64929079	0.797232912	0.427646581	
cap/m	21.96498916	10.68763347	2.055177998	0.043084385	**
rd_m	79.11424489	26.17209543	3.022847181	0.003352138	***
ipc/ipm	−0.636871413	4.41494502	−0.144253532	0.885658579	

注：***は1％水準で，**は5％水準で有意であることを示す。

する。それが，図表7－11である。ちなみに，Y軸の「s_m*p_m」は百万円単位で表示しているが，そもそも「s_m*p_m」自体が人為的に作成した代理変数であり，グラフが示す具体的な数値自体には特段の意味があるわけではない。むしろ，各資本金階級が示すグラフの相対的な高さが重要である。

　企業規模が大きくなるにつれて，「s_m*p_m」の値も徐々に大きくなっているが，特に最大の資本金階級（資本金100億円以上）のグループに属する企業群は，他のグループに属する企業群と比較して，ずば抜けた高い経営力を示していることが分かる。

　現に，下の図表7－12に示したように「s_m*p_m」と「ipc_ipm」の散布図を見ると，データが散逸しその相関が低いことが見てとれる。これは，資本金規模の大きい企業に関わる「s_m*p_m」が，突出しているために生じた現象と考えられる。

（2）定数項ダミーの活用

　資本金100億円以上のグループに属する企業群の「s_m*p_m」が，突出していることが分かったため，資本金100億円以上の規模の企業を1，それ以外の企業を0とする変数（ここでは，「資本金ダミー：dmcap」変数とい

4　回帰分析とダミー変数の活用　151

図表7−11　資本金規模別の経営力（s_m*p_m）

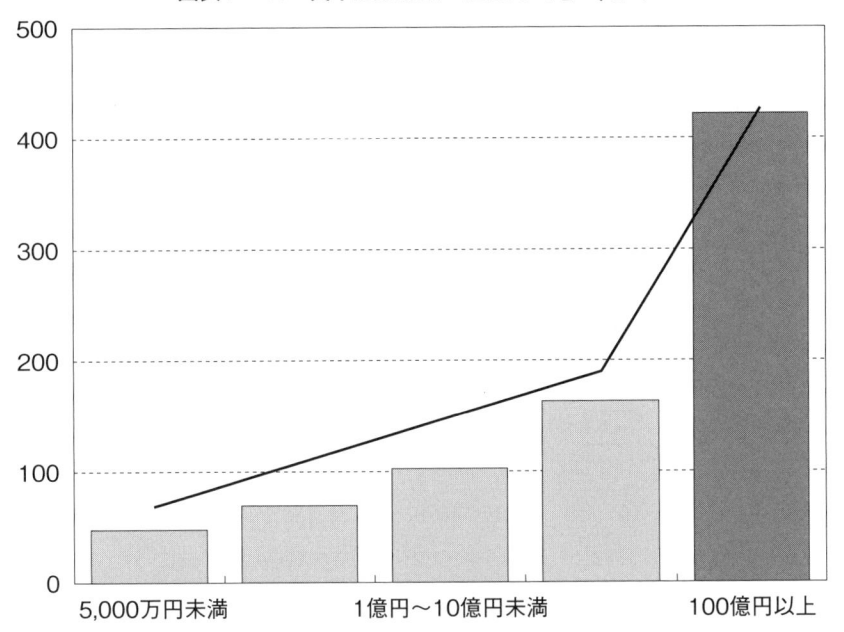

5,000万円未満　　1億円〜10億円未満　　100億円以上

図表7−12　「s_m*p_m」と「lpc_ipm」の散布図

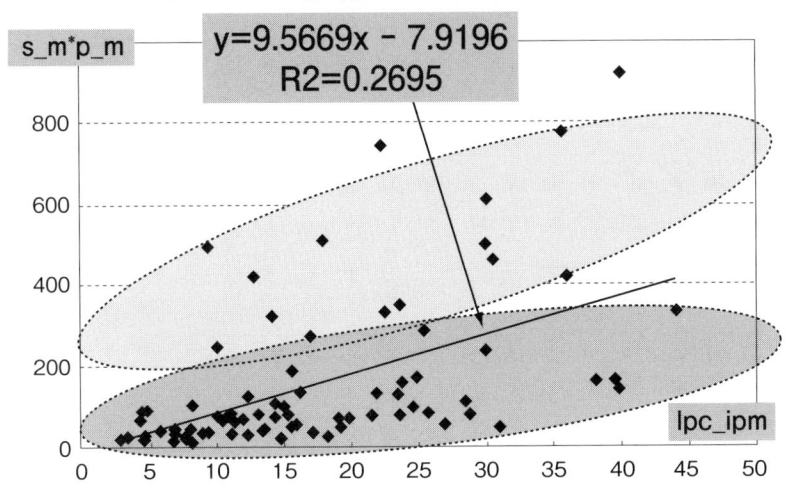

s_m*p_m

y=9.5669x − 7.9196
R2=0.2695

lpc_ipm

う）を作成し，この変数を加えて回帰を行ってみよう。

その結果が，図表7-13である。

図表7-13 被説明変数：企業経営力（s_m*p_m）回帰結果（2）

回帰統計	
補正R2	0.459268476
観測数	85

	係数	標準誤差	t	P-値	
切片	141.6549848	48.29053805	2.93339007	0.004372533	***
cap/m	24.37563673	9.123602208	2.671711915	0.00914104	***
rd_m	71.51800224	22.35834704	3.198715992	0.00197888	***
ipc/ipm	-10.63726048	4.166265785	-2.553188162	0.01257463	**
dmcap	391.7012167	69.90295643	5.603500005	2.88227E-07	***

注：***は1％水準で，**は5％水準で有意であることを示す。

結果的に，「知的財産活動への投資額（知財担当者一人当たり知的財産コスト：ipc_ipm）」のパラメータが5％水準で有意になった。資本金ダミー（dmcap）も1％水準で有意となった。これは，下記のモデル式7-①を回帰した結果である。

$$(s\_m * p\_m) = A + \alpha * cap\_m + \beta * rd\_m + \gamma * ipc\_ipm + \delta * dmcap$$

$$\cdots\cdots 7-①$$

ここで，$dmcap = 0$ のとき，7-①式は，

$$\boxed{(s\_m * p\_m) = A + \alpha * cap\_m + \beta * rd\_m + \gamma * ipc\_ipm}$$

となる。

また，$dmcap = 1$ のとき，7-①式は，

$$\boxed{(s\_m * p\_m) = (A + \delta) + \alpha * cap\_m + \beta * rd\_m + \gamma * ipc\_ipm}$$

となり，定数項が δ だけ大きくなる。

このことは，資本金規模が100億円以上の企業群について，定数項が異なる回帰結果が導き出されたことを意味する。

「*dmcap*」のように，ある特別のデータ群に対して異なる定数項の値を導き出すための変数を「定数項ダミー」という。

定数項ダミーは，下記図表7－14のように，あたかも切片を異にする並行した2本の回帰線を引くような分析を実現させるイメージをもつ。

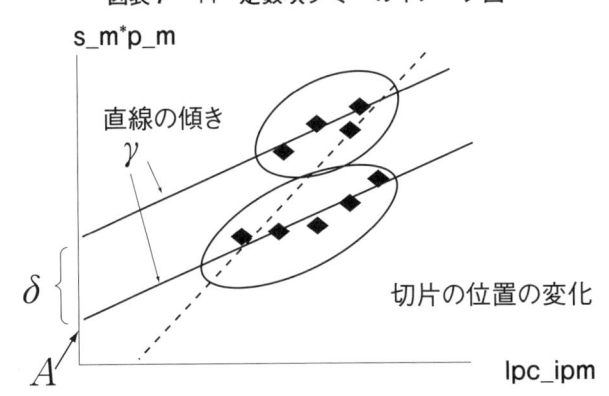

図表7－14　定数項ダミーのイメージ図

(3) 係数ダミーの活用

次に，式を変形させて，下記7－②式をモデル式として設定する。

$$(s\_m * p\_m) = A + \alpha * cap\_m + \beta * rd\_m + \gamma * ipc\_ipm + \delta * dmcap * ipc\_ipm$$

……7－②

この場合の回帰結果が図表7－15に示してある。

結果的は，7－①式の場合と同様に「知的財産活動への投資額（知財担当者一人当たり知的財産コスト：ipc_ipm）」のパラメータが5％水準で有意になった。資本金ダミー（*dmcap*）も1％水準で有意である。

この式には，「*ipc_ipm*」に *dmcap* を乗じた変数（「交差項」という）が

図表7－15　被説明変数：企業経営力（s_m*p_m）回帰結果（3）

回帰統計	
補正 R2	0.370798425
観測数	85

	係数	標準誤差	t	P-値	
切片	148.1348685	55.33085878	2.677255907	0.00900359	***
cap/m	27.60966872	9.933210532	2.779531213	0.006782999	***
rd_m	64.63161103	24.34903392	2.654380919	0.009583117	***
ipc/ipm	−10.35913326	4.743250146	−2.183973635	0.03189306	**
ipc/ipm*dmcap	10.65009005	2.68478782	3.966827459	0.000157779	***

注：***は1％水準で，**は5％水準で有意であることを示す。

加えられている。

　$dmcap = 0$ のとき，7－②式は，

$$(s\_m * p\_m) = A + \alpha * cap\_m + \beta * rd\_m + \gamma * ipc\_ipm$$

となる。

　また，$dmcap = 1$ のとき，7－②式は，

$$(s\_m * p\_m) = A + \alpha * cap\_m + \beta * rd\_m + (\gamma + \delta) * ipc\_ipm$$

となり，ipc_ipm の係数が δ だけ大きくなる。

　これは，資本金規模が100億円以上の企業に関して，その他の企業とは異なるパラメータ（つまり $s\_m * p\_m$ に対する ipc_ipm の傾き）が導き出されたことを意味する。

　このように，ある特別のデータ群に対して異なるパラメータの値を導き出させるためのダミー変数を「係数ダミー」という。

　係数ダミーは，図表7－16のように同じ切片から傾きの異なる2本の回帰線を引くような分析を実現させるイメージを持つ。

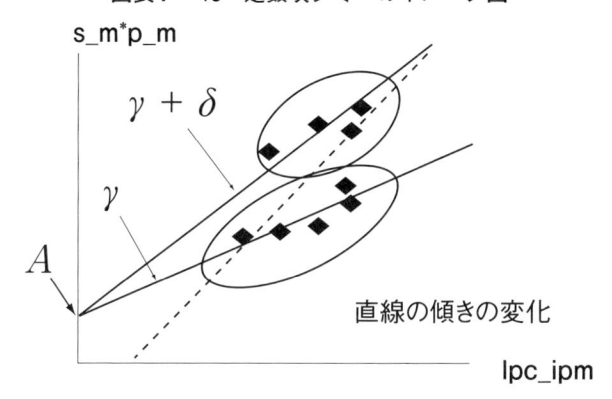

図表7−16 定数項ダミーのイメージ図

5 二乗項の活用(最適な知財コストの算出)

　上で行った7−①と7−②式の各回帰式による結果では,すべて「ipc_ipm」のパラメータがマイナスとなった。

　このことは,知財コストの投入が企業の収益性に一様にマイナスの効果を発揮することを意味する。それが事実であるとすると,企業の知財活動費の支出そのものの意義が問われることになってしまう。

　そこで,上の7−①式に,ipc_ipm を二乗した変数(二乗項)を加えた下記のモデル式で回帰してみよう。

$$(s\_m * p\_m) = A + \alpha * cap\_m + \beta * rd\_m + \gamma * (ipc\_ipm)$$
$$+ \delta * (ipc\_ipm * ipc\_ipm) + \theta * dmcap \quad \cdots\cdots 7-③$$

　その結果が図表7−17に示してある。いずれのパラメータとも,10%水準では有意となった。

　ここで,ipc_ipm と $ipc\_ipm * ipc\_ipm$ という2つの変数のみに着目し,ipc_ipm の変化によって $s\_m * p\_m$ がどのようなグラフを描くか考えてみよう。それを示したものが図表7−18である。

　ここでは詳細は省略するが,結果的に ipc_ipm が11.5百万円のときに $s\_m * p\_m$ が最大になることが確認される(最大値の算出については第8

図表7－17 被説明変数：企業経営力（s_m*p_m）回帰結果（4）

回帰統計	
補正 R2	0.523481048
観測数	85

	係数	標準誤差	t	P-値	
切片	-64.34849644	75.21612293	-0.855514668	0.394853581	
cap/m	16.30028604	8.882053723	1.835193363	0.07024072	*
rd_m	96.68357669	22.23268522	4.348713424	4.04645E-05	***
ipc/ipm	16.95960839	8.941244979	1.896783773	0.061511466	*
ipc/ipm ^ 2	-0.737089744	0.21475468	-3.43224066	0.000955397	***
dmcap	474.1721714	69.88214392	6.78531231	1.9174E-09	***

注：***は１％水準で，**は５％水準，*は10％水準で有意であることを示す。

図表7－18 *ipc_i±* と *s_m*p_m* の変化

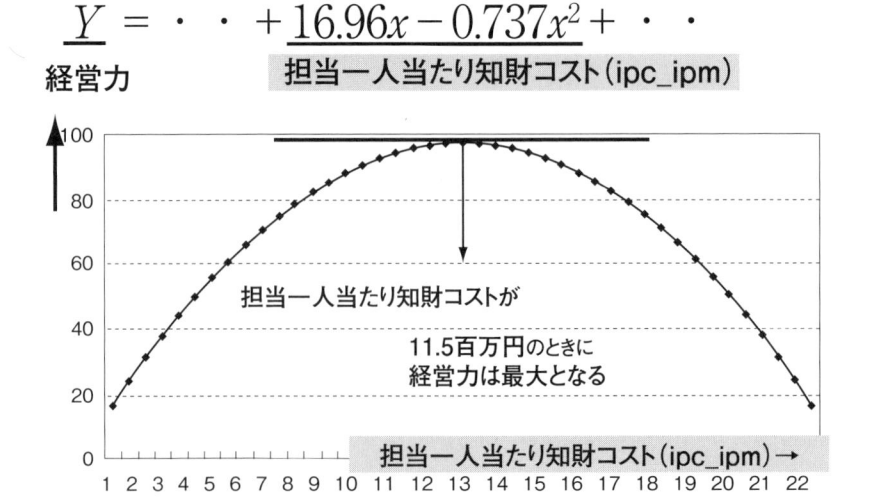

$$Y = \cdots + 16.96x - 0.737x^2 + \cdots$$

経営力　担当一人当たり知財コスト（ipc_ipm）

担当一人当たり知財コストが
11.5百万円のときに
経営力は最大となる

担当一人当たり知財コスト（ipc_ipm）→

章を参照されたい)。

　回帰式7－③は，ipc_ipm 以外の説明変数が一定（D）であると仮定すれば，ipc_ipm の二次方程式とみなすことができる。つまり，回帰式は下記7－④式とみなすことができる。この方程式のグラフのイメージを表したものが図表7－18である。

$$y = D + 16.96x - 0.737x^2 \quad \cdots\cdots 7-④ \quad (y = s\_m * p\_m, x = ipc\_ipm)$$

　ipc_ipm（知財担当者一人当たりの知財コスト）がおよそ1,150万円のとき経営力が最大になるとすれば，この値と自社の金額を比較することで，知財活動に過大な投資をしているか，それとも過小投資となっているかといった，自社の位置づけを確認することができる。

　しかし，知的財産活動への最適な投資額は各企業の実情によって異なるものであり，1,150万円という金額が一人歩きすることは現実を歪めることにつながる危険性がある。ただ少なくとも，こうした二乗項を加味させて分析することで，知的財産活動コストの適正値が存在し，その額は大きすぎても，少なすぎても望ましくない可能性があるということが実証的に示されたといえる。

注

[1]　真保他（2005）p.9，張星源・優克剛（2004）p.4参照。こうした研究では，ポアソン・モデルや負の二項分布回帰モデル（ネガティブ・バイノミナル・モデル）といった特殊な分析方法がとられていた。

[2]　たとえば，5,000万円～1億円という資本金スケールに属する場合，7,500万円を推定資本金とした。詳細は，後記4.を参照。

[3]　Greene（1990），ch.9など参照。

[4]　白砂（2004）p.115参照。

[5]　山本（2003）p.109参照。

第8章

知的財産制度と経済成長

1 はじめに

　本章では，特許をはじめとする知的財産制度による権利保護と経済成長との関係について分析を行う。

　知的財産権の権利保護強化と経済成長や経済効率との関連については，これまで数多くの研究が行われてきた。権利保護の強さが，当該国の技術革新（イノベーション）や経済成長に及ぼす影響，さらには当該国への貿易輸出・直接投資・技術移転に及ぼす影響など，さまざまな経済事象を対象とする分析がなされてきた[1]。ただいずれの研究においても，経済の効率を改善するにはどのような知的財産制度が適切か，という問題意識を持っていたという点では共通していたと考えられる。

　知的財産制度のあり方と経済の効率(経済成長)に関する問題は，特に1995年に発効したWTO協定にかかる交渉の場において国際的な関心を呼んだ。知的財産制度による権利の保護を国際的に確立することは，技術的なフロントランナーとしての先進国経済にとって有利である反面，技術的に立ち後れた途上国にとってはむしろマイナスに作用するという，漠然とした共通認識があったからである。実際，1994年4月に成立したTRIPS協定に関わる国際交渉の場において，こうした先進国対途上国という対立構図が先鋭化した

ことは現在も記憶に残っているところである[2]。

しかし，WTO協定発効後，国際的な自由貿易と投資環境が整備され，全世界各国の商品貿易額は増加し，先進各国などからの対外直接投資残高は増加の一途にあり，対途上国への投資もこの中には含まれている[3]。貿易や直接投資が，各国経済が自立的発展を遂げるうえで大きな起爆剤となりうることは，今日の中国経済を見ても明らかであろう。しかし，各国知的財制度による権利保護の水準が当該国のイノベーションや経済成長，さらには直接投資や貿易を拡大させる効果を持つのか否か，という問題に関しては未だに議論の余地がある。ただ少なくとも，知的財産制度がこうした投資や貿易を通して，各国の経済成長と密接な関わりを持っているということに関しては，研究者の間で一定のコンセンサスが形成されているといえよう[4]。

本章では，こうした状況を踏まえ，各国の経済成長という側面に焦点をあてて，それと知的財産権保護との関係を実証的に分析する。Romer（1990）の内生的経済成長論が登場して以来[5]，各国の経済成長率を，ある初期時点の人口一人当たり実質GDPの額や[6]，その他，国の知識水準や人的資源の蓄積などを示す各種の変数で説明する「成長回帰分析」がさまざまな研究分野で試みられるようになった。Romer（1990）の内生的経済成長論では，知識や技術の蓄積は資本の限界生産力の逓減を緩和し，持続的な経済成長を保証するための重要な要因と見なされた[7]。知識や技術の蓄積は，特許など知的財産権の保護政策と密接な関係にあると考えられる。そのため，このような成長回帰分析において，各国の知的財産権保護の強弱を説明変数に加えて成長率への影響を見ることはきわめて自然な発想といえよう。

以下，本章ではGinarte and Park（1997）が開発した知的財産権保護指数（IIPR：Index of Intellectual Property Rights）を用いて，各国の経済成長を説明する分析を行う[8]。

2 TRIPS協定後における知的財産制度の課題

1986年～1994年の8年間にわたるGATTウルグアイラウンド交渉を経

て，1995年1月に設立された世界貿易機関（WTO：The World Trade Organization）は，2007年1月現在において150に昇るメンバーを擁するに至った。メンバーのうちの3／4は途上国もしくは後発開発途上国によって占められている[9]。

　WTO の下では，各協定の一括受諾が要件とされたことから，WTO協定下における国際自由貿易経済体制（多角的貿易体制）に参画するには，TRIPS（Trade Related Aspects of Intellectual Property Rights）協定の履行も義務化されることになった。途上国を含めて，WTO 加盟を果たす各国は，TRIPS協定に定められた知的財産制度の基盤整備を進めることが必要になる。現時点では，TRIPS協定第65条において開発途上国（Developing Country Member）と市場自由企業経済（Market, Free-enterprise Economy）への移行過程にあるメンバーに対して猶予されていた協定発効から5年間という経過措置期間も過ぎ去った。同じく，同66条に規定された後発開発途上国（Least-developed Country Member）に与えられた11年間の猶予経過措置期間も2005年末で終了した。このように，途上国を含めた形での知的財産保護の国際的整備は，近年になってようやく大きな進展を見たといえる。

　その意味で，今日，知的財産制度のあり方を対途上国問題として議論する余地はかつてと比べれば少なくなり，各国の特許保護等制度のあり方が各国経済に及ぼす影響を検討することの意義も以前に比べれば薄らいだかのように見える。しかし，立法上の制度整備はなされたとしても，その実効性が担保されるためには，制定された制度が適切に運用される必要がある。

　現実に，それぞれの途上国の知的財産制度運営に関しては，未だにさまざまな課題が指摘されている。たとえば，アジア諸国の知的財産制度に関する課題を列挙すれば，模倣品問題のようにそもそも TRIPS 協定に抵触する問題をはじめ，必ずしも協定上の要請事項とはいい切れないものの，商品形態の保護制度が存在しないこと（中国），特許侵害の刑事罰の廃止（台湾），善意第三者による特許侵害への権利行使の困難性（中国，シンガポール），審査の遅延（インドなど），審査レベルの低さ，審査基準の不明確さ，異議等への対応猶予期間の短さ，といったさまざまな事項が存在する[10]。

　さらに，途上国の中にはWTO協定の実施が困難であるとする国が少なか

らず存在している。こうした国からは新ラウンドの立ち上げに際して，WTO協定の義務の軽減などを求める声が挙げられている。この点は，先進国であるイギリス政府からもTRIPS協定の実施期限を履行困難な途上国に対しては延長すべきとする指針が示され，現に2000年以降，途上国からは協定の適用猶予，義務軽減などの要望の声が強く出されている。同時に，WIPO特許ハーモナイゼーション国際会議の場などにおいて，先進国主導で進められる知的財産制度の枠組みづくりに対して，途上国から強い不信感が投げられているところでもある[11]。

　そのため，TRIPS協定の定めを一部修正する動きさえ見られている。たとえば，医薬品特許へのアクセスの問題がある。医薬品特許の存在が，安価な医薬品へのアクセスを妨げているとの指摘がある中で，TRIPS協定31条では「国家緊急事態その他の極度の緊急事態の場合」など，一定の場合に強制実施権の設定が認められているものの，これが「主として……国内市場への供給のため」と限定されていることから，製造能力を欠く場合には，この制度を活用することができないという問題が，途上国から指摘されてきた。この指摘を受け，WTO一般理事会は2003年8月に医薬品の製造能力がないまたは不十分である国に対し，他人の特許が存在する医薬品を製造・輸出する場合にTRIPS協定上の義務を免除する旨の決定に合意し，暫定的な対応が図られることとなった[12]。

　大国ロシアのWTO加盟に関しても，2006年11月に米ロ二国間合意が成立したものの，知的財産問題について，今後ロシアが模倣品・海賊版対策などの他，TRIPS協定などを遵守することが，加盟作業部会における多国間交渉を終結させるうえで必要不可欠な条件であることが示されており，ロシアの加盟は未だに実現していない[13]。

　我が国では，TRIPS協定などの知的財産権に関する多国間条約・国際組織に関する事務などを所掌するために，外務省経済局国際貿易課に2008年4月より「知的財産室」が新設されるなど，知的財産にかかる国際的問題は今後も予断を許さない時代が続くものと予想される。

　このように，TRIPS協定の発効後も，実効的な国際協調はなおも困難な情勢にあり，知的財産権保護が各国の経済効率に与える影響を検討すること

の意義は依然として存在しているということができよう。

3 理論的背景

　特許権などの知的財産権を保護するための諸制度は，技術開発者の利益を守ることで技術開発のインセンティブを高め，それによって産業の発展をはかることが意図されている。しかし，知的財産権の保護強化は，どのような場合でも技術開発のインセンティブを高め，経済成長を促進させ，社会的厚生を向上させるとは限らない。

　Horowitz and Lai (1996) は，技術開発率と特許保護期間の間には逆U字型の関係があることを理論的に示した。すなわち，特許保護期間が短すぎても長すぎても技術開発率は高くならず，技術開発率を最大にする特許保護期間が存在することを明らかにした。ここでは，こうした逆U字現象の主要な原因は，長い特許保護期間が一方で技術開発の規模を増大させるものの，他方でその頻度を低下させるためであると考えられた。長すぎる特許期間は，技術開発にともなう独占利潤を長期間にわたって保証してしまうため，技術開発の頻度が低下してしまう。また，技術革新率を最大化する特許保護期間が，必ずしも消費者余剰を最大化する特許保護期間と一致しているとは限らないとしている。

　Deardoff (1992) は，技術開発と特許保護の関係を示す理論モデルを開発し，技術革新が行われている国と財の消費しか行われていない国において，特許保護の強化がもたらす社会的厚生への影響を検討した。主な結論としては，特許保護の強化により，技術開発の行われている国では社会的厚生が向上し，財の消費国では社会的厚生が低下するというものであった。そして，技術開発国の社会的厚生が向上する以上に，消費国の社会的厚生の低下が著しいため，すべての国に対して同じ特許保護制度を強要することは，世界的な厚生水準の損失をもたらすと指摘している。

　同じように，先進国と途上国の経済環境の違いをより明確に考慮し，それぞれの国における特許保護の効果が異なることを，理論モデルによって示し

たものに Helpman（1993）がある。一般に，途上国においても特許保護の強化が必要であることを訴える人々の根拠は，技術の模倣を放置しておくと先進国のイノベーションが阻害され結果的に途上国にも不利益が及ぶ，というものである。しかし Helpman（1993）は，途上国の技術の模倣能力が低い場合には，その途上国における特許保護の強化はその国と先進国の両方の社会的厚生を低下させ，途上国の技術模倣の能力が高い場合には，途上国の社会的厚生は低下するものの，先進国のそれは向上するとしている。Helpman（1993）の研究は，途上国において独自の技術革新に成功するほど技術力は高くないが，十分な技術の模倣力を有している場合には，知的財産権保護に関する国際的共通ルールの形成が先進国と途上国の間に深刻な利害対立を生み出す可能性のあることを示唆している。

4 これまでの実証研究

知的財産権の保護が経済効率にもたらす影響を実証的に分析した研究には，被説明変数の選択の違いによって次の2つのアプローチがある。第1のアプローチは，被説明変数を各国の研究開発投資や特許の出願件数とするものである。そして，第2のアプローチが，被説明変数に経済成長率を用いるものである。本章の実証分析もこの第2のアプローチを用いる。

まず，第1のアプローチの例としては，Lerner(2002)が挙げられる。Lerner (2002)は米国など先進60カ国における過去150年間にわたる特許出願件数を調査し，主要な特許保護制度の変更の前後で，特許出願傾向に明確な変化が見られたかを観察した。その結果，177件にのぼる特許保護政策の変更のうち，特許保護政策の強化が特許出願に有意な正の効果をもたらしたものはごくわずかであったと報告している。また，かつて保護が弱かった国や経済成長が進みつつある国ほど，特許保護政策の特許出願に対するインパクトが大きいという傾向が認められることを示した。

Kanwar and Evenon（2003）は32カ国のデータを用い，Ginarte and Park（1997）によって開発された知的財産保護指数が各国の研究投資額に及ぼす

影響を分析した。さまざまな変数でコントロールし，また対象国として途上国を含んだ場合（1981年～1990年のデータ）とOECD加盟国のみに絞った場合（1980～1995年のデータ）で結果の違いを見た。その結果，Ginarte and Park（1997）による指数が途上国の執行面を含めた知的財産保護の実情を適切に表しているか分からないという点を留保しつつも，いずれの場合も知的財産権保護指数の高さが各国の研究開発費の対GNP（国民総生産）比率に対してプラスの有意な効果をもたらしていること示した。Kanwar and Evenon（2003）の関心も，知的財産の保護がイノベーション（技術変化：Tchnological Change）を促進し，その先にある結果としての経済効率の実現にあった。

Sakakibara and Branstetter（2001）は，1988年の日本における特許政策の大幅な変更，つまり改善多項制の導入に着目し，この政策変更が研究開発投資に有意な影響をもたらしたか否かを検討した。各年の研究開発投資をトービンのq，企業規模，産業ダミーなどでコントロールしたうえで，1988年以降の時間ダミーの変化を観察した。推計の結果，1988年の特許政策の変更は，研究開発投資に有意な影響をもたらしたとはいえないとしている。

経済成長率を被説明変数とする第2のアプローチとして，先に紹介したRomer（1990）の研究以来，さまざまな分野で成長回帰分析が試みられるようになった。成長回帰分析の実証研究は豊富で，経済成長率を適切に説明づける変数（コントロール変数）について，広範囲なコンセンサスが確立されてきた。成長回帰分析のコントロール変数に知的財産権保護指数（IIPR）を加え，それが各国の経済成長率を有意に説明しているかどうかを検討した研究が，これまでも数多くなされてきた。

Park and Ginarte（1997）は，60カ国のデータベースを作成し，1960年～1990年の各国の経済成長率を，1960年の人口一人当たり実質GDP，投資率，教育，R&D，人口成長率，市場開放度などでコントロールしたうえで，IIPRの説明力を検討した。推計結果では，IIPRは1960年～1990年の各国の経済成長率を抑制する方向に作用しており，統計的な有意性は確認されなかった。しかし，IIPRは投資率やR&Dに対しては有意に正の影響をもたらしており，知的財産権の保護強化はこれらの変数を媒介として，間接的

に経済成長率を高めるように作用していると結論づけている。

経済の発展段階や経済環境の違いによって，IIPR の経済成長率に対する影響の仕方が異なるという観点から行われた実証研究には，Thompson and Rushing（1995），Gould and Gtuben（1996），Falvey, Foster and Greenaway（2004）などがある。Thompson and Rushing（1995）と Falvey, Foster and Greenaway（2004）は，各国の経済の発展段階，つまり人口一人当たり GDP によって，IIPR の限界効果に違いが見られるのではないかという視点から分析を行った。また，Gould and Gtuben（1996）は各国の貿易開放度によって，それが異なるのではないか，という視点から検討を加えた。

Thompson and Rushing(1995)は，112カ国のデータベースを作成し，1970年～1985年の各国の経済成長率を，1970年の人口一人当たり実質 GDP，投資率，教育水準などの変数でコントロールしたうえで，知的財産権の保護強化の経済成長への効果を分析した。知的財産権の保護強化は，経済成長率に正の効果をもたらしている（パラメータがプラスであった）が統計的に有意な結果が得られなかった。そこで，経済発展段階の指標である人口一人当たり実質 GDP の水準による IIPR の影響の違いを検出した。その結果，1970年の人口一人当たり実質 GDP が3,400ドル以上の国とそれ以下の国では，IIPR の経済成長率に対する効果が異なることを見い出した。データを分割して推計した結果によると，1970年の人口一人当たり実質 GDP が3,400ドルを下回る国では，IIPR の効果は経済成長率に対してマイナスで有意ではなかった。しかし，3,400ドルを超える国では IIPR の効果は経済成長率に対してプラスで有意な影響をもたらしていると報告している。

Falvey, Foster and Greenaway(2004)では，80カ国のデータについて，1975年～1994年を4つの期間に区分し，合計320のサンプル数によるパネルデータベースを作成して分析した。既存の研究の中では，もっとも多いサンプル数で IIPR の経済成長率に対する効果を推計している。各期間の経済成長を，各期間の初期時点の人口一人当たり実質 GDP，投資率，人口成長率，教育水準，輸出額の対 GDP 比，さらに物価上昇率などでコントロールしたうえで，IIPR の経済成長率に対する効果を推計した。推計の結果は，先の Park and Ginarte（1997）と同じく，IIPR の係数は有意ではなかった。そこ

で，Hansen（2000）やChan（1993）によって提唱された「Threshold Regression」という構造変化を検出する分析法を用いて，人口一人当たり実質GDPの水準によるIIPRの経済成長率に対する効果の違いを明らかにした。推計の結果，人口一人当たり実質GDPが6,500ドルと約9,300ドルの水準で，IIPRの経済成長率に対する効果に構造変化が起きていることを確認した。

つまり知的財産権の保護強化は，人口一人当たり実質GDPが6,500ドル以下の水準において，経済成長率に対してプラスで有意な効果をもたらしているが，6,500ドル以上9,290ドル以下の範囲ではプラスの効果が観察されるものの統計的に有意ではなく，9,290ドル以上では再びプラスで有意な効果が観察された。そして，特に6,500ドル以下の範囲において，IIPRの限界効果が統計的により安定していることが示された。こうした推計結果から，知的財産権の保護強化は先進国と途上国に利益をもたらすが，中進国の経済成長率に対しては無関係であると結論づけている。

Falvey, Foster and Greenaway（2004）は，IIPRの効果が有意に検出されなかった中進国を，十分な技術模倣力を持っているが，独自の技術開発を行うほど高度な国ではないとした。そして，知的財産権の保護強化は，貿易や対内直接投資の増大を招いて経済成長を高めるプラスの効果と，模倣の抑制によるマイナスの効果があり，中進国ではこれらの相反する効果が相殺されてしまっていると指摘している。

Gould and Gtuben（1996）は，各国の対外経済開放度がIIPRの経済成長への効果を左右すると主張した。Gould and Gtuben（1996）では，95カ国からなるデータベースを作成し，1960年～1988年における各国の人口一当たり実質GDPの平均成長率を，1960年の実質GDP（初期時点のGDP），GDPに対する投資比率，教育水準（中等教育率），人的資本ストック（識字率），政府消費の対名目GDP比などでコントロールして，IIPRの効果を計測した。なお，ここではIIPRとしてRapp and Rozec（1990）によって開発された知的財産権保護指数が用いられた。IIPRを単体で推計に加えた結果では，IIPRの効果は経済成長にプラスで有意な相関が見られた。さらに，対外開放度を表すダミー変数を付加して回帰した結果，経済の対外開放度の高い国が開放度の低い国よりもIIPRのパラメータがプラスで高くなった。対

外開放度と IIPR の交差項（対外開放度ダミーと IIPR とを乗算した変数）を加えて推計しても，交差項は有意に経済成長率を説明していることが明らかとなった。開放度ダミーは，経済の対外開放度が相対的に高い場合に 0，低い場合に 1 をとる変数を設定したが，IIPR の単体項はプラス，開放度ダミーとの交差項はマイナスになった[14]。そのため，経済の開放度が低い国では，それが高い国より経済成長率に対する IIPR の効果が低いという結果が得られた。

5 実証分析のモデルとデータ

（1）回帰モデルとデータについて

本章の実証分析で用いたデータベースは，76カ国について，1970年〜2000年を1970年代，1980年代，そして1990年代と10年おきの3期間に区分してサンプル数を228とし，過去の研究の中では比較的大きなデータベースを作成した。成長回帰分析はサンプル数が少ないと見せかけの相関を示しやすい可能性があり，正確な成長回帰分析を行うためには，さまざまな発展段階の国が含まれた十分に豊富なデータを用意することが重要である。Falvey, Foster and Greenaway（2004）は，この類の研究ではこれまでもっとも大きなデータベースを利用していたが，時系列を細分化しすぎていたため各国の景気変動の影響が推計に好ましくない影響をもたらしていた可能性がある。そこで本章の実証分析では，経済成長率の観察インターバルを10年とした。

本章では，次のような8－①のモデル式を仮定して IIPR を含んだ成長回帰分析を行った。

$$GROWTH_{it} = \alpha_0 + \alpha_1 INTGDP_{it} + \alpha_2 SAV_{it} + \alpha_3 CPI \\ + \alpha_4 EDUCATION_{it} + \alpha_5 LIFE_{it} + \alpha_6 OPEN_{it} + \alpha_7 IIPR_{it} \quad \cdots\cdots 8-①$$

ここで，GROWTH は各国・各期間の人口一人当たり実質 GDP の平均成長率，INTGDP は各国のそれぞれの期間における初期時点（たとえば，1970

年代であれば1970年時点）の人口一人当たり実質 GDP を意味する。本章では，人口一人当たり実質 GDP として Penn-World Tables のデータを用いた。

SAV は各国の貯蓄率を，CPI は各国の各期間における消費者物価指数の平均増減率を，LIFE は各国の各期間における平均余命を意味する。これらは WDI データを用いた[15]。EDUCATION は，25歳以上男子に占める中等教育を修了したものの比率と，中等教育における生徒一人当たりの教員の数を掛け合わせたもので，教育の量と質を表す代理変数（第7章参照）である。このデータは Barro and Lee（1994）と Lee and Barro（1997）によるものである。OPEN は，各国の各期間における輸出と輸入の合計を GDP で割った値の平均であり，Penn-World Tables のデータを用いた。

資本など生産要素の限界生産力逓減を仮定すれば，人口一人当たり所得水準が低い国では，資本装備率が低いため未だ資本の限界生産力が高く，経済は労働力の増加率を超えて高い経済成長率を示すと考えられる[16]。そのため，INTGDP のパラメータは被説明変数 GROWTH に対して，マイナスを示すことが予想される。つまり，INTGDP の値が小さいほど，GROWTH の伸び率は高くなるということになる。

貯蓄率を示す SAV は，当該国の投資資金を補填する機能を持つことから，パラメータはプラスが予想される。同様に，EDUCATION, LIFE, OPEN についてもプラスのパラメータが予想される。物価上昇率を示す CPI の上昇は，経済の過熱を押さえインフレを抑制するための利上げ等の政策を促すことにつながると考えられ，これが経済の沈静化をもたらすためパラメータの符号はマイナスが予想される。

（2）IIPR の算出方法

IIPR は，知的財産制度によってもたらされる知的財産権の保護水準を数値によって指標化したものである。先に述べたように，本章では Ginarte and Park（1997）によって開発された指標を採用した。Lesser（2001）が述べているように，知的財産の保護指数作成の方法としては，各国法整備など制度実態に基づいてポイントをつける方法と，インタビューなどを通した実務家

などの評価によってポイントをつける方法がある。前者の例としては，Ginarte and Park（1997）の他，Park（2001）やPark and Wagh（2002），さらにRapp and Rozek（1990）がある。Park（2001）とPark and Wagh（2002）は，Ginarte and Park（1997）をより直近のデータに更新したものである。また，後者の例としては，Mansfield（1986）やSherwood（1997）などが挙げられる。

　保護指標を構成する要素としては，保護対象範囲や保護期間など保護の強さはもちろん，権利執行の実効性，条約加盟状況などの各種のファクターが挙げられる。これらについて集計したうえでひとつのポイントを付する場合，たとえば輸出や投資といった企業などの経済行動に及ぼす各ファクターの影響度は異なり，その度合いに応じてウエイトづけなどをすることが考えられる。ただ，ウエイトづけする場合，主観性を排除するためにはウエイト配分のための客観的な参考データが求められるが，こうしたデータは一般に存在しない。

　先のGinarte and Park（1997）やPark（2001）では，各国知的財産制度の事実情報をベースに，特段のウエイトづけをすることなくポイントを付し指標を算出した。またこれらは，途上国を含む世界各国を広くカバーし，かつ比較的新しい時点の指標を提供するものであり，これまで数多くの研究者が分析に用いてきたものである。Ginarte and Park（1997）やPark（2001）などによって開発された知的財産権保護指数の詳細は以下のとおりである。

　知的財産権に関する制度整備の実態を5つの分野に分け，分野別にその優劣をポイント化したものである。各分野の最高点を1点とし，合計得点は最高で5ポイントとなる。各分野におけるポイントの付し方は以下の通りである。

① 「特許の保護範囲」……特許の新規保護対象分野として医薬品物質，微生物などの7つを挙げ，これらそれぞれについて保護がなされている場合，1分野について1／7ポイントが付与され，全分野について保護されている場合は1ポイントとなる。

② 「国際条約への加盟」……主な国際条約としてパリ条約，特許協力条約（PCT），植物新品種保護条約（UOOF）を挙げ，それぞれに加盟してい

る場合に各1／3ポイントが付与される。
③「特許保護の制限」……権利維持のために特許の実施が要件として課されている場合，特許出願から4年以内もしくは登録から3年以内において強制実施権の設定がなされる場合，さらに特許の不実施を理由とした特許取消しがなされる場合にはポイントが付されず，これらに該当しないとき，該当しない項目各々につき1／3ポイントが付与される。
④「権利執行」……仮差し止め制度，寄与侵害制度，侵害立証に関する挙証責任転嫁制度のいずれかが存在すれば，それぞれにつき1／3ポイントが付与される。
⑤「保護期間」……保護期間について出願から20年（もしくは登録から17年）を基本として，各国の保護期間の年数を20（もしくは17）で割った値がポイントとして付与される。

以上の保護指数の定め方について，配点方法を図示したものが図表8－1

図表8－1　IIPRのポイント付加方法

①特許の保護範囲	保護あり	保護なし
医薬品	1/7	0
化学品	1/7	0
食品	1/7	0
動植物	1/7	0
医療技術	1/7	0
微生物	1/7	0
実用新案	1/7	0

②国際条約への加盟	加盟あり	加盟なし
パリ条約	1/3	0
特許協力条約	1/3	0
植物の新品種	1/3	0

③特許保護の制限	なし	あり
実施要件	1/3	0
強制ライセンス	1/3	0
特許の無効化	1/3	0

④権利執行	あり	なし
仮り差し止め	1/3	0
寄与侵害	1/3	0
立証責任の転嫁	1/3	0

⑤保護期間

出願から20年又は登録から17年以上	上記以外
1	保護期間÷20年または17年

である。

なお，本章では，Ginarte and Park（1997）によって作成された1970年，1980年，1990年の3時点にわたるIIPR指数の時系列データを用いることとした。準備したデータのイメージは図表8－2に示したとおりである。

6 実証分析の結果

(1) IIPRの効果発現パターン

すでに述べたように，先行研究の多くが経済の発展段階によってIIPRの限界効果が異なるという問題意識を持って推計を行っている。効果を分ける経済の発展段階や所得水準の大きさには違いがあるものの，おおよそ先進国においては知的財産権保護の強化は経済成長を促進させるという点でコンセ

図表8－2　データセットのイメージ図

country	time	growth	intgdp	sav	cpi	edu	life	open	ipi	ipi*intgdp
Algeria	70－80	3.25	3,428	35.23	8.35	42.20	54.46	62.4	3.38	11585.8
	80－90	0.45	4,745	31.09	9.72	70.00	62.76	46.2	3.38	16039.2
	90－2000	－0.14	4,965	31.38	16.90	104.31	68.65	52.2	3.38	16780.1
Argentina	70－80	1.35	9,227	26.89	130.02	37.96	67.60	14.4	2.26	20852.9
	80－90	－3.78	10,556	22.12	724.63	46.62	70.27	14.4	2.26	23856.7
	90－2000	4.18	7,237	16.19	229.84	59.28	72.39	16.8	2.26	16355.5
Australia	70－80	1.50	14,708	22.45	9.86	294.06	72.13	25.0	2.9	42654.2
	80－90	1.61	17,092	24.05	8.31	221.88	75.27	31.6	3.23	55206.0
	90－2000	2.41	20,070	21.73	2.68	226.92	77.89	35.6	3.32	66633.9
..	..	..	..	..	..	..	..	..	..	..
United States	70－80	2.58	16,488	19.72	7.68	395.76	72.4	48.3	3.86	63642.1
	80－90	2.16	21,337	17.74	5.54	610.64	74.5	17.7	4.19	89400.5
	90－2000	2.30	26,470	16.86	3.04	253.11	76.0	20.5	4.52	119643.2
Uruguay	70－80	2.55	6,156	17.38	59.64	37.12	69.0	33.2	2.26	13912.3
	80－90	－0.89	7,944	16.84	62.58	33.28	71.3	42.5	2.26	17954.0
	90－2000	2.80	7,267	15.38	44.86	30.72	73.4	41.8	2.26	16424.0

ンサスが形成されていると考えられる。しかし途上国では、理論的研究のいくつかが知的財産権の保護強化が不利益をもたらすことを予見しているにもかかわらず、先行研究でIIPRのマイナスの効果を有意に検出したものは存在しない。これまでの研究から、IIPRの効果の識別方法にはいくつの方法が存在するが、本章では成長回帰分析にIIPRと、IIPRの限界効果の符号と大きさを規定する変数（具体的には、初期時点の一人当たり実質GDP）との交差項を加えるという、もっとも簡単な方法を用いる。すなわち、IIPRの限界効果をME_{IPI}とし、規定変数を初期時点の人口1人当たり実質GDPとし、下記8－②式によって限界効果を表す。

$$ME_{IPI} = \alpha_7 IIPR + \alpha_8 IIPR \cdot INTGDP \quad \cdots\cdots 8-②$$

そして、上記式のパラメータα_7とα_8を推計する。これらパラメータの推計結果により、IIPRの限界効果は次のように識別されることになる。

パターン①：α_7のみが正（負）の場合、IIPRの上昇は経済の発展段階にかかわらず、経済成長率を高める（低める）。なお、α_8はゼロか、有意でない場合である。

パターン②：α_7とα_8がともに正（負）である場合、IIPRの上昇は経済の発展段階が高まるほど経済成長率を高める（低める）効果が強くなる。

パターン③：α_7が負でα_8が正の場合、経済の発展段階がα_7/α_8より高い場合、IIPRの上昇は経済成長率を高める方向に作用し、それより低い場合経済成長率を低める方向に作用する。

パターン④：α_7が正でα_8が負の場合、経済の発展段階がα_7/α_8より高い場合、IIPRの上昇は経済成長率を低める方向に作用し、それより低い場合経済成長率を高める方向に作用する。

この方法は既に、Falvey, Foster and Greenaway（2004）で用いられていたが、既に述べたように、彼らの分析ではIIPR単体項はマイナス、INTGDPとの交差項はプラスの符号を得ているが統計的に有意でなかったため、Threshold Regressionという分析方法によって構造変化を析出した。Falvey, Foster and Greenaway（2004）が指摘しているように、この方法にも一定の

問題が含まれているので、ここでは推計された IIPR の単体項と INTGDP との交差項のパラメータを参考に、データセットを分割した推計も行う。

（2）フルサンプルによる回帰結果

推計の前に、説明変数の相関係数を求めた。その結果を図表 8 − 3 に示しておいた。INTGDP と LIFE の相関がやや高いが、それ以外はいずれの説明変数とも相関係数の高いものは存在せず、多重共線性の懸念はさしてないと考えられる。

図表 8 − 3　説明変数の相関係数

	intgdp	sav	cpi	edu	life	open	ipi
intgdp	1						
sav	0.430	1					
cpi	−0.088	−0.116	1				
edu	0.468	0.333	−0.089	1			
life	0.770	0.428	−0.027	0.410	1		
open	0.135	0.313	−0.103	0.167	0.183	1	
ipi	0.608	0.191	−0.253	0.385	0.354	0.035	1

まず、図表 8 − 4 はフルサンプルによる推計の結果である。推計 1 は予定された説明変数をすべて用いた単純 OLS の結果である。経済成長率をコントロールする変数は、OPEN を除きすべて有意で理論的に望ましい符号を示している。ただし、IIPR 単体のパラメータの符号はマイナスで統計的に有意とはならなかった。これは、Park and Ginarte（1997）の結果と一致する。

推計 2 は INTGDP との交差項を加えた OLS の推計結果である。推計 1 と比較すると、IIPR 単体項が有意となり、交差項も頑健に有意となった。符号条件は先のパターン③に該当する。また、これは Falvey, Foster and Greenaway（2004）における符号条件とも一致している。

推計されたパラメータから境界所得を計算すると、約6,826ドルとなる。

この値は，上記8－②式のα_7にIIPRのパラメータ-0.536を，α_8にIIPR・INTGDPのパラメータ0.000079を代入して，IIPRの限界効果ME_{IPI}に関して，IIPRの増加がME_{IPI}にプラスからマイナスに変化する転換点となるINTGDPを求めることで算出できる。つまり，下記8－③式の右端の括弧内を0とするINTGDPを求めればよい。

$$ME_{IPI} = -0.536 IIPR + 0.000079 IIPR \cdot INTGDP$$
$$= IIPR(-0.536 + 0.000079 INTGDP) \quad \cdots\cdots 8-③$$
$$(-0.536 + 0.000079 INTGDP) = 0 \text{ から} \quad INTGDP \fallingdotseq 6,826 \text{ ドル}[17]$$

同様に，Falvey, Foster and Greenaway（2004）の推計結果から境界所得を計算すると7,500ドルとなった。ただし，Falvey, Foster and Greenaway（2004）の分析ではIIPR単体項とINTGDPの交差項にかかるパラメータの有意性は確認されていなかった。

推計3は，推計1で有意性が確認されなかった変数OPENを除いたOLSの推計結果である。IIPRのパラメータについては，推計2とほとんど差異がなく，境界所得は7,104ドルとなった[18]。

推計2と推計3からは，境界所得が約7,000ドル前後にあることが推測されるが，この水準以下の国では知的財産権の保護強化は経済成長率を低下させ，それ以上の国では経済成長率を高めることが想定される。

（3）境界所得7,000ドル以上の国の回帰結果と最適IIPR値

次に，境界所得を7,000ドルと仮定し，この所得を基準にデータベースを7,000ドル以上の国とそれ未満の国に分割して推計を行った。図表8－5は，初期時点の人口一人当たり実質GDP（INTGDP）が7,000ドル以上の国のデータで推計した結果である[19]。本章のデータベースからは32カ国が選択されサンプル数は96となる。

推計4において，SAVのパラメータが有意とはならなかったが，その他はすべて1％水準で有意で，かつ符号条件もすべて理論と適合した結果となった。推計5はSAVを除いて回帰したものだが，IIPRのパラメータはプラスで，すべて1％水準で有意となった。このグループに属する国では，おしな

図表8-4　フルサンプルによる推計結果　被説明変数：一人当たりGDP成長率

	推計1	推計2	推計3
CONST	-3.637***	-2.936**	-2.872**
	(-2.848)	(-2.282)	(-2.223)
INTGDP	-0.00013***	-0.00040***	-0.000377092***
	(-3.411)	(-3.737)	(-3.563)
SAV	0.0513***	0.0575***	0.064***
	(3.166)	(3.559)	(4.028)
CPI	-0.0027***	-0.003***	-0.003***
	(-4.215)	(-4.367)	(-4.501)
EDUCATION	0.002**	0.0018**	0.002**
	(2.087)	(1.983)	(2.122)
LIFE	0.0770***	0.0871***	0.0887***
	(3.856)	(4.340)	(4.405)
OPEN	0.004	0.003*	―
	(1.410)	(1.748)	
IIPR	-0.018	-0.536*	-0.513*
	(-0.083)	(-1.847)	(-1.760)
IIPR·INTGDP	―	0.000079***	0.000072**
		(2.658)	(2.448)
修正決定係数	0.224	0.245	0.301
境界GDP	―	6,826	7,104

注：カッコ内はt値を意味し，***，**，*，はそれぞれ1％，5％，10％水準で有意であることを表す。

べて知的財産権の保護強化が経済成長にプラス効果を発揮することが確認された。

先に述べたように，Horowitz and Lai（1996）は，保護期間と技術革新率との間には逆U字型が成立することを明らかにした。IIPRが経済成長を促すという理論の前提条件などから判断して，こうした関係は十分な技術開発力を持っている先進国で成立しやすいと推測される。そこで，推計にIIPRの二乗項を加えて見た，その結果が推計6と推計7である。推計7では，推計6において有意とならなかったSAVを除いて回帰した。IIPRについて，

図表8－5　サブサンプルによる推計結果（先進国）　被説明変数：一人当たりGDP成長率

	INTGDP＞＄7000			
	推計4	推計5	推計6	推計7
CONST	－12.651***	－10.811***	－15.5821495***	－13.58296128***
	（－3.755）	（－3.473）	（－4.321）	（－4.036）
INTGDP	－0.000288691***	－0.000276342***	－0.000269917***	－0.000257436***
	（－6.452）	（－6.270）	（－6.012）	（－5.799）
SAV	0.0343	－	0.03600497	－
	（1.387）		（1.480）	
CPI	－0.0060***	－0.0063***	－0.006203331***	－0.006419495***
	（－3.292）	（－3.401）	（－3.438）	（－3.545）
EDUCA-TION	0.0019***	0.0021***	0.0018**	0.0020***
	（2.662）	（2.932）	（2.564）	（2.848）
LIFE	0.2054***	0.1894***	0.195899704***	0.1794***
	（4.369）	（2.430）	（4.221）	（3.955）
OPEN	0.0079***	0.0097***	0.0068***	0.0087***
	（2.913）	（4.134）	（2.503）	（3.529）
IIPR	0.6757***	0.622399528***	3.291**	3.172**
	（2.884）	（2.679）	（2.537）	（2.433）
IIPR^2	－	－	－0.461024632**	－0.450*
			（－2.049）	（－1.987）
修正決定係数	0.450	0.444	0.469	0.502
MAX-IIPR	－	－	3.57	3.53

注：カッコ内は t 値を意味し，***，**，*，はそれぞれ1％，5％，10％水準で有意であることを表す。

推計6と推計7ともに二乗項のパラメータはマイナスで有意な結果を示した。このことは，IIPRが人口一人当たり実質GDPの平均成長率に対して，逆U字型の関係が成立することを示しており，Horowitz and Lai（1996）の理論的予見を支持していることになる。

推計6について，IIPR以外の値を一定として，IIPRにさまざまな値を代入してGROWTHの値がどのように変化するかを示したものが，図表8－6

である。IIPRが変化するにつれてGROWTHが逆U字型の弧を描いていることが確認できる。そして，IIPRが3.57のときに，GROWTHは最大となり，このとき，この弧に接する接線の傾きはゼロとなる。

問題は，GROWTHを最大とし，接線の傾きをゼロとするIIPRをどのようにして求めるかである。

図表8－6　GROWTHを最大にするIIPR

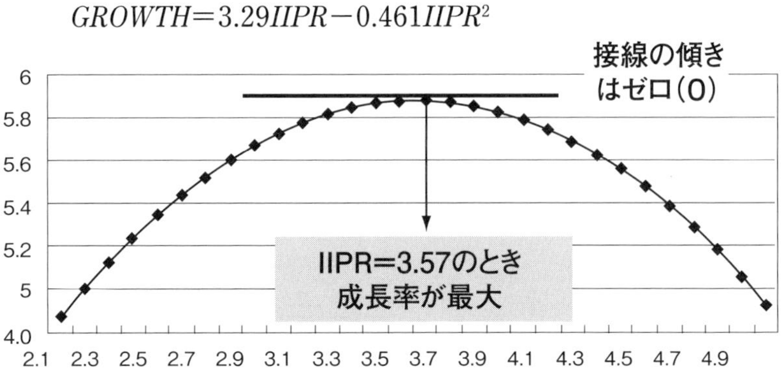

$$GROWTH = 3.29 IIPR - 0.461 IIPR^2$$

接線の傾きはゼロ（0）

IIPR=3.57のとき成長率が最大

図表8－7は図表8－6とは逆にU字型の弧を描く$Y = aX^2 + bX$というXの二乗項を含む曲線を描いたものである。このグラフの場合，$a > 0$である。

図表8－7のグラフにおいてYを最小とするXの位置（P_0）から，ΔXだけ右に移動したときのYの増加分ΔYを，ΔXで割った値（$\Delta Y/\Delta X$）が点P_0と点P_1を結ぶ直線の傾きを表す。そして，ΔXが徐々に小さくなり，極限まで0に近づいたときの点P_0と点P_1を結ぶ直線は，点P_0で$Y = aX^2 + bX$という曲線に接する接線となる。

このように，ある点（P_s）からXをΔXだけ増加させ曲線上にある点（P_t）までの直線の傾きに関して，ΔXを極限まで0に近づけたときのこの傾き（この値はXによって変化するため，Xの関数と考えることができる）を求めることを，YをXで「微分」するもしくは「導関数」を求めるという。

つまり，何らかの被説明変数（たとえばGROWTH）の値を最大，もしく

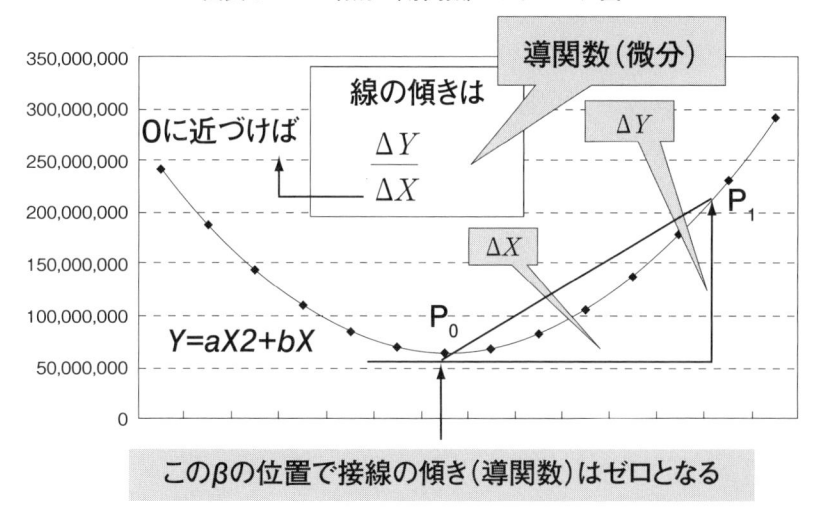

図表8-7 微分（導関数）のイメージ図

導関数（微分）

線の傾きは $\dfrac{\Delta Y}{\Delta X}$

0に近づけば

ΔY

ΔX

P_1

P_0

$Y=aX2+bX$

このβの位置で接線の傾き（導関数）はゼロとなる

は最小にする変数（たとえばIIPR）の値を求めるためには，被説明変数を Y とおき，当該説明変数を X として，その導関数を求め，その値を0とする X を求めればよい。推計6の結果についてIIPR以外の変数を一定 (D) と見なしたとき，

　　ここでは，$GROWTH = D + 3.291 IIPR - 0.461 IIPR^2$ ……8-③

となり，この8-③式について，IIPRで微分し導関数を求め，その導関数を0とするIIPRを求めればよい。

　微分の公式については既に第3章で確認したが，念のために基本的なものを下記に再度示しておく。

＜微分の公式＞

　$Y = a$ （a は定数）のとき　$Y' = \dfrac{dY}{dX} = 0$ ……（1）

　$Y = aX$ （a は定数）のとき　$Y' = \dfrac{dY}{dX} = a$ ……（2）

> $Y = aX^2$ （a は定数）のとき $Y' = \dfrac{dY}{dX} = 2aX$ ……（3）
>
> $Y = aX^n$ （a は定数）のとき $Y' = \dfrac{dY}{dX} = naX^{n-1}$ ……（4）
>
> なお，Y' もしくは $\dfrac{dY}{dX}$ は，微分もしくは導関数を表す記号である。

8−③を IIPR で微分すると，$3.291 - (2 \times 0.461 IIPR) = 3.291 - 0.922 IIPR$ となる。そして，この値を0とする IIPR は，

$$IIPR = \frac{3.291}{0.922} = 3.57$$ となる。

推計結果7についても同様の方法で求めることで，GROETH を最大とする IIPR が3.53と求められる。

図表8−8は，推計に利用した IIPR の基本統計量を示したものである。先進国の IIPR の平均は3.05，最小値が1.35，最大値が4.52なので，IIPR の限界効果を最大化する IIPR はこのレンジに収まっていることになる。

また，図表8−9は人口一人当たり実質 GDP が7,000ドル以上の国の現実の IIPR を左から右に昇順で並べて表示したものである。点線による水平の直線がすべての国の平均 IIPR であり，水平の実線が GROWTH を最大にさせるベストな IIPR 水準である。それでは，このベストな IIPR 水準を超えた国についてはどのように考えればよいのであろうか。

たとえば，もしこのベストな IIPR 水準に従うとすれば，1980年と1990年

図表8−8　IIPR の基本統計量（INTGDP＞＄7,000）

IIPR の基本統計量（INTGDP＞＄7,000）

平均	3.050
標準偏差	0.744
分散	0.553
範囲	3.17
最小	1.35
最大	4.52
標本数	96

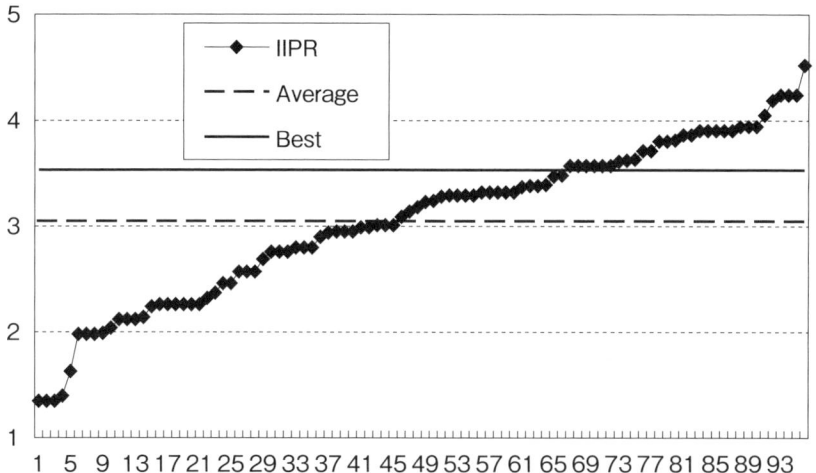

図表8－9　各国 IIPR・平均 IIPR・最適 IIPR

の指数値が3.94であった日本や，1970年が3.86，1980年が4.19，そして1990年が4.52であったアメリカは，ともに経済効率を最適化する水準以上に，知的財産権の保護が強化されすぎた状態にあったことになってしまう。しかし，現実の知的財産権の保護強化と成長促進効果の関係は，各国が持つ経済条件によって異なるはずである。上で示したいわばすべての国の平均値を持って各国の保護水準の適否を見ることは誤った判断に導くことになりかねない。その点に留意する必要があることはいうまでもない。

ただ，こうして IIPR について最適水準の存在する可能性が，推計に用いたデータから導き出されたことにはそれなりの意義がある。つまり，保護強化一辺倒の知的財産権政策が，常に正しいとは限らないことへの示唆を与えてくれる。

（4）境界所得7,000ドル未満の国の回帰結果

次に，境界所得7,000ドル未満の国のデータで推計を行って見た[20]。その結果が図表8－10である。本章のデータベースからは44カ国が選択されサンプル数は132となった。

推計8では，教育水準 EDUCATION が有意ではなく，かつ貿易の開放度

OPENが理論的符号条件を満たさず有意でもなかった。IIPRはマイナスで有意となり，それ以外の説明変数の符号は理論と適合し，かつ有意であった。そのため，教育水準：EDUCATIONと開放度：OPENを除いた推計9でもIIPRの符号はマイナスを維持しており，その他すべての変数についても有意で理論適合的な結果が得られた。

推計8，推計9ともにIIPRのパラメータはマイナスとなり，このグループの国においては知的財産権の保護強化が成長抑制的に作用することが示唆された。

ちなみに，人口一人当たり実質GDPが7,000ドルより少ない国で，IIPRの二乗項が経済成長率を有意に説明するかどうかを検討したものが推計10と推計11である。いずれの場合とも二乗項は有意であったが，IIPR自体のパラメータが有意ではなくなった。そのため，これらの国ではIIPRが人口一人当たり実質GDPの平均成長率に対して，逆U字型の関係を有しているとはいいきれない。

問題は，このグループに属する国にとっては，知的財産権の保護強化が成長を抑制するために，保護を促進すべきでないと結論づけられるかどうかという点である。答えはNOであろう。

というのも，ひとつにはこうした国ついてもその国の成長レベルや経済開放度など，各種経済条件によって知的財産権保護が成長に及ぼす効果は変化する可能性が考えられる。今回の分析では，途上国や中進国において，知的財産権保護と成長との間で，先進国に見られたような逆U字関係は見い出されなかったものの，たとえばFalvey, Foster and Greenaway（2004）が確認したように，経済成長のある段階において効果の変調が見い出される可能性もある。また，Gould and Gtuben（1996）が示したように，各国の経済開放度がIIPRの経済成長への効果を左右する可能性もある。山田・大林（2006）でも，人口一人当たり実質GDPが一定水準以下の場合，知的財産権の保護の強さは経済成長にマイナスに作用するとしつつも，その作用の実態も各国の市場開放度のレベルによって違いがあることを指摘している。さらには，各国の技術吸収力によって違いが生じてくる可能性もある[21]。本章では，こうした成長レベルや経済開放度を細分化せず，すべてをひとつの

図表8－10　サブサンプルによる推計結果（中進国・途上国）

	INTGDP＜＄7000			
	推計8	推計9	推計10	推計11
CONST	−3.242*	−3.403029071**	−5.858382701***	−5.943199037***
	(−1.905)	(−2.110)	(−2.764)	(−2.973)
INTGDP	−0.000946***	−0.000940157***	−0.001017798***	−0.001009161***
	(−4.808)	(−4.843)	(−5.151)	(−5.193)
SAV	0.098***	0.09520439***	0.109658345***	0.107063631***
	(4.473)	(4.535)	(4.906)	(4.986)
CPI	−0.0023***	−0.00222449***	−0.002001792***	−0.001946668***
	(−3.130)	(−3.073)	(−2.717)	(−2.679)
EDUCA-TION	0.00045	−	−0.0001	−
	(0.191)		(−0.039)	
LIFE	0.131***	0.129089313***	0.135253459***	0.131396919***
	(4.322)	(4.567)	(4.495)	(4.707)
OPEN	−0.0058	−	−0.004784196	−
	(−0.861)		(−0.718)	
IIPR	−0.722**	−0.719914557**	1.855094875	1.89655987
	(−2.336)	(2.389)	(1.420)	(1.480)
IIPR^2	−	−	−0.631701309**	−0.644524378**
			(−2.028)	(−2.099)
修正決定係数	0.283	0.290	0.301	0.309
推計方法	OLS	OLS	OLS	OLS

注：カッコ内は t 値を意味し，***，**，*，はそれぞれ1％，5％，10％で有意であることを表す。

サンプルにまとめた分析に終わっている。

　このように，先進国以外の国において知的財産権保護の強化が一様に成長抑制的であるとして，本章の分析結果の結論とするのは尚早であり，こうした国が知的財産保護の強化を否定するためにのみ，この分析結果を活用することは現実的ではない。

　もし，一定水準以下の途上国や中進国にとって知的財産権保護の強化が成長抑制効果を持つとする仮定が成立していたとしても，WTO協定による国

際自由貿易経済体制の枠組みに組み込まれた各国のとるべき道は，知的財産権保護の整備をおしとどめる政策に終始することではなく，いかに早く知的財産権保護が成長促進効果を発揮するレベルの経済水準に自国を導くべきかを模索することが，より賢明な政策といえるであろう。

注

[１] その他に，特許保護と企業間分業（研究開発集約型企業と生産・販売企業等との分業）に関する研究（Arora and Merges, 2004；Teece, 2005）など，さまざまな視点から研究がなされている（真保，2008参照）。

[２] そもそもGATT（関税と貿易に関する一般協定）の交渉の中に，知的財産問題を持ち込むこと自体にインド，ブラジルをはじめする途上国からは大きな反発があった。高瀬（1993）p. 158，筑紫（1994）p. 126参照。

[３] ジェトロ（2004）p. 11参照。

[４] たとえば知的財産権制度と投資や貿易との関連につき，特に権利保護の強さが貿易に及ぼす効果として「市場拡大効果説」（Market Expansion）と，「市場支配説」（Market Power）といった２つの理論がさまざまな文献の中で提唱されている。それぞれ，相手国に強い権利保護が存在することが，①権利を保有する企業にとって輸出促進や技術移転促進などの効果をもたらす場合（「市場拡大効果説」）と，②市場独占の結果として，企業が価格を上昇させることで輸出量などを減少させてしまう場合（「市場支配説」）が存在することを示した理論である。Maskus and Penubarti（1995），Smith（1999），Fink and Braga（1999），Smith（2002），Park and Lippoldt（2005）などを参照。

[５] 「内生的経済成長論」とは，経済の成長要因を狭い意味での資本ストックのみに求めるのではなく，たとえば技術進歩をはじめ，教育水準，研究開発体制などといったより広い意味での資本ストックに求める理論をいう。かつての新古典派経済理論においては技術変化を外的に決定される与件として分析してきたが，1980年代になり，技術変化も経済の内部で決定される内生的な問題として考慮に入れた経済理論が登場した。この内生的経済成長理論に基づいて，成長の原因をこうした技術進歩など広義の資本ストックを含むさまざまな変数を用いて回帰する分析が進められてきた。

[６] 初期時点の人口一人当たり実質GDPとは，分析の対象とする期間の中で最初の時点（年次）における一人当たり実質GDPを意味する。たとえば，1990年～2000年までの成長要因を分析する際に，初期時点とは1990年を指し，この

時点における一人当たり実質 GDP を意味する。ここでは，ある時点以降の経済成長は，その初期時点における経済水準によって影響を受けることが含意されている。

[7] 限界生産力とは，知識や技術の蓄積などインプット要素が追加的に1単位増加したときに，アウトプットが従前よりどれだけ増加するかという値で示され，Solow（1956）に代表されるように，一般的な経済理論では資本などの生産要素（インプット要素）が増加するにつれて，その限界生産力は逓減すると仮定されている。

[8] 後述するように，知的財産権保護指数（IIPR）は，Ginarte and Park（1997）以外にも，Park（2001），Rapp and Rozec（1990）他，さまざまなものが存在するが，これらで作成された指標を総称して本章では IIPR という。なお，これらは特許権の保護を中心とした指数であるが，Reynolds（2003）が著作権と商標について権利保護指数を作成している。また，Park and Lippoldt（2005）は米国 USTR のレポートをベースに権利執行状態に関する指数を策定している。

[9] 2003年国連総会において，開発途上国のうち，①一人当たりの GDP（国内総生産）平均が900ドル未満，②人口が7,500万人未満などの基準に基づき，総会で認定された国が「後発開発途上国」として指定された。現在，世界で約50カ国が認定されており，WTO 加盟国の中では，ミャンマー，ハイチ，マリ，セネガルなど約30カ国が後発開発途上国とされている。

[10] AIPPI-JAPAN（2004），知的財産協会国際第3委員会（2004），井口（2004）など参照。

[11] 山下（2004）参照。

[12] 知的財産戦略本部（2005）。

[13] JETRO NY（2006）参照。

[14] 対外開放度の指数として，Black-market Exchange Rate Premiums（BMP），Real Exchange Rate Distortion（RER），Composit Trade Regime Index（合成開放度指数：TDX）などが用いられ，IIPR との交差項について，BMP ダミーは有意でなかったが，RER ダミーと TDX ダミーは有意となった。BMP については，この変数の中央値より下の国（市場開放度の高い国）を0，それ以上の国（開放度の低い国）を1とする対外開放度ダミーを設定し，RER については歪み度合いの大きい国（開放度の低い国）を1，それ以外を0とするダミーが設定されている。TDX についても，BMP と同様に中央値を基準に開放度の低い国を1とするダミー変数を設定した。BMP は Gould and Ruffin

(1993) から, RER は Doller (1992) から, また TDX は Goula and Ruffin (1994) からデータを取得したとされている (ただし, Gould and Ruffin, 1993 のデータ自体, Levin and Renelt, 1992から入手され, Levin and Renelt, 1992 のデータソースは Picks Curency Yearbook〔Word Bank Updates〕とされている). これらの指標は, 関税等の貿易規制, 為替レートの規制など, さまざまな対外取引上の制約の大小 (対外開放度の大小) を示す代理変数として使用されている.

[15] World Bank, WDI Online Data, A Development Database for Subscribers 参照.

[16] 生産要素の限界生産力逓減を仮定のもとでは, 人口一人当たりの所得水準が高まるにつれ, 経済成長率は次第に減速していくことになる. 各国の経済成長率の違いが人口一人当たりの所得水準のみに規定されるという仮説は「絶対的収束性」と呼ばれている. かつて, Baumol (1986) は先進諸国の長期時系列データを用いて, このような「絶対的収束性」を実証しようと試み, 1870年～1979年の主要先進国における人口一人当たり所得の成長率を1870年における人口一人当たり所得水準で説明する回帰分析を行った. その結果, 人口一人当たりの所得水準の係数はほとんど-1に近く, 統計的にも有意となることが示された. これに対して, De Long (1988) は, こうした推計には大きなサンプルバイアスが存在し, 「絶対的収束性」は見せかけの相関に過ぎないと批判した. Summers and Heston (1991) は, 1960年～1985年の期間について共産圏を除くほとんどのすべての世界各国のデータを網羅して検討した結果, 1960年の人口一人当たりの所得と1960年～1985年の人口一人当たりの所得の成長率の間には明確な相関は存在しないという結論を得た. このように, 人口一人当たりの所得水準と経済成長との関係は, 必ずしも完全な結論を得るには至っていない.

[17] (-0.536+0.000079INTGDP) = 0 だと6,784ドルとなるが, パラメータの端数処理をせずに算出すると6,826ドルになる.

[18] 推計3についても, (-0.513+0.000072INTGDP) = 0 により端数処理して計算すると7,125ドルになるが, 端数処理せずに算出すると7,104ドルとなる.

[19] 1970年代, 1980年代, そして1990年代のいずれかにおいて, 初期時点の一人当たり GDP が7,000ドル以上となった国をグルーピングした.

[20] 1970年代, 1980年代, そして1990年代のいずれにおいても, 初期時点の一人当たり GDP が7,000ドル未満の国をグルーピングした.

[21] Girma (2005) は, 最高の全要素生産性 (TFP) に対する当該企業の TFP

の相対的な値によって求めた「技術吸収力」(Absorptive Capacity)が，先進国からの直接投資による生産性の上昇にどのように影響しているかを分析した。そして，技術吸収力がある一定水準の幅の中にある間は直接投資による生産性上昇効果が認められることを示した。また，直接投資のタイプによってもその効果が異なることを示唆した。

第9章

外国特許と対外経済活動との関連分析

1 はじめに

(1)知的財産権の経済分析に関わる先行研究

 これまでは,我が国の無形資産や研究開発活動,さらに知的財産制度と経済全体との関係を見てきたが,本章では知的財産制度や特許と企業の対外経済活動との関係を分析する。
 知的財産制度の研究開発活動や経済活動などに及ぼす影響に関する先行研究は,前章で確認したところであるが,資産としての知的財産権や特許技術が,経済成長や研究開発活動とどのような関わりを有しているかという問題についても,これまで多くの研究者の関心を呼んできた[1]。
 ひとつには,特許データは研究開発支出額など特許創出のためのインプット要素によって影響を受ける被説明変数と考えることができる。また,付加価値(GDP)やその成長率,さらには企業の株式市場価値などのアウトプットに対して影響を及ぼす説明変数として位置づけられる可能性もある。しかし,こうした知的財産制度や特許と経済との因果関係については,必ずしもその全容について,国際的なコンセンサスが形成されるまでに分析が進んだというまでには至っていないと考えられる。

ただ、マクロレベルで見たとき、第5章でも確認したように、特許の時系列データはGDPや研究開発費と高い相関を有しており、その経済的含意についてプラス効果の期待が持たれるところである[2]。ただ、GDPなど国全体の産出量を、特許データだけで説明することはできず、同時に特許の経済的貢献度を算出することも容易ではない。実際、こうした国全体の生産性と特許などの知的財産の貢献を関連づけた実証研究は、必ずしもこれまで十分に蓄積されてきたとはいえない。

国全体の生産性に寄与する要素としては、特許などの知的財産権以外に数多くのファクターが存在すると考えられると同時に[3]、特許など知的財産権にかかるデータとしては単なる件数データが用いられるだけで、特許などの質的要素を考慮することの難しさがあった[4]。さらに特許分類と産業分野とのデータのマッチングが未整備である点など[5]、これまでも知的財産に関するデータの制約に基づく実証分析上の限界が指摘され、またその解決に向けた対応が志向されてきたところでもある[6]。

(2) 知的財産制度と対外経済活動

国や個別企業の経済活動は、国内レベルの活動と外国での活動に分けられるが、知的財産（特許）制度が対外経済活動に対してどのような影響を及ぼしているかという点については、これまで数多くの研究がなされ、一定の蓄積がはかられてきた。今日、外国との貿易や投資といった対外経済活動がますます重要性を帯びてきたことはいうまでもない[7]。貿易（輸出）と直接投資が、各国企業の対外経済活動の主要な手段であるが、特に日本のように資源や市場規模の制約から自己完結型経済が成立しにくい国にとって、対外経済活動は格別の意義を持つ[8]。

特許を中心とした知的財産権制度と対外経済活動に関する先行研究では、いずれも知的財産権制度がもたらす権利保護の強さと、貿易、投資もしくは技術移転（ライセンス）との関連について分析がなされてきた。知的財産権保護の水準を示す指数（IIPR）については、第8章でも見たとおりいくつかの種類が存在するが、Lesser（2001）が指摘するように、これらは互いに相関が低かったり、指数によっては相互に相関を持つと想定される各種経済デ

ータとの相関度が低かったりする。そのため，これら指数を分析に利用するうえでは，経済実態との即応性に留意することが肝要となる。

　同時に，知的財産権制度が対外経済活動に及ぼす影響を見るうえでは，対外経済活動による収益に直接的に関わるのは，各国で付与された「権利による排他権」がもたらしてくれる収益機会である点に留意する必要がある。たとえば，各国の特許制度がもたらす権利保護の水準は，当該国において権利取得することへの誘引とはなるが，保護水準それ自体が企業に直接的な収益機会をもたらすものではない。特許の保護水準は，外国への経済展開を模索する企業が，こうした排他権行使を求めるうえでの重要な判断材料にはなりうるものの，同時に間接的な効果に止まる。こうした事情にもこだわらず，これまで特許出願件数や登録件数を用いて企業の対外経済活動を分析した先行研究は，少なくとも筆書がサーベイした範囲では存在しなかった。というのも，こうした分析に資する特許データが存在しなかったことがその背景にあると考えられる。その点，World Intellectual Property Organization (WIPO) のホームページ上で公開されている各国出願人による，各出願先国別の出願件数と登録件数のデータは有効である[9]。本章では，これまで多くの研究で用いられてきた知的財産権保護指数（IIPR）の他，WIPOから入手した特許登録件数データを用いて，各国の貿易額（輸出額）と投資額との関係を分析する。

　参考までに，2005年当時，我が国特許庁から公開されていたWIPOデータのイメージを図表9－1に示しておいた。

2　知的財産権保護と対外経済活動に関する先行研究

　先に述べたように，知的財産権制度と対外経済活動に関するこれまでの研究では，知的財産権の保護水準を示す指数（第8章のIIPR）が用いられてきた。また，対外経済活動の形態としては，これまで①輸出，②直接投資（現地生産），③ライセンス（技術移転）という3つが取り上げられてきた。そして，これら各形態それぞれを単独で分析したものや，これら複数の形態

図表9－1　諸外国における1998年の国籍別特許登録件数表

A　特許

<table>
<tr><th colspan="2" rowspan="2"></th><th colspan="10">被特許国</th></tr>
<tr><th>オーストラリア</th><th>オーストリア</th><th>ベルギー</th><th>ブラジル</th><th>..</th><th>日本</th><th>..</th><th>アメリカ合衆国</th><th>その他</th><th>..</th></tr>
<tr><td rowspan="11">特許権利者の国籍</td><td>オーストラリア</td><td>1,398</td><td>104</td><td>109</td><td>38</td><td>..</td><td>70</td><td>..</td><td>720</td><td>480</td><td>..</td></tr>
<tr><td>オーストリア</td><td>90</td><td>1,337</td><td>221</td><td>11</td><td>..</td><td>99</td><td>..</td><td>387</td><td>847</td><td>..</td></tr>
<tr><td>ベルギー</td><td>119</td><td>162</td><td>732</td><td>27</td><td>..</td><td>133</td><td>..</td><td>693</td><td>718</td><td>..</td></tr>
<tr><td>ブラジル</td><td>6</td><td>9</td><td>7</td><td>406</td><td>..</td><td>12</td><td>..</td><td>74</td><td>86</td><td>..</td></tr>
<tr><td>カナダ</td><td>277</td><td>188</td><td>188</td><td>19</td><td>..</td><td>156</td><td>..</td><td>2,974</td><td>809</td><td>..</td></tr>
<tr><td>中国</td><td>14</td><td>－</td><td>2</td><td>5</td><td>..</td><td>7</td><td>..</td><td>72</td><td>27</td><td>..</td></tr>
<tr><td>..</td><td>..</td><td>..</td><td>..</td><td>..</td><td>..</td><td>..</td><td>..</td><td>..</td><td>..</td><td>..</td></tr>
<tr><td>イギリス</td><td>1,124</td><td>854</td><td>1,094</td><td>93</td><td>..</td><td>677</td><td>..</td><td>3,464</td><td>4,413</td><td>..</td></tr>
<tr><td>アメリカ合衆国</td><td>6,339</td><td>3,356</td><td>4,209</td><td>962</td><td>..</td><td>7,046</td><td>..</td><td>80,292</td><td>18,055</td><td>..</td></tr>
<tr><td>その他</td><td>608</td><td>589</td><td>536</td><td>65</td><td>..</td><td>447</td><td>..</td><td>5,394</td><td>－</td><td>..</td></tr>
<tr><td>外国人登録（A）</td><td>13,386</td><td>13,626</td><td>15,361</td><td>2,419</td><td>..</td><td>15,744</td><td>..</td><td>67,228</td><td>－</td><td>..</td></tr>
<tr><td colspan="2">全登録（B）</td><td>14,787</td><td>14,963</td><td>16,093</td><td>2,825</td><td>..</td><td>141,448</td><td>..</td><td>147,520</td><td>－</td><td>..</td></tr>
<tr><td colspan="2">A/B（％）</td><td>91</td><td>91</td><td>95</td><td>86</td><td>..</td><td>11</td><td>..</td><td>46</td><td>－</td><td>..</td></tr>
</table>

注1：－は，当該国からの報告または，該当する件数がなかったことを示す。
注2：＊は，EPC（欧州特許条約）加盟国を示す。
注3：PCT（特許協力条約）出願及び欧州特許出願による件数を含む。
出所：WIPO統計（1998年版，Industrial Property Statistics）。

が代替関係にあるとして，これらを同時推定したものが存在する。

　対外経済活動は，多国籍企業など外国での経済活動を営む企業にとっては収益の機会となる。同時に，途上国などその受け入れ国にとっては技術移転の機会となり，また新しい技術によってもたらされるメリットを享受できる機会ともなる。その意味では，受け入れ国の厚生（welfare）を増大化させる可能性がある。これまでの研究では，知的財産権の保護水準がこうした各種の効果の実現にどのように影響してきたかについて，理論モデルの設定と実証分析がなされてきた。

（1）知的財産保護水準と輸出額との関連分析

　知的財産保護指数と貿易（輸出）との関連を実証的に分析した先行研究と

しては，Maskus and Konan (1994)，Maskus and Penubarti (1995)，Smith (1999)，Fink and Braga (1999)，Smith (2002) などが挙げられる。また，カナダから各国への輸出について分析したものとして Rafiquzzaman (2002) がある。

　Maskus and Konan (1994) は，日，米，英，独，カナダの5カ国と，その他51カ国間の産業分野別貿易データについて，Rapp and Rozek (1990) が開発した知的財産権保護指数と関連づけて，知的財産権保護の強化が輸出促進効果を持つかどうかを検証した。結果は28の産業分野中，25分野で知的財産権保護指数のパラメータの符号がプラスになったが，うち有意であったのは8分野に過ぎなかった。また，Maskus and Penubarti (1995) も，Rapp and Rozek (1990)のデータに一定の補正を加えて，OECD各国，及び25の途上国の28産業分野にわたるデータをプールして，貿易との関連を推計した。全産業レベルでは両者の間に有意な関連が認められたが，技術集約型産業では有意な結果が得られなかった。

　Fink and Braga (2000) は，Ginarte and Park (1997) によって開発された知的財産権保護指数を，グラビティモデル (Gravity Model) という回帰式に当てはめ，輸出額との関連について分析を行った。ここでも全産業合計では有意な結果が得られたが，ハイテク製品についてはパラメータがマイナスの符号を示し，かつ有意ではなかった。

　パラメータがマイナスの値を示すことについては，「市場支配説」(Market Power) が理論的根拠として提唱されてきた。特許保護の強さが貿易に及ぼす効果に関しては，「市場拡大効果説」(Market Expansion) と，「市場支配説」(Market Power) の2つの理論が先行研究の中で論じられている。それぞれ，輸出相手国に強い特許保護が存在することが，①権利を保有する企業にとって輸出促進的効果をもたらす場合（「市場拡大効果説」）と，②市場独占の結果として輸出企業が価格を上昇させることで輸出量が減少する場合（「市場支配説」）があることを示した理論である。「市場支配説」が成立するとき，知的財産権保護指数の貿易など対外経済活動に対するパラメータの符号はマイナスになることが想定される。

　たとえば，Maskus and Penubarti (1995) は，OECD諸国から各途上国

に対する輸出において「市場拡大効果」が認められることを実証的に示した。また，Smith（1999）はアメリカからの輸出について，一定レベル以上の研究開発力を持ちキャッチアップ力（摸倣力）のある国においては，特許保護が強いとき「市場拡大効果」が認められ，逆にキャッチアップ力の弱い国に関しては「市場支配効果」が認められることを示した[10]。

この点について Smith（1999）は，キャッチアップ力の強い国に対して，輸出国企業は自己の技術ノウハウが模倣されることを懸念し輸出を控える傾向を示す反面，特許権に対して強い保護が与えられた場合には，その懸念を解消するために輸出促進効果が現れるとした。逆にキャッチアップ力の弱い国については，強い特許保護は独占力を高め，輸出企業にとって価格引き上げ誘引となり，それに応じて輸出数量が減少し，結果的に「市場支配効果」によって輸出総額が減少するとした。

ただ，Smith（2002）は医薬とバイオ産業を対象に分析したが，結果として産業分野や年度によりパラメータがプラスになったりマイナスになるなど，「市場拡大効果」と「市場支配効果」のどちらが支配的かを結論づけることはできなかった。

Rafiquzzaman（2002）は，カナダ10州から76カ国への輸出について，品目別に分析し，相手国の経済成長度合いに変わりなく市場拡大効果が見られることを示した。そして，その市場拡大効果は，相手国が経済的に先進的であるほど大きいことを示した。

知的財産権の保護水準と貿易（輸出）との関連分析と同様に，直接投資による現地生産，さらにライセンスといった別の形態による対外経済活動と，知的財産権保護との関連にも注目する必要がある。というのも，こうした各種の対外活動が互いに影響を及ぼし合う可能性があるためである。Fink and Braga（2000）が指摘するように，企業は対外活動のために輸出の代替手段として，投資やライセンスを選択するかも知れない。そして，これら経済活動は互いに代替的であると同時に，時には補完的であったりもする[11]。特に，外国の関連会社を通した売上高が，1992年に輸出額を上回り，対外直接投資のウエイトが増加しつつある現状に鑑みたとき，直接投資の重要性を無視することはできない[12]。

(2) 投資・ライセンスなどに関する先行研究

　直接投資額と知的財産権の保護水準との関連を実証的に分析した研究としては，Helpman（1993），Smarzynska（1999），Mansfield（2000），Bosco（2001）などが挙げられる。

　Helpman（1993）は，強力な知的財産権保護が先進国からの独占支配権を有する製品のウエイトを高めつつ市場拡大につながることを示したが，それが直接投資そのものの拡大につながるかどうかは明確でないとした。

　Smarzynska（1999）は，アメリカ IIPA（International Intellectual Property Alliance）のデータを基に自ら知的財産権保護指数を作成し，個別企業の投資の有無による０と１のデータを用いてプロビット分析を行った[13]。そして，知的財産権の保護が弱い場合は投資を妨げるというマイナスの効果を持ち，特に技術集約度の高い分野でその傾向が認められるとした。そして保護が弱い場合は，製造部門より非製造部門への投資に傾倒する傾向が表れることを示した。

　Mansfield（2000）は，各途上国における知的財産権保護の水準が，アメリカ，日本，ドイツの各国企業の直接投資にどのような影響を及ぼすかを，企業アンケートを基に産業分野別に分析を行った。そして，化学，医薬，電子機器等のハイテク分野においてその影響度が強いことを示した。

　Bosko（2001）は，企業アンケートによって得られた投資の有無というバイナリデータ（つまり，０と１のデータ）によりプロビット分析を行ったが，パラメータについて低い有意性しか得られなかった。

　また，輸出に投資やライセンスといった変数を加えて，見かけ上無関係な推計法である「見無相関な回帰」（Seemingly Unrelated Regression：SUR）という方法により同時推計したものとして，Smith（2001），若杉・趙（2003），若杉（2007）などがある。たとえば，貿易と投資のそれぞれについて，別々に特許などの知的財産権保護水準との関係を分析することでは，実態を正確に把握できない可能性が考えられる。というのも，Smarzynska（1999）が述べたように，企業は対外進出における事業展開の手段として，投資をする代わりに技術を現地企業にライセンスすることで対外進出に代え

る可能性もある。この場合，知的財産権保護が直接投資に対してマイナスの効果を持つことになり得るが，ライセンスに対してはプラスの効果を持つことになる。そのため，知的財産権保護の水準が，各国の対外経済活動全体に対してどのような影響を及ぼすかを見るためには，貿易（輸出）や投資といった経済活動を個別に分析するのではなく，これらを一体として見た複合的分析を行うことが必要となる。そのような推計方法として「見無相関な回帰」が利用されるが，これを用いて分析し，得られた結果を総合的に検討することで，対外活動における各国企業の行動パターンがより正確に見えてくる。一例として，輸出額に対しては特許データが有意でなくても，投資額に対して有意になったとすれば，たとえばその国の企業はハイテク製品など多くの特許が実施された製品の供給を，輸出よりも主に現地生産によって対応する傾向にある，ということができるかも知れない。

　このうち Smith (2001) は，上で挙げた Smith (1999) と同様に，知的財産権保護指数に相手国のキャッチアップ力の強弱に応じたダミー変数を乗じて，それぞれのパラメータの符号に着目した。基本的に，キャッチアップ力の強い国については，知的財産権保護指数に対して貿易，投資，ライセンスのすべてについてプラスの符号を，そしてキャッチアップ力の弱い国については，マイナスの符号を予測し，貿易，投資，ライセンスそれぞれの性質に応じて，パラメータの大小に違いが生じることを想定した。つまり，ライセンスに対するパラメータの感応度がもっとも高く，投資が中間，そして輸出がもっとも感応度が低いと仮定した。というのも，Smith (2001) では企業の対外活動における意思決定について，①技術を国内で保持するか現地移転（Localization）させるか，②企業内部で保持し続けるか（Internalization）外部に移転させるかという，2つのパターンを想定し，輸出は技術の現地化も企業外への移転も起こさせにくい手段であり，直接投資により関連会社を設立する場合は現地化が必至である反面外部移転が起こりにくいとした。そしてライセンス（この研究では，非関連会社に対するライセンスデータが用いられた）は現地化も外部移転も起こさせやすい手段として，これら3つの手段の特性を仮定した。そして，こうした特性が，それぞれの実証分析におけるパラメータに反映されると考えた。モデルに基づいた推計結果からは，

各活動形態のパラメータの大きさが想定した通りであることが示されたものの，必ずしも十分に理論をサポートしうるほどの頑健な結果は得られなかった。

また，若杉・趙（2003）は，対外経済活動先における留保効用水準の高さ（財やサービスに対して，消費者が効用を感じて購入してもよいと考えるキャパシティの大きさ）を分析に加えた。留保効用水準が高い場合，キャッチアップ力の強い国では保護強化によって発明企業の供給量が大きく増加するが，キャッチアップ力の弱い国では発明企業の供給量はさほど大きく変化しないと予測した。そして，留保効用水準が低い場合はキャッチアップ力の強さに関わりなく，権利保護の強化が発明企業からの供給量に変化を生じさせるものではないとした。そのうえで，先進国市場を留保効用水準が高くかつキャッチアップ力の強い国と仮定し，途上国をその逆として推計した。推計に用いたサンプル数は少なかったが，1998年と1995年～1998年の合計データでは理論に則した結果が得られた。逆に1995年のデータでは有意性が得られなかった。

また若杉（2007）も，知的財産権の保護強化がある国からの輸出や現地生産を増加させるか否かは，現地企業の研究開発能力水準や，所得水準（留保効用水準）によって異なり，一元的に決めることはできないとした。そして，①現地の研究開発水準が高い国において，知的財産権の保護強化にともなって（a)その国への輸出や現地生産の増加が観察されるときは，輸出元企業による供給や現地生産が増加したためであり，(b)輸出や現地生産の減少が観察されるときは，現地企業が技術的にキャッチアップして市場を席捲したためと考えられる。また，②研究開発水準の低い国において（c)その国への輸出や現地生産の減少が観察されるときは，現地企業が市場に参入できず，輸出元企業の供給や現地生産による独占状態が形成され価格上昇が起きたことを示すが，(d)現地消費者の所得水準が低い場合は輸出元企業の供給や現地生産には変化が見られない予想した。そして，知的財産権の保護強化による影響を受けやすい分野として化学品産業を取り上げ，この分野での回帰を行った。回帰結果では，上記 (a)のパターンと (d)のパターンが示された[14]。

なお，こうした実証分析の他，Markusen（2001）のように多国籍企業による投資と特許保護との関連を，投資企業と投資受け入れ国それぞれの厚生（welfare）という視点から理論モデルを用いて検討した分析もある。

以上見てきたように，各先行研究による輸出などの各種対外経済活動と知的財産制度の関連分析では，知的財産権の保護指数（IIPR）が説明変数として用いられてきた。そして，推計に用いたモデルやデータによっては，仮説理論を裏打ちするような有意性の得られない結果が多々存在した。

（3）グラビティモデル

以上，各国各企業の対外経済活動と，知的財産権の保護水準に関する先行研究について整理してきたが，これら研究の多くはグラビティモデルという回帰式を用いて分析を行っていた。

グラビティモデルとは，輸出額や投資額などの対外経済取引量をいくつかの説明変数を用いて説明するモデルをいう。"Gravity"が重力を意味することに名前の由来がある。グラビティ方程式は，本来は引力に関する法則を示したものであるが，ここで用いるモデルは，各国の市場規模，経済的豊かさ，そして二国間の距離といった基本となる3つの変数を用いて，輸出額などの対外経済取引量を説明したものである。市場規模と経済的豊かさという前2つの説明変数が輸出額などとプラスの相関を持ち，距離がマイナスの相関を有することが想定されている。

さしずめ，市場規模が星の大きさを，国の豊かさが星の密度を，そして距離は星間の距離を示し，それらがその星の引力の強さに対応する国の輸出額などを説明することがイメージされている。

グラビティモデルは，もともと仮説に基づいて提唱されたものであるが，実証的説明力が高いことと，小池（2004）も述べているように，近年はミクロ経済理論に基づいた裏づけがなされるようになったことから，多くの研究者によって利用されている[15]。

グラビティモデルのもっともシンプルな形による基本式は以下のとおりである。

＜基本式＞

$$T_{jk} = POP_k{}^\alpha * DIST_{jk}{}^\beta * GDPOP_k{}^\gamma \quad \cdots\cdots 9-①$$

上記9－①式の両辺の対数をとると，下記9－②式のような線形式に変換できる。

$$\ln(T_{jk}) = \alpha \ln(POP_k) + \beta \ln(DIST_{jk}) + \gamma \ln(GDPOP_k) \quad \cdots\cdots 9-②$$

ここで，T_{jk} は j 国から k 国への対外経済活動量（輸出額もしくは投資額），$GDPOP_k$ と POP_k は，それぞれ k 国の人口一人当たり GDP と k 国の人口，$DIST_{jk}$ は j 国と k 国間の距離を示す。

上記推定式に知的財産権保護指数（IIPR）などを説明変数として付加することで，グラビティモデルの基本式を構成する各要素で回帰した後の貿易額などに，知的財産権保護の強弱がどのような影響を与えているかを確認することができる。

3 外国特許データの意義

(1) 分析の方向性

先に述べたように，知的財産権保護指数（IIPR）は，対外経済活動に対して間接的な影響力を持つ指標とは考えられるものの，直接的な作用をもたらすものではない。

本章では，知的財産権保護指数（IIPR）と併せて，①特許登録件数データを用いて，各国輸出額と投資額に対する影響度を確認する。また，②相手国のキャッチアップ力によって影響度に違いが見られるかどうかについても確認する。さらにこれらを③先進主要5カ国について比較分析することとする。

まずは，特許登録件数の説明変数としての意味合いについて考察をしておこう。

(2) 知的財産権保護指数と特許登録件数

　各国の知的財産権保護水準が，相手国企業の輸出や投資活動に影響を及ぼす場合，それは下の図表9-2に示した因果過程を経ることが想定される。

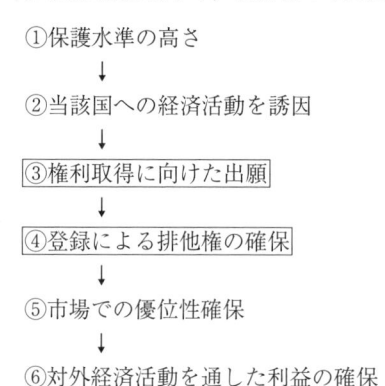

図表9-2　知的財産権保護水準，特許権の取得過程と事業利益

　　　　①保護水準の高さ
　　　　　　↓
　　　　②当該国への経済活動を誘因
　　　　　　↓
　　　　③権利取得に向けた出願
　　　　　　↓
　　　　④登録による排他権の確保
　　　　　　↓
　　　　⑤市場での優位性確保
　　　　　　↓
　　　　⑥対外経済活動を通した利益の確保

　まず，2つの国が存在すると仮定して，他の条件がまったく同じであった場合，①知的財産権の保護水準の高いことが，②その国に対して経済活動を起こす誘引となる。③そして，当該国への事業展開の意思決定がなされる。その意思決定にともなって，④権利取得活動に向けたアクションがとられ，⑤その結果として権利が確保される。そして，⑤得られた排他権の効果により企業の市場での優位性が確保され，⑥その結果として当該企業の利益が確保される。たとえ当該国への経済活動を決定したとしても，特許権など知的財産権の取得（または出願）がなされない限り，排他権による効果を享受できない。知的財産権の保護水準は，対外活動を展開するための誘引にはなり得るが，排他権に基づいた利益を長期的に確保するには特許などの権利取得が必要となる。そのため，知的財産権の保護水準だけにより，対外経済活動の量的規模が直接的に影響を受け続けるとは限らない。

　知的財産権保護指数（IIPR）と特許取得件数との間にプラスの高い相関関係が認められれば，上記の因果関係が推測されることにもなるが，逆にマイナスの相関であったり，有意な相関が認められない場合，特許保護指数を貿

易や投資活動との関連において分析すること自体の意義が、改めて問い直されることになる。

そこで、まずは両者の関係を見ることにする。ここでは、いくつか存在する知的財産権保護指数データのうち、Park（2001）によるものを用いることとする。Park（2001）による知的財産権保護指数の求め方については、第8章を参照されたい。この指数では比較的新しい年次のデータが提供され、各種経済データとの相関がよく、また多くの先行研究で利用されてきた[16]。

以下は、Park（2001）による知的財産権保護指数のうち、1990年と1995年という2つの時点の値に対して、外国特許の登録件数（1994年～2000年）の0～4期リードタイムデータ（1990年と1995年という基準年より0～4年後のデータ）を適用して、下記3つの回帰式の中から、修正決定係数とAkaike Information Criterion（AIC）に基づいて、もっとも説明力の高い式とリードタイムを抽出した[17]。リードタイムを使用した理由は、後記（5）を参照されたい。回帰結果は下の図表9－3の通りであるが、いずれの国についても、9－⑤式の説明力がもっとも高く、いずれの国の推計結果ともパラメータ（a_6）は1％水準で有意となった。

修正決定係数で見たときにはリード期間4年を最適とする国が多く、AICで見たときにはリード期間ゼロを最適とする国が多かった。

$$ipi_k = a_0 + a_1 pr_{jk} \quad \cdots\cdots 9-③ \qquad ipi_k = a_2 + a_3 pr + a_4 pr^2 \quad \cdots\cdots 9-④$$
$$ipi_k = a_5 + a_6 \ln(pr) \quad \cdots\cdots 9-⑤$$

分析の結果、特許保護指数と外国特許登録件数との間には、高い有意性を持ってプラスの関連が存在することが確認された。

(3) 特許出願件数と登録件数データ

次に、特許の出願と登録の関係について触れておこう。というのも、ある国への輸出や投資を行うに際して特許取得の意思決定した場合、その時点で企業がとる行動は特許出願である。その後、各国特許庁での審査を経て特許登録がなされる。

図表9－3　Park (2001) による特許保護指数と特許登録件数の回帰結果

	日本	アメリカ	ドイツ	イギリス	フランス
リード期	4期	0期	2期	4期	4期
修正決定係数	0.46	0.46	0.52	0.56	0.49
パラメータ	0.24	0.26	0.26	0.34	0.28
t値	13.2	15	16.1	17.3	14.7
リード期	0期	0期	0期	0期	0期
AIC	1.95	1.88	1.82	1.79	1.87
パラメータ	0.2	0.26	0.24	0.31	0.25
t値	12.8	15	16.2	17.1	14.9

　その意味では，対外活動を意識した権利取得活動を，時間的差異をおかず端的に表わすデータとしては，登録件数よりも出願件数がより適切である。しかし，外国特許の出願件数は，PCT出願（国際特許出願）における手数料体系の変更にともない，ここ最近は現実の対外権利取得活動の実態を正確に反映しなくなった。

　というのも，1991年に特許協力条約（PCT：Patent Corporation Treaty）について制度変更がなされ，各国企業による特許取得に向けた指定国数が，現実に権利取得を意図する国の数と一致しなくなったからである。具体的には，1991年までは指定国数ごとに185スイスフランを支払わなければならず，10を超える指定については無料とされていた（特許協力条約に基づく規則第96規則「手数料」96.1)[18]。それが，当初の国際出願時に少なくともひとつ以上の締約国を指定していれば，条約によって認められるすべての（国を）指定する旨を表示することができるようになった。その場合，優先日から15カ月以内に指定国を書面で通知し，かつ指定手数料と確認手数料（指定手数料の50％）を支払えばよい（特許協力条約に基づく規則第4規則「願書（内容）」4.9 (b)）。つまり出願時においては，締約国1カ国を指定国とし，確認手数料の追加払いさえ許容すれば，その他をすべて指定対象とすることができるようになり，指定国選定についていわば猶予期間が与えられる

こととなった[19]。1991年7月に開催された第18回特許協力同盟総会において，本件に関する特許協力条約に基づく規則の修正が採択された[20]。我が国でも，1992年7月1日より特許協力条約に基づく規則の修正（外務省告示291号，同292号）が施行されることとなった。

なお，2004年1月からは，締約国全てが指定したものと見なされることとなったため[21]，指定国数に関係なく一律の手数料体系となった。

国際出願にかかるWIPO統計の出願件数は，出願当初の指定国数によって把握されていたため，1991年以降は統計上の出願国数が実態以上に膨らんでしまうことになった。出願件数データにはこうしたノイズが含まれ，そのノイズが1991年以降は幾何級数的に増加し，分析に用いる変数としては適さなかった。

たとえば，図表9－4と図表9－5から確認できるように，1992年以降，外国出願件数と登録件数の推移には大きな乖離が認められる。

この乖離傾向は1990年代半ば以降に徐々に顕著になり，特にアメリカで際立っている。アメリカ人の各国への特許出願件数と，輸出額の国別データで相関係数を求めると，図表9－6と図表9－7から分かるように1994年～

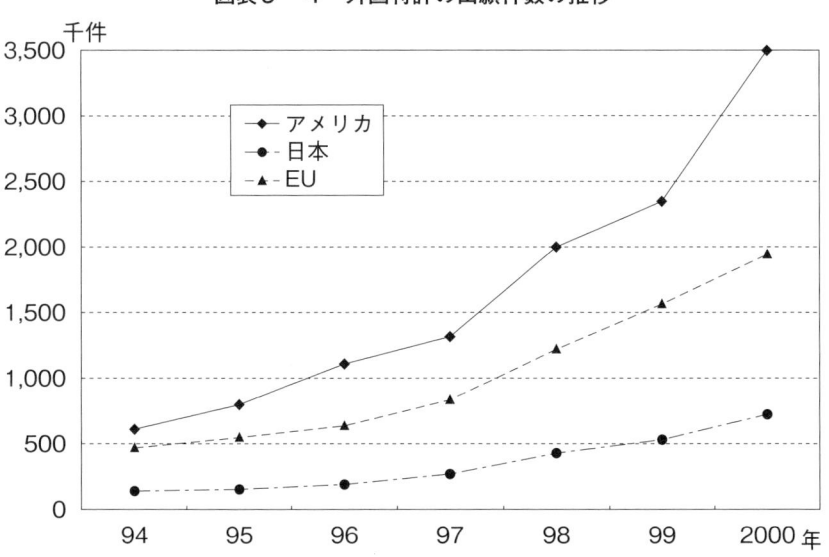

図表9－4　外国特許の出願件数の推移

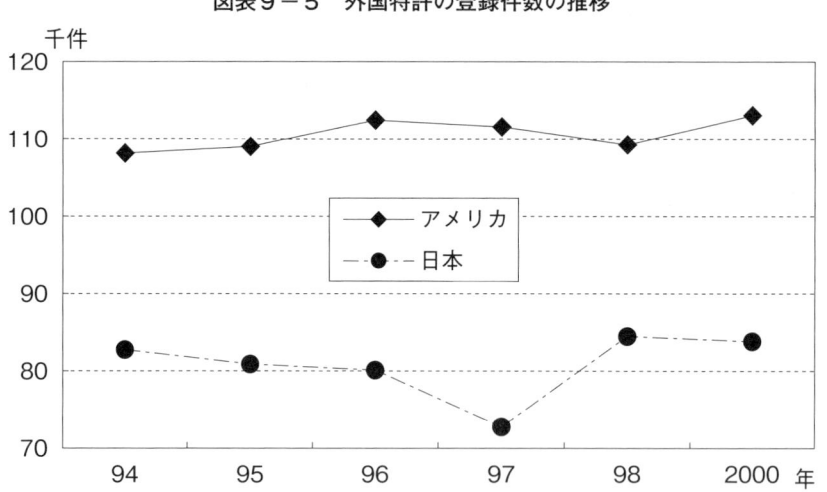

図表9-5　外国特許の登録件数の推移

（グラフ：縦軸「千件」70〜120、横軸「94, 95, 96, 97, 98, 2000 年」。アメリカ：108, 109, 112, 111, 109, 113。日本：83, 81, 80, 73, 85, 84。）

図表9-6　アメリカにおける輸出額と特許出願件数の相関係数（1994年および1995年）

	expoUS94	paUS94		expoUS95	PaUS95
expoUS94	1	－	expoUS95	1	－
PaUS94	0.4196	1	PaUS95	0.4029	1

　　　　　　　サンプル数102カ国　　　　　　　サンプル数106カ国

注：expoUSはアメリカからの輸出額，PaUSはアメリカからの特許出願件数。

図表9-7　アメリカにおける輸出額と特許出願件数の相関係数（1999年および2000年）

	expoUS99	PaUS99		expoUS2000	paUS2000
expoUS99	1	－	expoUS2000	1	－
paUS99	0.1728	1	paUS2000	0.1318	1

　　　　　　　サンプル数108カ国　　　　　　　サンプル数112カ国

注：expoUSはアメリカからの輸出額，PaUSはアメリカからの特許出願件数。

1995年時点と1999年〜2000年時点では，後者の相関係数が大きく低下している。

　併せて，具体的な対外活動において競争上の優位性を発揮し経済的効果をもたらしうるのは，出願された発明ではなく，現実に登録された特許であこ

とに鑑みれば，分析データとしては特許登録件数を用いることが妥当と考えられる。

このように，データによっては分析の本来の趣旨と異なったバイアスを含んだものが存在する場合があり，第7章で説明したようにデータの選択にあたっては注意することが求められる。

(4) 対外経済活動開始から登録までのリードタイム

ところで，登録件数データを用いる場合，特許出願から登録までの時間的なずれを念頭におくことが必要になる。通常，特許出願から登録までは数年を要する。出願から登録までの期間の長さは個別事案の内容，各国特許庁の審査事情，さらは出願ルート（各国特許庁に直接出願するか，国際出願するかの違いなど），審査開始時点によっても異なり，一律の期間を持って規定できるものではない[22]。このように，登録特許の件数を説明変数に用いる場合，被説明変数との時間的なずれをどのよう把握するかがひとつの課題となる。

被説明変数に用いられる輸出額や投資額を規定する対外活動と，それら対外活動に供される特許の登録時期との時間的ずれは，正確にいえば，出願時期と当該発明が用いられる事業活動の開始時期との関係，さらにこれらと特許登録時期との関係から整理しておく必要がある。

先願主義を前提としたとき，特許の出願は発明が開発されると同時に，時を経ずして行われると考えられる。しかし，そもそも事業的意義が見込まれない発明は出願されないのが一般的であろう。事業展開することが予定され，もしくはその蓋然性が認めらることを前提として出願するのが自然な企業行動と考えられる。また場合によっては，事業展開の予定などが先に見込まれた後に，発明が生み出されることがあるかも知れない。いずれにせよ，全体として見たとき出願の意思決定時期は，現に輸出や投資が実施される時点より幾分，早い段階であるのが通常と考えられる。そのため，出願時期と現実に対外経済活動が展開される時期までには幾分かのタイムラグが存在すると考えられる。同時に，出願から登録に至るまでには先述の通り，多様に異なる時間的経過が必要となる。

以上の関係を時間軸上に整理したものが図表9−8である。特許登録と輸出などによる対外事業活動開始との時間的ずれは，中には前者が先の場合もあるかも知れないが，一般的には特許登録の方が一定期間遅れる（リードタイム）ことが想定される。

ただこうしたリードタイムは，個別事情を含めて正確に把握することができない。そこで，本章では回帰結果のもっとも当てはまりがよい期間を持って，推定リードタイムと見なすこととした。

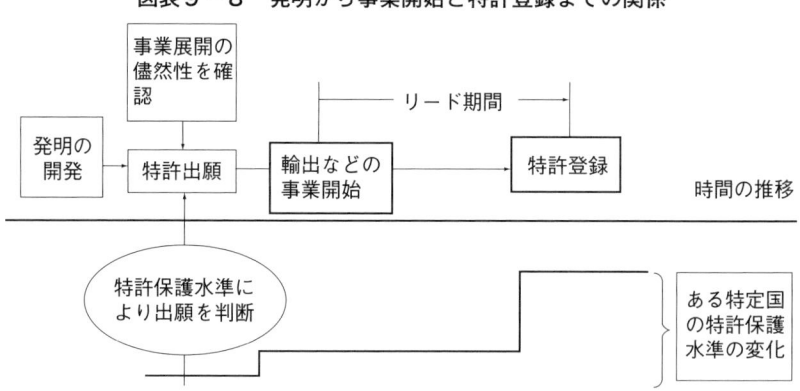

図表9−8　発明から事業開始と特許登録までの関係

```
                    ┌─────────┐
                    │事業展開の│
                    │蓋然性を確│
                    │認        │
                    └────┬────┘          ├── リード期間 ──┤
┌──────┐    ┌──────┐    ┌──────┐         ┌──────┐
│発明の│───▶│特許出願│───▶│輸出など│────────▶│特許登録│
│開発  │    │        │    │の事業開│         │        │        時間の推移
└──────┘    └───┬──┘    │始      │         └──────┘
                    │        └──────┘
            ┌───────┴───────┐                           ┌──────┐
            │特許保護水準に │         ┌─────┘          │ある特定国│
            │より出願を判断 │_____│                  │の特許保護│
            └───────────────┘                           │水準の変化│
                                                        └──────┘
```

4　貿易・投資と特許登録件数との関連分析

本章では，先行研究に倣ってグラビティモデルを用いて，そこに特許登録件数データを適用して分析を行った。なお，参考までにグラビティモデルの基本3変数（人口，距離，一人当たりGDP）によって回帰した結果と，それに知的財産権保護指数（IIPR）を付加して回帰した結果も併せて示しておくこととする。

(1) 利用データ

 分析対象国は，日本，アメリカ，ドイツ，イギリス，フランスの先進5カ国とする。それぞれの国について章末の「使用データ一覧」に掲載のデータを用いて推計を行った。対外活動先国に関する各種変数データの数は，各年最大で208カ国分である。ただし，対外直接投資額について，ネット，フローベースで30カ国以上の相手国のデータが得られた国は，上記5カ国の中では日本，アメリカ，ドイツだけであった。そのため，直接投資に関する分析はこの3カ国に限って行った。また，説明変数に用いる特許登録件数データが存在する国の数にも限りがあり，最終的に利用できるサンプル数は，被説明変数とすべての説明変数のデータが存在する数だけに絞られる。

 各データは1990年～2000年までつないでプールした。そして，外国特許登録件数については，0～4期の5種類のリードタイムデータを適用した。なお，外国特許登録件数については，分析時点において取得可能なデータが，1994年～2000年までの7年間分に限られた。そのため，説明変数である輸出額や直接投資額をはじめ，その他データにつき推計に用いることができたのは，この特許登録件数データのとれる年次に対応する年次分に限られる[23]。

 推計には，被説明変数に貿易額（輸出額：EXP）と対外直接投資額（ネット，フローベース：FDI）の実質値（95年 Constant US＄）を用いた。

 また，説明変数には，グラビティモデルにおける基本変数である，相手先国人口（POP），両国間の距離（DIST），相手先国一人当たりGDP（GDPOP），を用い，これら変数によってコントロールした後の輸出額，直接投資額に対して，特許登録件数がどのような影響を与えているかを確認した。

(2) フルサンプルによる推計結果

①基本推計結果

 まず，図表9－9と図表9－10は，それぞれ被説明変数として当該国から

各国に対する輸出額と直接投資額を適用したときの，グラビティモデルの基本説明変数（POP，DIST，GDPOPそれぞれの対数値）によって回帰した結果である。つまり，先の9-②式による回帰結果である。

図表9-9　基本推計結果　被説明変数：輸出額 log（EXP）

	日本		アメリカ		ドイツ		イギリス		フランス	
	パラメータ	t値	パラメータ	t値	パラメータ	t値	パラメータ	t値	パラメータ	t値
LOG（POP）	0.764	46.6 ***	0.883	43.1 ***	0.978	86.1 ***	0.734	50.5 ***	0.749	47.6 ***
LOG（DIST）	-1.243	-18.9 ***	-1.308	-19.9 ***	-0.738	-30.4 ***	-0.475	-14.1 ***	-0.848	-24.3 ***
LOG（GDPOP）	1.025	61.2 ***	1.048	49.1 ***	1.078	83.8 ***	1.012	61.2 ***	0.761	43.1 ***
定数項	-3.013	-3.90 ***	-4.522	-6.57 ***	-12.017	-34.9 ***	-10.299	-22.5 ***	-5.162	-10.7 ***
サンプル数	957		947		958		948		950	
修正決定係数	0.837		0.771		0.933		0.851		0.815	

注：***は1％水準で有意であることを示している。

図表9-10　基本推計結果　被説明変数：投資額 log（FDI）

	日本		アメリカ		ドイツ	
	パラメータ	t値	パラメータ	t値	パラメータ	t値
LOG（POP）	0.792	16.5 ***	0.65	12.6 ***	0.783	16.1 ***
LOG（DIST）	-1.344	-8.38 ***	-0.599	-4.80 ***	-0.563	-9.73 ***
LOG（GDPOP）	1.089	20.5 ***	0.83	13.6 ***	0.946	15.2 ***
定数項	-6.263	-3.26 ***	-6.689	-4.59 ***	-11.855	-9.22 ***
サンプル数	669		398		459	
修正決定係数	0.512		0.381		0.515	

注：***は1％水準で有意であることを示している。

　グラビティモデルの基本式によった場合，すべての国のすべての説明変数のパラメータが理論整合的で，かつ1％水準で有意となった。また，修正決定係数も被説明変数を輸出額とした回帰結果に関しておしなべて高い値が示されている。このように，グラビティモデルには頑健な説明力があることが確認される。

②知的財産権保護指数を適用した回帰結果

　図表9-11と図表9-12が，グラビティモデルの基本式に知的財産権保護

指数（IIPR）を付加して回帰した結果である。

回帰式は，下記9－⑥式を対数を用いて展開した9－⑦式による。

$$T_{jk} = POP_k^\alpha * DIST_{jk}^\beta * GDPOP_k^\gamma * e^{\delta IIPR} \quad \cdots\cdots 9-⑥$$

$$\ln(T_{jk}) = \alpha \ln(POP_k) + \beta \ln(DIST_{jk}) + \gamma \ln(GDPOP_k) + \delta * IIPR \quad \cdots\cdots 9-⑦$$

図表9－11　IIPRによる推計結果　被説明変数：輸出額 log（EXP）

	日本		アメリカ		ドイツ		イギリス		フランス	
	パラメータ	t値	パラメータ	t値	パラメータ	t値	パラメータ	t値	パラメータ	t値
LOG（POP）	0.781	28.9***	0.766	17.8***	0.838	39.9***	0.657	26.3***	0.662	31.3***
LOG（DISTUS）	-1.272	-16.4***	-0.937	-8.69***	-0.661	-22.5***	-0.473	-12.4***	-0.665	-21.2***
LOG（GDPOP）	0.992	33.3***	0.957	20.3***	0.996	40.7***	0.929	31.8***	0.682	27.7***
IIPR	-0.035	-1.56	-0.057	-1.55	0.049	2.67***	0.052	2.32**	0.112	5.94***
定数項	-2.571	-2.57**	-4.839	-3.87***	-9.770	-19.9***	-8.541	-14.2***	-4.932	-9.77***
サンプル数	530		539		532		539		539	
修正決定係数	0.843		0.620		0.912		0.843		0.867	

注：***は1％水準で，**は5％水準で有意であることを示している。

図表9－12　IIPRによる推計結果　被説明変数：投資額 log（FDI）

	日本		アメリカ		ドイツ	
	パラメータ	t値	パラメータ	t値	パラメータ	t値
LOG（POP）	1.067	14.6***	0.637	8.99***	0.659	11.5***
LOG（DISTJP）	-1.074	-6.23***	-0.452	-3.63***	-0.577	-10.4***
LOG（GDPOP）	1.213	14.9***	0.805	9.44***	0.691	9.42***
IIPR	0.024	0.44	0.122	2.87***	0.254	6.47***
定数項	-14.54	-6.12***	-7.897	-3.82***	-8.206	-5.65***
サンプル数	395		277		334	
修正決定係数	0.529		0.394		0.574	

注：***は1％水準で有意であることを示している。

　被説明変数を輸出額とする回帰結果において，日本とアメリカの知的財産権保護指数（IIPR）のパラメータは有意とならなかった。日本とアメリカについては，パラメータがマイナスとなった。さらに，被説明変数を投資額とする回帰結果において，日本のIIPRのパラメータは有意とならなかった。

ただ,概してヨーロッパの各国においては,知的財産権の保護指数と,輸出,及び直接投資との関係がプラスの強い関連性を有していることが確認される。

③特許登録件数で回帰した結果

次に,知的財産権保護指数に代えて特許登録件数で回帰した。先に述べたように,特許登録と対外経済活動との間には,一定のリードタイムを設定することが必要になると考えられ,0〜4年のリードタイムをおいた特許登録データを,各年の被説明変数に対応させて回帰した。そして,もっとも修正決定係数の高い回帰結果をまとめたものが,図表9-13と図表9-14である。

回帰式は,下記9-⑧式を,対数を用いて展開した9-⑨式による。

$$T_{jk} = POP_k^{\alpha} * DIST_{jk}^{\beta} * GDPOP_k^{\gamma} * PR_{jk}^{\delta} \quad \cdots\cdots 9-⑧$$

$$\ln(T_{jk}) = \alpha \ln(POP_k) + \beta \ln(DIST_{jk}) + \gamma \ln(GDPOP_k) + \delta \ln(PR_{jk})$$
$$\cdots\cdots 9-⑨$$

なおここで PR_{jk} は,j 国から k 国への特許登録件数を示す。

輸出額を被説明変数とした回帰結果では,IIPRのときと同様に日本とアメリカの特許登録件数のパラメータは有意とならなかった。同様にフランスについても有意とならなかった。そして,日本とフランスのパラメータはプラスであったが,アメリカのパラメータはマイナスとなった。ドイツとイギリスは,プラスで有意な結果が得られた。

対外直接投資については,日本,アメリカ,ドイツとも特許登録件数のパラメータは,プラスで有意な結果が得られた。

9-⑨式を用いた回帰式から得られたパラメータは,弾力性を示している。特許登録件数の弾力性を,輸出額と対外直接投資で比較すると,いずれの国においても特許登録件数の弾力性は投資に対する値の方が高くなっている。つまり,これは各国企業が対外経済活動を展開する際に,輸出よりも投資に際して特許取得についてよりセンシティブであることをうかがわせる。

4 貿易・投資と特許登録件数との関連分析　211

図表9-13　特許登録件数による推計結果　被説明変数：輸出額 log（EXP）

	日本		アメリカ		ドイツ		イギリス		フランス	
	リードタイム 0年		リードタイム 4年		リードタイム 4年		リードタイム 0年		リードタイム 4年	
	パラメータ	t値	パラメータ	t値	パラメータ	t値	パラメータ	t値	パラメータ	t値
LOG(POP)	0.934	14.73***	0.907	14.70***	0.710	24.29***	0.5071	17.28***	0.7731	21.91***
LOG(DIST)	-1.242	-9.72***	-1.122	-9.455***	-0.643	-20.55***	-0.453	-11.52***	-0.61	-14.6***
LOG(GDPOP)	1.072	12.37***	0.927	13.31***	0.733	19.41***	0.6884	19.836***	0.813	19.541***
LOG(PR)	0.003	0.061	-0.064	-1.349	0.127	5.148***	0.193	6.6696***	0.052	1.600
定数項	-6.662	-3.710***	-5.320	-3.282***	-6.047	-10.146***	-4.659	-7.156***	-8.475	-11.93***
サンプル数	325		401		363		398		374	
修正決定係数	0.790		0.682		0.944		0.882		0.902	

注：***は1％水準で有意であることを示している。

図表9-14　特許登録件数による推計結果　被説明変数：投資額 log（FDI）

	日本		アメリカ		ドイツ	
	リードタイム 4年		リードタイム 2年		リードタイム 1年	
	パラメータ	t値	パラメータ	t値	パラメータ	t値
LOG(POP)	0.572	3.289***	0.582	5.463***	0.532	6.151***
LOG(DIST)	-0.549	-2.032**	-0.498	-2.990***	-0.390	-4.567***
LOG(GDPOP)	0.294	1.153	0.634	4.341***	0.324	2.634***
LOG(PR)	0.485	4.144***	0.176	2.212**	0.384	4.744***
定数項	-5.436	-1.319	-5.977	-2.238**	-5.444	-3.030***
サンプル数	261		209		459	
修正決定係数	0.493		0.415		0.630	

注：***は1％水準で，また**は5％水準で有意であることを示している。

（3）相手国のキャッチアップ力を加味した分析結果

　以上の分析では，対外経済活動を展開していく先の各国について，その特性によって特段の色分けをすることなく，いわばすべての国を対象とした平均的な実態を見てきた。しかし，Smith（1999）やSmith（2001）で検討されていたように，相手国の技術力水準によって知的財産権保護指数や特許登録件数のパラメータに相違が生じてくる可能性がある。技術力の水準を，Smith（1999）やSmith（2001）では「模倣力（Imitative　Abilities）」と表

現されていたが，ここではキャッチアップ力と述べることにする。

そして，今回は人口100万人当たり研究開発者の数によって，キャッチアップ力の強弱を示すダミー変数を作成した。ダミー変数は，人口100万人当たり研究開発者数が1,000名以上の国をキャッチアップ力の強い国，それ以外をキャッチアップ力の弱い国と定義し，それぞれに０と１の値を適用した。ここでは，下記の９－⑩式を用いた。

先の分析と同様に，ここでも特許登録件数について０年から４年のリードタイムデータを適用し，そのうちもっとも当てはまりのよい結果を採用した。

$$T_{jk} = e^{\beta_0} * POP_k^{\beta_1} * DIST_{jk}^{\beta_2} * GDPOP_k^{\beta_3} * PR_{jk}^{\beta_4 * DRES_k} * PR_{jk}^{\beta_5 * DREW_k} \quad \cdots\cdots 9-⑩$$

$DRES_k$ はキャッチアップ力の強い国を示すダミー変数であり，人口100万人当たり研究開発者数が1,000名以上の国を１，それ以外の国を０とするデータである。$DREW_k$ はその逆で，キャッチアップ力の弱い国を示すダミー変数（人口100万人当たり研究開発者数が1,000名未満の国を１，それ以外を０とする変数）である。

９－⑩式は下記９－⑪式に変換でき，$DRES_k$ と $DREW_k$ の値によって，９－⑪式の意味するところが２つのケースに分けられる。

$$\ln(T_{jk}) = \beta_0 + \beta_1 \ln(POP_k) + \beta_2 \in (DIST_{jk}) + \beta_3 \ln(GDPOP_k)$$
$$+ \beta_4 \ln(PR_{jk}) * DRES_k + \beta_5 \ln(PR_{jk}) * DREW_k \quad \cdots\cdots 9-⑪$$

ケース（１）：$DRES_k$ が１（$DREW_k$ が０）の場合，下記９－⑫式の PR_{jk} について，キャッチアップ力の強い国に対する特許登録件数のみで回帰する。

ケース（２）：$DREW_k$ が１（$DRES_k$ が０）の場合，９－⑫式の PR_{jk} について，キャッチアップ力の弱い国に対する特許登録件数のみで回帰する。

$$\ln(T_{jk}) = \beta_0 + \beta_1 \ln(POP_k) + \beta_2 \ln(DIST_{jk}) + \beta_3 \ln(GDPOP_k) + \beta_4 \ln(PR_{jk})$$
$$\cdots\cdots 9-⑫$$

このようなケース分けをすることによって、キャッチアップ力の強い国と弱い国に対する特許登録件数（PR_{jk}）のパラメータが、対外経済活動に対してどのように変化するかを確認することができる。それによって、国際展開する企業の輸出と投資が、キャッチアップ力の強い国と弱い国という相手国によって、特許取得活動によって異なった影響を受けるかどうかを確認することができる。

　回帰した結果は、図表9-15と図表9-16に示したとおりである。まず、輸出に関する推定結果を見ると、ほとんどすべてのパラメータが1％と高い水準で有意性を示していると同時に、少なくともすべてのパラメータが10％水準で有意となった。

　直接投資については、日本について距離（DIST）と人口一人当たりGDP（GDPOP）のパラメータの有意性がなくなったが、特許登録件数（PR_{jk}）については日本、アメリカ、ドイツの3カ国ともすべて1％水準で有意となった。

　また、輸出、直接投資とも特許登録件数のパラメータの符号はプラスとなり、すべての国でおしなべて「市場拡大説」に基づいた対外経済活動がとられていることが確認された。

　図表9-15と図表9-16とを比較すると、キャッチアップ力の強い国に対する特許登録件数の弾力性（PR*DRES）より、おしなべてキャッチアップ力の弱い国に対する弾力性（PR*DREW）が高いことが分かる。

　一般的には、キャッチアップ力の強い国に対する特許登録件数の弾力性（PR*DRES）の方が、キャッチアップ力の弱い国に対する弾力性（PR*DREW）よりも高いと予想される。というのも輸出や投資を行う企業にとって、キャッチアップ力の強い国の方が模倣による被害がより強く懸念されると考えられるからである。ところが、今回の分析では、それとは逆の結果が見い出された。

　またSmith（1999）が、アメリカからの輸出について、キャッチアップ力のある国においては特許保護が強いとき「市場拡大効果」が認められ（パラメータがプラスになり）、逆にキャッチアップ力の弱い国に関しては「市場支配」的な効果が認められる（パラメータがマイナスになる）とした結論と

図表9-15 キャッチアップ力を加味した推計結果
被説明変数：輸出額 log（EXP）

国名	リードタイム		POP		DIST		GDPPOP		PR*DRES		PR*DREW		修正決定係数	サンプル数
日本	4年	パラメータ	0.77	***	-0.92	***	1.05	***	0.12	*	0.3	***	0.83	132
		t値	7.58		-6.09		6.9		1.7		3.48			
米国	0年	パラメータ	0.56	***	-1.46	***	0.83	***	0.18	*	0.43	***	0.62	225
		t値	5.17		-7.11		5.87		1.78		3.98			
ドイツ	2年	パラメータ	0.56	***	-0.58	***	0.51	***	0.22	***	0.27	***	0.92	260
		t値	12.4		-13.2		8.06		4.93		5.38			
イギリス	0年	パラメータ	0.48	***	-0.5	***	0.69	***	0.25	***	0.3	***	0.9	219
		t値	12.6		-11.1		13.5		6.1		6.41			
フランス	0年	パラメータ	0.67	***	-0.63	***	0.74	***	0.14	***	0.23	***	0.92	216
		t値	15.6		-13.4		12.9		3.3		4.47			

注：***は1％水準，*は10％水準で有意であることを示す。

図表9-16 キャッチアップ力を加味した推計結果
被説明変数：投資額 log（FDI）

国名	リードタイム		POP		DIST		GDPPOP		PR*RES		PR*REW		修正決定係数	サンプル数
日本	1年	パラメータ	0.57	***	-0.04		0.3		0.52	***	0.55	***	0.51	164
		t値	2.68		-0.13		0.93		3.63		3.42			
米国	0年	パラメータ	0.32	**	-0.77	***	0.58	**	0.4	***	0.52	***	0.42	147
		t値	2.19		-3.82		2.43		2.72		3.17			
ドイツ	0年	パラメータ	0.48	***	-0.37	***	0.37	**	0.33	***	0.37	***	0.59	173
		t値	4.37		-3.48		2.43		2.99		3.03			

注：***は1％水準，**は5％水準で有意であることを示す。

も異なる結果となった。

　念のために，下記9－⑬式によりPR*DRESの係数ダミーを導入した回帰も実施してみた。詳細は省略するが，その結果すべての国について係数ダミーのパラメータ（β_5）がマイナスとなった。このことからも，図表9－15，及び図表9－16の結果が裏づけられた。

$$\ln(T_{jk}) = \beta_0 + \beta_1 \ln(POP_k) + \beta_2 \ln(DIST_{jk}) + \beta_3 \ln(GDPOP_k)$$
$$+ \beta_4 \ln(PR_{jk}) + \beta_5 \ln(PR_{jk}) * DRES \quad \cdots\cdots 9-⑬$$

　また，先の図表9－15と図表9－16からは，輸出に対するよりも投資に対する特許登録件数（PR_{jk}）のパラメータがより高くなっており，この傾向はキャッチアップ力の強弱どちらの国に対しても同様であることが確認できる。日本，アメリカ，ドイツのいずれの国の各企業とも，投資を行う際には輸出以上に，特許権の獲得に対して高いインセンティブを持つ傾向が認められる。

5　まとめと今後の課題

　本章では，各国の対外経済活動と特許データとの関連を分析し，特許データ，特に特許登録件数が対外経済活動に対してどのように説明力を発揮し得るかを確認した。

　今回の分析では，輸出と投資の双方について，いずれの国についても特許登録件数のパラメータがプラスの値で示され，特許登録件数とこれら対外経済活動は正の相関を持つことが確認できた。また，各パラメータの信頼度は高く，特許保護指標を用いた先行研究が提起してきた「市場支配効果」を示す兆候は見られなかった。さらに，キャッチアップ力の強い国よりも，弱い国の方が特許登録件数の対外活動に対する弾力性が高く，各企業は途上国などキャッチアップ力の弱い国での対外経済活動の際に，特許取得志向がより高いことが示された。このように特許データのパラメータに現れる違いを分析することで，こうした対外経済活動に関わる各国の企業行動の特性を浮き

彫りにできる。

　さらに，今後はこうした分析結果の背景にある理論の解明が求められる。そして，そのためには分析をよりきめ細かく深化させていくことが求められ，その際にさまざまな課題をクリアする必要がある。

　第1に，産業分野による違いを正確に取り込んで，より実態に即した分析を掘り下げていくことが求められる。各種経済データは産業分野別に取得することが可能であるが，特許データについては同じ分類に基づいた産業分野別のデータが存在しない。こうしたデータ取得上の課題克服が求められる。

　第2に特許の件数データを用いる場合，(a)特許件数データと経済データとの時間的乖離（タイムラグ）を正確に把握すること，(b)現実に稼動している特許の割合（稼働率）を考慮すること，(c)個別特許の質的要素を加味すること，などに留意する必要がある。特に，個別特許の質的要素は，非常に重要な問題であると同時に，特許データに内在する本質的な課題でもある。Trajtenberg（1990）やScherer et al.（1999）などが検討した米国特許の被引用回数データや，Pakes and Lanjouw（1998）が取り扱った特許登録更新データなどは，こうした特許の質的要素を加味するうえで参考になる。

　こうした分析上の課題を克服しながら，さらに分析を深化させていくことが求められる。

5 まとめと今後の課題

【使用データ一覧】

分析対象国	日本, アメリカ, ドイツ, イギリス, フランス　5カ国

データの名称・内容	出所	取得期間 単位	国数
輸出相手国別輸出額（Exports of a Country to the World by Partner）	Direction of Trade Statistics, IMF August, 2004	1990年～2000年 Million US $	191
対外直接投資額(FDI Flows Abroad, by Geographical Destination)ネット, フローベース／各国通貨 　各国通貨建て金額を, 1995年の対ドル為替レートで割って, ドル換算額を算出した。	UNCTAD投資データ* (http://www.unctad.org/Templates/Page.asp?intItemID=3198&lang=1) アメリカは, U.S. Direct Investment Abroad: Country and Industry Detail for Capital Outflows, 2002 他**	1990年～2000年 Million US $	191
GDP（95Constant US $）	WDI Online Data, a Development Database for Subscribers, World Bank (https://publications.worldbank.org/register/WDI?return%5furl=%2fextop%2fsubscriptions%2fWDI%2f)	1990年～2000年 Million US$	208
Population	同上	1990年～2000年	208
一人当たりGDP（95Constant US $/Population）	同上	1990年～2000年 US$	208
研究者数：Researchers in R&D（per million people）	同上 及び「科学技術要覧」各年版	1990年～2000年	208
Official Exchange Rate (LCU per US$, Period Average)	WDI Online Data, World Bank	1990年～2000年	208

特許の保護水準指数 Protection of Intellectual Property Index	Economic Freedom of The World 2001 Annual Report (http://oldfraser.lexi.net/publications/books/efw_2001/)	1960年～1975年, 1975年～1990年, 1995年, 1998年	50～58
外国特許出願件数：Patent Applications Filed by Non-Residents, Broken Down According to the Country of Residence of the Applicant	WIPO (http://www.wipo.int/ipstats/en/publications/b/index.htm)	1994年～2000年の件数	94～114
外国特許登録件数 Patents Granted to Non-residents, Broken Down According to the Country of Residence of the Applicant	WIPO (http://www.wipo.int/ipstats/en/publications/b/index.htm)	1994年～2000年の件数	86～104

注1：各データのURLは，いずれも2005年1月現在のものである。

注2：*現在は，UNCTAD, Search by Country/Economy, FDI Country Profiles (http://www.unctad.org/Templates/Page.asp?intItemID=3198&lang=1) Table 9. FDI Flows Abroad, by Geographical Origin, 1991-2003より，各国別に投資額を確認することができる。

注3：**現在は，Bureau of Economic Analysis, U.S. Department of Commerce, International Economic Accounts, International Investment Position, Articles and Publications, Operations of Multinational Companies, U.S. Direct Investment Abroad, Direct Investment Positions: Country and Industry Detail | available each July in the SCB, most recent: July 2008 (http://www.bea.gov/scb/pdf/2008/07%20July/0708_dip.pdf：2008.8.12アクセス）に最新のデータが掲載されている。

注

[1] たとえば，個別企業データに基づいて特許の収益性について分析した研究として，古くは Scherer (1965a) がある。また，個別特許ごとの収益性を実証的に分析したものとして Schmookler (1966)，特許データの経済的な意味合いについて分析したものとして Griliches (1990)，特許の価値を測定したものとして Schankerman and Pakes (1986)，研究開発活動の生産性分析を行ったものとして Evenson (1991) などが挙げられる。また Czarnitzki and Kraft (2004) は，小規模製造企業の特許ストックを算出し，それと企業の収益性との関係を調査した。

[2] Bound et al. (1984) は，研究開発費と特許出願について，その対数値の間に高い相関が見い出されることを示した。そして，小規模企業においては，規模の大きな企業より特許出願の対 R&D 比率（特許件数／R&D 費）が高いことを示した。また，研究開発費の対数値の二乗項のパラメータがプラスとなる，非線形による相関の可能性が高いことも示した。

[3] 近年は，内生的成長論に基づいて，労働や資本などの伝統的生産要素に加え，実態的に生産寄与をなす要素を俯瞰し，説明変数に取り込むような実証的研究が行われている。経済成長率に関するコントロール方法としては，Barro and Martin (1995) がよく知られている。ここでは，経済成長率を説明する変数として，初期時点の人口一人当たり GDP，教育の普及率，政治的な不安定性などが提唱されている。

[4] 特許の質的要素を加味する方法としては，①特許の更新データを利用する方法（長く更新される特許の価値が高いと考えられる），②他の特許出願によって引用される回数（被引用回数）を用いること，③被引用数と審査過程などにおける他社からの注目度など，それ以外の要素を総合して測定する方法，④アンケートによって企業から直接特許などの価値をヒアリングする方法などがとられてきた。①の特許更新データを用いた初期の分析としては，Pakes and Schankerman (1984)，Pakes (1986) などがある。また，アメリカ特許について被引用回数で特許件数をウエイトづけして評価する②の分析が，Trajtenberg (1990)，Harhoff et al. (1997)，Scherer et al. (1999)，Harhoff et al. (2002) らによってなされている。④については，古くは Schmookler (1966) が，ランダムサンプリングによって抽出した特許について，権利者に個別アンケートを実施して特許の価値に関するデータ収集を行った。また，Harhoff, Scherer and Vopel (2003) や Gambardella, Harhoff and Verspagen (2006) は，発明者に対して自身の特許を第三者に譲渡する場合の価格を質問して価値

を推定した。また，Lanjouw and Schankerman（2004）は③の方法を採用し，引用数に限定せず，クレーム数，パテントファミリー（同一特許の外国での権利取得数）などを複合的に加味した特許の質を示す指標を開発している。なお最近は被引用回数だけに限定せず，③の方法により，より総合的な視点から特許の質を評価し，企業経営における意思決定に役立てるコンサルティングサービスが，我が国ではたとえばSBIインテクストラ株式会社によって実施されている。

［5］ 特許分類と産業分野とを整合させることついて，Evevson and Kortum（1991）はカナダ特許庁のデータを用いて，特許国際分類とその特許の産業分類との対応表（Yale Technology Concordance : YTC）を作成した。そして，Kortum and Putnam（1997）はそのYTCの対応関係の確率的な正確さを測定した。また，Lach（1995）はIPC分類を産業分類に変換することで，各産業分野に用いられる特許ストックを算出し，それと各産業のTFPの成長との関係を分析した。

［6］ 特許の経済分析を行ううえでの特許データの問題点の指摘を整理したものとしては，知的財産研究所（1994）を参照。

［7］ 2003年の全世界各国からの商品輸出額は7.5兆億ドルで，世界全体のGDP（361,630億ドル）に対して20.7％のウエイトを占めていた（ジェトロ，2004）。2005年にはその額が10.3兆ドルと対GDP比で23.3％にまで上昇した。2005年の財・サービスの輸出額は約12.8兆ドルで世界全体の対GDP比は28.8％に昇った（通商白書，2007，第1章第1節2.（1）貿易投資の拡大参照）。また，世界の対外投資は2005年において対GDP比で7.8％に昇り（前掲通商白書，2007参照），貿易と投資を合わせるとその対GDP比は36.6％となり，世界経済の相互依存が一層高まっていることが確認される。

［8］ 2007年度における日本の財・サービスの輸出額は約90.8兆円で対GDP比は17.6％であった。また輸入額は，82.2兆円で対GDP比15.9％であった。輸出入合計の対GDP比は33.5％に昇った（内閣府国民経済計算(SNA)関連統計参照）。

［9］ 章末の「使用データ一覧」参照。なお，WIPOデータを引用して日本の特許庁においても外国出願件数，及び外国登録件数が，ホームページ上で公開されていた。

［10］ キャッチアップ力には，単位GDPあたり研究開発費，単位人口あたり研究開発者数などが代理変数として用いられていた。

［11］ 小池（2004）参照。

[12]　The World Bank（1996）pp. 11-12参照。
[13]　通常の回帰分析では，数値データを被説明変数に用いるが，プロビット分析では投資の有無によって1と0というデータ値が被説明変数として用いられる。こうしたデータ値はバイナリデータといわれる。Smarzynska（1999）では，投資を行っているか否かによって，0か1を値とするバイナリデータを用いた。このように被説明変数を0と1の2つとする分析を二項プロビット分析といい，この変数が3つ以上となる場合を多項プロビット分析という。
[14]　若杉（2007）第8章「知的財産権の保護と貿易・現地生産」pp. 157-177参照。
[15]　この点については，Maskus and Konan（1994），Deardorff（1998）などを参照。
[16]　たとえば，Rapp and Rozek（1990）と Ginarte and Park（1997）の指数を確認すると，互いの相関はかなり低くかった（$r=0.235$）。そして，それぞれの指数と各国 GDP との相関係数を見ると，前者が $r=0.124$ と低かったのに対して，後者は $r=0.747$ と比較的高い値が示された。Lesser（2001）参照。
[17]　「Akaike Information Criterion」は，「修正決定係数」と算定式は異なるが，同様に回帰式の当てはまり具合を見るための指標である。この値が小さいほどモデルの当てはまりがよいと考えられている。Akaike（1974）参照。
[18]　特許庁（2002）。
[19]　特許庁（2003）。
[20]　発明協会（1992）。
[21]　下道（2005）p. 82。
[22]　たとえば審査受付からファーストアクションまでの期間（審査を経て特許庁から最初の応答が出されるまでの期間）を地域別に見ると，2001年時点で日本の22.0カ月，アメリカの14.4カ月，ヨーロッパの20.7カ月と，日米欧の3極特許庁（欧はヨーロッパ特許庁）においてもかなりの差が見られる。また，2002年時点では，これがそれぞれ24.0カ月，16.6カ月，23.0カ月となっており，審査の時期によっても違いが生じる（Japanese Patent Office, 2003参照）。さらに，出願方法については，自国出願をベースとする優先権主張に基づいた外国出願，特許協力条約（PCT）に基づいた出願，さらにヨーロッパではヨーロッパ特許庁経由の出願と各国特許庁経由の出願などが存在する。それぞれ，出願からそれ以降の手続き期間に関するルールが異なり，それにともなって審査期間も異なってくる。
[23]　たとえば，特許登録件数について2年のリードタイムデータを適用する場

合，特許登録データが1994年～2000年までの7年間分であるため，被説明変数の輸出額や対外直接投資額のデータはそれらの2年前までのデータ，つまり1992年～1998年までのデータしか適用できない。その分，サンプル数が減少することになる。

第10章 知的財産と企業の経営分析

1 ミクロデータの取得と分析の方向性

(1) はじめに

　第9章までは，国全体の統計データを用いて，知的財産や研究開発活動とその経済との関係を分析する手法について説明を行ってきた。具体的には，国全体としての資本，労働といった各種の生産要素と併せて，無形資産（第5章）や研究開発投資（第6章）が我が国の生産性（GDP）の伸びにどのように貢献をしてきたか，各国の知的財産権の保護水準が当該国の経済成長にどのような影響を及ぼしているか（第8章），そして各国の知的財産権保護水準や相手国での特許登録件数は対外経済活動とどのような関わりを持つと考えられるか（第9章），といった視点から最小二乗法という基本的な回帰分析手段を用いて，その分析方法を学んできた。

　国全体や国のある産業全体のデータはマクロレベルのデータであり，それは各企業や個人がさまざまに活動してきた結果の集約である。マクロレベルによるデータの背後には，こうした個別企業や個人といったミクロレベルの活動が存在する。そもそも，マクロレベルの動向は，こうしたミクロレベルの経済活動の動向が集合して，その平均的な姿を現したものと考えられる。

概して，ミクロレベルの活動の実態は，マクロレベルのデータにそのまま投影される場合が多いと考えられるが，データの把握の仕方によっては常にそうであるとは限らない。ある製造産業に属する各企業の研究開発投資が活発化したとしても，国全体として経済のサービス化が進展すれば，研究開発をあまり必要としないサービス業の実態がより色濃くマクロデータには反映されて，国全体としては研究開発活動が停滞しているとする統計結果が現れるかも知れない。

本章では，こうした個別企業による活動実態を示すミクロデータを用いて，知的財産や研究開発活動が各企業の経営にどのように影響を及ぼしているかについて分析する。

既に説明したが，我々は自分たちの経験則などに基づいて，人間や企業の行動に関する仮説を立て，それを経済理論として導き出すことが多い。こうした経済理論に基づいて設定された仮説は，実際のデータを用いた検証を経ることでその正当性が改めて確認される。その点は，個別企業などの経済行動に関しても同様である。検証の結果によっては，仮説の見直しにつながったりすることもある。

以下では，特許庁から提供されている産業別，企業規模別データを用いて，研究開発や特許などの知的財産関連指標と企業経営との関わりについて確認していくこととする。既に述べたように，個別企業というミクロレベルでの分析に関しても，研究開発や特許などの知的財産を用いた研究が，過去に少なからず行われてきた。

(2) ミクロデータの取得

個別企業の研究開発活動や知的財産活動に関するデータの多くは，企業アンケートなどによって収集することが必要になる。研究開発費や産業財産権にかかる出願数・権利数といったデータは，各種のデータベースから取得可能であるが，研究者数，知的財産活動費，知的財産担当者数，特許実施率などといったデータは，個別企業からの情報収集以外に入手する方法がない。

ただ，各企業の財務データについては，上場企業であれば有価証券報告書によりその開示が義務づけられているため比較的簡単に入手できる[1]。ま

た，上場企業の研究開発費に関しては，我が国では企業会計審議会が1998（平成10）年3月13日に公表した「研究開発費等に係る会計基準の設定に関する意見書」において「研究開発費等に係る会計基準」案が提示され，「一般管理費及び当期製造費用に含まれる研究開発費の総額は，財務諸表に注記しなければならない」（「研究開発費等に係る会計基準」「五 財務諸表の注記」）と規定された。そのため，それ以降各企業の財務諸表には研究開発費が記載されるようになった。なお意見書では，研究開発費の開示について1999年4月以降開始する事業年度から実施することが推奨されていたが，実際は研究開発を実施するほとんどの企業において1997年度決算期の報告書から研究開発費が記載されている。

　本章では，知的財産に関する個別企業データが得られないという制約を克服するために，特許庁（2008）にて提供されている「知的財産活動調査」の「統計表」から得られるデータを利用して，個別企業データに代えることとする。このデータの取得方法は，下記の通りである[2]。

【「知的財産活動調査」データの取得】
①特許庁ホームページ（http://www.jpo.go.jp/indexj.htm）より画面左の「統計」をクリック
②開いた画面の中の「知的財産活動調査 2008.7.4」をクリック
③再び，開いた画面の「平成19年度知的財産活動調査」の「調査の結果」中の「統計表」をクリックして画面を開く。
④開いた画面に「業種別出願件数階級別集計表」と「業種別資本金階級別集計表」が掲載されているので，後者をクリックして画面を開く。

　開いた画面の一例を図表10－1に示しておいた。

　開いた画面には，都合14枚のワークシートが掲載されているが，各ワークシートから必要なデータを抽出して活用することができる。

　図表10－1に見られるように，統計表には回答企業の合計数値と共に，回答企業数（「標本数」）が表示されている。そのため，合計数値（たとえば，「売上高」など）をこの標本数で割ることで，業種別・資本金階級別の一社

図表10－1　知的財産活動調査「統計表」：業種別資本金階級別集計表

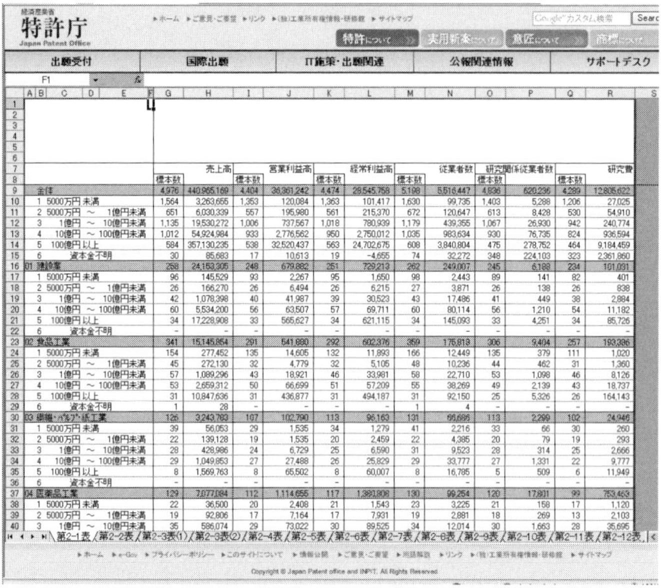

		標本数	売上高	標本数	営業利益高	標本数	経常利益高	標本数	従業者数	標本数	研究関係従業者数	標本数	研究費
9	全体	4,976	440,965,169	4,404	36,361,242	4,474	28,545,758	5,198	5,516,447	4,836	620,236	4,289	12,806,622
10	1 5000万円未満	1,564	3,263,655	1,353	120,084	1,363	101,417	1,630	99,735	1,403	5,288	1,206	27,025
11	2 5000万円 ～ 1億円未満	651	6,030,339	557	195,980	561	215,370	672	120,647	613	8,428	530	54,910
12	3 1億円 ～ 10億円未満	1,135	19,530,272	1,006	737,567	1,018	780,939	1,179	439,355	1,067	26,930	942	240,774
13	4 10億円 ～ 100億円未満	1,012	54,924,984	933	2,776,562	950	2,750,012	1,035	983,634	930	76,735	824	936,594
14	5 100億円以上	584	357,130,235	538	32,520,437	563	24,702,675	608	3,840,804	475	278,752	464	9,184,459
15	6 資本金不明	30	85,683	17	10,613	19	-4,655	74	32,272	348	224,103	323	2,361,860
16	01 建設業	258	24,153,305	248	679,882	251	729,213	262	249,007	245	6,188	234	101,031
17	1 5000万円未満	96	145,529	93	2,267	95	1,650	98	2,443	89	141	82	401
18	2 5000万円 ～ 1億円未満	26	166,270	26	6,494	26	6,215	27	3,871	26	138	26	838
19	3 1億円 ～ 10億円未満	42	1,078,398	40	41,987	39	30,523	43	17,486	41	449	38	2,884
20	4 10億円 ～ 100億円未満	60	5,534,200	56	63,507	57	69,711	60	80,114	56	1,210	54	11,182
21	5 100億円以上	34	17,228,908	33	565,627	34	621,115	34	145,093	33	4,251	34	85,726
22	6 資本金不明	-	-	-	-	-	-	-	-	-	-	-	-
23	02 食品工業	341	15,145,854	291	541,880	292	602,376	359	175,818	306	9,404	257	193,386
24	1 5000万円未満	154	277,452	135	14,605	132	11,893	166	12,449	135	379	111	1,020
25	2 5000万円 ～ 1億円未満	45	272,130	32	4,779	32	5,105	48	10,236	44	462	31	1,360
26	3 1億円 ～ 10億円未満	57	1,089,296	43	18,921	46	33,981	58	22,710	53	1,098	46	8,126
27	4 10億円 ～ 100億円未満	53	2,659,312	50	66,699	51	57,209	55	38,269	49	2,139	43	18,737
28	5 100億円以上	31	10,847,636	31	436,877	31	494,187	31	92,150	25	5,326	26	164,143
29	6 資本金不明	1	28	-	-	-	-	1	4	-	-	-	-
30	03 繊維・パルプ・紙工業	126	3,243,783	107	102,790	113	96,163	131	66,686	113	2,299	102	24,946
31	1 5000万円未満	39	56,053	29	1,535	34	1,279	41	2,216	33	66	30	260
32	2 5000万円 ～ 1億円未満	22	139,128	19	1,535	20	2,459	22	4,385	20	79	19	293
33	3 1億円 ～ 10億円未満	28	428,986	24	6,729	25	6,590	31	9,523	28	314	25	2,666
34	4 10億円 ～ 100億円未満	29	1,049,853	27	27,488	26	25,829	29	33,777	27	1,331	22	9,777
35	5 100億円以上	8	1,569,763	8	65,502	8	60,007	8	16,785	5	509	6	11,949
36	6 資本金不明	-	-	-	-	-	-	-	-	-	-	-	-
37	04 医薬品工業	129	7,077,084	112	1,114,655	117	1,380,808	130	99,254	120	17,801	99	753,463
38	1 5000万円未満	22	36,500	20	2,408	21	1,543	23	3,225	21	158	17	1,120
39	2 5000万円 ～ 1億円未満	19	92,806	17	7,164	17	7,931	19	2,881	18	269	13	2,103
40	3 1億円 ～ 10億円未満	35	586,074	29	73,022	30	89,525	34	12,014	30	1,663	28	35,695

平均金額（たとえば一社平均「売上高」など）を得ることができる。この一社平均データは，いわばそれぞれの業種別・資本金階級別グループに属する企業の平均値として位置づけることができる。

本章では，個別企業データに代えて，このようにして得られた業種別・資本金階級別平均値データをサンプルとして用いることで，ミクロ分析に関する検討を進めていくこととする。

使用する業種別・資本金階級別データは，個別企業データという元データを産業別，企業規模（資本金）別に集約した一次加工データを，さらに再加工して作成したものである。そのため，元データを２回にわたって加工して作成したデータであり，必ずしも元データが示す分析結果と同じ結果を示すとは限らない。加工前のオリジナルデータを使用することができないためのやむを得ない措置であるが，ある程度は個別企業の実態的傾向を反映するものと期待される。

エクセルのワークシートに納めたデータのイメージは，図表10－２の通りである。

図表10-2　知的財産活動調査から得られた各種データのイメージ

	A	B	C	D	E	F	G	H	I	J	K	L	M	N
1														
2							(1)	(2)	(3)	(4)	(5)	(6)	(7)	(8)
3							売上高	推定資本金	従業者数	資本金回転率	一人当り売上高	営業利益高	営業利益率	一人当り営業利益
4		建	1	5000万円		未満	1,516	25	25	60.637	61	24	0.016	0.98
5		設	2	5000万円	~	1億円未満	6,395	75	143	85.267	45	250	0.039	1.74
6		業	3	1億円	~	10億円未満	25,676	550	407	46.684	63	1,050	0.041	2.58
7			4	10億円	~	100億円未満	92,237	5,500	1,335	16.770	69	1,134	0.012	0.85
8			5	100億円		以上	506,733	50,000	4,267	10.135	119	17,140	0.034	4.02
9		食	1	5000万円		未満	1,802	25	25	72.066	24	108	0.060	1.44
10		品	2	5000万円	~	1億円未満	6,047	75	213	80.631	28	149	0.025	0.70
11		工	3	1億円	~	10億円未満	19,110	550	392	34.746	49	440	0.023	1.12
12		業	4	10億円	~	100億円未満	50,176	5,500	696	9.123	72	1,334	0.027	1.92
13			5	100億円		以上	349,924	50,000	2,973	6.998	118	14,093	0.040	4.74

	O	P	Q	R	S	T	U	V	W	X	Y
	(9)	(10)	(11)	(12)	(13)	(14)	(15)	(16)	(17)	(18)	(19)
	経常利益高	経常利益率	研究関係従業者数	対従業員研究者比率	研究費	研究費比率	研究者一人当り研究費	知財担当者数	対従業員知財担当者比率	担当SE数	知財費
	17	0.011	2	0.063	5	0.0032	3	0.32	0.01287	5	2.14
	239	0.037	5	0.037	32	0.0050	6	1.28	0.00893	4	7.63
	783	0.030	11	0.027	76	0.0030	7	1.43	0.00351	8	12.76
	1,223	0.013	22	0.016	207	0.0022	10	2.19	0.00164	10	18.60

	Z	AA	AB	AC	AD	AF	AG	AH	AI	AJ	AK
	(20)	(21)	(22)	(23)	(24)	(25)	(26)	(28)	(30)	(31)	(55)
	担当当たり知財費	対売上高知財費	対研究開発費知財費	うち補償金	対研究者当り補償金	推定総人件費	対売上高人件費率	対営業利益人件費率	発明届出件数	発明単価	研究者一人当り届出数
	6.66	0.00141	0.4370	0.01	0.0048	41	0.027	1.679	0.9	5.2	0.59
	5.95	0.00119	0.2366	0.93	0.1757	449	0.070	1.798	2.0	16.1	0.38
	8.95	0.00050	0.1681	0.24	0.0217	1,691	0.066	1.611	6.3	12.0	0.58
	8.48	0.00020	0.0898	0.39	0.0179	3,510	0.038	3.095	11.3	18.3	0.52

2 データの解説と整理

　知的財産活動調査によって得られる主なデータをいくつかの項目別に分類し，その意味合いを整理しておこう。なお，各データの後に付した「＜＞」内の番号は，各データごとに割り振ったデータ特定のための番号である。

(1)企業規模を示すデータ

　①売上高＜1＞，②推定資本金＜2＞，③従業者数＜3＞
　④推定総人件費（以下，人件費＜25＞という）

　売上高＜1＞と従業員数＜3＞は，統計表データの総合計値を標本数で割って算出する。推定資本金＜2＞は，第7章で説明したように，それぞれ資本金規模スケールの中央値などを持って設定することができる。

また人件費＜25＞は，知財担当者に対する総人件費を知財担当者数＜16＞で割った値（推定一人当たり人件費）に，従業員数＜3＞を乗じることで推定したものである。

（2）企業の生産性・収益性を示すデータ

①資本金回転率＜4＞（売上高＜1＞÷推定資本金＜2＞）
②従業員一人当たり売上高＜5＞（売上高＜1＞÷従業員数＜3＞）
③営業利益高＜6＞
④営業利益率＜7＞（営業利益高＜6＞÷売上高＜1＞）
⑤従業員一人当たり営業利益高＜8＞（営業利益高＜6＞÷従業員数＜3＞）
⑥経常利益高＜9＞
⑦経常利益率＜10＞（経常利益高＜9＞÷売上高＜1＞）
⑧人件費の対売上高比率＜26＞（人件費＜25＞÷売上高＜1＞）
⑨人件費の対営業利益高比率＜27＞（人件費＜25＞÷営業利益高＜6＞）

ここで，営業利益高＜6＞と経常利益高＜9＞は，売上高＜1＞などと同様に統計表データの総合計値を標本数で割って算出する。こうしたデータは一社平均値のデータであるが，これらデータは企業規模（資本金階級）が大きいほどその値は大きくなる。つまり，企業規模によって直接的に左右されるデータといえる。ここでは，こうしたデータを「生データ」と呼ぶこととする。

これら生データをさらに別の生データによって割ったデータは，いわば企業規模による影響を直接的には受けないデータとなる。これら企業規模が捨象されたデータをここでは「基準化データ」と呼ぶこととする。

生産性・収益性を示すデータの中では，資本金回転率＜4＞，従業員一人当たり売上高＜5＞，営業利益率＜7＞，従業員一人当たり営業利益高＜8＞，経常利益率＜10＞が基準化データとなる。生産性・収益性に関する基準化データの値が大きいことは，それだけ生産性・収益性の高さを示すことになる。

同様に，人件費の対売上高比率＜26＞と人件費の対営業利益高比率＜27＞も基準化データであり，これらは企業の人的なコスト構造を示すデータとなる。この比率が高いほど，人件費率や労働分配率の高い企業であることが想定される。

(3) 研究開発活動に関するデータ

①研究関係従業者数（以下，「研究者」＜11＞という）
②研究者の対従業員数比率＜12＞（研究者＜11＞÷従業員数＜3＞）
③研究費＜13＞
④研究費比率＜14＞（研究費＜13＞÷売上高＜1＞）
⑤研究者一人当たり研究費＜15＞（研究費＜13＞÷研究者＜11＞）

研究者＜11＞と研究費＜13＞は生データであり，企業規模によって影響を受ける。反面，基準化データとしての研究者の対従業員数比率＜12＞はその企業が研究開発型企業であるか否かを示すデータと見なすことができる。同様に，研究費比率＜14＞，研究者一人当たり研究費＜15＞も基準化データとして，企業の研究開発に対する力の入れ具合，つまり研究開発集約度の高さを見ることができる。

(4) 知的財産活動への資源投入に関するデータ

①知財担当者数＜16＞
②知財担当者の対従業員数比率＜17＞（知財担当者数＜16＞÷従業員数＜3＞）
③1名の知財担当者がサポートする研究者数＜18＞（研究者＜11＞÷知財担当者数＜16＞）
④知的財産活動費（以下，「知財費」＜19＞という）
⑤知財担当者一人当たり知財費＜20＞（知財費＜19＞÷知財担当者数＜16＞）
⑥知財費の対売上高比率＜21＞（知財費＜19＞÷売上高＜1＞）
⑦知財費の対研究費比率＜22＞（知財費＜19＞÷研究費＜13＞）
⑧補償費＜23＞

⑨研究者一人当たり補償費＜24＞（補償費＜23＞÷研究者＜11＞）

　上記のうち，知財担当者数＜16＞や知財費＜19＞は生データであるが，知財担当者の対従業員数比率＜17＞，知財担当者一人当たり知財費＜20＞，さらに知財費の対売上高比率＜21＞，知財費の対研究費比率＜22＞といった基準化データは，企業がどれだけ知的財産活動に資源を投入しているか，その度合いを示す。

　また，1名の知財担当者がサポートする研究者数＜18＞は，知財担当者による研究者の発明に対するフォロー体制がどれだけ整っているかを示す指標と見ることができる。

　生データの補償費＜23＞を研究者＜11＞で割った研究者一人当たり補償費＜24＞は，企業の発明補償の対価の水準を示すデータといえる。この対価水準が高いときに，研究者による知的財産活動の生産性・効率性が高まるかどうかという点は，職務発明対価問題に関する視点からは興味が持たれるところである。

（5）知的財産活動の生産性・効率性に関するデータ

①発明届出件数＜30＞
②発明単価＜31＞（研究費＜13＞÷発明届出件数＜30＞）
③出願率＜32＞（発明届出件数＜30＞から非出願件数を控除した件数÷発明届出件数＜30＞もしくは，国内特許出願件数＜33＞÷発明届出件数＜30＞）
④国内特許出願件数＜33＞
⑤知財担当一人当たり国内特許出願件数＜34＞（国内特許出願件数＜33＞÷知財担当者数＜16＞）
⑥研究者一人当たり国内特許出願件数＜35＞（国内特許出願件数＜33＞÷研究者＜11＞）
⑦国内審査請求率＜36＞（審査請求件数÷国内特許出願件数＜33＞）
⑧外国特許出願件数＜37＞
⑨知財担当一人当たり外国特許出願件数＜38＞（外国特許出願件数＜38＞÷知財担当者数＜16＞）

⑩研究者一人当たり外国特許出願件数＜39＞（外国特許出願件数＜38＞÷研究者＜11＞）
⑪国内外総特許出願件数（以下，「総特許出願件数」＜40＞という）
　（国内特許出願件数＜33＞＋外国特許出願件数＜37＞）
⑫知財担当者一人当たり総特許出願件数＜41＞（総特許出願件数＜40＞÷知財担当者数＜16＞）
⑬研究者一人当たり総特許出願件数＜42＞（総特許出願件数＜40＞÷研究者＜11＞）

　発明単価＜31＞は1件の発明を生み出すためにどれだけの研究費を要しているかを示し，また出願率＜32＞は生み出された発明をどれだけ効率よく出願できているかを示す基準化データである。同時に，発明届出件数＜30＞を研究者＜11＞で割れば，1名の研究者が何件の発明を生み出しているかという，いわば特許出願されない発明も含めた知的財産活動の生産性（「研究者一人当たり届出数」＜55＞）を見ることができる。

　国内特許出願件数＜33＞，外国特許出願件数＜38＞，総特許出願件数＜40＞といった出願にかかる生データは，知財担当一人当たり（＜34＞＜38＞＜41＞）もしくは研究者一人当たり（＜35＞＜39＞＜42＞）の特許出願件数に基準化することで，特許出願に関する生産性・効率性を見ることができる。特許出願という意味では，単年度の生産性・効率性を示すデータということができるが，その場合も前者は知的財産部門における，そして後者は研究開発部門における生産性・効率性を見るための指標になる。なお，こうした単年度の生産性・効率性が継続され，それが企業の体質を表すものであるとすれば，その効果が下記「（6）知的財産資産の保有状況・活用度」につながっていくことになる。

　なお，国内審査請求率＜36＞は2006年度の審査請求件数を同年度の国内特許出願件数で割っているため，現実の審査請求率とは乖離している可能性が高い。分析に使用するうえでは，この点に留意することが必要である。

(6) 知的財産の保有状況・活用度

①国内特許保有件数＜43＞
②知財担当一人当たり国内特許保有件数＜44＞（国内特許保有件数＜43＞÷知財担当者数＜16＞）
③研究者一人当たり国内特許保有件数＜45＞（国内特許保有件数＜43＞÷研究者＜11＞）
④外国特許保有件数＜46＞
⑤知財担当一人当たり外国特許保有件数＜47＞（外国特許保有件数＜46＞÷知財担当者数＜16＞）
⑥研究者一人当たり外国特許保有件数＜48＞（外国特許保有件数＜46＞÷研究者＜11＞）
⑦国内外総特許保有件数（以下，「総特許保有件数」＜49＞という）
　（国内特許保有件数＜43＞＋外国特許保有件数＜46＞）
⑧知財担当一人当たり総特許保有件数＜50＞（総特許保有件数＜49＞÷知財担当者数＜16＞）
⑨研究者一人当たり総特許保有件数＜51＞（総特許保有件数＜49＞÷研究者＜11＞）
⑩国内特許利用率＜52＞（国内特許利用件数÷国内特許保有件数＜43＞）
⑪外国特許利用率＜53＞（外国特許利用件数÷外国特許保有件数＜46＞）
⑫国内外特許総利用率（以下，「総特許利用率」＜54＞という）
　〔（国内特許利用件数＋外国特許利用件数）÷総特許保有件数＜49＞〕

　今回は特許に限定して，その保有状況に関するデータを整理した。特許保有件数についても，国内と海外に分けたデータが存在する。それらを合計したものが総特許保有件数＜49＞となる。特許保有件数についても，知財担当一人当たり（＜44＞，＜47＞，＜50＞）と，研究者一人当たり（＜45＞，＜48＞，＜51＞）の基準化した保有件数を見ることで，知的資産としての特許の蓄積状況に関する効率を見ることができる。前者の知財担当一人当たり特許保有件数は知的財産部門がこれまで継続的に行ってきた活動の累積的な効率性を，また後者の研究者一人当たり特許保有件数は同様に継続的な研究

開発部門の特許創出に係る効率性を見るための指標ということができる。

また，利用率（＜52＞＜53＞＜54＞）は権利化された特許が有効に活用されているかどうかを示す。

これらデータは，いずれも過去の継続した取り組みの結果として，知的財産が資産としてどの程度蓄積され，活用されているかについて，その状況を示すものである。

(7) その他

なお，知的財産活動調査の統計表には，以上のデータ以外にも，特許以外の産業財産権に関するデータ，さらにライセンス，権利譲渡，権利侵害に関するデータなどが盛りだくさんに含まれている。検討を行う者の関心により，適切なデータを適宜取り出して分析することができる。

3 データ間の関連分析について

(1) 分析課題とデータ選択上の留意点

どのような観点から分析を行うかにより，上で示した各種データをそれぞれ被説明変数と説明変数として選択し，回帰式を設定（「定式化」という）し分析することができる。たとえば，企業の生産性・収益性と研究開発活動や知的財産活動との関係，さらに研究開発活動や知的財産活動の生産性・効率性という観点から考えると，

課題① 研究開発活動及び知的財産活動が企業の生産性・収益性にどのような関わりを持っているか。

課題② 知的財産の生産性・効率性は，企業の研究開発活動のどのような要素によって影響を受けるのか。つまり，研究開発部門における知的財産創出の効率は何によって影響されるのであろうか。

課題③ 知的財産活動の生産性・効率性は何によって決まるのか。知的財産活動への取り組み状況，つまり知的財産活動への資源投入状況

は知的財産の生産性にどのような影響を及ぼしているのであろうか。

課題④　知的財産の保有状況，つまり知的財産の蓄積はどのような要素によって影響を受けるのであろうか。

このような課題に関心が寄せられる[3]。

こうした課題について分析を行う場合，今回得られるデータを活用して検討するとすれば，被説明変数と説明変数としては，たとえば次のような例を示すことができる。図表10-3に示したものは一部の例示であって，分析する者の関心に応じて，その他さまざまにモデルを設定し定式化することができる。

なお，たとえば上記①に示した研究開発活動及び知的財産活動の生産性・収益性を見る場合も，研究開発活動や知的財産活動にかかるデータと企業の生産性・収益性データだけとを関連づけることは妥当ではない。というのも，企業の生産性・収益性を規定するのはこうした研究開発活動や知的財産活動だけではなく，むしろ資本生産性（たとえば総資本利益率，固定資産回転率など），経費率（たとえば売上原価比率，販売費・一般管理費比率）などといった要因が，より直接的に影響を及ぼすものと考えられるからである。そのため定式化を行ううえでは，企業の生産性・収益性を被説明変数に設定するとき，説明変数として研究開発活動や知的財産活動に関するデータだけではなく，こうしたより直接的関係を有するデータを併せて加えることが求められる。このように，被説明変数に影響を及ぼすと考えられる各種の説明変数を適切に付加することを，回帰式を「コントロール」するという。回帰式のコントロールの仕方によって，正しい結果が得られたり，そうでなかったりする。得られたデータの範囲で，できるだけ適切な説明変数を適用するよう心がけることが求められる。

また，各データの使用にあたっては，

①企業別の生データ（規模を捨象する前のデータ）を使用するか，

②基準化したデータを使用するか，

といった判断が必要になる。

いずれにせよ，企業規模は何らかの形で被説明変数と関連を有することが

3 データ間の関連分析について 235

図表10-3 分析課題とデータの例

<被説明変数>	←	<説明変数>
課題① 企業の生産性・収益性 　従業員一人当たり売上高〈5〉 　営業利益率〈7〉 　従業員一人当たり営業利益高〈8〉 　被説明変数は上記の内のいずれかを選択して適用する。	←	・企業規模 　売上高〈1〉, 推定資本金〈2〉または従業員数〈3〉 ・企業の生産性・収益性 　従業員一人当たり売上高〈5〉 　人件費の対売上高比率〈26〉 ・研究開発活動 　研究者の対従業員数比率〈12〉, 研究費比率〈14〉または研究者一人当たり研究費〈15〉 ・知的財産活動への資源投入 　知財担当者の対従業員数比率〈17〉 　知財費の対売上高比率〈21〉または知財費の対研究費比率〈22〉 ・知的財産活動の生産性・効率性 　発明単価〈31〉 　研究者一人当たり届出数〈55〉 　出願率〈32〉 　研究者一人当たり国内出願件数〈35〉または研究者一人当り総出願件数〈42〉 ・知的財産の保有状況・活用度 　知財担当一人当たり国内特許保有件数〈44〉または知財担当一人当たり総特許保有件数〈50〉 　研究者一人当たり国内特許保有件数〈45〉または研究者一人当たり総特許保有件数〈51〉 　国内特許利用率〈52〉または総特許利用率〈54〉 　　　　　　　　　　　　　　　　　　　　　　　など
課題② 知的財産活動の生産性・効率性 　　　（研究開発活動部門） 　研究者一人当たり国内出願件数〈35〉 　研究者一人当たり外国出願件数〈39〉 　研究者一人当たり総出願件数〈42〉 　研究者一人当たり届出数〈55〉 　被説明変数は上記の内のいずれかを選択して適用する。	←	・企業規模 　売上高〈1〉, 推定資本金〈2〉又は従業員数〈3〉 ・企業の生産性・収益性 　従業員一人当たり売上高〈5〉 　従業員一人当たり営業利益高〈8〉 ・研究開発活動 　研究費比率〈14〉 　研究者一人当たり研究費〈15〉 ・知的財産活動への資源投入 　1名の知財担当者がサポートする研究者数〈18〉 　知財担当者一人当たり知財費〈20〉 　知財費の対売上高比率〈21〉または知財費の対研究費比率〈22〉 　研究者一人当たり補償費〈24〉 ・知的財産活動の生産性・効率性 　発明単価〈31〉 　出願率〈32〉 　　　　　　　　　　　　　　　　　　　　　　　など

課題③　知的財産活動の生産性・効率性 　　　　　　（知的財産活動部門） 　知財担当一人当たり国内出願件数〈34〉 　知財担当者一人当たり総出願件数〈41〉 被説明変数は上記の内のいずれかを選択して適用する。	←	・企業規模 　売上高〈1〉，推定資本金〈2〉または従業員数〈3〉 ・企業の生産性・収益性 　従業員一人当たり売上高〈5〉 　従業員一人当たり営業利益高〈8〉 ・研究開発活動 　研究費比率〈14〉 研究者一人当たり研究費〈15〉 ・知的財産活動への資源投入 　知財担当者の対従業員数比率〈17〉 　知財担当者一人当たり知財費〈20〉 　知財費の対売上高比率〈21〉または知財費の対研究費比率〈22〉 ・知的財産活動の生産性・効率性 　発明単価〈31〉 　出願率〈32〉 ・知的財産の保有状況・活用度 　知財担当一人当たり国内特許保有件数〈44〉または知財担当一人当たり総特許保有件数〈50〉 　国内特許利用率〈52〉 　　　　　　　　　　　　　　　　など
課題④　知的財産の保有状況・活用度 　知財担当一人当たり国内特許保有件数〈44〉または知財担当一人当たり総特許保有件数〈50〉 　研究者一人当たり国内特許保有件数〈45〉または研究者一人当たり総特許保有件数〈51〉 被説明変数は上記の内のいずれかを選択して適用する。	←	・企業規模 　売上高〈1〉，推定資本金〈2〉または従業員数〈3〉 ・企業の生産性・収益性 資本金回転率〈4〉 　従業員一人当たり売上高〈5〉 　従業員一人当たり営業利益高〈8〉 ・研究開発活動 　研究費比率〈14〉 　研究者一人当たり研究費〈15〉 ・知的財産活動への資源投入 　知財担当者の対従業員数比率〈17〉 　　1名の知財担当者がサポートする研究者数〈18〉 　知財担当者一人当たり知財費〈20〉 　知財費の対売上高比率〈21〉または知財費の対研究費比率〈22〉 　研究者一人当たり補償費〈24〉 ・知的財産活動の生産性・効率性 　発明単価〈31〉 　出願率〈32〉 　国内審査請求率〈36〉 ・知的財産資産の保有状況・活用度 　知財担当一人当たり国内特許保有件数〈44〉または知財担当一人当たり総特許保有件数〈50〉 　国内特許利用率〈52〉 　　　　　　　　　　　　　　　　など

多く，少なくともひとつは規模に関する説明変数を付加して分析することが望ましいと考えられる。

また，下記の説明変数には産業の違いによる影響を表す変数を含めていないが，企業の生産性・収益性をはじめ，知的財産活動の生産性・効率性等は産業分野によって異なる可能性がある。そのため，サンプル数が少なくなるがサンプルデータを類似産業に限定するか，産業ダミーを付加して検討することが望ましい[4]。

(2) 企業の生産性・収益性に関するデータの相互関連について

図表10-3では，想定できる分析データを例示したが，被説明変数に対する説明変数の意味合いについて，以下，被説明変数を企業の生産性・収益性とするケースを例にとって補足説明をしておく[5]。

①被説明変数について

従業員一人当たり売上高＜5＞は，企業の収益獲得力を示す指標である。また，営業利益率＜7＞と従業員一人当たり営業利益高＜8＞は獲得した収益を，利益に変換する能力の高さを示す。従業員一人当たり売上高＜5＞と営業利益率＜7＞及び従業員一人当たり営業利益高＜8＞とは，通常は相互にプラスの関係を有するものと考えられる反面，企業のコスト負担が大きい（高コスト体質にある）場合，必ずしも前者の収益獲得力と後者の利益獲得力が正の相関を示すとは限らない。

そのため，企業の収益獲得力と利益変換能力の両方を兼ね備えたものとして，両者の積をとった値を被説明変数に設定することが考えられる。これを第7章では「経営力」と表現した。

②説明変数の意義と被説明変数との関係

・企業規模

売上高＜1＞，推定資本金＜2＞または従業員数＜3＞は，それぞれに企業規模を示すデータであり，被説明変数はこうした企業規模によって影響を受ける可能性がある。こうした説明変数のパラメータを見ることで，規模の効果（規模の経済）を確認することができる。このパラメータがプラスとな

れば，規模の経済を確認することができる。

・企業の生産性・収益性

　人件費の対売上高比率＜26＞は企業収益の圧迫要因になる。ただ，人件費の対売上高比率＜26＞は業種によって大きく異なることに留意しておく必要がある。概してサービス産業は労働集約的であり，そのためこの比率が高くなる傾向がある。人件費については，対付加価値比率（労働分配率）を用いることも考えられるが，知的財産活動調査には付加価値に関する項目は存在しない。

・研究開発活動

　研究者の対従業員数比率＜12＞と研究費比率＜14＞は，企業の研究開発活動への集中度合いを示し，これらの指標をポジティブに見れば，こうした比率が高いほど企業の収益力が高まることが期待される。しかし，研究開発活動の収益性が低下するときには，このパラメータはマイナスとなる可能性もある。研究者一人当たり研究費＜15＞も企業の研究開発活動への集中度合いの高さを示すものであるが，研究者の使用できる研究費の額という側面から見た指標であり，前の２つの指標とは性格を異にする。研究者一人当たり研究費＜15＞も企業の収益力を拡大するものと期待されるが，その効率がよくない場合は逆にコスト要素としての色彩が濃くなり，企業収益を圧迫する可能性もある[6]。

・知的財産活動への資源投入[7]

　知財担当者の対従業員数比率＜17＞は人員面での知的財産活動への投入量を，知財費の対売上高比率＜21＞または知財費の対研究費比率＜22＞は費用面での知的財産活動への投入量を示すものである。こうした比率や金額が多いことが，被説明変数である企業の生産性・収益性にプラスに作用するのか，もしくはコスト要素としてマイナスに作用するかは一概には判別しがたい。プラスとマイナスの作用の方向性は，企業の特性によっても異なると考えられるが，今回の全産業のデータからその平均的な実態が浮かび上がって

くる。こうした説明変数は，被説明変数である企業の生産性・収益性との関連では非線形の関係にある可能性もあり，その場合はこれら説明変数が被説明変数をもっとも押し上げる最適な水準を確認することができるかも知れない。第7章ではこれら変数の二乗項を用いて最適知財コストを算出する例を示した。

・知的財産活動の生産性・効率性

発明単価＜31＞と研究者一人当たり届出数＜55＞は，それぞれ対研究費と対研究者一人当たりの発明創出の効率性を示す。ただ，発明単価＜31＞が高いことは発明数から見た研究開発効率の低さを示すことになるかも知れないし，逆にすぐれた質の高い発明が生み出されていることを示しているかも知れない。後者の場合は，企業の生産性・収益性にプラスに作用することになる。

出願率＜32＞は，権利化しうる発明の割合の高さを示している。一義的には新規性・進歩性の高い発明が生み出されていること，つまり研究開発効率の高さを示していると考えられる。この場合，この説明変数は被説明変数に対してプラスの効果を有すると考えられる。ただ，権利化せずにノウハウとして秘匿しておくという，企業の戦略的意図から出願率＜32＞が低下することもある[8]。この場合，この説明変数はマイナスの効果を見せるか，有意な結果を示さない可能性もある。

研究者一人当たり国内特許出願件数＜35＞と研究者一人当たり総特許出願件数＜42＞は，いずれも研究開発部門の知的財産（特許）生産性の高さを示している。そのことは，企業の生産性・収益性に対してプラス効果を発揮することが期待される。ただ，全体としての知的財産マネジメントが効率的でなく，不要な出願が多くなされているとすれば，この説明変数はマイナスになる可能性もある[9]。

・知的財産の保有状況・活用度

知財担当一人当たり国内特許保有件数＜44＞と知財担当一人当たり総特許保有件数＜50＞は，知的財産部門の権利取得活動の成果の蓄積度を示す。ま

た，研究者一人当たり国内特許保有件数＜45＞と研究者一人当たり総特許保有件数＜51＞は，同様に研究開発部門における権利取得活動の蓄積度を示す。いずれも，特許権という資産をどれだけ企業が密度濃く確保しているかという指標であり，これら指標をポジティブなものと見れば，一義的には企業の生産性・収益性にプラスの効果を示すものと考えられる。同時に，研究者一人当たり国内特許保有件数＜45＞，及び研究者一人当たり総特許保有件数＜51＞は，先の研究者一人当たり国内特許出願件数＜35＞，及び研究者一人当たり総特許出願件数＜42＞と，類似した性格を有するデータである。研究者一人当たり総特許出願件数＜42＞が継続して積み重ねられてきたとすれば，その一人当たり特許保有件数も当然に多くなる。一人当たり特許出願件数と一人当たり特許保有件数とは，互いに相関が高く，概して多重共線性を持つ可能性があることに留意する必要がある。

国内特許利用率＜52＞と総特許利用率＜54＞は，獲得した権利をどれだけ効率的に実施しているかを示しており，当然にこの指数が高いことは企業の生産性・収益性にプラスの効果をもたらすことが期待される。

4 企業の生産性・収益性に関する分析

以上で説明した各データの意味合いを念頭に置きながら，以下では，実際にデータを用いて回帰分析を実施してみよう。

使用するデータは，「知的財産活動調査」の「統計表」の中の各産業分野（属性分野）から「卸・小売業」「その他非製造業」「教育・TLO・公的研究機関・公務」，さらに「個人」の4分野を除いた14産業×5階級の資本金規模別のデータで，サンプル数は70となる[10]。

（1）データの選択と回帰分析

①被説明変数

ここでは，企業の利益変換能力を示す従業員一人当たり営業利益高＜8＞を被説明変数とする。

②説明変数

まず、図表10－3から下記の変数をそれぞれ説明変数として選択することとする。

　　・企業規模
　　　従業員数＜3＞
　　・企業の生産性・収益性
　　　従業員一人当たり売上高＜5＞
　　　人件費の対売上高比率＜26＞
　　・研究開発活動
　　　研究費比率＜14＞
　　　研究者一人当たり研究費＜15＞
　　・知的財産活動への資源投入
　　　知財費の対売上高比率＜21＞
　　・知的財産活動の生産性・効率性
　　　発明単価＜31＞
　　　研究者一人当たり届出数＜55＞
　　・知的財産の保有状況・活用度
　　　知財担当一人当たり総特許保有件数＜50＞
　　　国内特許利用率＜52＞

③**相関係数と回帰結果**

まず、説明変数の相関係数を算出し、多重共線性の可能性を見る。その結果を、図表10－4に示してある。研究費比率が、研究者一人当たり研究費および発明単価との間で相関係数が高いが、それ以外では相関はさして高くない。

上で示した説明変数で回帰した結果が、図表10－5である。結果的に、従業員一人当たり売上高＜5＞と研究者一人当たり研究費＜15＞が1％水準、そして発明単価＜31＞が5％水準で有意である以外は、有意な結果を得ることができなかった。また、従業員数＜3＞、研究費比率＜14＞、そして国内特許利用率＜52＞のパラメータの符号はマイナスとなった。

図表10-4　説明変数の相関係数

	従業員数	一人当たり売上高	対売上高人件費率	研究費比率	研究者一人当たり研究費	対売上高知財費	発明単価	研究者一人当たり届出数	担当一人当たり総特許保有件数	国内特許利用率
従業員数	1									
一人当たり売上高	0.474	1.000								
対売上高人件費率	-0.084	-0.412	1.000							
研究費比率	0.355	0.103	0.208	1.000						
研究者一人当たり研究費	0.626	0.564	-0.075	0.792	1.000					
対売上高知財費	-0.014	-0.229	0.480	0.550	0.191	1.000				
発明単価	0.161	0.196	-0.016	0.719	0.664	0.118	1.000			
研究者一人当たり届出数	0.218	0.160	0.103	-0.118	-0.001	0.177	-0.281	1.000		
担当一人当たり総特許保有件数	0.428	0.338	0.110	0.236	0.346	0.046	-0.014	0.413	1.000	
国内特許利用率	-0.338	-0.416	0.033	-0.255	-0.463	0.208	-0.299	-0.037	-0.398	1

図表10-5　被説明変数：従業員一人当たり営業利益高＜8＞　回帰結果（1）

回帰統計	
補正R2（修正決定係数）	0.6302
観測数	69

	係数	標準誤差	t	P-値	
切片	-1.531	2.512	-0.609	0.545	
従業員数	-0.00042	0.00028	-1.542	0.128	
一人当たり売上高	0.049	0.017	2.963	0.004	***
対売上高人件費率	10.944	10.213	1.072	0.288	
研究費比率	-73.903	46.550	-1.588	0.118	
研究者一人当たり研究費	0.297	0.106	2.801	0.007	***
対売上高知財費	380.683	525.346	0.725	0.472	
発明単価	0.0105	0.0042	2.484	0.016	**
研究者一人当たり届出数	1.142	1.270	0.899	0.372	
担当一人当たり総特許保有件数	-0.030	0.018	-1.628	0.109	
国内特許利用率	-2.224	3.114	-0.714	0.478	

注：***は1％水準，**は5％水準で有意であることを示す。

（2）定式化の工夫

　図表10－5の結果から，被説明変数「従業員一人当たり営業利益高＜8＞」と比較的関連性が薄いと考えられるものと，パラメータの適合性がよくなかった（つまり，t値が低い＝P-値が高い）説明変数を除いて回帰を進めてみることとする。

　まず，パラメータの符号がマイナスでかつt値の低かった国内特許利用率＜52＞からはじめ，以後，有意でなかった変数のうちt値のもっとも低いものを削除するという方法で定式化を進めていく。この方法は，当初に関連すると考えられる説明変数をおしなべて含めたジェネラルな回帰式から，順次，シンプルな回帰式へと変えていく方法であり，「ジェネラル・ツー・シンプル（General to Simple）」法とも呼ばれている[11]。

　なお，上記の方法により回帰を進める過程で，「知的財産活動への資源投入」と「知的財産活動の生産性・効率性」に関する変数がすべて有意でなくなった。そのため，その時点において代わりに「一名の知財担当者がサポートする研究者数＜18＞」を説明変数に加えることとした。

　そして，すべての変数のパラメータが，ほぼ10％水準に近いところまで到達した回帰結果が図表10－6である。

　定式化の工夫においては，非線形なモデルを想定し各データについて対数値をとって回帰することも考えられる[12]。ただ，今回の分析でも両辺の対数をとって回帰してみたが，あまり良好な結果は得られなかった。

　今回の結果では，従業員数＜3＞，研究費比率＜14＞，そして知財担当一人当たり総特許保有件数＜50＞のパラメータの符号がマイナスとなった。こうした結論は必ずしも，先に想定した理論と整合するものではなかったが，ひとつには使用したデータがオリジナルデータを二次加工したデータであったことが関係している可能性がある。

　ちなみに，図表10－6の回帰結果に，さらに知財担当一人当たり総特許保有件数＜50＞と営業利益率＜7＞との交差項（両変数を乗じて作成した変数）を加えて回帰して見た。その結果が，図表10－7である。

　発明単価＜31＞のパラメータが有意でなくなったが，修正決定係数の値が

図表10－6　被説明変数：従業員一人当たり営業利益高＜8＞　回帰結果（2）

回帰統計	
補正R2（修正決定係数）	0.64667
観測数	69

	係数	標準誤差	t	P-値	
切片	－1.919	0.898	－2.136	0.037	**
従業員数	－0.001	0.000	－2.032	0.047	**
一人当たり売上高	0.045	0.015	2.961	0.004	***
研究費比率	－49.555	32.161	－1.541	0.129	
研究者一人当たり研究費	0.289	0.099	2.917	0.005	***
発明単価	0.006	0.004	1.687	0.097	*
担当一人当たり総特許保有件数	－0.044	0.019	－2.370	0.021	**
担当SE数	0.114	0.047	2.416	0.019	**

注：***は1％水準，**は5％水準，*は10％水準で有意であることを示す。

高まり，研究費比率もパラメータはマイナスのままであるが有意となった。

　今回のデータでは，規模の効果が見られず企業規模に関するデータとしての従業員数＜3＞のパラメータがわずかながらマイナスになった。企業規模に関するデータを，売上高＜1＞や推定資本金＜2＞に代えてもパラメータのマイナスは変わらなかった。オリジナルデータでも同様の結果になるかどうかは分からないが，もしもそうだとすれば従業員一人当たり営業利益高＜8＞に関しては，規模の経済は成立しない可能性がある。

　また，研究費比率＜14＞のパラメータも符号がマイナスとなったが，それに対して研究者一人当たり研究費＜15＞はプラスで有意となった。これについても，オリジナルデータとの整合性は分からないものの，少なくとも今回のデータからは，従業員一人当たり営業利益高＜8＞を拡大させるためには，研究費比率を伸ばすより，要は一人の研究者が使用できる研究費の額を増加させることに，より意味があると読みとれる。ただ，この結果から研究

図表10-7　被説明変数：従業員一人当たり営業利益高＜8＞　回帰結果（3）

回帰統計	
補正R2（修正決定係数）	0.76689
観測数	69

	係数	標準誤差	t	P-値	
切片	−1.658	0.731	−2.267	0.027	**
従業員数	−0.00047	0.0002	−2.132	0.037	**
一人当たり売上高	0.045	0.012	3.662	0.001	***
研究費比率	−79.861	26.659	−2.996	0.004	**
研究者一人当たり研究費	0.280	0.081	3.476	0.001	***
発明単価	0.004	0.003	1.228	0.224	
担当一人当たり総特許保有件数	−0.119	0.020	−5.949	0.000	***
交差項	1.537	0.270	5.697	0.000	***
担当SE数	0.116	0.038	3.019	0.004	***

注：***は1％水準，**は5％水準，*は10％水準で有意であることを示す。

費比率が企業業績にマイナスの影響を及ぼすと即断することは間違いである。特に，最近我が国では研究費支出額の伸びが大きく，それに対して企業業績が対応しきれていない実態が見られる。こうした実態が，パラメータのマイナスという結果につながった可能性がある。この点については，さらに第11章を参照されたい。

　第9章で学んだように，知財担当者一人当たり総特許保有件数＜50＞と交差項（知財担当一人当たり総特許保有件数＜50＞×営業利益率＜7＞）のパラメータから，知財担当一人当たり総特許保有件数＜50＞を被説明変数に対してプラスに作用させる営業利益率＜7＞の転換点（境界利益率）を求めることができる。

　この境界利益率を算出すると，それは7.7％（＝0.119÷1.537）となる。つまり，営業利益率が7.7％以上の水準にある企業においては，知的財産担

当者の保有する総特許件数の増加が，従業員一人当たり営業利益高＜8＞に対してプラスに作用することを意味する。この利益率は，製造業一般にとってかなり高い率に相当すると考えられるが[13]，これも使用したデータによってバイアスを受けてしまった可能性がある。

(3) 企業における参考方法

以上の分析では，製造業を中心とした産業界全体における，研究開発や知的財産と企業の生産性・収益性との関連を見てきた。こうして得られた結果を個々の企業が自社の経営分析に役立てるためには，どのようにすればよいのであろうか。

まず，図表10－6の回帰結果（2）における各変数のパラメータがすべて有意であったと仮定してみよう。そうすると，この回帰式は下記のパラメータを持って特定されることになる。そして，この結果が産業界全体の平均的な実態を表していると考えることができる。

従業員一人当たり営業利益高＜8＞
= － 1.919
－ 0.001 × 従業員数＜3＞
+ 0.045 × 従業員一人当たり売上高＜5＞
－ 49.555 × 研究費比率＜14＞
+ 0.289 × 研究者一人当たり研究費＜15＞
+ 0.006 × 発明単価＜31＞
－ 0.044 × 知財担当一人当たり総特許保有件数＜50＞
+ 0.114 × 1名の知財担当者がサポートする研究者数＜18＞

もし，自社の利益水準が上の回帰式によって得られる産業全体の平均的な水準であったとすれば，各説明変数に自社の具体的な値を代入することで得られる理論値としての従業員一人当たり営業利益高＜8＞と同額水準になる

と考えられる。しかし、実際はこうして回帰式によって求められた被説明変数（従業員一人当たり営業利益高＜8＞）の値は、個々の企業の現実の従業員一人当たり営業利益高の値とは異なるのが通常である。現実の値（実現値）と、回帰式によって求められた値（理論値）の差を「誤差」もしくは「残差」という。

問題は、この誤差がプラスになるかマイナスになるかということにある。プラスになるということは、上の回帰式の説明変数では説明しきれない何らかの理由によって、被説明変数の実現値が大きくなったことになる。逆に、誤差がマイナスになった場合、その企業は産業全体の平均的な水準よりも利益水準が低いことになり、それは説明変数以外の何かの要素に起因していることになる。

このようにして、回帰式によって求められる被説明変数の理論値と実現値を比較することによって、自社のサンプル産業群の中における位置づけを把握することが可能となる。そしてそのうえで、実現値と理論値との差である誤差が何によって生じたかという方向に分析を進めることで、自社企業の優れた点や改善点を探り出すことができる。

回帰分析の結果を、企業の経営分析に役立てるためには、単に回帰結果を得ることにとどまらず、得られた結果から次のステップに進むことが肝要となる。

次は、仮想データを用いて、回帰分析の結果を活用した経営分析の方法について具体的な説明を行う。

5 回帰分析結果を用いた経営分析の事例

（1）仮想データによる回帰事例

図表10-8は、株式時価総額を従業員数で割った値（従業員一人当たり株式時価総額）を被説明変数とし、ある産業分野（X産業とする）に属する企業を対象に、仮想データによる回帰結果を示したものである。仮想データに

よるため，サンプル数はnと不特定の記号で表示している。

　株式時価総額は，株価から直接的に影響を受ける。そのため，株価に影響を及ぼしそうな主要な経営指標（従業員一人当たり総資産，営業利益率）でコントロールし，そのうえで研究開発にかかる指標（研究費比率，研究者の全従業員数に対する比率），そして知的財産権に関する指標（研究者一人当たり特許保有件数）といった指標データを説明変数に加えている。

　いずれの説明変数のパラメータともプラスで，かつ1％水準で有意となっている。いずれのt値も値が大きい（P-値が小さい）ことが確認される。

　先にも述べたようにこの回帰結果は，サンプルに含まれた全企業の平均的な実態を示したものである。問題は，このサンプルに用いられたX産業に属する個別企業が，この平均的な実態と比較してどのような位置づけにあるかという点である。

図表10－8　被説明変数：従業員一人当たり株式時価総額　回帰分析結果（仮想例）

回帰統計	
補正R2	0.728
観測数	n

	係数	標準誤差	t	P-値	
切片	-0.619	0.072	-8.571	1.65672E-15	***
従業員一人当たり総資産額	0.006	0.000	13.014	3.08494E-29	***
営業利益率	5.950	0.749	7.946	9.18279E-14	***
研究費比率	3.106	1.106	2.808	0.005421616	***
全従業員数に対する研究者の比率	0.389	0.109	3.567	0.000441475	***
研究者一人当たり特許保有件数	0.058	0.011	5.284	2.97805E-07	***

注：***は1％水準で有意であることを示す。

（2）事例に基づいた経営分析

①理論値と実現値の比較分析（誤差分析）

　図表10－8は，企業の株式時価評価額（従業員数で割って基準化した値）が，①従業員一人当たり総資産額，②営業利益率，③研究費比率，④全従業員数に対する研究者の比率，そして⑤研究者一人当たり特許保有件数の5つの変数によって説明されることを示していた。

　しかし，企業の株価を決定づけるのはこの5つの項目だけに限られるものではない。すべての経済現象がそうであるように，各企業の株価（結果としての株式時価総額）は無限に存在するさまざまな要因によって影響を受ける。そして，企業それぞれによっても影響の受け方や，株価の実現の仕方は異なるものと考えられる。そのため，5つの説明変数によって回帰したとしても，それで現実の各企業の株式時価総額を完全に説明しきれるわけではない。おのずと，下記回帰式によって求められる理論値と実現値には差が生じ，いずれの企業についても誤差が発生する。

　　回帰式：　従業員一人当たり株式時価総額
　　　　　　＝　－　0.619
　　　　　　　　＋　0.006　×　従業員一人当たり総資産額
　　　　　　　　＋　5.950　×　営業利益率
　　　　　　　　＋　3.106　×　研究費比率
　　　　　　　　＋　0.389　×　全従業員数に対する研究者の比率
　　　　　　　　＋　0.058　×　研究者一人当たり特許保有件数

　図表10－9は，サンプルとして採用されたX産業に属する仮想のA社，B社，C社という3つの企業について，説明変数の具体的な数値と，それを上記回帰式に当てはめることで求めた従業員一人当たり株式時価総額（理論値）と，さらに3社それぞれの現実の従業員一人当たり株式時価総額（実現値）を表したものである。

　被説明変数である従業員一人当たり株式時価総額の値を各社別に見ていく

図表10－9　個別企業の説明変数及び理論値と実現値

企業名	従業員一人当たり総資産額	営業利益率	研究費比率	全従業員数に対する研究者の比率	研究者一人当たり特許保有件数	理論値	実現値	誤差
(単位)	(10万円)	(％)	(％)	(％)	(件)	(百万円)	(百万円)	(百万円)
A社	133.21	8.1％	8.7％	21.5％	2.71	11.52	23.43	11.92
B社	103.75	6.2％	6.5％	18.4％	2.33	7.66	13.65	5.99
C社	76.73	2.4％	5.3％	15.8％	1.50	2.83	2.15	－0.68

と，A社，B社，C社の順番で大きいことが分かる。そして，各社の説明変数を比較すると，5つのいずれの項目を見ても，A社，B社，C社の順番で大きな値をとっていることが分かる。5つの説明変数のパラメータの符号はいずれもプラスであったため，説明変数の値が大きいほど被説明変数の値も大きくなる。

　3社に関する被説明変数の理論値において，各社間で差が生じたのはこうした説明変数の値の違いによる。

　問題は，理論値と実現値の差である誤差にある。A社とB社は実現値が理論値よりも大きく，特にA社は実現値が理論値の倍ほどの額になっている。対して，C社は実現値が理論値よりも小さく，現実の株価が低いことが分かる。

　こうした違いは何によってもたらされたと考えればよいのであろうか。

　企業の株価は何によって影響を受けるのか，そして説明変数を用いて見たときの平均的な値より大きくなったり，また小さくなったりするのはなぜであろうか。

　他でもない，説明変数以外の要素がこうした結果に影響を及ぼしているためである。こうして，誤差を生み出している原因の探索が始まる。

②誤差を生み出す原因分析

　企業の株価に影響を及ぼすものとしては，上記5つのファクター以外にもさまざまな要素が考えられる。将来収益の見通しはもちろんのこと，企業のブランドイメージ，新規事業展開の予定などといった定性的な要素から，定

量的な要素までさまざまな事項が考えられる。

図表10-10　株価に影響を及ぼしうる定量的指標データの候補

企業名	従業員一人当たり売上高	研究者一人当たり出願件数	知財担当者一人当たり出願件数	研究者一人当たり特許保有数	知財担当者一人当たり特許保有数	従業員一人当たり固定資産	従業員一人当たり有形固定資産	従業員一人当たり付加価値	売上高設備投資比率 (B) (%) 2005	投資収益率・ROI (%) 2005
(単位)	(10万円)	(件)	(件)	(件)	(件)	(10万円)	(10万円)	(10万円)	(%)	(%)
A社	153.51	1.54	108.99	2.91	203.5	89.45	21.60	26.20	3.87	12.70
B社	125.57	0.83	63.12	1.93	143.7	73.63	25.27	18.72	5.04	7.44
C社	105.83	0.23	40.44	1.40	107.3	55.41	35.69	10.95	4.52	3.11

　図表10-10は，その中でも，A社，B社，C社について定量的に把握できる要素の実際の値（仮想値）を示したものである。これらの中には，株価に強い影響を及ぼすものもあれば，そうでないものもあると考えられる。

　ただ，表から分かることはほとんどすべての項目について，A社，B社，C社の順で値が大きいことである。例外は，従業員一人当たり有形固定資産が逆順になっていることと，売上高設備投資比率が順不同となっている点だけである。有形固定資産については，その一人当たり保有金額が多いこと（これを資本の深化という）が，逆に株価にマイナスに作用する可能性が示される。売上高設備投資比率については，単にその率の大きさというより，何に対して投資しようとしているかという投資の質によって株価への影響は異なってくると考えられる。

　いずれにせよ，このように各社の財務データ，研究開発，及び知的財産関連データを整理することで，各社の強みと弱点が見えてくる。

　先ほどの被説明変数の実現値と理論値の誤差は，こうした要因によって多くの部分の説明がつけられる可能性がある。

　図表10-8の回帰分析では説明変数に加えなかったが，図表10-10に記された項目が説明変数に加えられることでモデルの当てはまり具合がよりよくなるかも知れない。また，サンプルに用いられた各企業毎の誤差と，図表10-10に示した各変数データとの回帰を行うことで，誤差の原因となる要素を

発見することにもつながるかも知れない。

このように，業界や，企業全体の中における，自社もしくは固有事業部門の位置づけを，実現値と理論値との比較により把握することで，企業の経営分析をより効率的に進めていくことが可能となる。

なお，各企業が経営分析を行ううえで，他社の知的財産関連情報を得ることは困難であるが，自社内の各事業部門別のデータを得ることは可能であろう。各事業部門ごとのデータをサンプルとして用いて，同様の分析を行うことで，各事業部門の強みと弱点を浮き彫りにすることにつなげていくことができる。

注

[1] 金融商品取引法第24条及び第25条参照。なお，各企業の財務データに関しては，有料ではあるが日経財務情報，東京商工リサーチ財務情報，帝国データバンク財務情報などから，上場・非上場企業を問わず入手することができる。

[2] 本サイト「http://www.jpo.go.jp/cgi/link.cgi?url=/shiryou/toukei/tizai_katsudou_list.htm」は，2008年8月13日現在のものである。

[3] その他，さまざまな視点からの分析について関心が持たれるが，たとえば特許による研究開発促進効果という側面から分析を行った研究としてArora et. al（2002）がある。Arora et al.（2002）は，イノベーションを特許化することによって得られる利益が，研究開発投資にどのような影響を及ぼすかという分析を行った。1994年のカーネギー・メロン・サーベイによるデータを用いてアメリカの産業について分析した結果，医薬産業において特許化による利益がもっとも大きく，それが当該産業での研究開発を促進していることを確認した。その他バイオ，医療機器などの産業分野でも特許化による利益が研究開発を促進していることが確認された。概して産業全般において，特許化することによる利益が研究開発促進効果を持つことが実証されたものの，こうした効果は産業分野によって大きく異なり，食品やエレクトロニクスなどの産業ではその効果が小さいとされた。

[4] たとえば対売上高比で示される研究開発集約度は産業によって異なるし，また後藤・永田（1997）に示されていたように研究開発成果に対する重要度の置き方やイノベーションの速度も産業分野によって異なる。さらに，Aroa et al.（2002）が示していたように特許化することによってもたらされるプレミアの大きさは産業によって大きく異なる。

［5］ Griliches（1980）は，個別企業データを用いて，売上高伸び率や資産収益率の伸び率を，有形資産と研究開発費の伸び率で回帰した。イノベーションの収益性分析という観点からは，第6章でも見たように，海外では特許データよりも研究開発投資に関するデータが数多く用いられてきた。また我が国についても，個別企業データを用いて，企業の生産性に研究開発費（対付加価値比）がどのように影響しているかについて，企業規模や広告費でコントロールして分析した研究として Odagiri and Iwata（1986）がある。ここでは生産性データとして，全要素生産性の伸び率が用いられた。また，生産性に付加価値を用い，我が国の個別企業の研究開発投資（ストック）が生産性にどう影響しているかについて分析したものとして Kwon and Inui（2003）がある。Kwon and Inui（2003）は，経済産業省の実施した企業活動基本調査から3,830社のデータを用いて，物的資本（土地を除いた有形固定資産）や労働（就業時間）でコントロールして，研究開発投資の生産性への寄与度を弾力性によって求めた。

［6］ Eklund and Wiberg（2007）は，システマティックに研究開発活動を実施していくことによって，たとえ競合他社にとっての市場参入障壁が低くても，その競争を乗り越えて，通常水準を超える高い利益を維持し続けることができる可能性があることを，実証的に分析した。

［7］ 知的財産を説明変数に加えて企業の生産性を分析した研究としては，Sherer（1965a）がある。ここでは，企業の利益を特許登録件数と売上高（産業ダミーとの交差項）とで回帰した。また，Czarnitzki and Kaft（2004）は，さまざまな説明変数でコントロールしたうえで，イノベーションの代理変数としての特許ストックが，企業の超過利益率を有効に説明していることを確認した。しかし先に述べたように，企業などの生産性とイノベーションの関係を見るための説明変数には研究開発費に関するデータが主に用いられてきた。企業の生産性・収益性に代えて，トービンのqと特許とを直接的に推計した研究としては，Griliches（1981）にはじまり，近年では Hall, Jaffe and Trajtenberg（2001），Nakanishi and Yamada（2007），Inoue et al.（2008）などがある。Hall, Jaffe and Trajtenberg（2001）以降はいずれも，被引用数を加味した特許の質的要素が企業価値を有効に説明するかどうかを確認することが主に意図されていた。その中でも，Nakanishi and Yamada（2007）は，被引用数に限らず，無効審判など，他社による関心度ファクターなどを加味して，総合的な特許の質を加味して分析した。なお，Cochburn and Griliches（1998）は特許の質を加味しないデータ（特許ストック）を用いて分析したが，特許ストックデータもトービンのqに対して高い説明力を有しているとした。しかし，研

究開発ストックや新規投入研究開発費の方がより高い説明力を有していることを示した。また，特許保護の有効性指標（特許の保護が技術革新からのリターンを得るうえで有効か否かに関する7段階のリッカートスケール値）も，トービンのqに対して有効な説明力を持っている可能性を示した。

［8］ 企業の出願率は特許性向（Propensity to Patent）といわれ，古くはScherer（1965b）においてもこの影響の重要性が指摘されていた。研究開発費を説明変数に用いた特許生産関数に，この特許性向が大きく影響を及ぼすといわれている。特許性向は，企業や産業によっても異なるし，時間によっても異なるといわれている。たとえば，Evenson（1991）は，アメリカのみならず日本，ドイツ，イギリスなどの特許性向（対研究開発費あたり特許件数や，対研究者数あたり特許件数）が1970年以降1980年代を通して低下していることを指摘し，研究開発の生産性低下の可能性を指摘した。研究開発活動には，かなりの程度，経験，トライアル，そして失敗といった要素が含まれており，これらが技術機会の消尽（Exhaustion of Technological Oppotunities）を招き，発明の潜在的な消尽（発明の数の低下）をもたらしているとした。

［9］ なお，特許出願件数（もしくは登録件数）を被説明変数として分析した研究として，古くはScherer（1965b）がある。Scherer（1965b）は，企業規模，産業分野，利益率，事業領域の広さなどと技術開発水準（Inventive Output）との関係を，特許登録件数を代理変数に用いて分析した。この研究は，いわゆるシュンペーター仮説（大規模企業でイノベーションが実現されやすい）の検証が少なからず意図されていたものと考えられる。しかし今日，この仮説とは異なる実証的結果多く示されている（たとえば，Kim et al., 2004）。また，特許の生産関数は研究開発投資をインプット要素において，両者の関係を見るというモデル式によって展開されている。Pakes and Griliches（1984）にはじまり，Hausman et al.（1984），Crepon and Duguet（1997），Blundell et al.（2002）は，コブ・ダグラス型関数を用いて現在と過去の研究開発費を説明変数に適用し，両辺の対数値をとって回帰している。企業のイノベーション促進にベンチャーキャピタルの貢献を分析したKortum and Lerner（2000）でも，研究開発費を被説明変数とした特許生産関数が用いられていた。なお，国単位のマクロレベルデータではあるが，OECD各国の1980年～1999年のデータを用いて，Falk（2005）は研究開発費（対GDP比）とヨーロッパ特許庁への出願件数（人口一人当たりEPO出願件数）との関係を，人口一人当たりGDP，教育水準，知的財産権保護水準（第8章のIIPR），市場開放度などでコントロールして分析し，それぞれの弾力性を求めた。

［10］　ただし，産業分野「情報通信業」の分野において，説明変数のうち国内特許利用率にデータの欠損がひとつあったため，最終的に回帰分析にかけられたサンプル数は69となった。

［11］　Ramanathan（2002）pp. 260–261参照。

［12］　第5章でも説明したが，エクセルソフトにおいて自然対数値を得るには，「＝ln（）」という関数を用いればよい。（）の中に，対数に変換したい数値データの入力されたセルの記号（たとえば，「A3」など）を入力（もしくは当該セルをクリックして選択）すればよい。

［13］　経済産業省（2008）によると，2006年における製造業の平均営業利益率は4.12％である。

第11章

株価データと研究開発の収益性低下に関する分析

1 株価と研究開発データに関する先行研究

(1) 市場価値と無形資産の関係

　研究開発や特許といった無形資産の生産性・収益性分析法のひとつとして，それらと企業の市場価値との関係を見る方法がある。具体的には，純資産の時価額と負債の合計額によって示される企業価値や，その値を簿価で割った倍率（トービンのq）を被説明変数とし[1]，これに対する研究開発費の影響を分析した研究がある。たとえば，Griliches（1981），Hall（1993），Hall（1999），そして我が国では長岡（2003）などがあるが，これらの研究では被説明変数にトービンのqが，そして無形資産の代理変数として研究開発投資額や特許データが用いられた。

　利益や付加価値といった収益性もしくは生産性を示す変数ではなく，株式の市場価格を用いることで，タイムラグの問題を回避することができる。Griliches（1981）やPakes（1981）が指摘するように，市場価値は技術革新によってもたらされる期待収益の現在価値に基づいて決定されるものであり，研究開発の実施や開発された技術が市場に投入されてからそれが株価に反映されるまでに，永いラグ期間を設ける必要がない。つまり，研究開発活

動への投資がなされた段階で，市場は即座に将来の期待収益を織り込んで，その効果を株価に反映させると考えられる。

（2）研究の源流

研究開発もしくは特許とこうした企業の市場価値との関連を，モデルを用いて実施した研究の萌芽は，先のGriliches（1981）に見い出される。Griliches（1981）ではサンプル企業157社（ここから研究開発費データのない企業などを一部除去した）の1968年〜1974年までのデータを用いて研究開発費と特許の市場価値への影響を分析した。そこでは，下記の簡略なモデル（「加法モデル」といわれる）式が想定された。

$$V = p(A+K) \quad \cdots\cdots 11-①$$

ただし，V は企業の市場価値（純資産時価額と負債の合計），A は企業の簿価表示による有形資産や金融資産などの資産を，K は知識ストックを，そして p は企業の各種資産を市場価値に変換する係数を意味する。

そして p は，企業の特性（m），市場からの影響（d），その他個別の要素（u）によって，その値が変化するため，

$$p = \exp(m_i + d_t + u_{it}) \cdots\cdots 11-②$$

と書き直す[2]。なお，t は年を表し，i は個々の企業を示す。つまり，m_i は「i」という企業の特性を，d_t は「t」という年次における市場の状況を，u_{it} は i 企業の t 年次におけるその他の要素を示す。

ここで，

$$Q = \frac{V}{A} \cdots\cdots 11-③$$

と定義する。Q は企業の市場価値が簿価の何倍であるかという値を示し，これが先に述べたトービンのqである。

11−②式を11−①式に代入すると，$V = \exp(m_i + d_t + u_{it}) * (A+K)$ となる。そして，11−③式に基づいてこの式の両辺を A で割ると，

$$Q = \frac{V}{A} = \exp(m_i + d_t + u_{it})(1 + \frac{K}{A}) \text{ となる。}$$

この両辺の自然対数をとると,

$$\ln Q = m_i + d_t + u_{it} + \ln(1 + \frac{K}{A}) \cdots\cdots 11-④$$

となる[3]。ここで,$\frac{K}{A}$が1より十分に小さいとき,$\ln(1+\frac{K}{A}) \fallingdotseq \frac{K}{A}$と近似できるため[4],$\ln(1+\frac{K}{A})$を$\frac{K}{A}$で置き換えると,11-④式は下記11-⑤式になる。

$$\ln Q = m_i + d_t + \frac{K}{A} + u_{it} \cdots\cdots 11-⑤$$

Griliches(1981)は,この11-⑤式の知識ストックKに1968年～1974年までの研究開発費や特許出願件数を代理変数として適用して回帰した。なお,研究開発費については0期から6期まで,特許出願については2期までのラグ期間を設定して,研究開発費と特許出願件数とを並列させて説明変数に加えて回帰を行った。また,Qに時系列的なトレンドが存在する可能性を考慮して,一期前のQの値を説明変数に加えたり,Kにそれぞれ一期前の研究開発費,特許出願件数を説明変数に加えるなどさまざまな定式化の工夫を凝らした[5]。

これに年度ダミー,企業ダミー,さらに企業特性を示す変数のひとつとして各企業のβ値を変数に加えて回帰した[6]。

そして,結論的に研究開発費,特許出願件数のいずれのパラメータとも,プラスで頑健な結果を示すことを確認した。

(3)研究の展開

Griliches(1981)の分析は試行的なものではあったが,モデルの設定方法などはその後の数多くの研究に影響を与えることとなった。

たとえばUri(1984)は,企業の株価がさまざまな要因によって影響を受けることを想定し,11-①式で示された有形資産と,研究開発費などで代替

される無形資産(知識ストック)の加法モデルによる研究を拡張させて,説明変数に企業の独占力,企業利益(営業利益),設備投資額,当該企業の属する産業分野が有する特許件数,β値などさまざまな変数を取り込んだ研究を行った。いわば,上記11－⑤式における誤差項u_{it}を,さまざまな変数に分解して研究を行った[7]。分析した結果,研究開発投資,設備投資,さらに産業全体としての特許保有水準は,企業の株価にプラスの影響を有意に示すことが確認された。ただ,当該企業自体が保有する特許件数については頑健な有意性を見い出すことができなかった。

Hall (1993) は,1973年〜1991年までの企業データを用い,被説明変数として企業の市場価値を用いたが,基本的には Griliches (1981) で示された先の11－⑤式をベースとしたモデルを設定した。そして有形資産の規模,有形資産に対する研究開発費の割合と同広告費の割合を無形資産の代理変数として説明変数に付加し,それに各企業の資産構成割合や年度ダミーを加えて分析を行った。分析の結果,Hall (1993) は研究開発投資の市場価値を高める効果が1980年代に大きく低下していることを確認した。具体的には,1983年〜1984年頃までは研究開発投資は有形資産とほぼ同等の効果を有し,かつ1970年代の広告投資の10倍ほどの効果を有していたが,それ以降は大きく効果を下げ,有形資産の1／5に,また広告投資とはほぼ同水準にまで低下したことを示した。その理由として,研究開発の減衰率が高まったこと,市場の目が近視眼的になり研究開発という長期的成果に対する期待を低く見積るようになったことを指摘した。さらに,1980年代に M&A が頻発する中で,相対的に広告などによって得られるブランドに対する重要度が増加したことがその理由であることも示唆した。

また,Blundell et al. (1999) はイギリス製造業について分析し,イノベーションや特許の数が市場価値に及ぼす影響に,マーケットシェアがどのように関わるかを検討した。そして,マーケットシェアの高い企業ほど,イノベーションの市場価値に対する効果が大きいことを確認した。

こうした研究開発,及び特許データと市場価値に関するアメリカとイギリスのさまざまな研究については,Hall (1999) がそれらをオーバービューのうえ整理している。ここでの結論は,フローベースの研究開発費もストック

化した研究開発資産も，企業の市場価値を通して測定することが可能であること，しかしアメリカにおいてもイギリスにおいても年度によって研究開発のパラメータは変化し，アメリカでは1980年代初頭以降このパラメータが低下し研究開発の収益性低下が示唆されていること，また特許については研究開発データほどではないが，ある程度こうした分析への適用が可能であり，さらに特許引用回数で加重した件数データに，より信頼性のある結果が示されるとした。

2 研究開発効率の低下傾向に関する指摘

　1980年代において，アメリカでは研究開発投資の生産性，及び収益性分析に関して，多くの研究がなされてきた。Hall（1999）は，1980年代初頭からアメリカでの研究開発の生産性低下を示唆していたが，渡辺（2001）が指摘しているように，こうした多くの研究の背景のひとつには，1973年の石油危機を契機として，アメリカ経済の低迷や生産性低下が1970年代以降に見られたことが挙げられる。そしてその原因が，研究開発水準の低下に原因があるのではないかという問題意識があったものと考えられる[8]。それは，ハイテク製品分野において日本に遅れをとっているという状況証拠からも想定されたところである。

　近年，我が国でも研究開発効率の低下が各方面から指摘されている。たとえば，榊原・辻本（2003）は，我が国企業の研究開発投資額が設備投資額を上回ったのと同時に，児玉（1991）のデータから設備投資の絶対額が1980年代後半から減少していることにも着目した。そして，こうした現象はアメリカでは起きておらず，1990年代のアメリカでは活発な研究開発投資が，それを上回る設備投資の伸びにつながるという，両者の好循環が存在してきたことを指摘した。IBMやインテルなどに代表されるアメリカの先端技術を持つ個別企業を眺めても同様の傾向が確認された。研究開発投資の成果は，程度の差はあるにせよ他の企業にスピルオーバーしていく宿命を持っており，その意味からも外部からの革新技術の獲得が求められるのに対し，我が国は

研究開発の自己充足性，つまり内製化を高めていった。そのために，研究開発投資額は増加したが，このことが逆に見れば世界的に進行したオープンな技術開発戦略への立ち後れをもたらし，クローズドな研究開発戦略に向かわせることになったと述べる。こうした事情が1990年代の我が国の研究開発投資の効率性の低下につながったのではないかと指摘している。また同時に，かつて我が国に対する各国からの「基礎研究ただ乗り」批判に応えるために基礎研究所設立ブームが一過性のものとして1980年代後半に起きたことが，この傾向に拍車をかけたと分析している。

　また，榊原（2005）は我が国企業における研究開発が，研究課題の変化に対応しきれていない点を指摘する。つまり，これまでのプロセスイノベーションから製品イノベーションへの転換，連続的なイノベーションから破壊的・不連続なイノベーションへの変革，さらにクローズドで統合化した製品アーキテクチャーからオープンでモジュール化した製品アーキテクチャーに対応した事業構造への変化に対する対応の遅れが，我が国における研究開発効率の低下の背景にあると指摘する。

　ところで，研究開発投資の収益性もしくは生産性を測定するためには，これまでもいくつかの方法がとられてきたが，その中で最近の我が国で実施された主な分析手法としては，①研究開発ストックの生産弾力性を求める方法，②研究開発投資額の限界生産力を求める方法，先に示した③企業価値（トービンのq）に対する研究開発投資の影響度などが挙げられる[9]。また収益性分析に関するシンプルで分かりやすい方法としては，村上（1999）や文部科学省（2003）で示されたような，④一定期間の営業利益額の一定のラグ期間を設定した同期間の研究開発費に対する比率（たとえば，当該年度から過去5年間の営業利益÷当該年の5年前から数えた過去5年間の研究開発費）を求める方法が存在する。

　1982年～1997年までの産業別パネルデータを用いて研究開発ストックの限界生産力を算出した絹川（2000）の推計によれば，この期間において我が国企業のR&D収益率が50％と非常に高いことが示されたが，その一方で渡辺（2001）の推計によれば，我が国製造業における研究開発投資の収益率（限界生産力）は下記図表11-1のように1960年代～1990年代前半にかけて断続

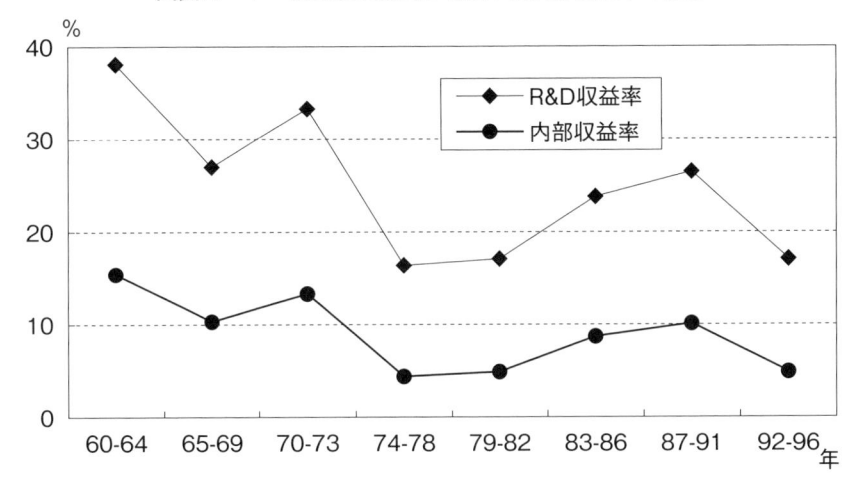

図表11－1　研究開発投資の収益率と内部収益率の推移

注：渡辺（2001）p.199のデータより作成。

的に低下してきたことが示された。また，研究開発の内部収益率も，1950年代～1970年代まで断続的低下を続け，その後も1980年代～1990年代にかけて低い状態のまま停滞している[10]。

　蜂谷（2005b）も同様に，研究開発投資の収益率を算出し，1990年以降研究開発投資の収益性が低下してきたことを示した。また，研究開発投資の内部収益率も一貫して低下し，2002年に至ってはマイナスに転落したことを示した。蜂谷（2005b）は図表11－2を示しつつ，こうした収益率の低下は研究開発投資に限らず資本ストックについても生じているとしたが，同時に収益率低下の環境要因が両者では根本的に異なるともいう。というのは資本ストックについては資本コストの上昇が起きていないが，技術知識ストックについては1980年以降一貫してコストの上昇が起きている。そして，その原因として技術知識ストックの相対価格が上昇したことと，陳腐化率（減衰率）の上昇を挙げている。

　なお，文部科学省（2003）においても我が国製造業における研究開発効率が1980年以降2002年まで一貫して低下し続けて来たことが示されている。

　このように，我が国では1990年代～2000年代初頭にわたり，研究開発投資

図表11-2　技術知識収益率と資本収益率の推移

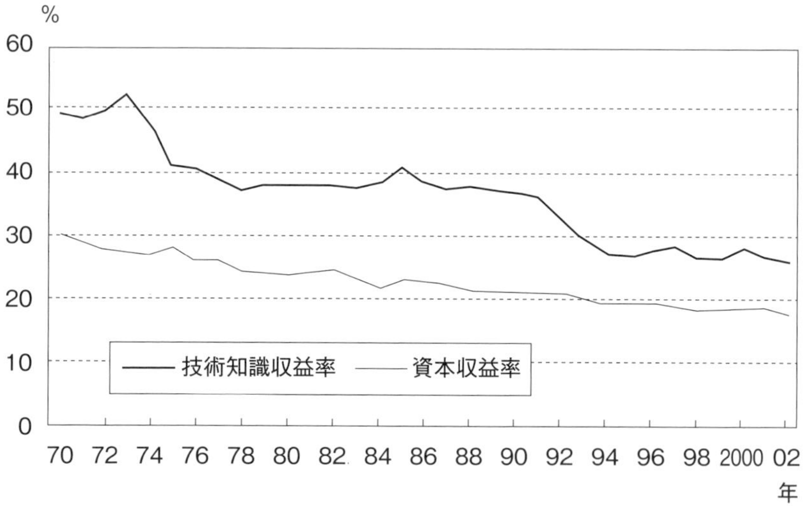

[グラフ：縦軸 %（0～60）、横軸 年（70～02年）。技術知識収益率と資本収益率の2系列の折れ線]

出所：蜂谷（2005b）p.41より。

の収益性が低下してきたことを示すデータが数多く提示されてきた。一方において，我が国は2006年度～2010年度にわたる「第3期科学技術基本計画」が2006年3月に閣議決定され，第1期，第2期を上回る25兆円の政府研究開発投資が予定されているところでもある。そうした中，2000年代の終盤を迎えようとする今日，この研究開発投資の収益率低下傾向に何らかの変化の兆しが見えているのか。それは，興味深い問題である。

以下では，先行研究で用いられた手法に倣って，この点について試行的な分析を試みることとする。

3　我が国企業の研究開発投資の利益，付加価値に対するトレンド分析

まず最初に，各企業が投資する研究開発費が，それぞれの企業の生み出す利益額や付加価値との対比においてどのように推移しているかを確認する。

（1）使用データ

　ここでの分析には，日本経済新聞社が提供するデータベース NEEDS Financial QUEST から得られる各企業の単体財務データを使用する。同データベースの中の，東京証券取引所第一部，第二部，そしてマザーズに上場している企業2,435社の，1997年度～2006年度までのデータを用いることとする。

　なお，今回サンプル対象となった企業の中には研究開発を実施していないなどの理由で，研究開発費に関するデータの開示がない企業が数多く存在した。その数は約1,100社から1,700社近くにまで昇り，少なくとも，2,435社のうちこれだけの企業は分析対象から除かれることになる。

（2）営業利益から見た研究開発投資の収益性

　まず，文部科学省（2003）に倣い，「当該年度から過去3年間の営業利益÷当該年の3年前から数えた過去3年間の研究開発費」で示される比率を求めることとする。文部科学省（2003）では，過去5年間の営業利益を，5年間のラグをおいた研究開発費の額で割って値を求めたが，今回はデータ入手のできる期間に限りがあること，また研究開発投資が成果を生むまでの期間に関して，5年という年数に特段の根拠があるわけでもないため，ここでは3年の累積営業利益を3年のラグを設定した研究開発費の3年累計額で割って見た。以下，この比率をここでは便宜的に「対研究開発費利益率」という。

　その推移は，図表11－3示した通りである。図表11－3は，個々の企業ごとに対研究開発費利益率を求め，各企業の率の平均を求めたものである。

　図表11－3からは，2002年度を谷として，以後，対研究開発費利益率が上昇していることが分かる。しかし，2006年度は再び低下傾向にある。

　この方法はシンプルで分かりやすい反面，研究開発費だけを営業利益と対比させているため，営業利益に影響を及ぼす他の要素を無視しているという点で問題がある。

図表11-3 対研究開発費利益率の推移(3年累積営業利益の3年ラグ研究開発費累積額比率)

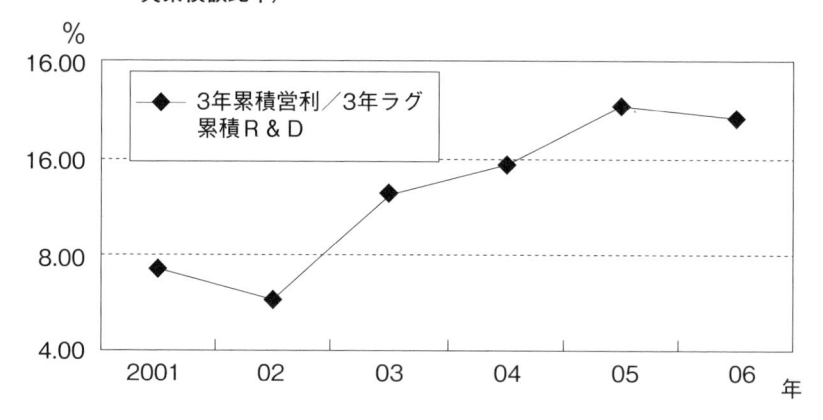

```
%
16.00
        ―◆― 3年累積営利/3年ラグ
              累積R&D
16.00
 8.00
 4.00
      2001    02    03    04    05    06   年
```

(3) 付加価値に対する研究開発投資の収益性の推移

ここでは,Griliches(1980)に倣って下記11-⑥式のコブ・ダグラス型生産関数を想定する。この場合,α は RS の Y に対する弾力性を示す。

$$Q_t = Ae^{\lambda t} RS_t^{\alpha} C_t^{\beta} L_t^{\gamma} \quad \cdots\cdots 11-⑥$$

Q_t は t 期における付加価値,A は定数項,λ は外生的な技術機会,RS_t は t 期における研究開発ストック,C_t と L_t は t 期における資本と労働の投入量を示す。

ここで,11-⑥式の両辺を RS で偏微分すると,左辺は研究開発ストックの限界生産力(収益率:ρ とする)を示すことになる。

$$\rho_t = \frac{\partial Q_t}{\partial RS_t} = Ae^{\lambda t} \alpha RS_t^{\alpha-1} C_t^{\beta} L_t^{\gamma} \quad \cdots\cdots 11-⑦$$

そして,11-⑦を展開すると,

$$\rho_t = \frac{\partial Q_t}{\partial RS_t} = Ae^{\lambda t} \alpha RS_t^{\alpha-1} C_t^{\beta} L_t^{\gamma} = \alpha \frac{Ae^{\lambda t} RS_t^{\alpha} C_t^{\beta} L_t^{\gamma}}{RS_t} = \alpha \frac{Q_t}{RS_t} \text{ となる。}$$

つまり,

$\rho = a\dfrac{Q}{RS}$ ……11−⑧, そして $a = \rho\dfrac{RS}{Q}$ が成立する。

また,ここで11−⑥式の両辺の対数をとり,かつ1期前の値の対数値との差(1階の階差という)を求めると

$\ln Q_t - \ln Q_{t-1} = (\ln A + \lambda t + \alpha \ln RS_t + \beta \ln C_t + \gamma \ln L_t)$
$\qquad\qquad\qquad - \{\ln A + \lambda(t-1) + \alpha \ln RS_{t-1} + \beta \ln C_{t-1} + \gamma \ln L_{t-1}\}$

よって,$\ln Q_t - \ln Q_{t-1} = \lambda(t-t+1) + \alpha(\ln RS_t - n RS_{t-1}) + \beta(\ln C_t - \ln C_{t-1}) + \gamma(\ln L_t - \ln L_{t-1})$,これを展開して,

$$\ln\dfrac{Q_t}{Q_{t-1}} = \lambda + \alpha \ln\dfrac{RS_t}{RS_{t-1}} + \beta\dfrac{C_t}{C_{t-1}} + \gamma\dfrac{L_t}{L_{t-1}} \text{……11−⑨}$$

が得られる。

この11−⑨式に具体的なデータを当てはめて回帰し,研究開発ストックの弾力性 α を求め,上記11−⑧式に別途求めた各年の $\dfrac{Q}{RS}$ を代入することで,研究開発ストックの限界生産力 ρ の推移を見ることができる。

ここでのポイントは,回帰して求められた α の値は推定期間を通して一定であり,α が正の値であることを前提とすれば,要は $\dfrac{Q}{RS}$ の値が増加するか減少するかによって ρ の増加もしくは減少の傾向が分かるということである。つまり,各 t 期における $\dfrac{Q_y}{RS_t} - \dfrac{Q_{t-1}}{RS_{t-1}}$ がプラスであるかマイナスであるかを調べることで ρ の増加もしくは減少の傾向を確認できる。これは,上記2つの項がいずれも正の値であることから,これら2つの項の対数値の差がプラスかマイナスかを確認するのと同じことである。つまり,

$$\ln\dfrac{Q_t}{RS_t} - \ln\dfrac{Q_{t-1}}{RS_{t-1}} \text{……11−⑩}$$

の値の変化を確認すればよい。

そこで,11−⑩式を展開して,

$$\ln \frac{Q_t}{RS_t} - \ln \frac{Q_{t-1}}{RS_{t-1}} = (\ln Q_t - \ln RS_t) - (\ln Q_{t-1} - \ln RS_{t-1})$$
$$= (\ln Q_t - \ln Q_{t-1}) - (\ln Rs_t - \ln RS_{t-1}) = \ln \frac{Q_t}{Q_{t-1}} - \ln \frac{RS_t}{RS_{t-1}} \cdots\cdots 11-⑪$$

が得られ，結局は付加価値の伸び率（対前年倍率）と，研究開発ストックの伸び率（対前年倍率）の差がプラス・マイナスのどちらになるかを確認すればよいことになる。

問題は，データの制約によって研究開発ストックの算出ができないということにある。ここでは，研究開発ストックの伸び率が研究開発費の伸び率に等しいものと仮定して11－⑥式によって得られる値を各企業別に1998年度～2006年度にわたって求め，その平均値を算出することで，ρ の変化の推移を推測して見ることとする。

下の図表11－4に研究開発ストック（実際は研究開発費の伸び率を使用）の限界生産力の増減についての推移を示しておいた。先の図表11－3おける波形とは様相を異にしており，プラスとマイナスの循環を繰り返す形となっている。この図表からは，研究開発投資の限界生産力が上昇しているとも，低下しているとも結論を出すことは困難である。そもそも，研究開発ストックの伸び率を各年度の研究開発費の伸び率で代替させたところに問題があったのかも知れない。

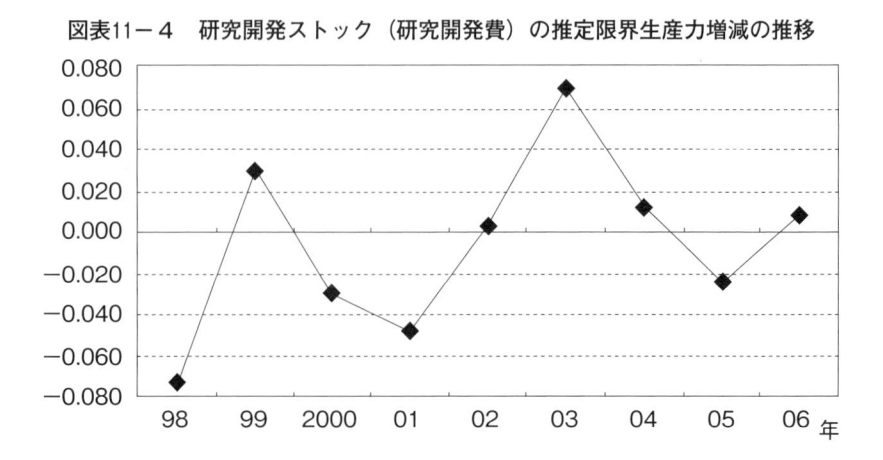

図表11－4　研究開発ストック（研究開発費）の推定限界生産力増減の推移

4 マクロレベルで見た研究開発投資の限界収益率のトレンド分析

ここで再度,11-⑧式,$\rho = a\dfrac{Q}{RS}$ に戻り,マクロレベル(国全体のデータ)で ρ の推移を確認してみよう。ρ の推移は,要するに $\dfrac{Q}{RS}$ がどのように推移しているかにかかっている。マクロレベルでの Q には GDP を,RS には研究開発ストックを用いる。

そこで,第6章において算出した研究開発ストックにより,その対 GDP に対する割合を算出した。ここでは,UFJ 総研(2005)の調査によるデータ(利益継続期間6年)から減衰率を定率法により31.9%と算出し,利益創出までのラグ期間を3年と4年に設定して研究開発ストックを算出した。そして,研究開発ストックの対 GDP 生産性を算出しその推移を示したのが,図表11-5である。

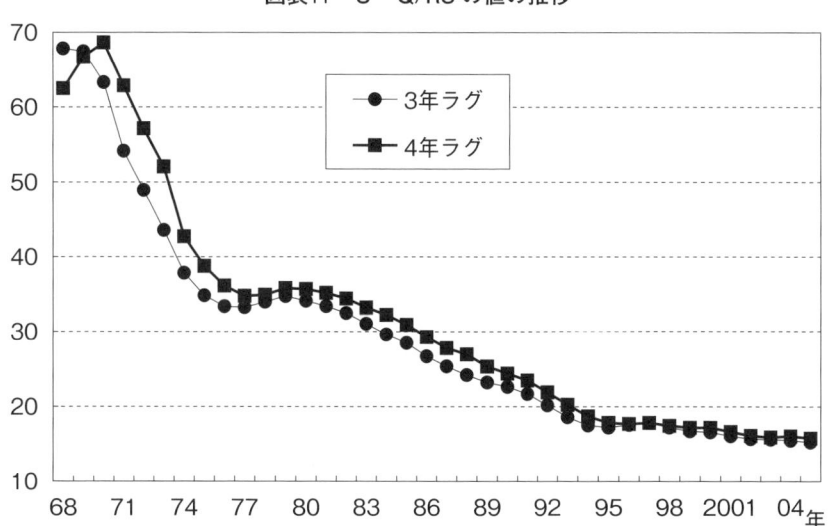

図表11-5 Q/RS の値の推移

ρ の推移を規定する $\frac{Q}{RS}$ は，1970年代以降，急速に低下しており，1990年代前半まで一貫して低下してきた。$\frac{Q}{RS}$ の値が減少すれば，それに併せて知識ストックの収益率 ρ も減少する。そのため，我が国の研究開発ストックのGDP生産性は，減少傾向にあるということが，マクロレベルデータからも見てとることができる。

このように，我が国の研究開発投資の収益率は，少なくとも1970年以降1990年代前半までは一貫して低下してきたと考えられる。しかし，問題は2000年以降の動向である。たとえば，図表11－2や図表11－5からは1990年代半ば以降，その低下にある程度の歯止めがかかってきているようにも受けとれる。そして，図表11－4からは2000年以降は，年度による違いは見られるもの全体的な傾向としては下げ止まっている可能性が示唆される。

5 企業価値から見た研究開発の収益性分析

(1) 2000年代における研究開発効果の動向

そこで，次に株式データと企業属性データを付加して，研究開発投資が企業価値にどのように影響しているか，その推移を確認することでその収益力の変化をうかがうこととする。要は，研究開発投資の効果を市場がより高く評価する傾向にあるか，それとも低く評価する傾向にあるかを確認することによって，その趨勢を見ようという分析である。

先の長岡（2003）では，1991年と1994年～2000年までのデータを用いて，トービンのqに対する研究開発投資と広告宣伝投資の総資産に対する相対的な影響度の推移を確認し，研究開発投資の生産性低下が起きているかどうかが分析された。本章では，この長岡（2003）に倣い，1990年代末から直近までのデータを用いて，研究開発投資や広告投資の，その他の資産と比べた相対的な影響度合について，主として2000年度以降についての変化を確認していくこととする。そして，渡辺（2001）や榊原・辻本（2003）が指摘して

いたような趨勢が2000年代において変化しているかどうかを確認することとする。

(2) 推計のモデル

本章では，先行研究に倣って下記の加法モデルを仮定する。

$$V = a(K + \lambda IK)^{\sigma} e^{u} \quad \cdots\cdots 11-⑫$$

V は企業価値を示し，また a は企業属性のひとつである企業年齢を示す。K は貸借対照表に反映される資産を，IK は貸借対照表に現れない無形資産を示す。ここでの無形資産としては研究開発費と広告宣伝費によって形成される資産ストックを念頭に置く。

そのため，

$$\lambda IK = \lambda_1 IK_1 + \lambda_2 IK_2 \cdots\cdots 11-⑬$$

とし，IK_1 は研究開発ストック（rdas）を，IK_2 は広告宣伝による資産ストック（advas）を意味する[11]。

σ は規模の経済を示し，u は各企業固有の特性を示す変数である。a は企業年齢（age）を表わす。その他，企業年齢以外の各企業の特性として，各資産の構成割合と負債比率を想定する。具体的には総資産に対するそれぞれ，流動資産の比率（cas），土地・建物等有形固定資産の比率（fas），投資・その他資産の比率（invas）を意図し，さらに総資産に対する負債の比率（debtas）を付加する[12]。さらに，東証産業分類34業種を参照して組み直した21の産業ダミーを設定した。それ以外の企業特性は誤差に吸収されることになる。同様に，研究開発や広告宣伝以外の無形資産による効果も誤差項に吸収される。

上の11-⑫式に11-⑬式を代入して，両辺を K で割ると下の11-⑭式が得られる。11-⑭式の左辺（V/K）がトービンの q（q）に相当する。

$$\frac{V}{K} = \frac{a\{K + (\lambda_1 IK_1 + \lambda_2 IK_2)\}^{\sigma}}{K} e^{u} \quad \cdots\cdots 11-⑭$$

11-⑭式を下記のように展開し，両辺の対数をとると，11-⑮式が得られる．

$$\frac{V}{K} = \frac{a\{K+(\lambda_1 IK_1 + \lambda_2 IK_2)\}^{\sigma}}{K}e^u = \frac{a[K\{1+(\lambda_1 IK_1 + \lambda_2 IK_2)/K\}]^{\sigma}}{K}e^u$$

$$\ln\frac{V}{K} = \ln q = \ln a + \sigma\ln[K\{1+(\lambda_1 IK_1 + \lambda_2 IK_2)/K\}] - \ln K + u$$

$$= \ln a + (\sigma-1)\ln K + \sigma\ln\{1+(\lambda_1 IK_1 + \lambda_2 IK_2)/K\} + u$$

よって，

$$\ln q = \ln a + (\sigma-1)\ln K + \sigma\ln\{1+(\lambda_1 IK_1 + \lambda_2 IK_2)/K\} + u \cdots\cdots 11-⑮$$

11-⑮式右辺の第3項の $\sigma\ln\{1+(\lambda_1 IK_1 + \lambda_2 IK_2)/K\}$ は，先の Griliches (1981) の11-④式と11-⑤式において示されていたように $\frac{K}{A}$ が1より十分に小さいとき $\ln(1+\frac{K}{A}) \fallingdotseq \frac{K}{A}$ であるということに基づいて，同様に $(\lambda_1 IK_1 + \lambda_2 IK_2)/K$ が1より十分に小さいとき，

$\sigma\ln\{1+(\lambda_1 IK_1 + \lambda_2 IK_2)/K\} \fallingdotseq \sigma(\lambda_1 IK_1 + \lambda_2 IK_2)/K$ と近似させることができる．

結局11-⑮式は，下記の11-⑯式に置き換えることができる．

$$\ln q = \ln a + (\sigma-1)\ln K + \sigma(\lambda_1 IK_1 + \lambda_2 IK_2)/K + u \quad\quad よって，$$

$$\ln q = \ln a + (\sigma-1)\ln K + \sigma\lambda_1 IK_1/K + \sigma\lambda_2 IK_2/K + u \quad \cdots\cdots 11-⑯$$

このモデル式の中で，λ_1 や λ_2 の値がどのように変化しているかを時系列で見ることで，研究開発活動や広告宣伝活動の貸借対照表上の総資産に対する相対的な値が，企業価値にどのような影響を及ぼしているかという推移を見ることができる．

なお Hall (1993) は，(A/K) の値が0.205のとき，近似したとしても10%の誤差が生じると述べている．今回のサンプル企業のうち，延べ16社についてこの値が0.2を超えていた．これら16社を含んだ場合と除いた場合では，推計結果に一部差異が見られた．本章では，近似させるうえでの前提に添うために，これら16社を除いて推計することとした．

また前記の通り，回帰式には東証業種分類34業種のうち，いわゆるサービス業としてひとつの範疇にまとめられる「陸運業」「海運業」「卸売業」「小売業」など13の業種を除いた21産業のうち，20の産業についてダミー変数を設定した[13]。

(3)使用データとデータの性質

使用データについては，先に述べたとおりNEEDS Financial QUESTから得られる，1997年度〜2006年度の各企業の単体財務データ，企業属性データ，及び株式データを使用する。同データベースの中から，東京証券取引所第一部，第二部，そしてマザーズに上場している企業2,435社を対象とする。

図表11-6 使用サンプルの基本統計量

	ln(q)	ln(K)	rdas	advas	ln(age)	cas	fas	invas	debtas
中央値	0.079	11.069	0.022	0.008	3.983	0.53	0.267	0.195	0.513
最大	4.211	16.476	0.185	0.177	4.8	0.988	0.928	0.952	8.354
最小	−1.945	5.598	0	0	0	0.034	0	0.001	0
標準偏差	0.431	1.39	0.024	0.017	0.454	0.163	0.147	0.122	0.222
標本数	9415	9415	9415	9415	9415	9415	9415	9415	9415

図表11-7 説明変数間の相関係数

	ln(K)	rdas	advas	ln(age)	cas	fas	invas	debtas
LN(K)	1							
rdas	0.031	1						
advas	−0.08	0.152	1					
LN(age)	0.362	−0.115	−0.171	1				
cas	−0.26	0.071	0.032	−0.211	1			
fas	0.032	−0.146	−0.032	0.157	−0.69	1		
invas	0.316	0.071	−0.014	0.137	−0.5	−0.272	1	
debtas	0.117	−0.172	−0.1	0.195	−0.002	0.136	−0.156	1

なお株価については，決算翌年度の12月末の終値を対応させている。たとえば，決算月が1997年4月～1998年3月までの場合，株価は1998年の12月末の終値を対応させている。

分析に用いた各サンプルデータの基本統計量，及び説明変数間の相関係数は下記図表11－6と図表11－7の通りである。

ただし，先に示したとおり，サンプル企業のうち各年度ごとに約1,100社から1,700社近くに及ぶ企業からは研究開発費の報告がないために，これらは分析の対象から除外した。

(4) トービンの q の推移

下の図表11－8は，研究開発比率で分けた各企業グループ別に，トービンのqの推移を示したものである。長岡（2003）では，1997年度～2000年度の間において各グループとも1999年度をピークとし，その前後で上昇から下降に転じていたことが示されていた。今回のデータではピークに1年のずれが見られるが1998年度を境に上昇から下降に移っている。また，いずれのグループとも2001年度を谷として2001年度～2004年度にかけて上昇し，2005年度以降は再び下降に転じている。

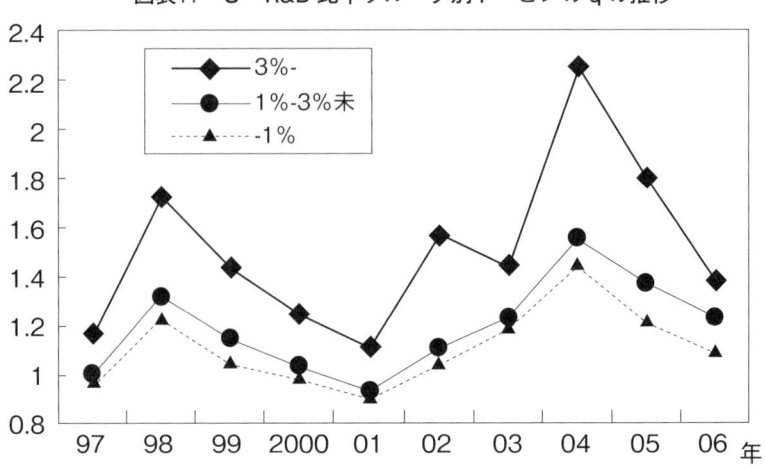

図表11－8　R&D 比率グループ別トービンの q の推移

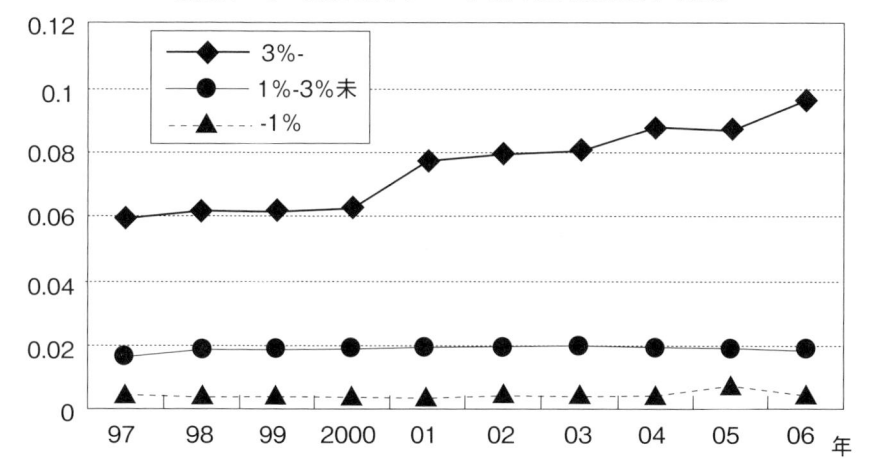

図表11-9 R&D比率グループ別の研究開発比率の推移

トービンのqについては，各企業グループともTOPIXとの相関が高く，たとえば研究開発比率3％以上の企業で相関係数は0.78，研究開発比率1％以上3％未満の企業で同0.89，1％未満の企業で同0.81となっている。

また，下の図表11-9は研究開発活動の推移をR&D比率のグループ別に示したものである[14]。これを見ると，研究開発比率が3％以上のグループでは一貫してR&D比率が上昇傾向にあるが，それ以外のグループでは大きな変化は見られない。

(5)推計結果

本章では先の11-⑯式に基づいて，①各年度別に推計（「クロスセクション推計」という）を実施すると共に，②10年分のデータをまとめた推計（「プール推計」という）の2通りを実施してみた。プール推計では，年度のダミーを定数項ダミー，及び係数ダミーに用いて推計した[15]。

①クロスセクション推計の結果

まず，図表11-10はクロスセクション推計により，各年度の研究開発投資と広告宣伝投資のトービンのq押し上げに関する効果の推移を見たものである。また，図表11-11はそれぞれの効果の値をグラフにしたものである。紙幅の関係で，企業の資産構成，負債比率，産業ダミーについては表示を省

略した。

規模の経済（σ）は，ほぼ一定で1をわずかに上回る値で推移している。σ の値は，11-⑯式の $\ln K$ のパラメータに1を加算して算出した。σ が1の場合，それは規模に対して収穫が一定していること，つまり，生産要素を α 倍すれば産出量もちょうど α 倍になることを意味する。この値が1より大きいことは，規模によって収穫が逓増することを意味している。この値

図表11-10 クロスセクション推計による各係数の推移

	1997	1998	1999	2000	2001
σ（規模の経済）	1.086 ***	1.068 ***	1.083 ***	1.076 ***	1.077 ***
	(9.54)	(5.16)	(7.76)	(8.43)	(8.73)
λ_1(R&D)	0.647	0.994	1.258 *	1.372 **	1.789 ***
	(1.28)	(1.27)	(1.89)	(2.37)	(3.46)
λ_2（広告宣伝）	1.561 ***	3.270 ***	2.351 ***	2.242 ***	1.430 **
	(2.70)	(3.72)	(3.16)	(3.58)	(2.38)
$\ln(age)$（企業年齢）	−0.097 ***	−0.361 ***	−0.156 ***	−0.177 ***	−0.051 *
	(−2.63)	(−6.54)	(−4.01)	(−5.64)	(−1.83)
サンプル数	947	957	1090	1115	1042

	2002	2003	2004	2005	2006
σ（規模の経済）	1.067 ***	1.035 ***	1.015	1.078 ***	1.093 ***
	(7.02)	(3.66)	(1.34)	(6.89)	(7.84)
λ_1(R&D)	3.498 ***	3.397 ***	3.150 ***	3.577 ***	3.735 ***
	(6.47)	(5.72)	(4.49)	(5.34)	(5.37)
λ_2（広告宣伝）	0.349	1.816 **	2.312 **	2.805 ***	3.734 ***
	(0.50)	(2.51)	(2.51)	(3.02)	(3.71)
$\ln(age)$（企業年齢）	−0.15 ***	−0.158 ***	−0.206 ***	−0.168 ***	−0.119 ***
	(−5.11)	(−6.44)	(−7.36)	(−5.52)	(−3.50)
サンプル数	1002	933	870	790	638

注：表中の括弧内は t 値を示している。σ については11-⑯式の $\ln K$ のパラメータである $(\sigma-1)$ に対する t 値を，λ_1 については $\sigma\lambda_1$ に対する t 値を，そして λ_2 については $\sigma\lambda_2$ に対する t 値を表示している。また，***は1％水準で有意，**は5％水準で有意，*は10％水準で有意であることを示している。以上の点は，以下の図表11-12においても同様である。

図表11-11 クロスセクション推計による研究開発費と広告宣伝費の相対効果の推移

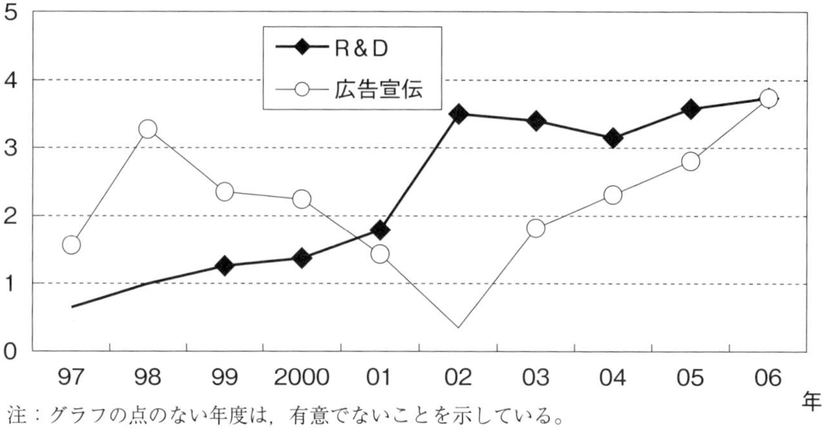

注：グラフの点のない年度は，有意でないことを示している。

は，2004年度を除いて終始1％水準で有意であった。

　研究開発投資（の対総資産に対する相対値）のパラメータは，1997年度と1998年度において有意ではなかったが，1999年度以降は有意となり，徐々にその頑健性が増してきた。そして，研究開発投資の効果に関する値は1997年度〜2002年度までは一貫して上昇してきた。しかし，2003年度以降は比較的高い水準で高止まりしたまま推移してきたことが分かる。なお，λ_1は11-⑯式のIK_1/Kに対するパラメータ$\sigma\lambda_1$をσの値で割って算出している。

　広告宣伝投資（の対総資産に対する相対値）のパラメータについては，2002年度を除いて有意であったが，その効果は大きく上下してきた。1998年度〜2002年度までは急速に効果が低下し，2002年度以降において再び上昇した。その点，研究開発投資が一貫して上昇基調にあったのとは対照的である。しかし，2006年度に至っては，ほぼ研究開発投資と同じ水準の効果を示すに至っている。なお，λ_2についても，11-⑯式のIK_2/Kに対するパラメータ$\sigma\lambda_2$をσの値で割って算出している。

　研究開発活動と広告宣伝活動それぞれの比較においては，2000年度までは広告宣伝活動が研究開発活動よりも高い効果をもたらしていたが，2001年度以降それが逆転し，2006年度に至って両者がほぼ拮抗した効果を発揮するこ

図表11−12 パネル推計による各係数値の推移

サンプル数		9415		
		係数	(t値)	
	σ	1.0683	(20.53)	***
λ1	基準年(97)	0.9142	(1.94)	*
	98	1.0794	(1.55)	
	99	1.6770	(2.39)	**
	2000	0.8047	(1.15)	
	2001	0.7568	(1.10)	
	2002	2.2552	(3.30)	***
	2003	2.2281	(3.13)	***
	2004	2.1200	(2.92)	***
	2005	2.3940	(3.30)	***
	2006	2.3266	(2.99)	***

サンプル数		9415		
		係数	(t値)	
	ln(age)	−0.1593	(−15.374)	***
λ2	基準年(97)	2.0546	(3.360)	***
	98	1.9587	(2.138)	**
	99	0.5022	(0.547)	
	2000	0.8374	(0.918)	
	2001	−0.8374	(−0.903)	
	2002	−1.8774	(−1.951)	*
	2003	−0.6287	(−0.638)	
	2004	−0.3376	(−0.329)	
	2005	0.1586	(0.145)	
	2006	0.9665	(0.787)	

		係数	(t値)	
年度ダミー	98	0.0869	(3.392)	***
	99	0.0331	(1.358)	
	2000	−0.0297	(−1.224)	
	2001	−0.0782	(−3.176)	***
	2002	0.0481	(1.943)	*
	2003	0.1173	(4.641)	***
	2004	0.3271	(12.755)	***
	2005	0.2154	(8.229)	***
	2006	0.0781	(2.823)	***

注：***は1％水準で，**は5％水準で，*は10％水準で有意であることを示す。

ととなった。

なお，企業年齢は終始マイナスで有意であり，これだけを見れば企業経営に関する経験の蓄積よりも，企業年齢と共に企業体質が硬直的になることに対する市場のマイナス評価が現れているとも考えられる。また，新規企業の柔軟性が市場による企業評価を支える源泉になっているのかも知れない。

②パネル推計の結果

10年分のデータをプールして年度ダミーを設定した推計（パネル推計）の

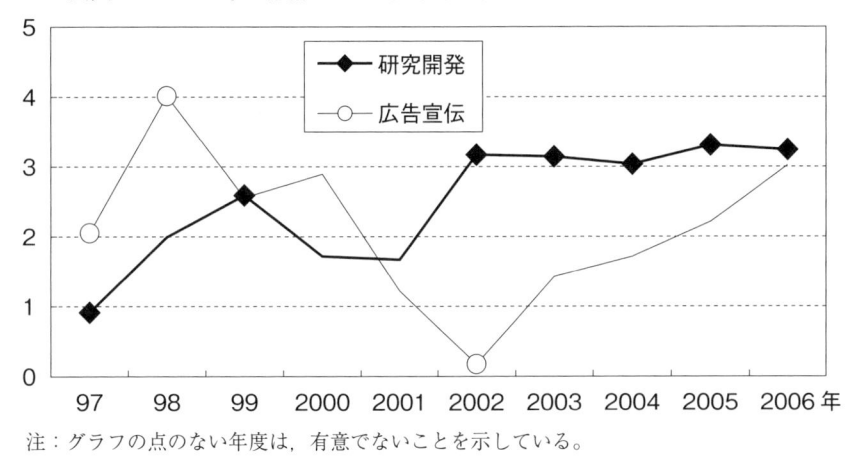

図表11-13　パネル推計による研究開発費と広告宣伝費の相対効果の推移

注：グラフの点のない年度は，有意でないことを示している。

結果が図表11-12である。σ及び基準年度のλ1とλ2の算出方法は，先のクロスセクション推計の場合と同じである。また，図表11-13は基準年度のλ1とλ2に，各年度の係数ダミーのパラメータを加算した値をグラフにしたものである。

　研究開発に関するパラメータの有意性は，クロスセクション推計と同様に2002年度以降高まっている。対して，広告宣伝に関するパラメータは基準年度，1998年度，そして2002年度を除いては有意とならなかった。

　なお，年度ダミーが1999年度～2001年度にかけて低下し，2002年度から上昇しているが，これはTOPIX指数の推移を含めた市場全体の傾向をこの年度ダミーが吸収した結果と考えられる。

　基準年度（1997年度）以降の推移を図表11-13のグラフで確認すると，クロスセクション推計では一貫して上昇傾向にあった研究開発が，ここでは2000年度と2001年度において停滞傾向が見られる。しかし，それ以外はほぼ先のクロスセクション推計の結果と同じ経過をたどっていることが分かる。

　有意ではなかった年度が多々あるものの，広告宣伝のグラフ波形はクロスセクション推計の結果とほとんど同じであり，2001年度に研究開発活動の効果が広告宣伝の効果を上回ったこと，効率性を示す係数であるλ_1, λ_2ともに，図表11-11よりもやや低い水準ではあるが，ほぼ両者が2006年度におい

図表11−14　Hグループのパネル推計

注：グラフの点のない年度は，有意でないことを示している。

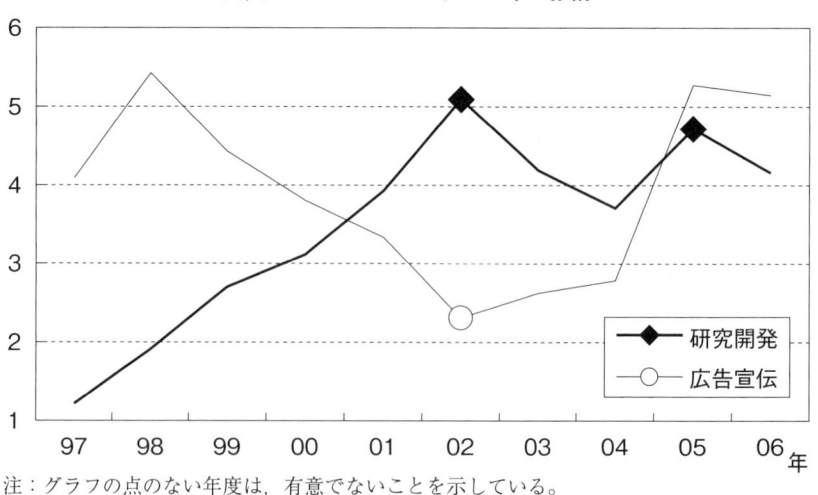

図表11−15　Lグループのパネル推計

注：グラフの点のない年度は，有意でないことを示している。

て同程度の高さになっていることが確認される。

　図表11−9，図表11−11，図表11−13を総合して見ると，研究開発比率3％以上のグループが2001年度から加速させた研究開発投資が牽引して，2002年

度あたりの企業価値に対するプラスの効果を導き出したとも考えられる。

(6) 研究開発比率によるグループ別の分析

以上の全企業をプールしたパネル推計によっては，2000年度以降において研究開発比率3％以上のグループによる研究開発活動が企業価値の低下を押しとどめてきたと推測できるかも知れない。

そこで次に，企業を3％以上の研究開発比率グループ（以下，Hグループという）と，3％未満のグループ（以下，Lグループという）に分けてパネル推計を実施して見た[16]。その結果が図表11-14と図表11-15である。

全体に，有意な年度が少なくなったが，敢えてこれらグラフから読みとれるところを整理してみると以下のようになる。

まず，研究開発投資に関してHグループとLグループとも2002年度をピークとする上昇から，以降は高止まりの傾向が見られ，これは図表11-11，及び図表11-13と共通した波形であることが分かる。しかし今回は，Hグループの効果が1990年代おいてマイナスとなった。

また，広告宣伝に関しては，図表11-14と図表11-15とを見ると，どちらも激しく上下している点が目立つ。ただ，ピークの年度は異なるものの，プラスの効果が維持されている。

(7) 結論

今回の分析において，2000年度以降において研究開発活動が企業の価値を高めてきたという確実な証拠を得ることはできなかった。しかし，低下傾向が継続しているという実態も見られなかった。しかし，研究開発比率の違う2つのグループが異なった傾向を有してきたことが分かる。

このように，今日，企業の経営実態が多様化した中では，一律に研究開発投資の効率をすべての企業をまとめて推計することに限界があることが示唆される。つまり，研究開発の生産性，収益性分析において，企業特性をどのように取り込んで分析するかが重要になると考えられる。

6 まとめと課題

　以上，今回試行的に行った1990年代終盤から2000年代にかけての研究開発活動，及び広告宣伝活動の効果の推移に関する分析において，この間における研究開発活動の効率性の低下の継続を示唆する結果は得られなかった。特に，研究開発比率の違う企業グループが，それぞれに異なる方向性を示しており，これらを総合して研究開発投資の効果を結論づけることの難しさが確認された。

　こうした企業の特性は研究開発比率だけに限られず，昨今盛んに行われている企業の合従連衡による組織再編も企業の研究開発効率に何らかの影響を及ぼしている可能性がある。こうした組織再編によって研究開発の効率はどのように変化するのであろうか。現に，今回のサンプル企業のうち，2006年度総資産の1997年度総資産に対する倍率が3倍以上になっている企業，もしくは0.5倍以下になっている企業が239社存在したが，これは今回対象とした上場企業の約1割に相当する。また分析対象に含めた全サンプル数の約25%に相当する。前者は企業買収によって資産規模を拡大させた可能性が高く，後者は事業譲渡によって資産規模を縮小させた可能性がある。こうした組織再編を行った企業における研究開発効率を，それ以外の企業における効率と比較することで組織再編の研究開発効率への影響を調査することは，それ自体興味深いところである。また同時に，対象サンプルの一貫性という視点からは，組織再編の可能性のあった企業の取り扱いを分析において考慮する必要がある。つまり，合併・買収，事業譲渡などによって，1997年度〜2006年度の間にその経営実態について一貫性を喪失した企業も存在していたと考えられ，その点に対する検討も今後の課題である。

　また，企業価値から研究開発効率を推測する場合，Card and Rao (2006) が行っていたように，株価の高さが技術開発活動（Innovative Activity）の効率にどのような影響を及ぼしているかという点も視野に入れるべきひとつの留意点といえよう。Card and Rao (2006) はそもそもトービンのqの値が小さい企業では技術開発活動が株価に与える影響は小さく，ト

ービンのqの値が大きい企業ほど技術開発活動によって受ける影響が大きいことを実証した。確かに，市場がその価値を高く評価している企業ほど，その企業の動静は株価に大きく影響しがちであるという予見は，研究開発や特許取得といった技術開発活動だけに限らず，一般的に当てはまることかも知れない。しかし，ひとつ企業価値への影響分析という側面を取り上げただけでも，どのような企業特性に焦点を当てるかによって，その分析の切り口は多様である。

　既に見たように，研究開発活動の生産性・収益性と一言で述べても，さまざまに多様な視点からの分析が存在しうる。その多様性に加えて，ダミー変数だけでは吸収しきれない，もしくは把握しきれない企業特性を考慮した分析が重要になっていると考えられる。

　また，マクロレベルで見たときに，増大する研究開発費はそれを上回る経済成長の伸びが期待されない限り，その収益性は希薄化する可能性がある。そのことをとらえて研究開発投資の収益性低下として結論づけるとすれば，研究開発活動はこの先においてポジティブな評価を受ける可能性が少なくなる。むしろ，経済がグローバル化する中で競争が激化し，たとえ低い成長であったとしてもGDPを成長させる，もしくはそれを維持するために不可欠という意味での研究開発投資の意義を見い出していくことが必要な時代になってきたのかも知れない。さらには，付加価値や売上高・利益額といった伝統的尺度のみで研究開発の意義を測定することが適切ではない時代になりつつあるということかも知れない。

　特許をはじめとした知的財産が，すぐれて産業発展もしくは知的財産制度を効果的に活用する企業にとって生産性・収益性にプラスの効果を発揮しているという確証を得ることは，知的財産について研究していく者だけではなく，知的財産に関する政策を担う者，さらには現実に研究開発や知的財産マネジメントを展開する企業の実務家や経営者にとっても重要な課題である。現に，経済産業省（2004）では研究開発と知的財産（特許）とその経済的効果に関する指標の体系を模索する検討が行われている。今後，我が国においても，こうした研究が社会の実務的な観点からさらに重要視され，政策展開のみならず各企業の経営戦略に役立てられる道を拡大させていくことが重要

と考えられる。

注

［1］　トービンのqについては，第6章を参照。
［2］　「exp」とは，自然対数の底eの指数を求めることを意味する。つまり，$p = \exp(m_i + d_t + u_{it}) = e^{(m_i + d_t + u_{it})}$ を意味する。
［3］　いうまでもなく，ln はeを底とする対数（自然対数）$\log_e$を意味する。そして，$\log_a a = 1, \log_a a^n = n \log_a a$ だから，$\log_e e^{(m_i + d_t + u_{it})} = (m_i + d_t + u_{it})$ となる。
［4］　たとえば具体的な数値を用いて試算すると，ln（1＋0.1）＝0.095, ln（1＋0.05）＝0.049, ln（1＋0.01）＝0.010といったように近似することが確認できる。
［5］　定式化の工夫としては，Q の対数値から回帰して求めた研究開発費（推定研究開発費：Predicted R&D）や同特許出願件数（推定特許出願件数：Predicted Patents）を説明変数に加えたり，現実の研究開発費から推定研究開発費を控除した額（つまり，前年の情報からは予測できなかった研究開発費部分："Surprise" in R&D），同様に現実の特許出願件数から推定特許出願件数を控除した件数（つまり，前年の情報からは予測できなかった特許出願件数部分："Surprise" in Patents）を説明変数に加えるなどを試みた。
［6］　β（ベータ値）とは，市場一般の株価（たとえば，TOPIX）の変動に対する各企業の株価の感応度を示す。換言すれば，ある企業の株価が証券市場全体の動きに対してどの程度敏感に反応して変動するかを示す数値をいう。たとえば，ある企業の β 値が1.5という場合，市場全体が10%上昇するとその銘柄は15%（10%×1.5＝15%）上昇し，逆に市場全体が10%下落するとその銘柄は15%下落することを意味する。β はリスク指標ともとらえられ，これが1より大きいときは市場一般よりリスクが大きく，1より小さいときは市場一般よりもリスクが小さいと考えられる。
［7］　企業の独占力は，研究開発費をプラスした営業利益から，簿価ベースの資本から生み出される平常的収益と研究開発ストックから生み出される収益を差し引いた超過収益部分によって計れると想定した。また，自社以外の他の企業が保有する特許はその業界における新製品の創造につながり，それが他社にもプラス若しくはマイナスの影響をもたらす可能性があると考えた。β 値は，当該企業のファイナンシャルリスクを示すもので，通常はパラメータがマイナスになると考えられた。ただし，借入金利息に対する税額控除のプラス要因ともな

[8]　一方において，Segerstorm（1998）は理論モデルを展開して，研究開発の生産性の低下や研究者一人当たりの特許生産性の低下は，発明自体の困難性が増大してきたことにあるとした。

[9]　先にも述べたように，「弾力性」とは，知識ストックなどの生産投入要素が1％拡大したときに，GDPなどの算出量が何％拡大するかという影響度を示すものをいう。それに対して，「限界生産力」とは知識ストックなどの生産投入要素を追加的に1円（1単位）増加させたときに，GDPなどの算出量がさらに何円（何単位）増加するかという収益性率を示すものである。知識ストックの弾力性（γ）と，限界生産力（ρ）との間には，$\rho = \gamma \times (Y/RS)$ もしくは $\gamma = \rho \times (RS/Y)$ という関係が成立することが知られている。ここでYはGDPなどの産出量を，RSは知識ストックを意味し，そして（Y/RS）は知識ストック生産性を，その逆数の（RS/Y）は知識ストック分配率を意味する。

[10]　内部収益率とは，当該研究開発プロジェクトの初期投資と，そのプロジェクトからその後に得られるリターンの現在価値が等しくなる割引率（収益率）をいう（渡辺，2001，p.182参照）。リターンが大きいほど，つまり研究開発プロジェクトから得られる収益が大きいほど内部収益率は高くなる。

[11]　ただし，本章での分析ではデータの制約から，研究開発費と広告宣伝費に関する単年度の支出額であるフローデータを資本ストックに代えて用いることとした。この点は，Hall（1993），長岡（2003）においても，研究開発費などのフローデータの方がストックデータよりも説明力が高いこと，またいずれを用いても推計結果に大きな違いがないなどの理由から，同様の方法がとられていた。そもそも，投資家は研究開発ストックや広告宣伝ストックという情報に直に接することはなく，フローベースの研究開発費や広告宣伝費といった情報の方が，投資意思決定に直接的に影響を及ぼすと考えられる。

[12]　負債は，利息による節税効果が企業価値にプラスの効果をもたらすと同時に，倒産リスクを増加させることで企業価値にマイナスの影響をもたらす（北村，2003参照）。北村（2003）は，企業収益を資産負債比率で回帰し，その収益に対する影響を分析した。

[13]　エクセルでは，説明変数が16を超えると回帰分析が利用できない。そのため，ここでの分析は専用ソフトを活用した。

[14]　研究開発比率のグループ分けは，1997年度〜2006年度までの10年間の平均研究開発比率によって行った。

[15] 定数項ダミーとしては，1997年度を除く1998年度～2006年度までの各年度について，それぞれ該当する年度に1をその他の年度に0という9種類の変数を設定した。係数ダミーは，1997年度を除く1998年度～2006年度までの9年度分の9種類の年度ダミーに，研究開発費の対総資産割合（11－⑪式のIK_1/K）と，広告宣伝費の対総資産割合（11－⑪式のIK_2/K）をそれぞれ乗じた変数を設定した。基準年を1997年度と設定した時のλ_1とλ_2の値に対して，各年度の係数ダミーのパラメータが各年度の増減を示すことになる。いってみれば，係数ダミーがそれぞれ研究開発と広告宣伝それぞれの効果に関する各年度の特長を浮かび上がらせるのに対して，定数項ダミーは1997年度以外の各年度の特長（たとえば，景気動向など）による影響を浮かび上がらせることになる。

なお，年度ダミーと企業ダミーの両方を設定した推計（固定効果モデル推計）も実施して見たが，本章の説明からは割愛した。

[16] なお，以下の推計においては，ダミー変数の増加によって「Near singular matrix」となることを避けるために，産業分類を8分類に統合して推計を行った。統合の詳細は下の表の通りである。

	1	2	3	4	5	6	7	8		
8分類	農林・鉱業・食品	化学・医薬	鉄・金属・機械	電気・精密	輸送	素材系	情報	その他		
東証業種分類	水産・農林	化学	鉄鋼	電気機器	輸送用機器	石油・石炭製品	情報・通信	繊維製品	海運業	証券，商品先物
	食料品	医薬品	非鉄金属	精密機器		ゴム製品		建設業	空運業	保険業
	鉱業		金属製品			ガラス・土石製品		パルプ・紙	倉庫・輸送関連	その他金融業
			機械					電気・ガス	卸売業	不動産業
								その他製造	小売業	サービス業
								陸運業	銀行業	その他

第12章

職務発明対価の判例動向と経営的課題

1 はじめに

　職務発明について規定した特許法35条は，平成16年6月にその改正法が制定され，2005（平成17）年4月より施行されることとなった[1]。
　改正前の法律の下で判断された，オリンパス株式会社（訴訟提起当時は，オリンパス光学工業株式会社）を被告とする職務発明対価事件（平成7（ワ）3841。以下，オリンパス事件という）の平成11年4月東京地裁判決では，勤務規則等会社規定に基づいて支払われていた対価額であっても，それが特許法35条の趣旨に照らして不足すると解される場合は，発明者はその不足額を使用者等に請求することができるとされた。それを契機に，職務発明の対価額に関する問題は一種の社会問題として取り上げられることとなった。
　この地裁判決は，基本的に高裁，そして最高裁においてもその判断が支持され，特に，東京高裁判決では，特許法35条3項と4項が強行規定であると述べ，使用者等が一方的に特許権等譲渡の対価を定めることはできないとした[2]。そして，最高裁判決によって「使用者があらかじめ定める勤務規則その他の定めによる対価の額が特許法35条3項及び4項所定の相当の対価の額に満たないときは，その不足額を請求することができる」ことが確定し

た[3]。

　オリンパス事件の地裁もしくは高裁判決を境に，対価の追加支払いを求める訴訟が増加し，かつ億の単位に昇る高額な対価を求める訴訟提起が目立つようになった。

　こうした判決に対して，企業などからは安定的経営を阻害するとした懸念や，裁判所の示す相当の対価算定における判断内容が不明確とする指摘，裁判所に対価算定を委ねること自体に問題ありとする見解などが発せられ[4]，併せて35条改正，もしくは同条の削除等の提案が各方面からなされてきた[5]。平成16年6月に公布された法改正はこうした背景の中で行われた。

　改正法35条第4項では，勤務規則等で対価を定める場合，対価決定にかかる基準の策定における使用者等と従業者等の間の協議，策定された基準の開示，具体的な対価額算定において従業者等から意見の聴取を行うことなど手続き面を重視して，その定めに基づいて対価を支払うことが不合理であってはならないとされた[6]。また第5項では，対価に関する定めがない場合，もしくは対価の支払いが第4項に照らして不合理と認められる場合には，各種事情を考慮して対価を定めなければならないとされ，その場合の対価の算定は改正前と同様に裁判所の判断に委ねられる余地が残ることとなった。

　そのため改正法の下では，企業などが定めた対価が合理的であるかどうかによって，対価決定につき企業の裁量が認められるか否かが左右されることになる。しかし，この法律が適用されるのは，改正法施行日以降に継承された発明等に限られ，当面は従前の法律に基づいた司法判断が継続される。現に，今日までに判決が下された職務発明対価に関する訴訟は，すべて改正前に承継された発明等に関するものであり，企業としては改正前の旧法の下における訴訟対応を迫られているのが実態である。

　高額な対価を求める訴訟提起や，その後の日立製作所，味の素，日亜化学になどに対する高額な対価支払いを命ずる判決に直面する中で[7]，各企業は対価に関する規定の改訂，制定などを行うと共に，改正法に基づいた手続面での対応も進めてきた。

　こうした我が国の職務発明制度の在り方は，他の国と比べても異なる性格

を有するといわれるが[8]，隣国の韓国で，2005年4月にLG電子に対して邦貨換算で数億円に昇る対価請求訴訟が提起され，また職務発明について一部我が国改正法と類似した内容を持つ新しい職務発明制度が，発明振興法（2006年3月3日改正公布，2006年9月4日施行）として制定された。こうした韓国の動向も，我が国の職務発明問題が何らか影響を及ぼしている可能性がある。

本章では，このように一種の社会問題化した職務発明における相当の対価に関して，近時の裁判所における判決の動向を確認しつつ，発明等に対するインセンティブとしての対価の意義について考察するとともに，企業としての対応について検討することとしたい[9]。

2 職務発明対価請求訴訟の動向

職務発明の対価請求訴訟の件数は，オリンパス事件の判決以前と，それ以後においては，明らかに違いを認めることができる。この事件の一審判決以前において，対価請求をともなって訴訟が提起されたものとしては図表12－1に示した事件が確認される。現行昭和34年産業財産権法の制定以降，平成11年のオリンパス事件一審判決までの間における対価請求事件は，この事件を含めても10件程度にとどまっていた[10]。

この判決以後，今日まで確認できた事件は章末に掲載した参照判例の一覧に見られる通り，判決の下りたものや解決した事件だけを見ても訴訟件数は急速に増加してきたことが分かる。この他にも，回路パターンの複写関連技術について日立製作所に2億円の対価を求める訴訟提起[11]，高脂血症治療薬の主成分関連特許について塩野義製薬に約8.7億円の対価請求訴訟の提起があったとする報道がなされている[12]。

オリンパス事件では，使用者等の規定に基づいて，発明のライセンス実施に対する実績対価を含めて約21万円が既に会社から支払われていたが，東京地裁判決はそれでは相当の対価に不足するとして，約229万円の追加支払を命じた。それ以前の事件では，会社規程に基づいて実績対価が支払われた事

図表12-1 オリンパス事件判決以前の主な対価請求訴訟

No.	事件番号	裁判所	被告(会社)	発明等	請求額(千円)	既払い対価額(千円)	判決額(千円)
1	昭和54(ワ)11717	東京地裁	日本金属加工㈱	クラッド板	25,300	－	3,300
2	昭和56(ワ)798	東京地裁	東扇コンクリート工業㈱	コンクリートパイル	11,373	－	8,419
3	昭和58(ワ)5209	大阪地裁	ミノルタカメラ㈱	カメラ自動焦点装置	特許権の持分	6	棄却
4	昭和60(ワ)6253	大阪地裁	ミノルタカメラ㈱	カメラ自動焦点装置	15,400	2	棄却
5	平成1(ワ)6758	東京地裁	㈱カネシン	三角プレート	30,899	－	12,920
6	平成3(ワ)292	大阪地裁	㈱ゴーセン	釣り糸等	16,480	500	1,066
7	平成3(ワ)5984	大阪地裁	象印マホービン㈱	ステンレス真空容器等	150,000	50	6,400
8	平成7(ワ)3841	東京地裁	オリンパス光学工業	ピックアップ装置	200,000	211	2,289
9	平成9(ワ)1252	名古屋地裁	大井建興	立体駐車場フロア構造	200,000	－	棄却(時効)
10	平成10(ワ)16832	東京地裁	日立製作所	光学的情報処理装置	970,600	218	34,897

案が存在しなかったため，このオリンパス事件においてはじめて会社規程による実績対価の妥当性が問題とされた[13]。ただ，この事件でとられた対価額の算定方法は過去の判例を踏襲したものでもあった。その意味で，判決の趣旨はこれまでの司法判断に基づいたものと考えられる。

さらにこの控訴審判決での特許法35条3項，4項を強行規定とする判断についても，少なくとも特許法35条3項についてはこれを強行規定とする判例がこれまでも存在し，また学説上も35条を強行規定とすることが定説とされてきた[14]。

いずれにせよ，この裁判を通して，勤務規則などの定めによる対価の額が特許法35条3項，及び4項所定の相当の対価の額に満たないときは，不足額

を請求できるということが、社会的に認知されることになった。そしてこうした事情が、企業や発明者にも広く認識されたことが、職務発明対価が社会問題化する契機になったといえよう。

3 企業における対価に関する規定の整備

　オリンパス事件以降、高額な対価支払を命ずる判決がしばらく続いた。これら判決によって算定された対価の額は、いずれもこれまで企業が支払ってきた金額を大きく上回るものであった。各企業は、自社の規定に基づいた支払額では相当の対価に不足すると判断される可能性を少なからず感じたものと考えられる。特に、対価額の算定を企業等使用者の自由裁量に委ねることが否定され、少なくとも改正前の特許法35条の下では、企業の支払う対価が相当であるか否かは司法判断を経ない限り確認できないこととなった。
　また、先にも述べたように改正法においては、主に対価支払いに至るまでの手続面の合理性に着目し、それが合理的であれば企業等が支払う対価額の妥当性を、改めて裁判所が判断することがなくなるものと期待される。ただ、改正法における「合理性」もその内容は必ずしも明確ではなく、この点に鑑みて特許庁からは「新職務発明制度における手続き事例集」が公表された[15]。
　そうした中で、2005年の法改正の前後を通して、各企業は先の高額な対価を認める訴訟にも対応できるよう、さまざまに自社の規定整備に取り組んできた。たとえば、新たに対価支払制度を導入した企業、新規に利益等の実績に基づいた対価支払い制度を導入した企業、さらに対価額の上限を引き上げたり撤廃した企業などが存在する。同時に、こうした動きは民間企業から行政機関や大学などにも波及し、さまざまな組織で対価規定の整備が進められた。
　図表12-2は、こうした対価支払い規定の整備等に対する企業や各機関の取り組み例をプレス報道などを基に整理したものである。
　こうした企業の取り組みはアンケートによる結果にも表れており、たとえ

図表12－2　対価規定等の整備に関する主な取り組み例

- 報奨制度新設・見直し・・島津製作所（2002/10），花王（2002/1），新日本石油（2003/5），コスモ石油（2004/6），東芝（2005/3），旭硝子（2005/3），セイコーエプソン（2005/3），大日本スクリーン（2005/5），ホンダ（2005/5），セントラル硝子（2005/5）
- 最高額の引き上げ・無制限化・・関西ペイント（2002/10），オムロン（2002/11），藤沢薬品工業（2003/1），石川島播磨（2003/5），三共（2004/1），武田薬品（2004/5），マツダ（2004/5），船井電機（2004/12），東ガス（2005/1），オムロン（2005/2），旭化成（2005/4），三菱レイヨン（2005/4），パイオニア（2005/4），古河電工（2005/4），ミズノ（2005/9），関西電力（2005/11）
- 実施補償の導入・・ミズノ（2002/12），藤沢薬品工業（2003/1），呉羽化学（2004/3）
- 行政・大学が増額・・文科省（2003/1），香川県（2003/1），和歌山県（2003/3），秋田県（2004/10），長崎県（2005/4），富山県（2005/11），京大（2004/1），徳大（2004/3）
- 改正法への対応・・日立（2005/1），三菱レイヨン（2005/4）
- 管理体制整備・・日立（2004/2）

ば大西（2006）によれば，有効回答企業数360社中，売上高や利益貢献に応じた実績報奨制度導入企業数が2000年の223社から2005年には284社に増加した。また，ライセンス収入貢献時の実績報奨導入企業数も2000年の178社から2005年には246社に増加した。さらに，実績報奨制度の上限額を撤廃した企業の割合が，2000年のおよそ33％から2005年には65％にまで増加した。また，特許庁総務部技術調査課企画班（2006）によれば，有効回答企業数1,093社のうち68％の企業が上限を撤廃していると回答し，また自社実施やライセンスに対する実績報奨を取り入れている企業は7～8割に達する。

　また各企業は，改正法で示された手続面での合理性確保にも積極的に取り組んできたところである。日本知的財産協会からは，先の特許庁の手続き事例集を参考に，企業における対価決定手続きに関するミニマム・スタンダードが公表された[16]。先の特許庁総務部技術調査課企画班（2006）によると，87％の企業が改正法への対応を実施済み，もしくは実施予定としており，出願件数200件以上の企業等に限ればその割合は99.5％に達する。

　なお，改正法への対応として，従業者等との協議に多くの時間と労力を投

入している企業が多数存在し，集団説明会，社内イントラネットを介した協議など各種手段が駆使されている[17]。

このように，各企業では対価支払い基準について，その内容の拡充と併せて，基準設定等にかかる手続き面での合理性担保のための努力が重ねられてきた。

4 判決における対価算定法とその課題点

裁判所による対価算定法は，オリンパス事件以前の判例においてその考え方が確立されてきた。その算定式は下記図表12－3の式で示される通りである。

図表12－3　裁判所の判断による発明等の対価算定式

相当の対価 　＝　発明により使用者等が受けるべき利益の額〈1〉 　　　× 　製品等における当該発明の寄与度〈2〉 　　　× 　（1－使用者等の貢献度）〈3〉 　　　× 　共同発明者における当該発明者の寄与度〈4〉

「発明により使用者等が受けるべき利益の額」とは，発明等の実施を排他的に独占しうる地位を得ることによって受ける利益を意味し，具体的には実施による超過利益，ライセンスによるロイヤルティ収益，クロスライセンスによる効果などが算定の対象とされる[18]。ライセンスが実施されていない場合は，仮にライセンスを実施したと仮定した場合の第三者の推定売上高に実施料率を乗じて利益額が算定される[19]。また，使用者等が自社にて実施していた場合の超過利益は，排他的に独占しうる地位によって得られた推定売上高に実施料率を乗じて求められる[20]。ただ，最近の判例においては，こうした実施料率方式（「仮想実施料率方式」）に加えて，「利益率算定方式」が並列的に採用されうることが示されている。利益率算定方式によれば仮想実施料率方式の場合より高い額になり得るため，原告からこの方式を採

用すべきとする主張がなされ，被告からは従前の仮想実施料率方式を採用する主張がなされている[21]。

また，この第三者の推定売上高，もしくは排他的独占の地位による推定売上高の算定に関して，特許等の権利満了までの売上高を推定し，対価算定に含めるものとするとした判例がいくつか存在する[22]。

また，こうした排他独占の利益は日立製作所事件Ⅰの上告審判決によって，外国で取得した特許権等に対しても適用されることが明確になった[23]。

ただ，こうした裁判所による対価算定方法は，一般的な経済取引におけるものとは異なる考え方がとられている。たとえば，上記算式中の，使用者等が受けるべき利益の額＜１＞の算出方法にそれが見い出される。この利益額は学説や多くの判例でも示されているように，発明等にかかる権利を譲渡した時点において客観的に見込まれる利益を指すものと解される[24]。しかし同時に，多くの判例が特許権等の権利成立の成否や現実の獲得利益額など，譲渡後に確認された事情も対価算定の資料にすることができるとし，この事後的事情を考慮に入れて対価算定を行ってきた[25]。

しかし，文字通り権利譲渡時に客観的に見込まれる金額を算定するとした場合，現実の経済取引ではリスク要素を加味して，将来に見込まれる収益の予測額に一定の割引率を適用し，将来収益を割り引くという考え方が通用されている。被告である使用者側がこの点を明確に主張したのが，平成14（ワ）16635事件（被告：日立金属）である。同時に，将来の収益には成功確率を乗じた額を適用すべきと主張した[26]。この事件において被告は，対価算定時は権利譲渡のときであり，その場合に将来の不確定要素を考慮して算定することが不可避とし，たとえば割引キャッシュフロー法による対価決定が妥当であると主張した[27]。しかし被告のこの主張は，平成18年7月13日に最高裁第一小法廷において上告が棄却されたため，裁判所の判断としては受け入れられなかった。なお，このリスクに応じて将来収益を割引率によって割り引くという発想は，日亜化学一審事件における原告（発明者）側の鑑定レポートの中でも示されていたが，裁判所は判決文の中でこの点について付言はしなかった[28]。

ここでいうリスクにはさまざまな要素が含まれ得るが、大きくは研究開発が成功するか否かのリスク、成功した研究開発の成果を用いた事業が成功するか否かのリスクに分けられる。この場合、研究開発のリスクには発明にかかる特許権が成立するか否かといった、権利化に関わるリスクも含まれる。ある発明を用いた事業から得られる期待利益を、こうしたリスクを加味したうえで、それを算式として示すと下記12-①式のようになる[29]。

$$EV = (\theta * \phi)R - (w + Kr) - \phi Kc \quad \cdots\cdots 12-①$$

ここで、EV は将来の期待利益、R は獲得が見込まれる将来の収益額（粗利益）、w は研究者の研究努力の機会費用、Kr は研究開発費用、Kc は事業実施のためのコスト、θ は事業の成功確率、ϕ は研究開発の成功確率を示す。

つまり、研究開発の実施を前提とした期待利益は、将来の見込み収益額から、研究開発に要する総コストと事業コストを差し引いた値として求められる。ただ、研究開発と事業化には失敗のリスクが存在し、見込み収益はそれらすべてが成功したときにのみ実現するもので、事業化の成功確率と研究開発の成功確率の積を乗じた値が見込み収益の現在価値（つまり、発明等を譲渡した時点における価値）として認識される。そして、この見込み収益の現在価値から研究開発に要するコスト（研究開発の成否に関係なく支出される）と、研究開発の成功確率を乗じた事業コスト（事業コストが必要となるのは研究開発が成功したときであり、研究開発が成功しなかった場合、事業コストは発生しない）を控除したものが期待利益となる。

しかし、先の日立金属事件において裁判所は、研究開発コストや事業コストなど諸々のコスト負担は、発明等にかかる使用者等の貢献度の算定において考慮すべきものとした。また先に述べたように、発明等によって使用者が受けるべき利益について、過去の判例は排他独占の地位に基づく売上高に実施料率を乗じることによって算出しており、裁判所による判断の趣旨を汲み取って式を書き直すと、対価額は下記の12-2②式によって求められる。

$$EV = \alpha * r(\theta * \phi)R \quad \cdots\cdots 12-②$$

ここで、α は発明者の貢献度、r は実施料率である。

つまり、ここでの期待利益（EV）は、コスト要素をαで吸収し、見込み（期待）売上高の現在価値に実施料率rを乗じた値として算出される。ところが過去の判例において採用されてきた収益（売上高）は、発明等を譲渡した後に確定した現実の売上高であり、見込み（期待）売上高ではない。その意味するところは、成功確率$(\theta*\phi)$を乗じることなく、下記の12－③式で表される利益を発明等の対価として算定していることになる。

$$EV = \alpha * rR \quad \cdots\cdots 12-③$$

しかし、現実の経済取引の中において、こうした12－①式や12－②式のような将来の期待収益に代えて、12－③のような確定した収益をそのまま適用して、互いの取り分を分け合うという取引実態が、リスクを負担する者と負担しない者との間で、果たして本当に存在しうるかというと、それは疑問といわざるを得ない。まして、使用者等が無償の通常実施権を有する職務発明は、それを第三者に譲渡しても第三者は完全な独占権を得られないこと等から、相当の対価は一般的な取引における社会通念上妥当な対価とすることはできず[30]、むしろ一般取引におけるそれより低く抑えられるべきものと考えられる。

職務発明の目的は、特許を受ける権利が発明をした従業者等に原始的に帰属することを前提に、使用者等と従業者等のそれぞれの利益を保護し、両者間の利害の調整を図ることにあるとされている[31]。職務発明については、使用者等は無償の通常実施権を有するが、使用者等がその権利を有しない自由発明について使用者等と発明者との間で利害調整するために分配するとした場合でも、両者に配分されるべき利益は実現利益ではなく期待利益と考えるのが、経済取引における一般的理解であろう。上記12－③式で示される対価額は、発明者（譲渡人）等にとって手厚い反面、リスクを負担する使用者（譲受人）にとっては受け入れがたいもので、通常の経済取引ではまず成立し得ない対価算定法といってよい。

その意味では、これまで裁判所が算定してきた職務発明に関する対価額は、多くの場合、経済的対価を算定するものというより、発明等に対するイ

ンセンティブとしての額を決定してきたと考えるのが自然であろう。実際，職務発明制度の目的が発明奨励や発明へのインセンティブにあるとする点は学説や判例でも示されており[32]，インセンティブと位置づけられるものの金額の多寡までをも，司法判断に委ねなければならない必然性は低いといえよう。インセンティブ制度の内容は，インセンティブを提供する現場の自治に委ねられた方が，最終的にはより効果的な制度が築かれると思われる。というのも，額が低くインセンティブの効果が得られなければ，企業などは自ずと優れた発明が生み出されるよう，自主的判断によって適切な対価額にその水準を変えていくであろう。

　一方，こうした裁判所の対価算定方法に関する問題は存在するものの，平成16年（ネ）962, 2177（上告人：日亜化学工業等）における和解勧告（以下，日亜化学和解勧告という）として出された東京高等裁判所（2005）の発表では，企業が抱えるリスクに対する言及がなされた。

5　日亜化学和解勧告とその後の判例

（1）日亜化学和解勧告の内容

　日亜化学和解勧告では，「相当の対価の額は，従業者等の発明へのインセンティブとなるのに十分であると同時に，厳しい経済情勢及び国際的な競争の中で企業等がこれに打ち勝ち，発展していくことを可能とすべきものであるべき」とされた[33]。さらに，職務発明対価は「さまざまなリスクを負担する企業の共同事業者が好況時に受ける利益の額とは自ずから性質の異なるもの」とも述べられた[34]。また，本件が極めて高額な対価になる事情に鑑みて，地裁判断で50％と認定された発明者貢献度を5％に減じた。さらに，平成15年以降の将来期間における予想売上額を，著しい技術進歩と代替的技術開発がなされる可能性に鑑みて，過去の平均売上高の7割と算定し，一審判決が認定した約9,400億円から約1,400億円に減じた。その結果，全期間の認定売上高は東京地裁判決の3割弱，また認定ロイヤルティレートは約

1／3（20％から約7％）に減じられ，最終的な対価額として一審判決のおよそ1／100相当が妥当とされた。

　さらに，これは一審裁判で対象とされた，いわゆる404特許（特許番号2628404号「窒素化合物半導体結晶膜の成長方法」）に限定したものではなく，発明者が被告会社に「在職中のすべての職務発明により使用者等が受けるべき利益及び使用者等の貢献度」に対するものとして下された判断であった。

　日亜化学和解勧告は，裁判所がはじめて企業等の負うリスクについて正面から言及し，その趣旨を対価算定に汲み入れたケースであったと考えられる。実は，この日亜化学和解勧告以降いくつか注目すべき判決が存在した。

（2）その後の注目すべき判例

①リスク認定と将来収益の割引

　これまでの裁判では，ほとんどのケースにおいて審理段階で確認できた利益の実現値（前期12－③式におけるR）がそのまま対価算定に適用されてきたが，平成16年（ワ）10584事件（被告：三省製薬）平成17年9月26日大阪地裁判決（以下，三省製薬事件という）では，権利満了に至るまでの将来分に関して，権利譲渡後の実績額を割引いて将来利益を算出した。この事件では，将来のライセンス料収入をその前年実績の50〜60％と推定して対価を算定した。この算定額は，中間利息5％を割引率として適用した額にほぼ相当する。判決では，競合品の出現により製品が長期間にわたって同等の販売量を維持することができない可能性（事業リスク）に付言し，それを理由として将来収益を割引いた。実は，この三省製薬事件をはじめ，使用者等が負担する「リスク」について言及した判決が，その他の事件でもいくつか出されるようになってきた[35]。

②リスク認定と貢献度

　それでもこれら判決において，裁判所はリスク要素を前記対価算定式における「使用者等の貢献度＜3＞」の中に包含して対価を求めてきた。そして認定された発明者の貢献度は，豊田中央研究所事件で10％，キャノンマシナ

リー事件でも5％であり，結果としてこれら水準は，従前の企業リスクについて言及される以前の判例で認定された水準と変わるものではなかった。リスクの大きさは企業や事業内容によって各々で，その大小によって期待利益も多様に異なる。それにもかかわらず，もしも発明者等の貢献度の水準について，たとえば5％を最低とする相場観が形成されていくとすれば，こうしたリスクの持つ多様性に対応仕切れなくなる。しかし，三省製薬事件においてはじめて発明者等の貢献度として，5％を下回る2％という水準が認定された。

③会社規定による既払い額に近似する対価を算定した判例

　オリンパス事件及びその控訴審判決では，当該発明が別の基本特許をベースとした利用発明であり各社との包括ライセンス契約では当該特許は重きが置かれていなかったこと，また発明者の当初の提案を特許担当者が補正した結果，他社による侵害の可能性が出てきたこと，三洋電機を除く多数の企業において実施している可能性が低いこと，さらに特許に無効の可能性が内在していることを認定したにもかかわらず，数百件に昇る特許の包括ライセンスの中で，当該特許のロイヤルティへの寄与額を5,000万円と認定した。これは，包括ライセンスのロイヤルティ額をライセンス対象とされた特許件数で割った平均の金額を大きく上回る額であった[36]。

　また，平成11年（ワ）12699事件（被告：三徳）平成14年5月23日大阪地裁判決では被告企業が実施もライセンスもしておらず，また特許登録される可能性が確実ともいえない発明に対しても，潜在的なライセンシーが存在する可能性を認定し，被告企業の売上実績の半分をライセンシー企業の推定売上と認定した。

　こうした判例に対して，日亜化学和解勧告以降に判決が出された三菱電機事件では，多数の特許が包括的にクロスライセンスされているとき，当該特許が代表的な特許でもなく，またそれを他社が実施していることが立証されない場合，当該特許による利益は認定できないとした。

　また，藤井合金事件では1件の発明（本件発明）と3件の考案（考案1～3）について対価が争われた。本件発明については，被告企業の販売実績を

ベースに認定既払い対価14,000円に対して約200万円の相当の対価を認定し、また考案3については被告企業による実施分についての超過利益を基に対価を9,580円と認定した。しかし、本件発明の改良考案で8社共有の考案1と、被告企業が実施もライセンスも実施していない考案2については認定できる利益が極めて小さいとして、会社既払いの対価を超えるものではないとした。

キヤノンマシナリー事件では4件の発明の対価が争われた。うち1件の発明についてのみ対価の不足を認め、既払い額515,000円に対して相当の対価を797万円と算定したが、その他の発明については、無効原因が存在すること、未実施でかつ他社が自由に利用できる状況にあったことなどを理由として、相当の対価は既払い額を上回るものではないとした。

さらに先の三菱電機事件Ⅰでは、5件の発明と1件の考案に関する権利にかかる対価が争点となったが、裁判所はそのうち1つの発明について相当の対価額を3,632,676円と認定し、676,740円という既払い対価額では不足するとしたものの、これら6件の権利を合計した相当の対価額は既払い合計額を下回るとして原告の請求を棄却した。

三菱電機事件Ⅰのように、原告である発明者の譲渡したすべての権利をまとめて対価額を算定する方法は、日亜化学和解勧告においてもとられていたが、その後の東芝のフラッシュメモリーに関する訴訟事件（以下、東芝フラッシュメモリー事件という）の和解においても同様の解決策がとられた。

(3) 東芝フラッシュメモリー事件における和解

東芝フラッシュメモリー事件の和解においても日亜化学のケースと同様に、原告の発明等すべての権利について対価額が算定され、全面的な解決がはかられた。この事件では、原告発明者が自身の譲渡した数十件の特許に対する対価として10億円の請求を行ったが、結果的には当該発明者が在職中に関与した500件に昇るすべての特許を対象として和解が成立した[37]。日亜化学和解勧告における対価額約6億円と比較したとき、その金額は相対的に低額と見られる。というのも、一審判決が出された当時の日亜化学のLED事業の売上高は1,200億円に満たない水準であったと推測されるのに対し[38]、

フラッシュメモリーは被告会社の主力商品のひとつであり，2003年の世界市場160億ドル（米アイサプライ調べ）は前年に比べて47％増と急成長しており，被告会社の同年の世界シェアは16.4％にあたると報じられている[39]。この報道に信を置けば，この分野における被告企業の売上高は3,000億円以上に相当する。

日亜化学和解勧告と同様に，この事件においても裁判所の和解に対する強力な指導がなされたものと推測されるが，特にこの東芝フラッシュメモリー事件の和解に対する裁判所の判断は，この職務発明問題を現実的，一括的に解決させことが企図され，かつ結果的には企業の定める規定とさほど乖離することのない範囲で解決することになった[40]。

このように，日亜化学和解勧告以来，裁判所の判断の中には，対価の高額化一辺倒とは一線を画するようなものが一部に見い出された。

6　対価の存在意義に関する研究と分析

（1）インセンティブとしての効果に関する議論

先に見たように，発明等の対価に関する裁判所の算定方法は，通常の経済取引を念頭おいた対価を意図したものというより，結果的にはインセンティブとしての意味合いを有するものと理解されるべきものであった。そうだとすれば，少なくとも対価が発明に対するインセンティブとして，現実に機能しているという前提がそこには存在する必要が生じてくる。

しかし，そもそも職務発明に対する対価が発明に対するインセンティブとして機能しているかどうかという根本的な問題についても，疑問を呈する見解が存在する。Herzberg（1696）は，仕事には人に満足を感じさせる要因（動機づけ要因）と不満足を感じさせる要因（衛生欲求要因）があり，これらは別の要素から構成され，相互補完性を持つものではないという。給与（金銭的報酬）は不満足を感じさせる要因に属し，それが満たされれば不満足を感じなくなるが，満足を生み出すことはないという。満足を生み出す要

素としては，達成，承認，仕事そのものも，責任，昇進などであるという。そして，衛生欲求要因は，個人の成長の感覚を与えるに必要な特徴を持たない，より低次の要因であるという[41]。また，開本（2006）は神戸大学特定領域横断研究組織（KURNS）が1988年に行った5,125名のサンプル調査の結果から，日本の研究開発技術者のモチベーションを高めるうえでは，業績が報酬に結びつく処遇システムではないことに留意すべきであると指摘する[42]。

また，Milgrom and Roberts（1992）によれば，インセンティブを考慮した報酬モデルを設計するうえでも，従業員の努力水準を直接測定することが不可能であるため，努力水準に連動した要素と全く連動しない要素とを加味させた基準（たとえば，研究開発成果などもこれに含まれるであろう）によって把握せざるを得ず，これら努力水準以外の要素（ノイズ）の変動（分散）が大きい場合，純粋な努力水準による報酬設計はできず，努力水準を改善させることはできないとしている[43]。

大竹（2005）は，事後的に決定される成果主義的賃金はリスク回避的なエンジニアには馴染まず，リスクが高いほど固定的給与が選考されるはずと述べる。また，柳川（2006）は，そもそも事後的に決められる報酬（成果）は，発明等に対して高いモチベーションを抱くためのインセンティブとなりうる報酬とは，直接的に結びつくものではないと指摘する。さらに，特許庁が2002年に実施したアンケートによれば，発明者自身が必ずしも対価（報償金）の支払いがベストのインセンティブと考えているわけではなく，むしろ会社の業績上昇，研究者としての評価などがより有効なインセンティブになるとしている[44]。

大西（2007）は，アンケートによって発明報奨制度に関する実態調査を行い，得られたデータに基づいて，各種報奨制度の存在や報奨の額が発明創出の量と質に対するインセンティブとして機能しているかどうかを分析した[45]。ここでは，ある程度の水準以上の質的価値を備えた発明を対象とするために，米国特許が被説明変数に用いられた。また，さらに質的要素を重視するために米国特許の引用数をも被説明変数に用いて分析を行った[46]。なお，分析にあたっては研究開発費をはじめ，出願・登録報奨制度と実績報

奨制度導入の有無を示すダミー，もしくは出願・登録報奨金と実績報奨金の額を説明変数として回帰した。その他，各企業の特許性向（特許取得を奨励しているか否かなど）など，いくつかの説明変数を付加して回帰式をコントロールして分析した[47]。ここでの分析結果は，おおよそ①発明に対する実績報奨制度の存在は，特許の量的増加には寄与するが，質的向上には寄与していない。②また量的増加の効果も，出願・登録時の報奨制度に比べて実績報奨制度の効果は小さい。③実績報奨の上限額の高さも，特許の量的増加には寄与するが質的向上には寄与しない。④同様に実績報奨の上限額の高さが発明の量的増加をもたらす効果は，出願・登録報奨金額と比較して非常に小さいというものであった。

（２）最適研究開発投資の視点からの議論

　長岡・西村（2005）は，我が国の発明補償制度が，①経済合理性に基づいた企業の自主的発想に基づいたインセンティブ制度として機能しているのか（つまり，企業と発明者の両者にとって最適なインセンティブとなるような補償金の設定がなされるようになっているか），それとも②特許法35条や司法の介入による規制的影響に基づいて機能しているのか（両者にとって最適なインセンティブとは異なる補償費の決定がなされているか）を実証的に分析した。設定したモデルに基づいて，企業の支払った補償費を被説明変数にとり，事業化リスクの大小，補償金支払に代わる代替的なインセンティブ制度の有無，特許の評価に要するコスト（取引コスト）に関するデータを説明変数に用いて，その符号条件と有意度によって判定を試みた。判定の結果を総合してみると，後記②の傾向が色濃く出ていることが示された。結局，特許法35条に関する事後的な裁判所の補償金額への介入が，結果的に企業の研究開発投資へのインセンティブを損なう可能性があるとした。

　さらに長岡（2006）では，発明に対する権利承継が企業内で自由に行われる場合と，現行特許法35条の運用の下で権利継承につき規制が存在している状況とを比較し，後者の場合は本来収益が得られるにもかかわらず研究開発プロジェクトが企業において実施されなくなる（シュリンクする）可能性があることを，モデルを用いて示した。そして，そのシュリンクの度合いは，

研究者のリスク回避傾向が強いほど，研究開発リスクが大きいほど，そして相当の対価額が大きいほど，高まるとしている。

また，Yasaki and Goto（2005）は，企業による投資と従業員側の努力との間の補完関係が弱いとき，使用者等の貢献度を考慮して配分額を決定するという我が国の判例に強制されて発明者への対価を決定することが，次のような結果を引き起こすという。つまり，双方とも期待利益の一部分しか獲得できないことからインセンティブが低下するという事態を回避するために，双方が自身の利益を拡大させるために研究開発への投資や開発努力に対するインセンティブを過剰に持つことなる。その結果，最適な研究開発投資水準よりも過剰な投資に向かわせる誘因になる可能性がある。

7 インセンティブの効果に関する試行的分析

本章では，発明等の対価がインセンティブとして機能しているかどうかについて，特許庁（2008a）で提供されている産業別，資本金階級別データをサンプルとして用いて試行的な分析を試みよう。第10章で算出したように，特許庁（2008a）にて提供されているアンケート集約データを回答企業数で割って，産業別，資本金階級別に一企業あたりの値を求め，発明等に対する補償金の額が，企業の発明数（特許出願数）に対してプラスの効果を有するかどうかを分析する。

（1）モデルの設定

まず，ここでは第10章の図表10－3における課題②「知的財産活動の生産性・効率性等（研究開発活動部門）」をモデルとして，補償金の発明創出に対する効果を確認する。特許出願件数を左右する要因を分析するモデルは，特許生産関数として，主に研究開発費がどのように影響しているかといった観点から，これまでいくつか分析がなされてきた[48]。Hausman et al.（1984），Crepon and Duguet（1997），Blundell et al.（2002）では大西（2007）と同様に，各企業の特許出願件数が0を含む正の整数データである

ため，最小二乗法でなく別の分析方法がとられていた。

しかし，本章で使用するデータは企業群の平均データであるため0値が存在せず，またデータは整数値でもない。さらに，エクセルによって回帰できる範囲の方法にとどめるという趣旨から，ここでは最小二乗法によって分析を行うこととする。

まず，10章の図表10－3における課題②の中から，被説明変数として研究者一人当たり外国特許出願件数＜39＞を採用し，併せて同課題②で示した各変数を説明変数に加えることとする。

日本は諸外国に比べて国内出願件数の多い国である。特許庁（2008b）によると2005年における主要各国における出願件数は下記図表12－4の通りである。特に，内国人（日本人）による国内出願が他の国に比べて多いことが分かる。そのため，日本では，比較的重要度の低い発明も出願されている可能性があり，ある程度の質的水準を維持した発明の件数を見るためには外国出願件数を用いるのがよいと考えられる。外国出願は，国内出願にとどまらず高額な費用をかけて出願することから，概して重要度の高い発明が対象にされていると考えられる。

図表12－4　主要各国における出願件数と内国人出願の割合

	日本	アメリカ	イギリス	ドイツ	EPO	中国
合計	427,078	390,733	27,988	60,222	128,713	173,327
内国人	(359,382)	(202,776)	(17,488)	(47,537)	(33,410)	(93,172)
内国人割合	84.1%	51.9%	62.5%	78.9%	26.0%	53.8%

（2）被説明変数とその対数値

先に第7章において，被説明変数は正規分布していることが前提とされていることを述べた。今回使用する研究者一人当たり外国特許出願件数＜39＞について，そのデータの特長を見てみよう。

14業種×5資本金階級から，合計70のサンプルを用いることになる。そのうち，5つのサンプルについて被説明変数の値が欠損となっていたため，都

合65のデータについて，その分布状態を見たものが図表12－5である。

図表12－5を見ると，研究者一人当たり外国特許出願件数＜39＞の分布状態は，データがグラフ全体の中央より左に大きく偏っていることが分かる。そして，0.2以下といった値に分布するデータが多く存在しそれ以上のデータを持つサンプルは非常に少ない。ちなみに，このデータ群の歪度を求めて見ると1.38となる。エクセルで歪度を求める場合は，分析ツールから基本統計量を求めてもよいし，また「＝SKEW（○○：□□）」という関数式によって算出することもできる。○○の部分に，データの入力されている最初のセル記号を，□□の部分に最後のセル記号を入力すればよい。上から下にデータが一列に並んで入力されている場合は，○○は最初の行のセル記号，□□は最後の行のセル記号ということになる。

被説明変数が正規分布しているためには，少なくとも歪度は0かそれに近い値であることが望ましい。図表12－5のように正で1を超えると，左に偏り過ぎて左右対称というにはやや遠いのが実情である。

そこで，研究者一人当たり外国特許出願件数＜39＞の対数値を求めて，そ

図表12－5　研究者一人当たり外国特許出願件数の分布状態

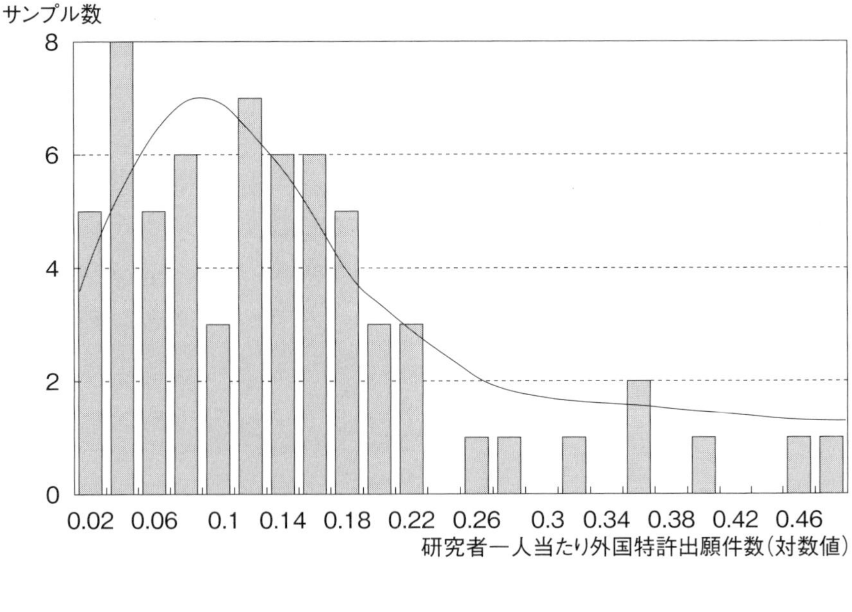

7 インセンティブの効果に関する試行的分析　307

の分布を見たものが図表12-6である。

図表12-5に比べて，比較的左右の対称度が高まっていることが分かる。歪度を求めると-0.90となった。やや右に偏ってはいるが，先の歪度よりは0に近づいた。また，釣り鐘型の分布とまではいえないが，図表12-5よりはそれに近いといえる。このように，データによっては，現実の値よりも，その対数値を用いる方がより適切な回帰結果を得ることができる場合が多々ある。ここでも，研究者一人当たり外国特許出願件数<39>の対数値を被説明変数に用いることとする。

それに，先に述べたように第10章の図表10-3における課題②で示した各種の説明変数でコントロールし，研究者一人当たりの補償金の額が外国特許出願件数に及ぼす影響について回帰してみよう。説明変数には，下記を採用することとする。

　<説明変数に採用したデータ>
　　売上高<1>，従業員一人当たり売上高<5>，研究者一人当たり研究費<15>，1名の知財担当者がサポートする研究者数<18>，

図表12-6　研究者一人当たり外国特許出願件数の対数値の分布状態

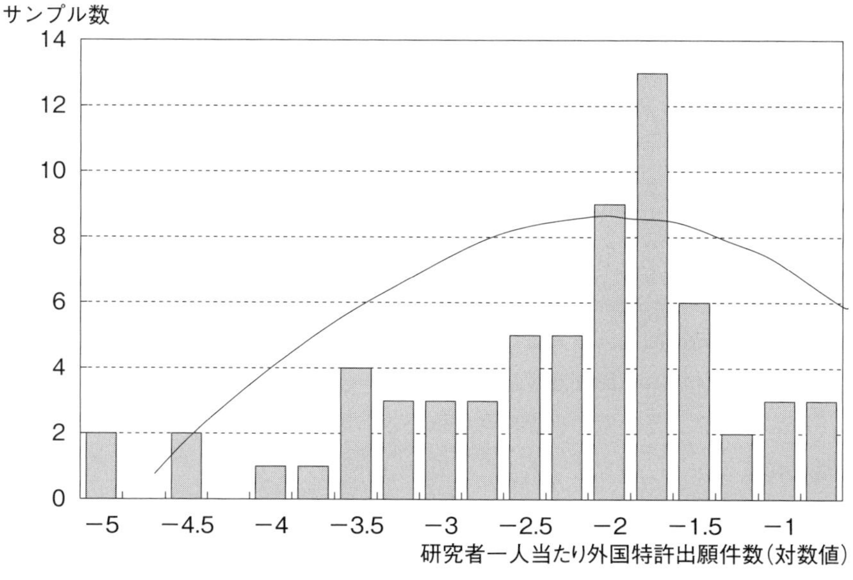

出願率<32>（国内特許出願件数<33>÷発明届出件数<30>）
研究者一人当たり補償費<24>

その結果として，研究者一人当たり補償費<24>が被説明変数に対してプラスで有意な結果を示すかどうかを確認する。

その際，説明変数について実際の値と対数値をとったものの両方で回帰してみる。それぞれの回帰式を示すと下の12－④式と12－⑤式になる。

$$fpa/se = c*s^{\alpha}*(s/m)^{\beta}*(rd/se)^{\gamma}*(se/ipm)^{\delta}*(dpa/invent)^{\theta}*(rew/se)^{\phi}$$
……12－④

$$\ln(fpa/se) = c + \alpha*s + \beta*(s/m) + \gamma*(rd/se) + \delta*(se/ipm)$$
$$+ \theta*(dpa/invent) + \phi*(rew/se) \quad ……12-⑤$$

ここで，fpa/se は研究者一人当たり外国特許出願件数<39>，c は定数項，s は売上高<1>，s/m は従業員一人当たり売上高<5>，rd/se は研究者一人当たり研究費<15>，se/ipm は1名の知財担当者がサポートする研究者数<18>，dpa は国内出願件数，$invent$ は発明届出件数，rew/se は研究者一人当たり補償費<24>を示す。

なお，12－④式は対数値を用いて書き直すと12－⑥式に変換できる。

$$\ln(fpa/se) = C + \alpha \ln(s) + \beta \ln(s/m) + \gamma \ln(rd/se) + \delta \ln(se/ipm)$$
$$+ \theta \ln(apr) + \phi*\ln(rew/se) \quad ……12-⑥$$

12－⑤式と12－⑥式によって回帰した結果が，図表12－7である。

研究者一人当たり外国特許出願件数の対数値を被説明変数とした回帰結果からは，研究者一人当たり研究費<15>を除いて有意となったものは存在しなかった。結果的に，研究者一人当たり補償費<24>も被説明変数に対して統計的に意味のある影響を及ぼしているという結果は得られなかった。

念のために，単年度の出願件数ではなく，第10章の図表10－3における課題④に基づいて，研究者一人当たり外国特許保有件数<48>を被説明変数として同様の回帰を行ってみた。というのも，単年度の出願件数は，その時々の出願案件や海外での事業展開の動向によって影響を受けるため，その影響

figure 12-7 被説明変数：研究者一人当たり外国特許出願件数の対数値（回帰結果）

サンプル数	65			サンプル数	65		
説明変数	パラメータ	（t値）		説明変数	パラメータ	（t値）	
C	−3.5052	（−2.795）	**	C	−2.899	（−7.274）	***
ln(S)	0.0668	（0.424）		S	0.0000009	（0.983）	
ln(S_M)	−0.2230	（−0.621）		S_M	0.00010	（0.024）	
ln(RD_SE)	0.4767	（1.766）	**	RD_SE	0.0247	（1.758）	*
ln(SE_IPM)	0.3242	（1.220）		SE_IPM	0.0060	（0.496）	
ln(DPA/INVENT)	0.1937	（0.827）		DPA/INVENT		（0.312）	
ln(REW_SE)	0.1533	（0.988）		REW_SE	0.0969	（−1.857）	
修正決定係数	0.2457			修正決定係数	0.1935		

注：***は1％水準，**は5％水準，そして*は10％水準で有意であることを示す。

度が大きい場合は適切な回帰結果が得られない可能性がある。むしろ，各年度における出願件数の積み重ねの結果としての特許保有件数を被説明変数とした回帰の方が，補償費との関連をより適切に見い出すことができるかも知れない。

　回帰式は，上の12-④式から12-⑥式における被説明変数「fpa」（外国特許出願件数）を「fpr」（外国特許保有件数）に置き換えればよい。

　その回帰結果が，図表12-8である。

　図表12-8では，説明変数を各データの対数値としたときに，研究者一人当たり補償費のパラメータが有意となった。しかし，実数値を用いた場合は有意とはならなかった。

　このように，今回のデータによって分析した結果では，被説明変数である外国特許についての出願件数，保有件数いずれに対しても，研究者一人当たり補償費の額はさして頑健な有意性を占めさなかった。その意味では，補償費が質的にすぐれた発明を生み出し，その権利化において貢献しているという確証を得ることはできなかった。

　ただ，今回のサンプルデータはあくまでも加工データであり，そのために現実の関連が現れなかったという可能性もある。さらに問題の本質は，補償

図表12-8　被説明変数：研究者一人当たり外国特許保有件数の対数値（回帰結果）

サンプル数	65			サンプル数	65		
説明変数	パラメータ	（t値）		説明変数	パラメータ	（t値）	
C	0.9802	(0.763)		C	−1.668	(−3.625)	***
ln(S)	−0.0869	(−0.538)		S	0.000	(0.228)	
ln(S_M)	−0.4734	(−1.287)		S_M	−0.002	(−0.499)	
ln(RD_SE)	0.8312	(3.007)	**	RD_SE	0.022	(1.374)	
ln(SE_IPM)	0.2700	(0.992)		SE_IPM	0.012	(0.848)	
ln(DPA/INVENT)	0.1821	(0.759)		DPA/INVENT	0.325	(0.909)	
ln(REW_SE)	0.4099	(2.579)	**	REW_SE	2.962	(0.484)	
修正決定係数	0.2915			修正決定係数	0.0369		

注：***は1％水準，**は5％水準で有意であることを示す。

費を支払うか否かではなく，補償費の額を企業が自主的に決められるか否かという点と，高額な補償費が必要とされるかどうかである。今回の分析は，こうした問題に応えるものではないが，それでもそもそも金銭的な補償費の額自体に，発明の権利化促進効果が確認できない限り，すぐれた発明を生み出すインセンティブという視点からは，補償費の高額化や，その金額設定を企業の自治に委ねられないとする根拠を見い出すことはできない。

8　使用者等の貢献度と企業経営へのインプリケーション

先に最近の職務発明対価に関する判例動向を確認したが，今日まで裁判所における対価算定式に関する考え方は，図表12-3に示したとおりであり，現在も変わるところはない。

例外としては，三菱化学事件Ⅰが挙げられる。この判決の中で裁判所は，研究開発から製品化に至るまでの成功確率が非常に低いという創薬事業に特有な事情を考慮して，こうした成功確率の低さを理由として90％の減額を行うべきと判じた。いわば，この判断は上記図表12-3に示した式に，「×

(1 − 成功確率による減額）」という新たな算出要素を付加する可能性を示したものであった[49]。

しかしこの考えは方は，控訴審判決において「原判決は，……創薬事業においては失敗に終わる研究開発が多数存在するという事情があることから，相当対価の算定に際し『成功確率による減額』を行うべきであるとするが，上記のような事情は，独立の減額事由ではなく，一審被告の貢献度を考慮する際の1要素と把握すべきものである」として取り消された[50]。そして，一審で2.5％（25％×（1−90％））と認定された原告貢献度が，控訴審では10％が相当と判断された。

このように，控訴審ではリスク要素を前記対価算定式における「使用者等の貢献度＜3＞」の中に包含して対価を求めるという姿勢を崩すことはなく，この点では従前と一貫した判断がなされた。そうなると問題は，裁判所において認定される発明者の貢献度がどの程度であるかという点に焦点が当てられる。

これまでの裁判では，オリンパス事件において認定された5％という原告の貢献度水準を下回る判決はほとんど存在しなかった。しかし，三省製薬事件においてはじめて，発明者等の貢献度としてそれを下回る2％という水準の認定がなされた。この事件では，白髪防止素材開発実験において，原告が育毛に貢献しうる可能性を発見した事案であった。裁判所は，原告の発見は会社が実験という機会を原告に提供したことを重く見ると同時に，出願後の権利取得や製造承認申請の過程における原告の貢献は，従業員として通常の給与の範囲内のものであったとして原告の貢献を認定せず，結果として原告に対して2％という貢献度を認定した。前記の通り，三菱化学事件Ⅰについて2.5％とする一審判決は高裁判決によって取り消されたが，平成15年（ワ）23981事件（被告：キヤノン）の2007年1月30日東京地裁判決では，容易に相当できた発明で，原告は権利化過程にもライセンス契約にも参画していなかった事案について3％の原告貢献度が認定された。

図表12−9は，これまでに裁判所が決定した発明者等の貢献度を一覧にしたものである。表の上段が日亜化学和解勧告以前のもので，下段がそれ以後のものである。貢献度は，個々の事件の事実認定によってまちまちであり，

その後もNTT-ATのように比較的高い貢献度が認められた判決もある。NTT-ATの事件は発注元企業において行われた研究開発に由来する特許に関するもので，被告企業は発明を発注元企業と共同出願していた。そして，研究開発段階とライセンス契約締結段階いずれにおいても，原告と発注元企業等の貢献に寄るところが大きく，被告企業の貢献が見い出しにくい事件であった。

留意すべきは，企業リスクを含めても余程に原告の貢献度が小さいもので

図表12-9　裁判で示された発明者（原告）の貢献度

日亜化学和解勧告以前					
被告会社	原告貢献度	判決年月	被告会社	原告貢献度	判決年月
日本金属	7-10%	1983.12	ニッカ電測	60%	2002.9
東扇コンクリート	5%	1983.9	藤井合金製作	5%	2003.7
カネシン	65%	1992.9	日立金属	10%	2003.8
象印	20%	1994.4	中央建鉄	50%	2003.11
ゴーセン	40%	1994.5	日亜化学	50%	2004.1
オリンパス光学	5%	1999.4	味の素	5%	2004.2
日立製作所	20%	2002.11	日中医学	20%	2004.7
三徳	50%	2002.5			

同上以後					
被告会社	原告貢献度	判決年月	被告会社	原告貢献度	判決年月
三省製薬	2%	2005.9	ブラザー工業	5-7%	2006.12
豊田中央	10%	2006.3	キヤノン	3%	2007.1
キヤノンマシナリー	5%	2006.3	東芝	5%	2007.6
NTT-AT	30%	2006.5	岡田組	10%	2007.1
JSR	10%	2006.9	NECトーキン	5%	2008.2
積水化学	5%	2006.2	東京精密	10%	2008.3
大塚製薬	10%	2006.11	三菱化学	10%	2008.5

ない限り，被告会社の貢献度は95％程度もしくはそれ以上に昇るという傾向が見い出されることである。少なくとも，ここ当分の間は旧法に基づいた訴訟が展開されることになると考えられるが，その場合，企業としてはその程度の利益配分を発明者等になすことが，一般的に求められる可能性があるといえる。

9 まとめ（マクロ統計上の位置づけ）

先に見たように，これまでも，各企業では研究者のインセンティブとして機能する有効な職務発明規定などの整備について，真摯に対応策が講じられてきた。対価の相当性に一定の幅を持たせて，たとえば企業の定めた算定基準が著しく不当でなければ相当と見なしうるような考え方に進むようになるべきことを，早くから中山他（2002）は指摘していたが[51]，改正法でそれが実現されることになったと考えられる。改正法の下では，こうした企業の対応策を尊重した訴訟運営がなされることが期待される。

しかし，改正後の新法の下での運用はともかく，少なくとも現在，及び当面問題となる改正前の対価算定においては，上で見たような利益配分比率（貢献度の算定）が裁判所における水準となっている実態がうかがえる。それは，創薬事業に見られるような数万分の一の成功にかけるリスクを背負った研究開発についても同様に適用される可能性が高いということである。

こうした裁判で示された相当の対価の額は，我が国の経済全体にとってどのような意味合いを持つか見ておくことも重要であろう。

図表12-10は，各種データベースから収集した直近のマクロ統計データである。

たとえば，相当の対価算定ベースとして，（想定）実施料率2％，そして発明者貢献度（1−使用者等の貢献度）5％を前提とし，かつ研究開発実施企業の売上高に何らかの特許発明技術等が関与していると仮定したとき，これらに対する相当の対価の額は4,672億円（≒467.2兆円×2％×5％）になる。これは，研究開発実施企業の研究者に対する人件費の約8.8％（≒4,672

図表12－10　全企業と研究開発実施企業に関する統計

	従業者数（万人）	売上高（兆円）	営業利益率（％）	研究者数（人）	研究開発支出額（兆円）	雇用者報酬（兆円）
全企業	5,523	981.1	4.12%	－	－	262.8
研究開発実施企業	598	467.2	5.32%	483,202	13.33	5.27

注：研究開発実施企業には，金融・保険業を含まない。
- 研究開発実施企業のデータは，総務省統計局（2007）「科学技術研究調査」（2005年度データ）による。研究開発実施企業の雇用書報酬は，研究開発費の中の人件費による。
- 全企業の営業利益率は，製造業の値を用いている。データは，経済産業省（2008）「平成19年企業活動基本調査速報」（2006年度データ）による。
- 全企業の従業者数は，総務省統計局（2008）「労働力調査」（2007年データ）による。
- 全企業の売上高は，総務省統計局（2000）「産業連関表」による国内生産額（958兆8,865億円：2000年度データ）の対GDP比（1.91658倍）を元に，内閣府（2006）「国民経済計算確報」の名目GDP（511.877兆円：2006年度データ）を用いて推定したもの。
- 雇用者報酬は，内閣府（2006）「国民経済計算確報」（2006年データ）による。研究開発実施企業の雇用者報酬は，社内使用研究費のうちの人件費を用いている。そのため，図表中の金額は，研究者のみに対する報酬となる。

億円÷5.27兆円）に相当する。もし，発明等による排他独占の地位によってもたらされた超過売上高の割合を乗じるとすれば，これまでの判例からは上記金額の概ね20～100％となる。しかし，もしこうしたインセンティブの機会が，研究者に限定されず，研究開発実施企業のすべての被雇用者もしくは全企業の全被雇用者に対して開放された場合を想定するとすれば，超過売上高の割合を乗じる必要性はなくなる。

　民法上の雇用の原則によれば，従業者一般に対して賃金以外の報酬の機会を特別に想定させることは現実的ではないかも知れないが[52]，同時に発明者等だけに特別の補償をすることで社内の労務管理体制にアンバランスを発生させることを懸念する声もある[53]。そして，発明者に対して開かれている報酬額の規模を全国民的レベルで概観して見ることは，発明に対する社会的期待の規模を推し量ることにもつながる。相当の対価は，発明等の効果と対価額とのバランスに対する国民的コンセンサスの基に構築されることも重要である。発明者等以外の者には，類似した対価を得る機会が実態的に与え

られていない中で，それが発明者等以外の者にとって許容できる範囲かどうかもコンセンサスを得るうえでは重要である。

　もしも研究開発企業のすべての被雇用者に対して，同水準の対価の機会が与えられるとすると，その規模は研究者48万人を対象としていた制度が598万人にまで対象者が拡大し，金額に換算すると約5.8兆円（4,672億円×598万人／48万人）の規模となる。これは対売上高比1.2％の規模に相当し，研究開発実施企業における営業利益の23％に相当する。同様に，全企業のすべての被雇用者に開放されたとした場合，被雇用者数で換算すれば5.8兆円の約9倍強（5,523万人／598万人）の53兆円，そして売上高（生産高）規模で換算したとしても同約2.1倍の約12兆円の規模となる。全企業に関する数値は，それぞれ我が国GDPの10％もしくは2.4％という規模に相当する。これが，発明者などに開かれた相当の対価の持つ社会的インパクトである。

　判例によって定まる対価の額が，発明等へのインセンティブの規模を形成していくとすれば，その水準が，特許制度が本来意図している技術進歩の促進を通した産業発展のために，バランスのとれた効果を発揮しうるものであることが，担保されなければならない。そのためには，種々の視点からその社会経済的インパクトは検討されるべきであろう。

　職務発明に対して，どれだけの金額的規模を対価として認めるべきかという問題を決定するのは，最終的には制度を設計する関係者の意図によるにしても，同時に，マクロレベルのデータをはじめ，各種データに基づいた分析や，さらに経済的な合理性やそれらの裏打ちされた常識感に基づいた判断が重要になると考えられる。

〈参考判例〉

	被告会社	事件番号	判決・解決日	裁判所等	判決
1	日本金属加工	昭和54（ワ）11717	昭和58年12月23日	東京地裁	330万円支払命令
2	東扇コンクリート	昭和56（ワ）798	昭和58年9月28日	東京地裁	約842万円支払命令
3	ミノルタカメラI	昭和58（ワ）5209	昭和60年6月28日	大阪地裁	棄却(会社規定の額で妥当)
4	ミノルタカメラI（控訴審）	昭和59（ネ）932	昭和59年11月28日	大阪高裁	棄却(請求金額が不特定)
5	ミノルタカメラII	昭和60（ワ）6253	昭和61年9月25日	大阪地裁	棄却(会社規定の額で妥当)
6	ゴーセン	平成3（ワ）292	平成5年3月4日	大阪地裁	約107万円支払命令
7	ゴーセン（控訴審）	平成5（ネ）723	平成6年5月27日	大阪高裁	約166.5万円支払命令
8	ゴーセン（最高裁審）	平成6（オ）1884	平成7年1月20日	第二小法廷	棄却(時効請求権消滅)
9	象印マホービン	平成3（ワ）5984	平成6年4月2日	大阪地裁	640万円支払命令
10	カネシン	平成1（ワ）6758	平成4年9月30日	東京地裁	1,292万円支払命令
11	オリンパス	平成7（ワ）3841	平成11年4月16日	東京地裁	228.9万円支払命令
12	オリンパス（控訴審）	平成11（ネ）3208	平成13年5月22日	東京高裁	棄却(一審を指示)
13	オリンパス（最高裁審）	平成13年（受）第1256	平成15年4月22日	第三小法廷	棄却
14	大井建興	平成9（ワ）1252	平成11年1月27日	名古屋地裁	棄却(時効請求権消滅)
15	日立製作所I	平成10（ワ）16832	平成14年11月29日	東京地裁	3,494万円支払命令
16	日立製作所I（控訴審）	平成14（ネ）6451	平成16年1月29日	東京高裁	約1億2,810万円支払命令
17	日立製作所I（最高裁審）	平成16（受）781	平成18年10月17日	第三小法廷	棄却(外国特許にも適用)
18	三徳	平成11年（ワ）12699	平成14年5月23日	大阪地裁	200万円支払命令
19	コスモ石油	平成12年（ワ）17124	平成13年12月26日	東京地裁	棄却(発明者に該当せず)
20	コスモ石油（控訴審）	平成14年（ネ）730	平成13年12月26日	東京高裁	棄却(発明者に該当せず)
21	ファイザーI	平成13年（ワ）7196	平成14年8月27日	東京地裁	棄却(発明者に該当せず)
22	ファイザーI（控訴審）	平成14年（ネ）5077	平成15年8月26日	東京高裁	棄却(発明者に該当せず)
23	ニッカ電測	平成13年（ワ）10442	平成14年9月10日	東京地裁	52万円支払命令
24	日亜化学	平成13（ワ）17773	平成16年1月30日	東京地裁	200億円支払命令
25	日亜化学（和解勧告）	平成16年（ネ）962, 2177	平成17年1月11日	東京高裁	約8.4億円で和解
26	中央建鉄	平成13年（ワ）20929	平成15年11月26日	東京地裁	120万円支払命令
27	大塚製薬I	平成14年（ワ）5323	平成15年11月27日	大阪地裁	棄却(時効請求権消滅)
28	大塚製薬I（控訴審）	平成16年（ネ）35	平成17年6月28日	大阪高裁	棄却(時効請求権消滅)
29	コニカミノルタ	平成14年（ワ）8496	平成18年1月26日	東京地裁	棄却(発明者に該当せず)
30	日立金属	平成14年（ワ）16635	平成15年8月29日	東京地裁	1,129万円支払命令

9 まとめ（マクロ統計上の位置づけ）　317

31	日立金属（控訴審）	平成15年（ネ）4867	平成16年4月27日	東京高裁	1,265万円支払命令
32	味の素	平成14年（ワ）20512	平成16年2月24日	東京地裁	1.99億円で和解
33	日中医学研究所	平成14年（ワ）22594	平成16年7月23日	東京地裁	192万円支払命令
34	敷島スターチ	平成15年（ワ）14128	平成15年9月26日	東京地裁	棄却（不適法な提訴）
35	敷島スターチ（控訴審）	平成15年（ネ）5273	平成16年1月21日	東京高裁	棄却（名誉毀損に当たらず）
36	東芝 I	平成15年（ワ）26311	平成16年9月30日	東京地裁	棄却（時効請求権消滅）
37	大塚製薬 II	平成15年（ワ）29080	平成17年11月16日	東京地裁	棄却（時効る請求権消滅，独占の利益なし）
38	大塚製薬 II（控訴審）	平成17年（ネ）10125	平成18年11月21日	知財高裁	286.65万円支払命令
39	三菱電機	平成15年（ワ）29850	平成18年6月18日	東京地裁	棄却（既払い額で妥当）
40	キャノンマシナリー	平成16年（ワ）9373	平成18年3月2日	大阪地裁	745.5万円支払命令
41	藤井合金	平成16年（ワ）10514	平成15年7月21日	大阪地裁	199万円支払命令
42	三省製薬	平成16年（ワ）10584	平成17年9月26日	大阪地裁	960万円支払命令
43	住友化学	平成16年（ワ）11261	平成17年4月28日	大阪地裁	棄却（時効請求権消滅，独占の利益なし）
44	ファイザー II	平成16年（ワ）14321	平成17年9月13日	東京地裁	棄却（発明者に該当せず）
45	ファイザー II（控訴審）	平成18年（ネ）10117	平成18年3月29日	知財高裁	棄却（発明者に該当せず）
46	JSR	平成16年（ワ）26283	平成18年9月12日	東京地裁	約240万円支払命令
47	NTT-AT	平成16年（ワ）23041	平成18年5月29日	東京地裁	1,222万円支払命令
48	豊田中央研究所	平成16年（ワ）27028	平成18年3月9日	東京地裁	54.9万円支払命令
49	豊田中央研究所（控訴審）	平成18年（ネ）10035	平成19年3月29日	知財高裁	約139.5万円支払命令
50	和光純薬	平成17年（ワ）2538	平成18年1月31日	東京地裁	棄却（発明者に該当せず）
51	和光純薬（控訴審）	平成18年（ネ）10020	平成18年7月19日	知財高裁	棄却（発明者に該当せず）
52	大塚製薬 III	平成17年（ワ）14399	平成18年9月8日	東京地裁	棄却（発明者に該当せず）
53	大塚製薬 III（控訴審）	平成19年（ネ）10074	平成19年1月16日	知財高裁	棄却（発明者に該当せず）
54	ホシデン	平成19年（ワ）18805	平成19年7月26日	大阪地裁	棄却（独占の利益なし）
55	アルプス技研	平成18年（ワ）7073	平成20年1月29日	東京地裁	棄却（自由発明ではない）
56	三共有機合成	平成18年（ワ）18196	平成19年1月17日	東京地裁	棄却（時効請求権消滅）
57	日立製作所 II	平成19年（ワ）14650	平成19年8月28日	東京地裁	棄却（時効請求権消滅）
58	日立製作所 II（控訴審）	平成19年（ネ）10077	平成20年5月30日	知財高裁	棄却（時効請求権消滅，独占利益なし）
59	積水化学	平成16年（ワ）13073	平成18年2月21日	大阪地裁	27万7,636円支払命令
60	積水化学（控訴審）	平成18年（ネ）10025	平成19年1月25日	知財高裁	棄却（一審判決を支持）

61	グンゼ	平成18年（ワ）4183	平成19年3月29日	大阪地裁	棄却(時効請求権消滅)
62	東洋紡績	平成16年（ワ）11060	平成19年3月27日	大阪地裁	棄却(時効請求権消滅,独占の利益なし)
63	日信化学	平成17年（ワ）4556	平成19年2月28日	東京地裁	棄却(発明者に該当せず)
64	NECトーキン	平成20年（ワ）24193	平成20年2月20日	東京地裁	約134.9万円支払命令
65	三菱化学Ⅰ	平成17年（ワ）12576	平成18年12月27日	東京地裁	1,200万円支払命令
66	三菱化学Ⅰ（控訴審）	平成19年（ネ）10008	平成20年5月14日	知財高裁	4,500万円支払命令
67	三菱化学Ⅱ	平成19年（ワ）12522	平成20年2月29日	東京地裁	棄却(時効請求権消滅)
68	東芝Ⅱ	平成19年（ワ）2997	平成19年6月27日	東京地裁	約207万円支払命令
69	東芝Ⅱ（控訴審）	平成19年（ネ）10061	平成20年2月21日	知財高裁	棄却(一審判決通り)
70	東京精密	平成18年（ワ）11664	平成20年3月31日	東京地裁	約208万円支払命令
71	岡田組	平成17年（ワ）1238	平成19年10月30日	大阪地裁	約1万円支払命令
72	ブラザー工業	平成17年（ワ）11007	平成18年12月27日	東京地裁	約3,705万円支払命令
73	キヤノン	平成15年（ワ）23981	平成19年1月30日	東京地裁	約3,352万円支払命令

注

［１］ 平成16年法律第79特許審査の迅速化のための特許法等の一部を改正する法律 平成16年６月４日公布。
［２］ 平成11（ネ）3208事件の平成13年５月22日東京高裁判決。
［３］ 平成13年（受）第1256号補償金請求事件平成15年４月22日第三小法廷判決。
［４］ 大場（2002）p.747以降，中澤（2002）p.745以降，日本知的財産協会政策部会（2001）pp.1363-1364，竹田和彦（2004）p.897などを参照。
［５］ 日本知的財産協会（2001），日本弁理士会（2002），㈳日本経済団体連合会（2002）などを参照。また，これらを整理したものとして石井（2003）p.14を参照。
［６］ 改正後の特許法35条４項は，対価の基準設定から具体的な対価額算定に至るまでの全過程における手続面での合理性が主な問題とされた条項と考えられている。ただ，法的拘束力はないものの特許庁（2004）による「手続事例集」では，同時に基準の内容や最終的に支払われる対価額といった実体的要素も合理性判断の対象になると考えられている。
［７］ 平成15（ネ）4867事件（控訴人：日立製作所）平成16年１月29日東京高裁判決（以下，日立製作所事件Ⅰという）の約１億6,500万円，平成14（ワ）20512事件（被告：味の素）平成16年２月24日東京地裁判決の約１億8,935万円，平成13（ワ）17773事件（被告：日亜化学）平成16年１月30日東京地裁判決（以下，日亜化学一審事件という）の200億円を参照。
［８］ 各国の職務発明対価に関する制度の実態については，日本感性工学会・IP研究会（2002）p.251以下，知的財産権法研究会編（2004）p.2370以下，紋谷（2002）p.16以下，産業構造審議会知的財産政策部会（2003a，2003b，2003c，2003d），Goddar（2003），飯塚（2005）などを参照。
［９］ 発明のみならず考案や意匠に対して対価請求された事件も存在するが，圧倒的に多いのは発明に対する対価請求事件である。本章では以下，これら考案や意匠をも含めて発明とのみ表示することとする。
［10］ 知的財産研究所（2003）参照。なお，昭和58（ワ）5209と昭和60（ワ）6253とは，同じ原告による同一発明に対する訴訟である。これを１事件と見なすと10件にも満たない。
［11］ 2006年10月23日『日本経済新聞』夕刊 p.1「発明対価，また日立相手，２億円求める－元社員，東京地裁に提訴へ」参照。
［12］ 2007年３月７日『日本経済新聞朝刊』p.42「塩野義元社員，発明対価８億円求め提訴」参照。一方で，シャープ（2007年４月２日『日本経済新聞朝刊』

p. 9）や武田薬品（2007年9月5日『日本経済新聞』朝刊 p. 15）が，発明対価訴訟において元社員やその遺族と和解したとする報道もなされている。

[13] 平成3（ワ）292事件（被告：ゴーセン）平成5年3月4日大阪地裁判決（以下，ゴーセン事件という）では，発明及び考案への貢献に対する功労金として，発明（考案）者の退職時に退職金に上乗せする形で50万円の支払がなされた。ただ，この金額は会社の職務発明等の対価規程等に基づいたものでなかった。

[14] 判例としては，昭和58（ワ）5209（被告：ミノルタ）の昭和60年6月28大阪地裁判決において，「特許法三五条は職務発明について規定し，同条二ないし四項は発明者である従業員が使用者に権利を譲渡し，あるいは専用実施権を設定させる場合について規定しており，右第三項は使用者と従業者間の力関係で従業者が弱者の立場にあることを考慮して設けられたものと解され，右趣旨からして右第三項は強行規定と解するのが相当であり」と述べられている。また中山（2003）p. 335によれば，学説上も35条は「その歴史的発展経緯からみて，従業者保護を主眼とした規定であり，片面的強行規定である」とされている。

[15] この「手続事例集」は，産業構造審議会知的財産政策部会特許制度小委員会（2003a）p. 17において，「使用者等と従業者等との間での不合理な対価の決定を予防する観点から，特許庁において，明らかに対価の決定が不合理とされる事例等についての事例集を作成すべきである」と記されたことに基づいて策定された。しかし，この手続事例集も法的拘束力を有するものではなく，対価額決定に関する企業の裁量がどのような実態のもとで認められるかについては未だ不明確さが残っている。

[16] 日本知的財産協会（2004）参照。

[17] 労働政策研究・研修機構（2006）が2005年11月〜12月に実施したアンケートでは，従業員数1,000名以上の企業の96％は企業改正法の内容について認知しており，その100％の企業が従業員との協議を実施し，対価決定基準の策定について従業員と「協議している」と回答した企業のうち88.2％の企業がイントラネットによる開示を実施していると回答していた。

[18] 古くは，昭和54（ワ）11717事件（被告：日本金属加工）昭和58年12月23日東京地裁判決（以下，日本金属加工事件という）から，最近のものとして平成15年（ワ）29850事件（同：三菱電機）平成18年6月18日東京地裁判決（以下，三菱電機事件という）など，多くの判例においてこうした効果が利益算定の対象とされている。

[19] 日本金属加工事件，平成4（ワ）6758事件（被告：カネシン）平成4年9月30日東京地裁判決（以下，カネシン事件という），平成11年（ワ）12699事件（同：三徳）平成14年5月23日大阪地裁判決，平成13年（ワ）10442事件（同：ニッカ電測）平成14年9月10日東京地裁判決，日亜化学一審事件他を参照。

[20] ゴーセン事件，平成3（ワ）5984事件（被告：象印マホービン）平成6年4月2日大阪地裁判決東京地裁（以下，象印マホービン事件という），平成13年（ワ）20929事件（同：中央建鉄）平成15年11月26日東京地裁判決（以下，中央建鉄事件という），平成16年（ワ）10514事件（同：藤井合金製作所）平成15年7月21日大阪地裁判決（以下，藤井合金事件という），平成16年（ワ）9373事件（同：キヤノンマシナリー）平成18年3月2日大阪地裁判決（以下，キヤノンマシナリー事件という）他を参照。また，これらの点を整理したものとして，飯塚（2005），田村・山本（2005）pp. 23－27，79－80を参照。なお，排他独占の地位によって得られた推定売上高については，事案によって異なるが，概ね被告の実際の売上高の20～100％といった範囲で認定されている。

[21] たとえば，平成17（ワ）11007事件（被告：ブラザー工業）平成19年4月18日東京地裁判（以下，ブラザー工業事件という），平成17（ワ）12576事件（同：三菱化学）平成18年12月27日東京地裁判（以下，三菱化学事件Ⅰという）では，利益率算定方式によれば仮想実施料率方式の場合より高い試算額になり得ることを示すとともに，その点を修正要素として取り上げることを前提にしつつ，従前の通りの仮想実施料率方式を採用している。それに対して，平成17（ワ）2997事件（同：東芝）平成19年6月27日東京地裁判決では，被告が仮想実施料率5％の適用を主張したのに対し，裁判所は明確な資料はないものの利益率10％が妥当として利益率算定方式を採用した。

[22] 日亜化学一審事件，中央建鉄事件，キヤノンマシナリー事件，三菱化学事件Ⅰなどを参照。逆に，請求権が発生した時点においてはじめて請求額等が明確になるような給付の将来の請求権は例外的にのみ認められるものとして，将来分の請求を却下した事案として，ブラザー工業事件がある。

[23] 平成16（受）781，平成18年10月17日，第三小法廷判決参照。

[24] 中山（2003）p. 354，中山（1998）p. 84，カネシン事件他を参照。

[25] カネシン事件，象印マホービン事件他を参照。なお，事後的事情を参照できると明言しない判決においても，多くの事件で対価算定に際しては事後的な売上高等の実績が参照され判決が下されてきた。

[26] 同様に，三菱化学事件Ⅰの控訴審（平成19年（ネ）10008）においても，一審被告であった控訴人（三菱化学）から開発に至るリスク等の事情を考慮し

て，成功確率を加味させた同様の趣旨の主張がなされた。この点についても裁判所は，かかる事情は一審被告の貢献度の算定の中で考慮すべきものと判じた。

[27] 同種の説を論じたものとして，飯田・早稲本（2003）p.1853以降がある。

[28] この事件に関する一審判決では，割引率を採用するという発想は採用されず，対価算定の基準時を特許の設定登録の日とし，その日以降権利満了までの期間に関する売上高を，中間利息（5％）を用いて控除するとうい算出方式がとられた。

[29] 長岡（2004）参照。

[30] 竹田（2001）pp.302-303参照。なお前記の通り，裁判所の判断では自社実施による利益算定については，無償の通常実施権を超える排他独占の効果による売上高として，全売上高の20～100％が適用されてきた。

[31] 平成13年（受）第1256（オリンパス事件最高裁上告審）平成15年4月22日第三小法廷判決を参照。

[32] 中山（1998）p.65，相澤・西村（2005）p.34，東京高等裁判所（2005），平成16年（ワ）27028事件（被告：豊田中央研究所）平成18年3月9日東京地裁判決（以下，豊田中央研究所事件という）を参照。

[33] 東京高等裁判所（2005）「2.特許法35条の『想当の対価』について」参照。

[34] 東京高等裁判所（2005）。

[35] たとえば，豊田中央研究所事件，キヤノンマシナリー事件を参照。

[36] 裁判で確認できた数百件すべてにかかる受けとり総ロイヤルティ額は約120億円であったが，三洋電機とは716件の特許が包括的にライセンスされていた。このロイヤルティのうち大部分は実施の有無が立証されていないソニー社からのものであったが，仮にすべてが三洋電機からのロイヤルティであったと仮定しても，718件で均等に寄与度を分けると約1,670万円にしかならない。

[37] 2004年3月3日『日本経済新聞』朝刊p.1「フラッシュメモリー，発明の対価，東芝に10億円請求——元社員の舛岡氏が提訴」2006年7月7日『日本経済新聞』夕刊p.1「東芝フラッシュメモリー訴訟和解，発明対価8700万円，東京地裁」を参照。

[38] 一審判決の出された時点（2004年1月時点）の直前において確認される日亜化学工業のLED事業による売上高は1200億円弱と公表されている（日亜化学工業技術説明映像参照）。

[39] 2004年3月3日『日本経済新聞』朝刊p.3を参照。

[40] 実際，この事件の被告企業の談話として，この会社にとっても和解対象が当

該発明者のすべての職務発明を包含しており、社内規程に基づいて支払いを行った場合の補償金の総額は和解金額とそれほど遜色がないと思われる、と報じられていた。2006年8月29日『日経産業新聞』p.9「フラッシュメモリー発明対価訴訟――双方納得の不思議（電子論評）」参照。
[41]　Herzberg（1696）pp. 85－91。
[42]　開本（2006）p. 46参照。
[43]　Milgrom and Roberts（1992）pp. 237－242参照。
[44]　産業構造審議会知的財産政策部会特許制度小委員会（2003a）参照。
[45]　各種報奨制度の存在に関する変数としては、存在する場合を1、存在しない場合を0とするダミー変数が用いられた。
[46]　引用数については、その数が時系列的に変化し、また技術分野によってもその数の大小が相対的に異なる傾向が認められた。そのため、こうした傾向を捨象するために、各期各技術分野ごとの平均引用数でそれぞれの特許の引用数を除した値を代理変数として用いた。
[47]　被説明変数がゼロという企業が存在し、かつ被説明変数が正の整数値であるため、ここでは最小二乗法（OLS）ではなくポアソンモデルという推計法がとられた。
[48]　たとえば、Hausman et al.（1984）、Crepon and Duguet（1997）、中村・小田切（2005）などを参照。
[49]　ただし、減額は図表12－3の使用者等の貢献度＜3＞の計算の中で行うものとし、当初の原告の貢献度を25％とし、そこから90％を控除した2.5％を対価算定に用いる原告の貢献度とした。
[50]　平成19年（ネ）10008の平成20年5月14日、知財高裁判決参照。
[51]　中山他（2002）p. 18参照。
[52]　民法623条では、「使用者が雇用契約に従って従業者に労務の対価としての報酬を支払う義務があると同時に、従業者による労務給付の結果として生じ又は取得された物は、一切使用者の所有に帰する」こととされている。
[53]　前傾の大場（2002）参照。また、産業構造審議会知的財産政策部会特許制度小委員会（2003b）p. 27では、社員間の不公平問題を懸念する企業が多いことが示されていた。さらに、労働政策研究・研修機構（2006）によれば、発明等に対する報奨金制度の問題点として「発明者等以外の社員が不公平感を持っている」と回答した企業が、2002年に実施したアンケートでは21.1％であったのに対し、2005年末のアンケートでは29.8％に増加した。

参考文献・参考データ

Akaike, H. (1974)"A New Look at the Statistical Model Identification," *IEEE Transactions on Automatic Control*, Vol. 99 (6), pp. 716–723.

Arora, A. and R. P. Merges (2004)"Specialized Supply Firms, Property Rights and Firm Boundaries," *Industrial and Corporate Change*, Vol. 13, No. 3, pp. 451–475.

Arora, A., M. Ceccagnoli and M. C. Cohen (2002)"R&D and Patent Premium," Conference Paper for 11th WZB Conference on Industrial Organization.

Arrow, K. (1962)"Economic Welfare and Allocation of Resource for Invention," *The Rate and Direction of Inventive Activity: Economic and Social Factors*, University–NBER Conference Series No. 13, Princeton University Press for the National Bureau of Economic Research.

Barro, R. J. and J. W. Lee (1994)"Data Set for a Panel of 138 Countries." (http://www.nber.org/pup/barro.lee/readme.txt：2008.8.10アクセス)

Barro, R. J. and X. Sara-i Martin (1995) *Economic Growth*, McGraw-Hill, Inc. (大住圭介訳『内生的経済成長』九州大学出版会, 1998年)

Baumol, W. J. (1986)"Productivity Growth, Convergence, and Welfare What the Long-Run Data Show," *American Economic Review*, Vol. 76, pp. 1072–1085.

Blundell, R., R. Griffith and F. Windmeijer (2002)"Individual Effects and Dynamics in Count Data Models," *Journal of Econometrics*, Vol. 108, Issue 1, pp. 113–131.

Blundell, R., R. Griffith and R. Reenen (1999)"Market Share, Market Value and Innovation in a Panel of British Manufacturing Firms," *Review of Economic Studies*, Vol. 66, pp. 529–554.

Bosco, M. D. (2001)"Integration, Technological Transfer and Intellectual

Property Rights: An Empirical Application to the MENA Countries."（http://www.ecomod.net/conferences/ecomod2001/papers_web/bosco_new.pdf：2008.8.26アクセス）

Bound, J., C. Cummins, Z. Griliches, B. H. Hall and A. Jaffe (1984) "Who Does R&D and Who Patents?: R&D, Patents, and Productivity," *National Bureau of Economic Research*, No. 908, pp. 21-54.

Bureau of Economic Analysis, "U.S. International Transactions Accounts Data."（http://www.bea.gov/international/xls/table1.xls：2008.5.26アクセス）

Bureau of Economic Analysis, Department of Commerce, "National Accounts Data."（http://www.bea.doc.gov/bea/dn1.htm：2002.1アクセス）

Bureau of Economic Analysis, U.S. Department of Commerce, "International Economic Accounts, International Investment Position, Articles and Publications, Operations of Multinational Companies, U.S. Direct Investment Abroad, Direct Investment Positions: Country and Industry Detail | available each July in the SCB, most recent: July2008."（http://www.bea.gov/scb/pdf/2008/07%20July/0708_dip.pdf：2008.8.12アクセス）

Bureau of the Census, Foreign Trade Division (2001) "Exports, Imports, and Balance of Advanced Technology Products."（http://www.census.gov/foreign-trade/Press-Release/ft900_index.html：2002.1.20アクセス）

Card, A. and R. Roa (2006) "Innovation and Market Value: A Quantile Regression Analysis," *Economics Bulletin*, Vol. 15, No. 13. pp. 1-10.

Chan, K. (1993) "Consistency and Limiting Distribution of the Least Squares Estimator of a Threshold Autoregressive Model," *The Annals of Statistics*, Vol. 21, pp. 520-533.

Chiang, A. C. (1974) *Fundamental Methods of Mathematical Economics*, Second Edition, McGraw-Hill Inc.（大住栄治他訳『現代経済学の数学基礎』シーエーピー出版，2003年）

Cockburn, I. and Z. Griliches (1998) "Industry Effects and Appropriability Measures in the Stock Market's Valuation of R&D and Patents," *The American Economic Review*, Vol. 78, No. 2, Papers and Proceeding of the One-Hundredth Annual Meeting of the American Economic Association, pp. 419-423.

Council of Economic Advisers (2001) "The Annual Report of The Council of Economic Advisers." (邦訳「経済諮問委員会年次報告」『エコノミスト臨時増刊』2001年6月4日, 毎日新聞社)

Crepon, B. and E. Duguet (1997) "Estimating the Innovation Function From Patent Numbers: GMM on Count Panel Data," *Journal of Applied Econometrics*, Vol. 12, pp. 243-263.

Cuneo, P. and J. Mairesse (1983) "Productivity and R&D at the Firm Level in French Manufacturing," *NBER working paper*, No. 1068.

Czarnitzki, D. and K. Kraft (2004) "On the Profitability of Innovative Assets," *ZEW Discussion Paper*, No. 04-38.

De Long, J. B. (1988) "Productivity Growth, Convergence, and Welfare: Comment," *American Economic Review*, Vol. 78, pp. 1138-1154.

Deardorff, A. V. (1992) "Welfare Effects of Global Patent Protection," *Economica*, New Series, Vol. 59, No. 223, pp. 33-51.

Deardorff, A. V. (1998) "Determinants of Bilateral Trade: Does Gravity Work in a neoclassical World?" Frankel, J. A., *The Regionalization of the World Economy*, NBER.

Denison, E. F. (1985) *Trends in American Economic Growth, 1929-1982*, Brookings Institution.

Dertouzos, M, L. et al. (1990) *Made in America*, Massachusetts Institute of Technology. (依田直也訳『Made in America』草思社, 1992年)

Division of Science Resources Studies, National Science Foundation "Historical database for National Patterns: Columns 1-175, National Patterns of R&D Resources: 2000Data Update." (http://www.nsf.gov/sbe/srs/nsf01309/tables/tabd.xls: 2002.1.20アクセス)

Division of Science Resources Studies, National Science Foundation "International R&D Expenditures (Total and Non-defense) in Constant Dollars and as a Percentage of GDP : 1981 − 99. " (http : //www.nsf.gov/sbe/srs/nsf01309/tables/tab7. xls : 2002.1アクセス)

Doller, D. (1992) "Outward-oriented Developing Economics Really Do Grow More Rapidly : Evidence from95LDCs, 1976 − 1985, " *Economic Development and Cultural Change*, Vol. 40, pp. 523 − 544.

Eklund, J. E. and D. Wiberg (2007) "Persistence of Profits and the Systematic Search for Knowledge − R&D Links to Firm Above−Norm Profits," *CESIS Electronic Working Paper Series*, No. 85.

Ernst, H. (2001) "Patent Applications and Subsequent Changes of Performance : Evidence from Time−series Cross−section Analyses on the Firm Level," *Research Policy*, Vol. 30, pp. 143 − 157.

Evenson, R. E. (1991) "Patent Data by Industry : Evidence for Invention Potential Exhaustion?" *Yale Economic Growth Center Discussion Paper,* pp. 620.

Evenson, R. E., J. Putnam and S. Kortum (1991) "Estimating Patent Counts by Industry Using the Yale-Canada Concordance," *Final Report to the National Science Foundation*.

Falk, M. (2005) "What Determines Patents per Capita in OECD Countries." (http : //www.sgvs.ire.eco.unisi.ch/papers/Falk_SGVS06. pdf : 2008.9.13アクセス)

Falvey, R., N. Foster and D. Greenaway (2004) "Intellectual Property Rights and Economic Growth," *International of Economic Policy*, Research Paper series, 2004/12.

Fink, C. and C. A. P. Braga (1999) "How Strong Protection of Intellectual Property Rights Affects International Trade Flow," *World Bank Policy Research Working Paper*, No. 2051.

Gambardella, A., D. Harhoff and B. Verspagen (2006) "The Value of Patents," Discussion Paper. (http : //www.ffii.se/erik/EPIP2006/Alfonso

%20Gambardella_Value%20of%20Patents.pdf：2008.8.29アクセス）
Ginarte, J. C and W. G. Park (1997)"Determinants of Patent Rights: A Cross-national Study," *Research Policy*, Vol. 26, Issue 3, pp. 283-301.
Girma, S. (2005)"Absorptive Capacity and Productivity Spillovers from FDI: A Threshold Regression Analysis," *Oxford Bulletin of Economics and Statistics*, Vol. 67, pp. 281-306.
Goto, A. and K. Suzuki (1989)"R&D Capital, Rate of Return on R&D Investment and Spillover of R&D in Japanese Manufacturing Industries," *Review of Economics & Statistics*, Vol. 71, pp. 555-564.
Gould, C. M. and W. C. Gtuben (1996)"The Roll of Intellectual Property Rights in Economic Growth," *Journal of Development Economics*, Vol. 48, pp. 323-350.
Gould, R. J. and J. Ruffin (1994)"A New Comprehensive Measure of Trade Openness," Mimeo, Federal Reserve Bank of Dallas.
Greene, W. H. (1990) *Econometric Analysis*, Second Edition, Ch. 9, Macmillan.
Griliches, Z. (1979)"Issues in Assessing the Contribution of Research and Development to Productivity Growth," *Bell Journal of Economics*, Vol. 10, No. 1, pp. 92-116.
Griliches, Z. (1980a)"R&D and the Productivity Slowdown," *NBER Working Paper*, No. W0434.
Griliches, Z. (1980b)"Return to Research and Development Expenditures in the Private Sector," *New Developments in Productivity Measurement and Analysis*, University of Chicago Press.
Griliches, Z. (1986)"Productivity, R&D, and Basic Research at the Firm Level in the 1970s," *NBER Working Paper,* No. W1547.
Griliches, Z. (1990)"Patent Statistics as Economic Indicators: A Survey," *Journal of Economic Literature*, Vol. 28, No. 4 (Dec.), pp. 1661-1707.
Griliches, Z. and J. Mairesse (1981)"Productivity and R&D at the Firm Level," *NBER Working Paper*, No. 826.

Griliches, Z. and J. Mairesse (1983)"Comparing Productivity Growth: An Exploration of French and US Industrial and Firm Data," *European Economic Review*, Vol. 21, pp. 89 – p.119.

Griliches, Z. and J. Mairesse (1990)"R&D and Productivity Growth: Comparing Japanese and U.S. Manufacturing Firms," C. R. Hulten, *Productivity Growth in Japan and the United States*, University of Chicago Press, pp. 317 – 340.

Hall, B H. (1999)"Innovation and Market Value," *NBER Working Paper Series*, Working Paper 6984.

Hall, B. H. (1993)"The Stock Market's Valuation of R&D Investment During the1980's," *The American Economic Review*, Vol. 83, No. 2, Papers and Proceedings of the Hundred and Fifth Annual Meeting of the American Economic Association, pp. 259 – 264.

Hall, B. H. (2006)"R&D, Productivity, and Market Value," A Revision of a Paper Presented at the International Conference in Memory of Zvi Griliches, Paris, August 2003 and the Conference in Memory of Tor Jakob Klette, Oslo, Norway, in August 2004.

Hall, B. H., A. Jaffe and M. Trajtenberg (2001)"Market Value and Patent Citations: A First Look," Revision of a Paper for the Conference in Commemoration of Zvi Griliches's 20 Years as Director of the NBER Program on Productivity and Technological Progress. (http://citeseer.comp.nus.edu.sg/cache/papers/cs/24733/http:zSzzSzemlab.berkeley.eduzSzuserszSzbhhallzSzhjtjun01.pdf/hall01market.pdf：2008.9.21アクセス)

Hall, B. H. and J. Mairesse (1995)"Exploring the Relationship between R&D and Productivity in French Manufacturing Firms," *Journal of Econometrics*, Vol. 65, pp. 263 – 293.

Hansen, B. E. (2000)"Sample Splitting and Threshold Estimation," *Econometarica*, Vol. 68, pp. 575 – 603.

Harhoff, D., F. M. Scherer and K. Vopel (2002)"Citations, Family Size, Opposition and the Value of Patent Rights." (http://www.wipo.int/patent/meetings/2003/statistics_workshop/en/presentation/statistics_workshop_harhoff.pdf：2008. 8. 26アクセス)

Harhoff, D., F. Narin, F. M. Scherer and K. Vopel (1997) "Citation Frequency and the Value of Patented Innovation," Discussion Paper, No.97-27. (http://madoc.bib.uni-mannheim.de/madoc/volltexte/2004/691/pdf/dp9727.pdf：2008. 8. 26アクセス)

Harhoff, D., F. M. Scherer and K. Vopel (2003) "Citations, Family Size, Opportunity and the Value of Patent Rights: Evidence from Germany," *Research Policy*, No.32, pp. 1343-1363.

Hausman, J., B. H. Hall and Z. Griliches (1984) "Econometric Models for Count Data with an Application to the Patents-R&D Relationship," *Econometrica*, Vol. 52, pp. 909-938.

Helpman, E. (1993) "Innovation, Imitation, and Intellectual Property Rights," *Econometrica*, Vol. 61, pp. 1247-1280.

Herzberg, F. (1966) *Work and the Nature of Man*, World Publishing (北野利信訳『仕事と人間性——動機づけ-衛生理論の新展開』東洋経済新聞社, 1973年)

Horowitz, A. and E. L. C. Lai (1996) "Patent Length and the Rate of Innovation," *International Economic Review*, Vol. 37, pp. 785-801.

Jaffe, A. B. (1986) "Technological Opportunity and Spillovers of R&D: Evidence from Firms' Patents, Profits and Market Value," *The American Economic Review*, Vol. 76, Issue 5, pp. 984-1001.

Jaffe, A. B. (1988) "Demand and Supply Influences in R&D Intensity and Productivity Growth," *The Review of Economics and Statistics*, Vol. 70, Issue 3, Aug., pp. 431-437.

IMF (2004) "Direction of Trade Statistics: Exports of a Country to the World by Partner."

Inoue, H., Y. Nakata, S. Tamada and O. Zhang (2008) "The Market Value of Patent Citations: New Findings from Japanese firms," MIMEO.

IMF (2000) *International Financial Statistics Yearbook 2000*.

Jaffe, A. B. (1998)"Demand and Supply Influences in R&D Intensity and Productivity Growth," *Review of Economics & Statistics*, Vol. 70, pp. 431-437.

Japanese Patent Office (2003)"Trilateral Statistical Report 2002 edition," Jointly Produced EPO, JPO, USPTO, edited by Japan Patent Office, p. 37.

Jones, C. and J. C. Williams (1997)"Measuring the Social Return to R&D." (http://www-econ.stanford.edu/faculty/workp/swp97002.pdf：2008.8.28アクセス)

Jorgenson, D. W. and K. Motohashi (2003)"Growth in the U.S. Industries and Investments in Information Technology and Higher Education," Paper Prepared for NBER/CRIW Conference, *Measurement of Capital in the New Economy*.

Jorgenson, D. W., M. S. Hon and K. J. Stiroh (2002)"Economic Growth and the United States in the Information Age," *RIETI Discussion Paper Series* #03-E-015.

Kanwar, S. and R. Evenson (2003)"Does Intellectual Property Protection spur Technological Change?" *Oxford Economic Paper*, Vol. 55, pp. 235-264.

Kendrick, J. W. (1973)*Post War Productivity Trends in the United States, 1948-69*, New York.

Kendrick, J. W. (1991)"Total Factor Productivity: What Does It Mean and Does Not Measure," *Technology and Productivity, The Challenge For Economic Policy*, OECD.

Kim, J. S., J. Lee and G. Marschke (2004)"Relation of Firm Size to R&D Productivity," Discussion Paper. (http://www.albany.edu/economics/Research/2004/rdprod.pdf：2008.9.29アクセス)

Kortum, S. and J. Lerner (2000)"Assessing the Contribution of Venture Capital to Innovation," *RAND Journal of Economics*, Vol. 31, No. 4, pp. 674–692.

Kortum, S. and J. Putnam (1997) "Assigning Patents to Industries: Tests of the Yale Technology Concordance," *Economic Systems Research*, Vol. 9, No. 2, pp. 161–176.

Kwon, H. U. and T. Inui (2003) "R&D and Productivity Growth in Japanese Manufacturing Firms," *ESRI Discussion Paper Series*, No. 44.

Lach, S. (1995) "Patents and Productivity Growth at the Industry Level: A First Look," *Economics Letters,* Vol. 49, pp. 101–108.

Lanjouw, J. O. and M. Schankerman (2004) "Patent Quality and Research Productivity: Measuring Innovation With Multiple Indicators," *The Economic Journal*, Vol. 114, pp. 441–465.

Lee, J. W. and R. J. Barro (1997) "Schooling Quality in a Cross-Section of Countries," NBER Working Paper, No. 6198. (http://www/nbr.org/ftp/barro.lee.90/)

Lerner, J. (2002) "Patent Protection and Innovation Over 150 Years," *NBER Working Paper,* No. 8977.

Lesser, W. (2001) "The Effects of TRIPS Mandated Intellectual Property Rights on Economic Activities," *WIPO Working Paper*, Geneva. (http://www.syndusmad.com/middleoffice/docs/AdpicDc.pdf：2005.1.11アクセス)

Levin, R. and D. Renelt (1992) "A Sensitivity Analysis of Cross-country Growth Regressions," *American Economic Review*, Vol. 82, pp. 942–963.

Levy, D. M. and N. E. Terleckyj (1983) "Effects of Government R&D on Private R&D Investment and Productivity: A Macroeconomic Analysis," *Bell Journal of Economics*, Vol. 14, No. 2, pp. 551–561.

Lichtenberg, F. R. and D. Siegel (1991) "The Impact of R&D Investment on Productivity—New Evidence Using Linked R&D—LRD Data," *Economic Inquiry,* Vol. 29, Issue 2, pp. 203–229.

Mairesse, J. and B. H. Hall (1996) "Estimating the Productivity of Research and Development: An Exploration of GMM Methods Using Data of French and United States Manufacturing Firms," *NBER Working Paper Series*, 5501.

Mansfield, E. (1986) "Patent and Innovation: An Empirical Study," *Management Science*, Feb., pp. 173-181.

Mansfield, E. (1980) "Basic Research and Productivity Increase in Manufacturing," *The American Economic Review*, Vol. 70, No. 5, pp. 863-873.

Mansfield, E. (2000) "Intellectual Property Protection, Direct Investment and Technology Transfer: Germany, Japan and the USA," *International Journal of Technology Management* (IJTM), Vol. 19, No. 1/2.

Markusen, J. R. (2001) "Contracts, Intellectual Property Rights, and Multinational Investment in Developing Countries," *Journal of International Economics*, Vol. 53, Issues 1, pp. 189-204.

Maskus, K. E. and D. Konan (1994) "Trade-related Intellectual Property Rights: Issues and Exploratory Results," A. Deardorff and R. Stern eds., *Analytical and Negotiating Issues in the Global Trading System*, University of Michigan, pp. 401-446.

Maskus, K. E. and M. Penubarti (1995) "How Trade-related are Intellectual Property Rights?" *Journal of International Economics*, Vol. 39, pp. 227-248.

Milgrom, P. and J. Robert (1992) *Economics, Organization and Management*, Prentis Hall.(奥野正寛他訳『組織の経済学』NTT 出版,1997年)

Nadiri, M. I. and I. R. Prucha (1996) "Estimation of the Depriciation Rate of Physical and R&D Capital in the U.S. Total Manufacturing Sector," *Economic Inquiry*, Vol. XXXIX, pp. 43-56.

Nakanishi, Y. and S. Yamada (2007) "Market Value and Patent Quality in Japanese Manufacturing Firms," *MPRA*, Munich Personal RePEc Archive.

National Science Foundation, Division of Science Resources Studies "Company and Other Nonfederal Funds for U.S. Industrial R&D Performance by Industry and by Size of Company：1997－99."（http：//www. nsf.gov/sbe/srs/srs01410/tables/e3.xls：2002.1.20アクセス）

Odagiri, H. and H. Iwata（1986）"The Impact of R&D on Productivity Increase in Japanese Manufacturing Companies," *Research Policy*, Vol. 15, pp. 13－19.

OECD（1998）"The OECD STAN Database for Industrial Analysis 1978－1997."

OECD（2000）"OECD Economic Outlook," *Economics*, No. 68.

Pakes, A.（1981）"Patents, R&D, and the Stock Market Rate of Return," *National Bureau of Economic Research*, Working Paper, No. 786.

Pakes, A.（1986）"Patents as Options：Some Estimates of the Value of Holding European Patent Stocks," *Econometarica*, No. 54, pp. 755－784.

Pakes, A. and J. O. Lanjouw（1998）"How to Count Patents And Value Intellectual Property：The Uses Of Patent Renewal And Application Data," *Journal of Industrial Economics*, Vol. 46, Issue 4.

Pakes, A. and M. Schankerman（1984）*The Rate of Obsolescence of Patents, Research Gestation Lags and the Private Rate of Return to Research Resources*, The University of Chicago Press.

Pakes, A. and Z. Griliches（1984）"Patents and R&D at the Firm Level：A First Look," *R&D Patents, and Productivity*, Edited Griliches, pp. 55－72.

Park, W. G.（2001）"Intellectual Property and Patent Regimes," *Economic Freedom of the World：2001 Annual Report*, Ch. 4, pp. 101－118.

Park, W. G. and J. Ginarte（1997）"Intellectual Property Rights and Economic Growth," *Contemporary Economic Policy*, Vol. 15, pp. 51－61.

Park, W. G. and D. Lippoldt（2005）"International Licensing and the Strengthening of Intellectual Property Rights in Developing Countries During the 1990s," *OECD Economic Studies*, No. 40.

Park, W. G. and S. Wagh（2002）"Index of Patent Rights," *Economic Freedom of the World：2002 Annual Report*, pp. 33－41.

Penn World Table, PWT 6.2 (http://pwt.econ.upenn.edu/php_site/pwt62/pwt62_form.php：2006.3.20アクセス)

Rafiquzzaman, M. (2002)"The Impact of Patent on International Trade: Evidence From Canada," *Canadian Journal of Economics*, Vol. 35, No. 2, pp. 307-330.

Ramanathan, R. (2002) *Introductory Econometrics with Application*, Fifth Edition, South-West, Thomson Learning.

Rapoport, J. (1971)"The Anatomy of the Production-innovation Process: Cost and Time," *Research and Innovation in the Modern Corporation*, Norton, pp. 110-135.

Rapp, R. T. and R. P. Rozek (1990)"Benefits and Costs of Intellectual Property Protection in Developing Countries," *J. World Trade*, Vol. 24, pp. 75-102.

Reynolds, T. W. (2003)"Quantifying the Evolution of Copyright and Trademark Law," American University, Doctoral Dissertation.

Riddell, W. C. (1980)"Estimating Switching Regression: A Computational Note," *Journal of Statistical Computation and Simulation*, Vol. 10, pp. 95-101.

Romer, P. M. (1990)"Endogenous Growth and Technical Change," *Journal of Political Economy*, Vol. 90, pp. 807-827.

Sakakibara, M. and L. Branstetter (2001)"Do Strong Patents Induce More Innovation? Evidence from the Japanese Patent Law Reforms," *RAND Journal of Economics*, Vol. 32, pp. 77-100.

Schankerman, M. (1981)"The Effect of Double Counting and Expensing on the Measured Returns to R&D," *Review of Economics and Statistics*, Vol. 63, pp. 454-458.

Schankerman, M. and A. Pakes (1986)"Estimates of The Value of Patent Rights in European Countries During the Post-1950 Period," *Economic Journal*, Vol. 96, Issue 384, p. 1052, 7charts, 3graphs (AN4533962).

Scherer, F. M. (1965a)"Corporate Inventive Output, Profits, and Growth,"

The Journal of Political Economy, Vol. 73, No. 3, pp. 290-297.

Scherer, F. M. (1965b) "Firm Size, Market Structure, Opportunity, And the Output of Patented Inventions," *American Economic Review*, Vol. 55, No. 5, Part 1, pp. 1097-1125.

Schmookler, J. (1966) *Invention and Economic Growth*, Harvard University Press.

Segerstorm, P. S. (1998) "Endogenous Growth without Scale Effect," *The American Economic Review*, Vol. 88, No. 5, pp. 1290-1310.

Sherer, M. F., D. Harhoff, F. Narin and K. Vopel (1999) "Citation Frequency and the Value of Patented Inventions," *The Review of Economics and Statistics*, Vol. 91, No. 3, pp. 511-515.

Sherwood, R. M. (1997) "Intellectual Property Systems and Investment Stimulation: The Rating of Systems in Eighteen Developing Countries," *The J. Law and Technology*, Vol. 37, pp. 261-371.

Smarzynska, B. K. (1999) "Composition of Foreign Direct Investment and Protection of Intellectual Property Rights in Transition Economies," *CEPR Discussion Paper*, No. 2228.

Smith, P. J. (1999) "Are Weak Patent Rights Barrier to U.S. Exports?" *Journal of International Economics*, Vol. 48, pp. 151-177.

Smith, P. J. (2001) "How do Foreign Patent Rights Affect U.S. Exports, Affiliate Sales, and Licenses?" *Journal of International Economics*, Vol. 55, pp. 411-439.

Smith, P. J. (2002) "Patent Rights and Trade: Analysis of Biological Products, Medicinals and Botanicals, and Pharmaceuticals," *American Journal of Agricultural Economics*, Vol. 84, Issue 2, pp. 495-512.

Solow, R. M. (1956) "A Contribution to the Theory of Economic Growth," *Quarterly Journal of Economics*, Vol. 70, pp. 65-94.

Solow, R. M. (1957) "Technical Change and the Aggregate Production Function," *The Review of Economics and Statistics*, Vol. 39, No. 3, pp. 312-320.

Summers, R. and A. Heston (1991)"The Penn World Tables (Mark 5）: An Expanded Set of International Comparisons, 1950-1988."

Stigritz, J. E. (1993) *Economics*, W. W. Norton & Company, Inc. （藪下史郎他訳『スティグリッツ　マクロ経済学』東洋経済新報社，1995年）

Suetens, S. (2002)"R&D Subsidies and Production Effects of R&D Personnel Evidence from the Flemish Region," *CESIT Discussion Paper*, No. 2002/03.

Taylor, C. and Z. Silverstone (1973) *The Economic Impact of the Patent System*, Cambridge University Press.

Teece, D. (2005)"Technological Know-How, Property Rights, and Enterprise Boundaries : The contribution of Arora and Merges," *Industrial and Corporate Change,* Vol. 14, No. 6, pp. 1237-1240.

The World Bank "WDI Online : World Development Indicators." (http://ddp-ext.worldbank.org/ext/DDPQQ/member.do?method=getMembers&userid=1&queryId=6 : 2008.5.29アクセス)

The World Bank (1996)"Global Economic Prospects and the Developing Countries." (http://www-wds.worldbank.org/servlet/WDSContentServer/WDSP/IB/1996/04/01/000009265_3970128121801/Rendered/PDF/multi0page.pdf. : 2005.5.5アクセス)

Thompson, M. A. and F. W. Rushing (1995)"An Empirical Analysis of the Impact of Patent Protection on Economic Growth," Policy Research Center, Research Paper, No. 54.

Tobin J. (1969)"A General Equilibrium Approach to Monetary Theory," *Journal of Money, Credit and Banking,* Vol. 1, pp. 15-29.

Trajtenberg, M. (1990)"A Penny for Your Quotes : Patent Citations and the Value of Innovations," *The RAND Journal of Economics*, Vol. 21, No. 1, pp. 172-187.

U.S. Department of Commerce, Bureau of Economic Analysis "National Economic Accounts, Current-Dollar and 'Real' Gross Domestic Product." (http://www.bea.gov/national/xls/gdplev.xls : 2008.5.26アクセ

ス）
U.S. Department of Commerce, Bureau of Economic Analysis "Percent Change from Preceding Period in Real Personal Consumption Expenditures by Major Type of Product." (http://www.bea.gov/national/nipaweb/TableView.asp?SelectedTable=61 & FirstYear=2002 & LastYear=：2008.5.26アクセス）
U.S. Department of Commerce, Bureau of Economic Analysis "Percent Change from Preceding Period in Real Private Fixed Investment by Type." (http://www.bea.gov/national/nipaweb/csv/NIPATable.csv?FirstYear=1929 & TableName=124 & LastYear=2010 & ViewSeries=NO&freq=Y：2008.5.26アクセス）
U.S. Department of Commerce, International Trade Administration (1985)"Global Competition: The New Realty, The Report of the President's Commission on Industrial Competitiveness," Washington, D.C.: U.S. Government Printing Office. U.S. Congress.
U.S. Department of Labor, Bureau of Labor Statistics "Consumer Price Index, All Urban Consumers-(CPI-U), U.S. City Average, All Items." (ftp://ftp.bls.gov/pub/special.requests/cpi/cpiai.txt：2008.5.26アクセス）
U.S. Department of Labor, Bureau of Labor Statistics "Labor Force Statistics from the Current Population Survey, Unemployment rate, Percent, 16 Years and Over." (http://data.bls.gov/PDQ/servlet/SurveyOutputServlet：2008.5.26アクセス）
U.S. Patent and Trademark Office, Electronic Information Products Division (2001)"Technology Assessment and Forecast Report, Electrical Classes, 1977−December 2000, USPTO, U.S. Patent Statistics, Calendar Years 1963−2000." (http://www.uspto.gov/go/taf/s：2008.5.26アクセス）
U.S. Patent and Trademark Office, Electronic Information Products Division, Patent Technology Monitoring Team (PTMT)"Number of Utility

Patent Applications Filed in the United States, by Country of Origin, Calendar Years 1965 to Present(1)." (ftp://ftp.uspto.gov/pub/taf/appl_yr.htm：2008.5.29アクセス）

U.S. Patent and Trademark Office, Electronic Information Products Division, Patent Technology Monitoring Team (PTMT)"PART A 1 – Table A 1 – 1 a, Breakout by Country of Origin Number of Patents Granted as Distributed by Year of Patent Grant. Granted：01/01/1963–12/31/2007." (ftp://ftp.uspto.gov/pub/taf/h_at.htm#PartA 1 _ 1 a：2008.5.29アクセス）

U.S. Patent and Trademark Office, Electronic Information Products Division, Patent Technology Monitoring Team (PTMT)"Patent Counts by Class by Year Patents Granted：1977–2006, Part I, Patent Counts by Class by Year Patent Counts Based on Original Classification Only." (ftp://ftp.uspto.gov/pub/taf/cbcby.htm：2008.5.29アクセス）

UNCTAD, "Search by Country/Economy, FDI Country Profiles, Table9., FDI Flows Abroad, by Geographical Origin, 1991–2003." (http://www.unctad.org/ Templates/ Page.asp?intItemID=3198&lang=1：2008.8.12アクセス）

Uri Ben-Zion (1984), "The R&D and Investment Decision and Its Relationship to the Ffirm's Market Value: Some Preliminary Results," Zvi Griliches, *R&D, Patents, and Productivity*, National Bureau of Economic Research.

Wagner, L. U. (1968)"Problems in Estimating Research and Development Investment and Stock," *Proceeding of the Business and Economic Statistics Section*, Washington, D.C.: American Statistical Association, pp. 189–198.

WIPO, "Patent Applications Filed by Non-residents, Broken Down According to the Country of Residence of the Applicant." (http://www.wipo.int/ipstats/en/publications/b/index.htm：2004.11.10アクセス）

World Bank, "WDI Online Data, A Development Database for Subscribers."（https：//publications.worldbank.org/register/WDI?return％5furl=％2fextop％2fsubscriptions％2fWDI％2f：2006.3.20アクセス）

Zysman, J. and L. Tyson (1983) "American Industry in International Competition : Government Policies and Corporate Strategies," Cornell University Press（國則守生他訳『日米産業競争の潮流―経済摩擦の政治学―』理工図書，1990年）.

相澤英孝・西村ときわ総合法律事務所編著（2005）『知的財産法概説』弘文堂。

浅羽良昌（1996）『アメリカ経済200年の興亡』東洋経済新報社。

飯田秀郷・早稲本和徳（2003）「職務発明の『相当の対価』の算定方法に関する試論」『知財管理』Vol. 53, No. 12。

飯塚卓也（2005）「徹底分析職務発明―職務発明をめぐる紛争の分析から制度設計まで―」『別冊 NBL』No. 105, ㈱商事法務。

井口雅文（2004）「ASEAN 知的財産事情」『知財管理』Vol. 54, No. 4。

石井康之（2002）「1990年代アメリカ経済と政策目標―知的財産政策の経済的背景―」『知財研フォーラム』Vol. 48（前編），Vol. 49（後編）。

石井康之（2003）「判例に見る相当の対価算定の比較分析」『CIPIC ジャーナル』Vol. 136（前編），Vol. 137（後編）。

内山敏典・川口雅正・杉野元亮（2006）『基本計量経済学』勁草書房。

AIPPI-JAPAN（2004）「アジア諸国における産業財産権保護のあり方」㈳日本国際知的財産保護協会。

大竹文雄（2005）「職務発明に宝くじ型報奨制度」『産政研フォーラム』No. 66, pp. 30－33。

大西浩一郎（2006）「発明報奨制度は企業内研究者のインセンティブを高めるのか―パネルデータによる検証―」㈶知的財産研究所平成17年度産業財産権研究推進事業報告書。

大西浩一郎（2007）「発明報奨制度と研究者たちのインセンティブ―米国特許データから見た発明報奨制度の導入効果」㈶知的財産研究所編集『特許の経営・経済分析』雄松堂。

大場正成（2002）「職務発明の相当の対価」『知財管理』Vol. 52, No. 6。

科学技術庁科学技術政策局編（1998）「1998年版科学技術要覧」。
科学技術庁科学技術政策局編（2000）「2000年版科学技術要覧」。
科学技術庁科学技術政策研究所（1999）「研究開発関連政策が及ぼす経済効果の定量的評価手法に関する調査（中間報告）」科学技術庁科学技術政策研究所第1研究グループ『NISTEP REPORT』No. 64。
企業会計審議会（1998）「研究開発費等に係る会計基準の設定に関する意見書」。
北村行伸（2003）「企業収益と負債―『企業活動基本調査』に基づく日本企業行動のパネル分析」Center for Economic Institutions Working Paper Series, No. 2003-7。
絹川真哉（2000）「日本の製造業におけるR&D生産性の再検討」『FRI Review』1号，富士通総研。
経済企画庁編（1996）『世界経済白書 平成8年版』。
経済企画庁編（1999）『世界経済白書 平成11年版』。
経済産業省（2004）「知的財産戦略指標の策定に向けた中間整理」（http://www.meti.go.jp/policy/economic_industrial/press/0005290/2/040607tetsuzuki2.pdf：2008.8.10アクセス）
経済産業省（2008）「平成19年企業活動基本調査速報―平成18年度実績―付表5 一企業当たり売上高，営業利益，経常利益，当期純利益，売上高営業利益率，売上高経常利益率」。（http://www.meti.go.jp/statistics/tyo/kikatu/result-2/h19sokuho/excel/fuhyou5.xls：2008年8月24日アクセス）
経済産業省「鉱工業指数（IIP）稼働率・生産能力接続指数 季節調整済指数」。（http://www.meti.go.jp/statistics/tyo/iip/result/h2afdldj/csv/ha2nsgs2j.csv：2008.7.28アクセス）
経済産業省編（2006）『通商白書 平成18年版：「持続する成長力」に向けて』。
経済産業省編（2007）『通商白書 平成19年版』。
小池良二（2004）「わが国直接投資と日本・東アジアの貿易構造の変化」『金融研究』第23巻第3号，日本銀行金融研究所。

ゴダール，ハインツ（Goddar, Heinz）（2003）（AIPPI事務局訳）「ドイツにおける職務発明」『AIPPI』Vol. 48. No. 2.

後藤晃・永田晃也（1997）「イノベーションの専有可能性と技術機会　サーベイデータによる日米比較」『*NISTEP REPORT*』No. 48.

後藤晃・本城昇・鈴木和志・滝野沢守（1986）「研究開発と技術進歩の経済分析」『経済分析』第103号，経済企画庁経済研究所。

児玉文雄（1991）『ハイテク技術のパラダイム：マクロ技術学の体系』中央公論社。

坂井昭夫（1994）『日米ハイテク摩擦と知的所有権』有斐閣。

作花文雄（2005）『著作権法　基礎と応用（第2版）』㈳発明協会。

作間逸雄（2003）『SNAが分かる経済統計学』有斐閣。

財務総合政策研究所調査統計部（2007）「法人企業統計年報特集（平成18年度）」『財政金融統計月報』第665号。

榊原清則（2005）『イノベーションの収益化—技術経営の課題と分析—』有斐閣。

榊原清則・辻本将晴（2003）「日本の研究開発費の効率はなぜ低下したのか」ESRI Discussion Paper Series No. 47.

産業構造審議会知的財産政策部会（2003a）「米国における従業者発明制度」第5回特許制度小委員会（資料5－2）。

産業構造審議会知的財産政策部会（2003b）「ドイツにおける従業者発明制度」特許制度小委員会（資料5－3）。

産業構造審議会知的財産政策部会（2003c）「フランスにおける従業者発明制度」（資料5－4）。

産業構造審議会知的財産政策部会（2003d）「イギリスにおける従業者発明制度」（資料5－5）。

産業構造審議会知的財産政策部会特許制度小委員会（2003a）「職務発明制度の在り方について」。

産業構造審議会知的財産政策部会特許制度小委員会（2003b）「職務発明制度の在り方について参考資料2発明者アンケート集計結果」。

ジェトロ（2004）「世界各国の対外直接投資残高」㈶国際貿易投資研究所国

際比較統計。(http://www.iti.or.jp/stat/1-006.pdf：2006.3.14アクセス)

ジェトロ(2004)『ジェトロ貿易投資白書 2004年版』。

JETRO NY(2006)「WTO加盟に関する米ロ二国間合意―ただし知的財産保護の改善が依然として課題―」。(http://www.jetro.go.jp/world/n_america/us/ip/news/pdf/061120.pdf：2008.9.12アクセス)

篠崎彰彦(2003)『情報技術革新の経済効果―日米経済の明暗と逆転―』日本評論社。

白砂堤津耶(2004)『例題で学ぶ 初歩からの計量経済学』日本評論社。

真保智行(2008)「特許制度と企業行動―研究開発費，技術移転，および企業間分業への影響―」『知財研フォーラム』Summer, Vol. 74。

真保智行・大西宏一郎・西村陽一郎(2005)「研究拠点のR&D生産性と集積の経済」。(http://www.cm.hit-u.ac.jp/coe/seika/WP/HJBS_WP_014.pdf：2008.8.17アクセス)

下道晶久(2005)『出願人のための特許協力条約(PCT)』㈳発明協会。

角田正芳・辰巳直彦(2006)『知的財産法(第3版)』有斐閣。

総務省「労働力調査 長期時系列データ 延週間就業時間(非農林業)『参考表1 主要項目の月別結果の原数値』」。(http://www.stat.go.jp/data/roudou/longtime/zuhyou/lt01-15.xls：2008.7.28アクセス)

総務省統計局(1961)『科学技術研究調査報告 昭和35年版』。

総務庁統計局(1986)『科学技術研究調査総合報告書』。

総務省統計局(2000)「産業連関表平成12年(2000年) 産業連関表(確報) 取引基本表(32部門表)」。(http://www.e-stat.go.jp/SG1/estat/List.do?bid=000000750003&cycode=0：2008年8月24日アクセス)

総務省統計局(2007)「平成19年科学技術研究調査 統計表 産業，資本金階級別研究関係従業者数，社内使用研究費，受入研究費及び社外支出研究費(企業等)」。(http://www.e-stat.go.jp/SG1/estat/List.do?bid=000001009098&cycode=0：2008年8月24日アクセス)

総務省統計局(2008)「労働力調査 長期時系列データ(基本集計)雇用者数 参考表1 主要項目の月別結果の原数値及び季節調整値」。(http:/

/www.stat.go.jp/data/roudou/longtime/zuhyou/lt01－03.xls：2008年8月24日アクセス）
高瀬保編（1993）『ガットとウルグアイ・ラウンド』東洋経済新報社。
竹田和彦（2001）『特許の知識（第6版）』ダイヤモンド社。
竹田和彦（2004）「職務発明の対価について―青色LED東京地裁判決を中心にして―」『知財管理』Vol. 54, No. 6.
竹田聡（2001）『Excelによる経済分析―例題で高度な分析能力を身につける―』東京図書。
武野秀樹（2004）『GDPとは何か―経済統計の見方・考え方―』中央経済社。
田村善之・山本敬三（2005）『職務発明』有斐閣。
筑紫勝麿（1994）『ヴルグァイ・ラウンド―GATTからWTOへ―』日本関税協会。
知的財産協会国際第3小委員会（2004）「シンガポール共和国における特許権行使上の留意点」『知財管理』Vol. 54, No. 2.
㈶知的財産研究所（1994）「知的財産の経済的効果に関する基本問題調査研究」委託調査研究結果報告書。
㈶知的財産研究所編（2003）「職務発明制度の在り方に関する調査研究報告書」。
㈶知的財産研究所ワシントン事務所編（2001）「米国プロパテント政策の検証（1）～(14)」特許ニュースNo. 10469～10572，経済産業調査会。
知的財産権法研究会編（2004）『知的財産権の管理マニュアル』第一法規出版。
知的財産戦略本部（2005）「知的財産関連分野の広がりに対応した国際ルールの構築」知的創造サイクル専門調査会（第3回）議事資料5。
張星源・優克剛（2004）「特許間引用と技術普及：東アジアのケース」(http://www.econ.kobe-u.ac.jp/jepa-kansai/reiakai2003adobe%203.0/zhang_yu3.0.pdf：2008.8.17アクセス）。
通商産業省編（1998）『通商白書 平成10年版』。
東京銀行調査部（1994）『検証・アメリカ産業の再生』日本経済新聞社。

東京高等裁判所（2005）「和解についての当裁判所の考え　平成16年（ネ）第962号，同第2177号」．

特許庁（2008a）「平成19年度知的財産活動調査統計表業種別資本金階級別集計表」．（http://www.jpo.go.jp/cgi/link.cgi?url=/shiryou/toukei/tizai_katsudou_list.htm：2008.8.13アクセス）

特許庁（2008b）「特許庁行政年次報告書2008年版　産業財産権の現状と課題―グローバル化に対応したイノベーションの促進―」．

特許庁編（2002）『工業所有権法令集（第48版）』㈳発明協会．

特許庁編（2003）『工業所有権法令集（第49版）』㈳発明協会．

特許庁編（2004）「新職務発明制度における手続事例集」．

特許庁総務部技術調査課企画班編（2006）「企業等における新職務発明制度への取組状況について」．（http://www.jpo.go.jp/seido/shokumu/shokumu_new.htm：2006年9月アクセス）

特許庁総務部技術調査課技術動向班編（2004）「平成16年知的財産活動調査結果」．（http://www.jpo.go.jp/shiryou/index.htm：2006.6アクセス）

土肥一史（2007）『知的財産法入門（第10版）』中央経済社．

内閣府　「国民経済計算（SNA）関連統計　四半期別GDP速報（93SNA，平成12年基準）時系列表（GDP・雇用者報酬）：Annual Nominal GDP (calendar year)」．（http://www.esri.cao.go.jp/jp/sna/qe081-2/gaku-mcy0812.csv：2008.8.9アクセス）

内閣府「国民経済計算確報　平成18年度国民経済計算（平成12年基準・93SNA）（1）国内総生産勘定（生産側及び支出側）」．（http://www.esri.cao.go.jp/jp/sna/h18-kaku/18a1_jp.xls：2008年8月24日アクセス）

内閣府「国民経済計算（SNA）関連統計　国民経済計算確報　過去の確報平成10年度国民経済計算（平成2年基準・68SNA）（1）国内総生産と総支出勘定」．（http://www.esri.cao.go.jp/jp/sna/qe011-68/gdemenuj68.html：2008.7.28アクセス）

内閣府「国民経済計算（SNA）関連統計　国民経済計算確報　平成18年度国民経済計算（平成12年基準・93SNA）（1）国内総生産勘定（生産側及び支出側）」．（http://www.esri.cao.go.jp/jp/sna/h18-kaku/18a1_jp.

xls：2008年7月27日アクセス）

内閣府「国民経済計算（SNA）関連統計民間企業資本ストック資本ストック（進捗ベース）産業別資本ストック実質（平成12年平均価格評価）」。（http://www.esri.cao.go.jp/jp/sna/stock/081stock1.csv：2008.7.28アクセス）

内閣府「国民経済計算（SNA）関連統計民間企業資本ストック資本ストック（進捗ベース）旧基準係数平成12年4－6月期1次速報（昭和30～）（平成2年基準：68SNA,Excel形式）（平成12年9月11日）」。（http://www5.cao.go.jp/2000/g/0911stock.xls：2008.7.28アクセス）

内閣府経済社会総合研究所国民経済計算部（2006）「四半期別GDP速報（QE）の推計方法（第5版）」。

内閣府経済社会総合研究所国民経済計算部編（2007）『平成19年版 国民経済計算年報』メディアランド。

長岡貞男（2003）「日本産業における研究開発の収益性：その動向と決定要因」機械振興協会経済研究所『我が国企業おける統治構造の変化と生産性に関する調査研究（3）』機械工業経済研究所報告書H14－1－1A。

長岡貞男（2004）「研究開発リスクと職務発明制度」『知財管理』Vol.54, No.6。

長岡貞男（2006）「職務発明制度の経済分析」鈴村興太郎・長岡貞男・花崎正晴編『経済制度の生成と設計』東京大学出版会, pp.311-335。

長岡貞夫・西村陽一郎（2005）「職務発明による補償制度の実証分析」『特許統計利用促進に関する調査研究報告』知的財産研究所, pp.26-54。

中澤正典「職務発明と対価について思うこと」『知財管理』Vol.52, No.6。

中谷巌（2007）『入門マクロ経済学(第5版)』日本評論社。

中村健太・小田切宏之（2005）「特許生産関数の推定と企業間比較」『特許統計利用促進に関する調査研究報告』㈶知的財産研究所, pp.84-109。

中村洋一（1999）『SNA統計入門』日本経済新聞社。

中山信弘（1998）『工業所有権法（上）（第二版）』弘文堂。

中山信弘（2007）『著作権法』有斐閣。

中山信弘他（2002）「職務発明の現代的位置付け 特許法35条改正の動きをめぐって」『L&T』No. 14。
中山信弘編著（2003）『注解特許法（第三版）上巻』青林書院。
日亜化学工業株式会社「日亜化学工業技術説明映像2部構成版 Ver. 1」。
日経産業新聞編（1994）『日米再逆転に挑む 日本の技術競争力は蘇るか』日本経済新聞社。
㈳日本経済団体連合会（2002）「知的財産戦略の考え方」。
日本感性工学会・IP研究会（2002）『職務発明と知的財産国家戦略』㈶経済産業調査会。
日本銀行調査統計局（1996）「主要企業経営分析（平成7年度）」。
日本知的財産協会（2001）「特許法第35条職務発明規定についての提言」。
日本知的財産協会政策部会（2001）「職務発明の承継に係る補償金に関する東京高裁判決について」『知財管理』Vol. 51, No. 82001。
日本知的財産協会編（2004）「新職務発明制度に基づくガイドライン―職務発明規定制定に当たっての留意点―」。
日本弁理士会（2002）「職務発明規定の改正に関する見解」。
蜂谷義昭（2005a）「技術寿命の短期化と財政構造へ与える影響」『調査』No. 78, 日本政策投資銀行。
蜂谷義昭（2005b）「研究開発の循環性, 収益性の検討―設備投資との比較を中心に―」『調査』日本政策投資銀行。
㈳発明協会（1992）『特許協力条約に基づく規則等新旧条文対照表』㈳発明協会。
原田和明・土志田征一（2001）「米国景気はU字型回復か―試されるニューエコノミーの真贋―」『エコノミスト臨時増刊』。
平井則之（2001）「CEAがニューエコノミー論に"改宗"した理由」『エコノミスト』6月4日号。
開本浩矢（2006）『研究開発の組織行動研究―開発技術者の業績をいかに向上させるか―』中央経済社。
深尾京司・宮川努（2003）「産業・企業レベルデータで見た日本の経済成長」内閣府経済社会総合研究所国際共同研究フォーラム『技術革新・構

造改革と我が国の潜在成長力の展望』における講演要旨。

深尾京司他 (2003)「産業別生産性と経済成長：1970−98」内閣府社会経済研究所編集『経済分析』170号。

福田真一・照山博司 (2007)『マクロ経済学入門（第3版）』有斐閣。

米国商務省 (2000)（室田泰弘訳）「ディジタル・エコノミー2000 米国商務省レポート』東洋経済新報社。

三菱総合研究所 (1991)「平成2年度日米テクノストックの定量的比較に関する調査研究」㈶機械振興協会経済研究所。

宮本邦男 (1997)『現代アメリカ経済入門』日本経済新聞社。

村上路一 (1999)「危機意識から生まれたイノベーション・マネージメント」『Works』リクルート。(http://www.works-i.com/article/db/wn37_10.html：2008.7.30アクセス)

文部科学省 (1981)『科学技術白書 昭和56年版』。(http://www.mext.go.jp/b_menu/hakusho/html/hpaa198101/hpaa198101_2_014.html：2008.5.26アクセス)

文部科学省 (2001)『科学技術白書 平成13年版』。

文部科学省 (2006)「科学技術基本計画について」閣議決定。(http://www.mext.go.jp/a_menu/kagaku/kihon/06032816/001.htm：2008.8.26アクセス)

文部科学省科学技術・学術政策局 (2007)『科学技術要覧 平成18年版』。

文部科学省科学技術政策研究所 (2001) 5月「科学技術指標平成12年版総集編」。

文部科学省編 (2003)「平成14年度 科学技術の振興に関する年次報告」平成15年版科学技術白書。

紋谷暢男 (2002)「従業者発明とその帰属」『CIPICジャーナル』Vol. 129。

柳沼寿・山岸祐一 (1996)「日本企業の海外活動と総要素生産性」『経済分析』政策研究の視点シリーズ6。

柳川範之 (2006)『法と企業行動の経済分析』日本経済新聞社，pp. 266−287。

山下崇 (2004)「国際特許システムと途上国問題」特許庁工業所有権研修所

研究室編『特許研究』No.37, ㈳発明協会。

山田節夫（2000）「知的財産の経済評価と収益乗数」『特許経済モデル（特許経済学）に関する調査報告書』㈶知的財産研究所, pp.127-135。

山田節夫・石井康之（2006）「知的財産権の保護と経済成長」『特許ニュース』No.11772～11773, ㈶経済産業調査会。

山田節夫・大林守（2006）「知的財産権の保護は経済成長を促進させるか？」アジア諸国の産業発展と中小企業ディスカッションペーパー。(http://senshu.asia.sme.googlepages.com/0009.pdf：2008.8.26アクセス)

山本拓（2003）『計量経済学』新世社。

UFJ総合研究所（2005）「平成16年度産業技術調査　研究開発税制の経済波及効果に係る調査報告書」。

吉川弘之監修・日本インダストリアル・パフォーマンス委員会編（1994）『メイド・イン・ジャパン』ダイヤモンド社。

㈳労働政策研究・研修機構（2006）「従業員の発明に対する処遇についての調査」JILPIT調査シリーズ, No.27。

若杉隆平（2007）『現代の国際貿易—ミクロデータ分析—』岩波書店。

若杉隆平・趙蕾（2003）「知的財産権の保護と貿易」㈶経済財政協会『わが国の国際収支における中長期的な分析』pp.67-86, 財務省ホームページ。(http://www.mof.go.jp/jouhou/kokkin/tyousa/kokusaishuusi-4.pdf：2005.1.20アクセス)

渡辺千仭編（2001）『技術革新の計量分析—研究開発の生産性・収益性の分析と評価—』日科技連出版社。

索　引

■欧・数字

68SNA　97
93SNA　97
Akaike Information Criterion（AIC）　201
β 値　259
CORREL　71
GATT ウルグアイラウンド交渉　160
GDP　14, 19, 20, 22, 35, 41, 104
GDP per Capita　36
GNP　19
IIPR　160, 165, 172, 191, 199, 206
Internalization　196
IT 革命　7
IT 資本ストック　110
Localization　196
Market Expansion　193
Market Power　193
NAIRU　5
OLS　52, 74, 174
PCT　170, 202
Penn-World Tables　169
P-値　80, 86
QE　23
R^2　56
$\overline{R}^2$　58
R&D 投資　9
SUR（Seemingly Unrelated Regression）　195
TFP　103, 108, 127
TRIPS 協定　159, 161, 162
t 値　78, 80
t 分布表　79, 81
UOOF　170
welfare　192
WIPO　162, 191
WTO　161

WTO 一般理事会　162
WTO 協定　160

■あ　行

アドイン　64
異議　161
意見の聴取　288
異常値　141, 143
一次同次　92, 95
イノベーション　160
医薬品特許　162
売上原価比率　234
売上高設備投資比率　251
営業余剰・混合所得　26
衛生欲求要因　301
オープンな技術開発戦略　262

■か　行

回帰式　45, 46, 74, 249
回帰線　74
回帰直線　64
回帰分析　56
改善多項制　165
開発途上国　161
外部購入費　22
開放度ダミー　168
科学技術研究調査　119
確認手数料　202
確率　76
加工データ　226
仮説　224
仮想実施料率方式　293
稼働資本ストック　98, 100, 120
稼働率指数　97, 98
株式時価総額　247
株式市場価値　189

352　索　引

加法モデル　258
仮差し止め制度　171
観測数　73
企業会計審議会　225
企業価値　257
企業ダミー　259
企業年齢　271
技術移転　190
技術機会　266
技術進歩　104, 108
技術知識ストック　110
記述統計量　136
技術の模倣能力　164
技術貿易収支　10
基準化データ　228
基準の開示　288
期待収益　257
期待値　140
規模の経済　237, 244
基本統計量　136, 180
逆U字型の関係　177
逆U字現象　163
キャッチアップ力　194, 196, 212
境界所得　174
境界利益率　245
協議　288
強行規定　290
挙証責任転嫁　171
寄与侵害制度　171
近似線　44, 46, 51
勤務規則等　287
金融資産　258
グラビティモデル　198, 206
クロスセクション推計　275
経営力　148, 237
景気動向指数　iii
経済成長　160
経済成長率　160
経済モデル　90
経済理論　59, 224

刑事罰の廃止　161
経常収支　2
係数　46, 87
係数ダミー　154, 215
決定係数　56, 71
限界効果　173, 180
限界生産力　95, 160, 169, 262, 262, 266
限界生産力逓減　169
研究開発ストック　262, 266, 271
研究開発デフレータ　120
研究開発デフレーター　42
研究開発投資　9
研究開発投資の収益性　130
研究開発投資の収益性低下　283
研究開発の収益性低下　261
研究開発費　41
研究開発費等に係る会計基準　225
現在価値　130, 257, 295
検証　59, 224
減衰率　116, 117, 263, 269
貢献度　107, 121, 124, 126
交差項　153, 168, 173, 243, 245
公的固定資本形成　27
公的在庫品増加　27
購買力平価　36, 38
後発開発途上国　161
国内総固定資本形成　28
国内総支出　27
国内総生産　14, 19, 20, 41
国民総生産　19
誤差　51, 140, 247, 249
誤差分析　249
固定基準年方式　35
固定資産回転率　234
固定資本減耗　26
コブ・ダグラス型生産関数　90, 92, 127, 266
雇用者報酬　26
コントロール　165, 167, 234
コントロール変数　165

■さ 行

財貨・サービスの輸出　27
財貨・サービスの輸入　27
最小二乗法　52, 74, 140, 223, 305
最小値　141, 180
財政収支　2
最大値　141, 180
最頻値　138
先願主義　205
産業ダミー　165, 271
残差　51, 76, 247
残差二乗和　52, 54, 73
産出額　24
散布図　44, 46
サンプル数　72, 73
三面等価　23, 28
ジェネラル・ツー・シンプル　243
時間ダミー　165
事後的事情　294
市場開放度　182
市場拡大効果　194
市場拡大効果説　193
市場拡大説　213
市場価値　257, 258
市場支配効果　194, 215
市場支配説　193
市場自由企業経済　161
自然対数　91, 93
失業率　4
実現値　76, 140, 247, 249
実質GDP　29, 30, 100
実質R&D費　42, 43
実質値　29, 42, 97
実質稼働資本ストック　97
実施料率　293, 296
実績報奨制度　292, 302
指定国数　202
指定手数料　202
資本　36, 46, 89, 90, 104, 120

資本生産性　234
資本装備率　169
資本分配率　90, 95, 96
社会的厚生　163
収益獲得力　237
収益機会　191
重回帰分析　56, 63
収穫一定　92
収穫逓減　92
収穫逓増　92
週間延就業時間　98
重決定R2　71
修正決定係数　71, 86, 101, 144, 201
重相関R　70
従属変数　56
自由度　72, 79, 137
自由度調整済決定係数　58
出願・登録報奨制度　302
出願率　230
出願ルート　205
主要企業経営分析　22
需要項目　27
純資産　257
使用者等が受けるべき利益の額　293
使用者等の貢献度　293, 298, 313
生データ　228
消費者物価指数　4, 169
商品形態の保護　161
将来キャッシュフロー　130
初期時点の人口一人当たり実質GDP　160, 166, 168, 173
植物新品種保護条約　170
職務発明　287
人口一人当たりGDP　36
審査基準　161
審査請求率　230
推移性　34
推定値　74, 144
成果主義的賃金　302
正規分布　75, 76, 136, 305

成功確率　294
生産関数　89, 95
生産性低下　130
生産要素　36, 92, 126, 169, 223
成長回帰分析　160, 168
成長促進効果　181
成長促進的効果　184
成長抑制的　182
成長抑制的効果　183
正の相関　83
政府最終消費支出　27
制約条件　122
世界貿易機関　161
切片　77
説明変数　55, 67, 74
善意第三者　161
線形式　199
線形の回帰式　91
全要素生産性　103, 104, 108, 129
相関　144, 147, 240
相関係数　70, 81, 147, 174, 204, 241
総資本形成　28
総資本利益率　234
相当の対価　287
組織再編　282

■た 行

対外開放度　167
対外経済開放度　167
対外経済活動　190
対外経済取引量　198
対外直接投資額　207
対研究開発費利益率　265
対数　91
対数値　100
対数の微分　94
タイムラグ　116, 117, 205
代理変数　148, 169, 257, 260
多角的貿易体制　161
多国籍企業　192

多重共線性　144, 146, 147, 174, 240
ダミー変数　143, 149, 154, 196, 212
単回帰分析　56
弾力性　93, 95, 96, 122, 210
知識ストック　116, 117, 124, 258
知識生産関数　113
知的財産活動調査　144, 225
知的財産活動費　144
知的財産基本法　i
知的財産権の保護強化　1, 6, 130, 163, 166, 173, 175
知的財産権保護指数　160, 165, 165, 191, 193, 199, 206
知的財産権保護の強化　183
知的財産政策　1, 12
中間投入　20, 21, 24
超過利益　293, 300
直接投資　160, 190
貯蓄率　169
陳腐化　116, 119
陳腐化率　263
定額法　119
定式化　233, 243
定数項ダミー　153
定率法　119
データ分析　69
手続面での合理性　292
デフレーター　30, 34
当該発明者の寄与度　293
当該発明の寄与度　293
導関数　53, 178
動機づけ要因　301
トービンのq　130, 165, 257
尖度　138
特殊値　143
独立変数　55
特許引用回数　261
特許協力条約　170, 202
特許出願件数　43
特許性向　303

特許の引用数　302
特許の質的要素　216
特許ハーモナイゼーション　162
特許分類　190
特許法35条　287
特許利用率　232
取引コスト　303

■な 行─────────

内生的経済成長論　160
内部収益率　263
二乗項　155, 157, 176, 239
ニューエコノミー　5
年間延就業時間　98, 100
年度ダミー　259
ノイズ　203

■は 行─────────

パーシェ価格指数　31
排他的独占の地位　294
排他独占の地位　295
ハイテク産業　2
バイナリデータ　195
発明者等の貢献度　299, 311
発明者の貢献度　296
発明振興法　289
発明に対するインセンティブ　301
パネルデータ　166, 262
パラメータ　46, 74, 87, 89
パリ条約　170
範囲　141
販売費・一般管理費比率　234
歪度　139, 306
被説明変数　56, 67, 74
非線形　243
非線形の関係　239
微分　53, 178
標準誤差　72
標準正規分布　139
標準偏差　72, 73, 77, 137

標本数　225
プール推計　275
付加価値　19, 21, 35, 266
符号条件　174
負債比率　271
負の相関　84
ブランド　260
プロパテント　3
プロビット分析　195
分散　72, 73, 76, 137
分析ツール　64, 69, 85
分配率　96
ベンチマーク　120
変動係数　137
偏微分　54
貿易　160, 190
貿易開放度　166
貿易収支　7
法人企業統計調査　22
補正 R^2　71, 86, 101, 144

■ま 行─────────

マクロデータ　224
ミクロデータ　224
見無相関な回帰　195
民間在庫品増加　27
民間最終消費支出　27
民間住宅投資　27
民間設備投資　4
無形資産　104, 126
無償の通常実施権　296
名目GDP　29, 30
名目値　29, 41
元データ　226
模倣力　194
模倣品問題　161

■や 行─────────

ヤングレポート　2, 7
有意　74, 80, 86

有形固定資産　251
有形資産　258
輸出　190
要素所得　19

■ら　行

ライセンス　190
ラスパイレス数量指数　31
リードタイム　201
利益継続期間　119，269
利益三分法　126
利益変換能力　237
利益率算定方式　293

留保効用水準　197
理論値　140，247，249
ルール・オブ・サム　126
連鎖方式　34
ロイヤルティレート　297
労働　36，46，89，90，104，120
労働生産性　6
労働の質　110
労働分配率　90，95，96，105，238

■わ　行

和解勧告　297
割引率　294

著者紹介

石井 康之（いしい　やすゆき）

1951年	香川県に生まれる
1974年	一橋大学経済学部卒業
同　年	東京海上火災保険株式会社入社
1991年	㈶知的財産研究所に出向（主任研究員）
1994年	㈱東京海上研究所（主席研究員）
2002年	株式会社ミレアホールディングス 法務リスク管理部マネージャー
2005年	専修大学大学院経済学研究科修了（計量経済修士）
同　年	東京理科大学専門職大学院教授 現在に至る

主な著作

『知的財産と無形資産の価値評価』翻訳，共訳，1996年7月，中央経済社

「知的財産権をとり巻くリスクと保険」『特技懇』1996年11月，特許庁

『知的財産担保の理論と実務』共著，1997年4月，信山社

『アーリースージ知財の価値評価と価格設定』翻訳共同監修，2004年4月，中央経済社

「職務発明対価の判例動向とインセンティブとしての意義」『特許ニュース』2006年11月，経済産業調査会

「研究開発及び知的財産の経済分析に関する研究」『知財プリズム』2008年6月，経済産業調査会

■ 知的財産の経済・経営分析 入門　　〈検印省略〉
ちてきざいさん　けいざい　けいえいぶんせきにゅうもん
―特許技術・研究開発の経済的・経営的価値評価―

■ 発行日──2009年3月26日　初版発行

■ 著　者──石井　康之
　　　　　　　いしい　やすゆき
■ 発行者──大矢栄一郎
■ 発行所──株式会社　白桃書房
　　　　　　　　　　　　はくとうしょぼう
　　　　　〒101-0021　東京都千代田区外神田5-1-15
　　　　　☎03-3836-4781　📠03-3836-9370　振替00100-4-20192
　　　　　http://www.hakutou.co.jp/

■ 印刷・製本──藤原印刷

© Yasuyuki Ishii 2009 Printed in Japan　ISBN 978-4-561-24504-9 C3034

JCLS ㈳日本著作出版権管理システム委託出版物

本書の無断複写は著作権法上での例外を除き，禁じられています。複写される場合は，そのつど事前に㈳日本著作出版権管理システム（電話 03-3817-5670, FAX 03-3815-8199, E-mail: info@jcls.co.jp）の許諾を得てください。

落丁本・乱丁本はおとりかえいたします。

隅藏 康一【編著】
知的財産政策とマネジメント
公共性と知的財産権の最適バランスをめぐって

知的財産権の保護強化と価値拡大を目指そうとする「プロパテント政策」が推進されつつ,「知的財産権の公共性」に関心が集まり,新たな政策課題が提供されるようになった知的財産研究の新時代。多岐にわたる分野から新進気鋭の若手研究者がコラボレーションの上で作り上げたのが,本書である。

ISBN978-4-561-26480-4　C3034　A5判　336頁　本体 3800 円

株式会社
白桃書房

（表示価格には別途消費税がかかります）